Sammlung Kilpper

Die Welt der Perser

Bronzekopf eines Elamiters

Die Welt der Perser

von Hans Henning v. d. Osten

EMIL VOLLMER VERLAG

*Der Text dieser Ausgabe folgt ungekürzt der in den Jahren 1958 bis 1966
in mehreren Auflagen erschienenen Serie „Große Kulturen der Frühzeit".
Der Bildteil wurde zum Großteil überarbeitet und von Band zu Band
je nach Erfordernissen der neueren Ausgrabungen neu zusammengestellt.
Die Bildhinweise im Text wurden angepaßt und zum Teil ergänzt. Die
Bearbeitung besorgte Theophile Sauvageot.*

Der Verlag

Gesamtherstellung: Millium Media Management
Printed in Germany

ISBN 3-88851-088-0

Inhalt

Mein herzlichster Dank gilt in erster Linie Herrn Professor Dr. Geo Widengren für alle freundschaftliche Unterstützung. Er scheute keine Mühe, mich sachlich zu beraten und mir auch bei Zusammentragung des Materials sowie Auswahl der Bilder behilflich zu sein, ganz abgesehen davon, daß er sämtliche hier zitierten Texte kollationierte und mir überdies in großzügiger Weise seine noch unpublizierten Manuskripte zur Verfügung stellte.

Wärmstens zu danken habe ich Herrn Dozenten Dr. Rudolf Zeitler nicht nur für manche Anregung, sondern darüber hinaus für seine stete und tatkräftige Hilfsbereitschaft während der Niederschrift des Textes.

Schließlich gedenke ich aber vor allem der unermüdlichen Hilfe meiner Frau als meiner engsten Mitarbeiterin.

Herrn Gustav Kilpper möchte ich meinen aufrichtigsten Dank aussprechen für sein Interesse und oft gezeigtes Verständnis wie auch für seine vielfältigen Bemühungen, mit denen er das Werden und Erscheinen dieser Arbeit förderte.

H. H. v. der Osten

I

Die geographischen Voraussetzungen

Für die weiten Gebiete, die das heutige iranische Hochland und die Steppen von Westturkestan umfassen, kennen wir bis zum beginnenden 1. Jahrtausend v. Chr. weder Namen noch Geschichte. Als um diese letzte vorchristliche Jahrtausendwende zum zweiten Male indoeuropäische Reiterstämme aus dem breiten Steppengürtel, der sich quer durch den eurasischen Kontinent hinzieht, hervorbrechen und alle altorientalischen Kulturländer samt den sie im Norden begrenzenden Berglanden zu einem Reich vereinen, erst zu diesem Zeitpunkt erhalten jene Gebiete ihren Namen und treten nunmehr auch in einen geschichtlich zu fassenden Rahmen ein.

In die davor liegenden Zeiträume fällt ab und an spärliches Licht durch Denkmäler und Dokumente aus Mesopotamien, das damals, nach kurzem Dämmerschein der Frühgeschichte, bereits 2000 Jahre lang in der Helligkeit der Geschichte stand. Diese Zeugnisse enthalten ungewisse Angaben über Bedrohungen und Einfälle aus den Zagros-Bergketten, die das Zweistromland gegen das iranische Hochland abschirmen. Über das eigentliche Hochland lassen sie aber nichts verlauten – abgesehen von einigen Namen von Ortschaften oder Stammesfürsten, deren Lage oder Wohnsitze aber in den seltensten Fällen genauer auszumachen sind. Allem Anschein nach beschränken sich derartige Nachrichten auf den südwestlichen Teil des Zagrosgebietes mit seinen größeren und kleineren Tälern.

Nur der südlichste Bezirk dieses mächtigen, aus vielen Parallelketten gebildeten Gebirgswalles, dort, wo einige seiner Ausläufer an den Persischen Golf stießen (ehe dieser durch die Ablagerungen des Euphrat und Tigris seine jetzige Form bekommen hatte), nimmt innerhalb unseres allgemeinen Geschichtsbildes – also etwa ab 3000 v. Chr. – schon einen gewissen Platz ein. Hier, in Elam, dem heutigen Khuzistan, hatten sich in frühester Zeit Einwanderer aus dem Hochland niedergelassen. In ständigem Kontakt mit den benachbarten altsumerischen Stadtkulturen sowie mit deren politischen Nachfolgestaaten entwickelte sich ein Staatswesen, das oft entscheidend in die Geschicke Mesopotamiens eingreifen sollte.

Dieses elamische Land (einer seiner uralten Vororte war Susa) wurde im 6. Jahrhundert v. Chr. zum Ausgangspunkt der gewaltigen Eroberung des gesamten Vorderen Orients durch das indoiranische Fürstengeschlecht der Achämeniden, dessen größter König, Dareios I., der Nachwelt in seiner Grabinschrift zu Naqsch-i-Rustam selbstbewußt verkündet:

„Ich bin Dareios, der große König, König der Könige, König der Länder aller Stämme, König dieser großen Erde, auch weithin, des Hystaspes Sohn, der Achämenide, ein Perser, Sohn eines Persers, ein Arier, von arischem Stamm."

Mit der Herrschaft dieser achämenidischen Fürsten rücken nun alle Gebiete, die östlich an die alte Kulturwelt grenzen und sich bis zu den zentralasiatischen Hochebenen erstrecken, schlagartig in das Licht der Geschichte und kommen zu ihrem Namen: *Aryanam*, das ist „(Land) der Arier", dessen neupersische Form *Iran* heißt.

Dieses „Land der Arier" umfaßt zum ersten das gesamte Westturkestan mit den Stammlanden der Indoiranier an den Südufern des Aral-Sees und zwischen den Flüssen Sir-Darya sowie Amu-Darya (dem Yaxartes und Oxus der Alten), deren fruchtbare Täler mit ihren Oberläufen weit in das zentralasiatische Gebirgsmassiv hineinschneiden; und zum anderen das im Süden anliegende Hochland von Iran mit den heutigen Staaten Persien, Afghanistan und der pakistanischen Provinz Belutschistan.

Für die kulturelle und politische Entwicklung eines Gebietes sind zwei Faktoren von ausschlaggebender Bedeutung, und zwar erstens der gegebene „natürliche" Faktor – nämlich die geographische Lage und topographische Beschaffenheit eines Gebietes; zweitens der menschliche Faktor – nämlich die jeweilige Eigenart des Menschen sowie seine Fähigkeit, sich den vorhandenen „natürlichen" Gegebenheiten anzupassen und sie darüber hinaus sich nutzbar zu machen.

Seit dem Alexanderzug bis zum Zeitpunkt der arabischen Eroberung waren die iranischen Lande die östlichen Grenzmarken der alten, um das Mittelmeer gravitierenden, westlichen Welt gegen Zentralasien.

In das nordöstliche Westturkestan führt die zwischen dem Balkasch-See und den Ketten des Tiën Schan gelegene Dschungarische Pforte, durch die ständig neue Völkerscharen aus dem Altaigebiet hervorquollen. An der Südostecke, wo die Steppen an die Ausläufer des Pamir stoßen, liegen die Pässe, über die, aus dem fernsten Osten kommend und Ostturkestan durchquerend, gelegentlich einzelne Stämme gezogen kamen; vor allem aber mündet hier der uralte Karawazenenweg, der später als „Seidenstraße" bezeichnet werden sollte.

Mit einer einzigen Einfallspforte im Norden grenzt sich das Hochland von Iran von den westturkestanischen Steppen wie ein riesiges Bassin ab, in dem sich die meisten der von Norden einströmenden Völkerscharen verliefen, ehe sie noch an die Grenzen der altorientalischen Kulturwelt gelangen konnten.

Das iranische Hochland läßt sich auch mit einer Hängebrücke vergleichen, die östlich im Pamir, dem „Dach der Welt", verankert ist und deren westlicher Pfeiler das Bergland von Armenien bildet. Westlich vom Pamir schirmen die 600 km langen Hindukusch-Ketten die Grenzen des Hochlandes gegen Norden ab, um sich dann in der Senke, vor der die Oase von Merw gelegen ist, zu verlieren. In ihr verlaufen sich auch die Bergketten in Verlängerung des Elburz, die sich in östlicher Richtung vom armenischen Bergland lösen und dem Südufer des Kaspischen Meeres folgen. Gen Osten bilden die Parallelketten des Soliman-Dagh, die beinahe in genauer Nord-Süd-Richtung vom Pamir bis an das Ufer des Indischen Ozeans verlaufen, die Grenzen gegen den Subkontinent Indien, jedoch mit zwei wichtigen Übergängen: dem Khaiber-Paß und dem Bolan-Paß. Die sich gleichfalls vom Pamir, aber nach Osten lösenden Himalaya-Ketten begrenzen diesen Subkontinent gegen die zentralasiatischen Hochebenen.

Im Südwesten und Süden wird das iranische Bassin durch die vom armenischen Bergland südöstlich streichenden Gebirgsketten des Zagros gegen das Zweistromland hin begrenzt. Diese Ketten folgen dann den Gestaden des Persischen Golfes, bis sie auf westliche Ausläufer der Soliman-Dagh-Ketten treffen, welche, gewissermaßen den südiranischen Randbergen ausweichend, scharf nach Nordwesten umbiegen und sich im Zentrum des iranischen Hochlandes verlieren, nachdem sie dieses in zwei Teile geteilt haben.

Neben seiner Eigenschaft, als Auffangbecken für die aus den nördlichen Steppen hervorquellenden Völkerfluten zu dienen, liegt die besondere Bedeutung des iranischen Hochlandes darin, daß es ein Umschlaggebiet für den Handel und somit auch für den Kulturaustausch zwischen dem Fernen Osten und dem Mittelmeergebiet ist; denn durch das Hochland von Iran verläuft die „Seidenstraße", jene alte Handelsstraße, die ihren Ausgang in der nordchinesischen Ebene nimmt und einerseits bis Istanbul, andererseits durch das „Tor von Asien" in die mesopotamische Ebene, und weiter an die syrisch-palästinensische Küste führt. Das „Tor von Asien", dessen Besitz mehr als einmal im

8

Gold- und Bronzegegenstände aus Tepe Hissar

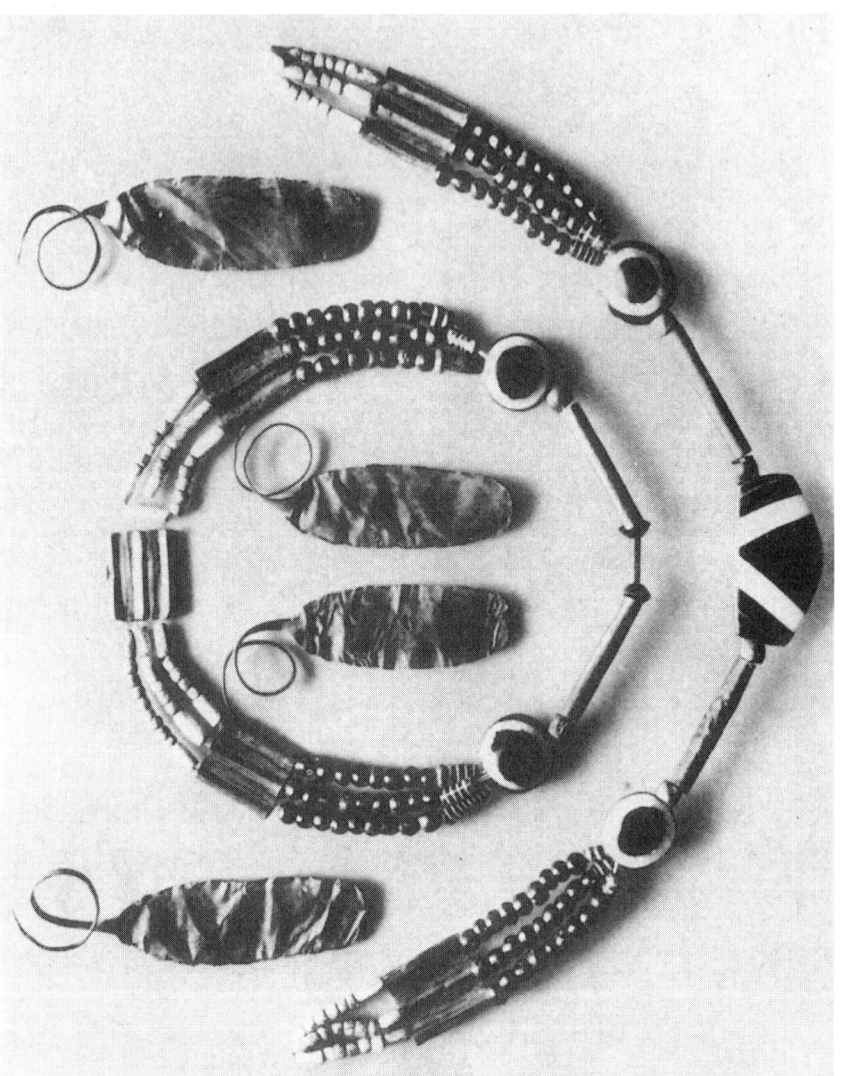

Gold- und Bronzegegenstände aus Tepe Hissar

Vorgeschichtliches Tongefäß aus Susa und Mekran

Vorgeschichtliche Tongefäße aus Susa und Mekran

Verlauf der Geschichte die Herrschaft über die östliche Hälfte der Alten Welt entschieden hat, öffnet sich bei Sar-i-Pul der mesopotamischen Ebene zu. Unweit von Sar-i-Pul liegt heute Bagdad, die Nachfolgerin von Ktesiphon; ihr Vorgängerin war Seleukeia, das wiederum dem unfern gelegenen Babylon gefolgt war.

Seine geographische Lage brachte es mit sich, daß das Hochland von Iran selbst zu einem kulturellen Zentrum wurde, dessen Ausstrahlungen vom westlichsten Mittelmeergebiet bis weit nach Nordchina spürbar sind. So gelangte der im iranischen Boden wurzelnde Mithrakult durch die römischen Legionen bis an den Rhein und nach Britannien; von Iran ausgehend, verbreitete sich in den ersten Jahrhunderten n. Chr. die Lehre des Mani, der Manichäismus, sowohl nach Westen (Augustinus in Karthago gehörte vor seiner Bekehrung neun Jahre der manichäischen Kirche an, und die religiösen Aufstände der Albigenser in Südfrankreich im Mittelalter gehen ebenfalls auf manichäistische Glaubensvorstellungen zurück) als auch nach dem Fernen Osten. Nach der Vertreibung der Manichäer aus dem iranischen Hochland finden sich ihre Spuren in Ostturkestan und Nordchina. Vertrieben hatte sie die haßvolle Intoleranz des im 3. Jahrhundert n. Chr. zur alleinigen Staatsreligion erhobenen Zoroastrismus, also gerade jener Religion, die doch ursprünglich in den gleichen Ideen wurzelte und einst die ersten achämenidischen Fürsten folgendermaßen sprechen ließ:

„Deswegen brachte mir Ahuramazda Hilfe und die *anderen* Götter, die es gibt, weil ich nicht feindselig war, nicht lügnerisch war, nicht gewalttätig war, weder ich noch meine Familie. Weder einem Schwachen noch einem Armen habe ich Unrecht getan."

Die Überlieferung des altiranischen Heldenepos, das Schahnameh, wurde zum wichtigsten Bestandteil der arabisch-persischen Literatur. Bauformen der Sasaniden haben die mongolischen Eroberer Asiens inspiriert und in Samarkand das gewaltige Grabmal des Timurlenk entstehen lassen. Das Zeremoniell des byzantinischen Kaiserhofs wurde durch den Glanz der sasanidischen Hofhaltung stark beeinflußt, und mehr als eine byzantinische Kunstform spiegelt Erinnerungen an die sasanidische Kultur wider oder läßt sich aus ihr ableiten. Iranische Baukunst und Literatur befruchteten auch das frühmittelalterliche Indien durch die Vermittlung der Mogulen. Und vielleicht lassen sich sogar die Beschreibungen der Gralsburg in unserer eigenen mittelalterlichen Literatur auf ferne Erinnerungen an den alten Feuertempel zu Shiz im armenischen Bergland zurückführen?

Innerhalb des iranischen Gesamtgebietes spielt der Nordosten eine besondere kulturelle Rolle, das heutige Badakhschan und Afghanistan – also die Gebiete des alten baktrischen Reiches. Nur hier, an dieser Stelle, hatte der Hellenismus in Iran im Zusammenhang mit der alexandrinischen Eroberung wirklich Wurzel schlagen können, und es entstand eine eigene Kultur, deren Grundlagen sowohl iranisch als auch griechisch waren. Alle hellenistischen Einflüsse, die sich um die Zeitwende und auch später in der östlichen Hälfte der Alten Welt, also im Iran im weitesten Sinne, in Indien, in den Altailanden und sogar im fernen China, namentlich in seinem nördlichen Teil, aufspüren oder in künstlerischen Formen erkennen lassen, gehen auf das Herrschaftsgebiet des alten baktrischen Reiches zurück.

Topographisch gesehen, zerfällt das iranische Land in zwei Hälften, die fundamental verschieden sind.

Nördlich vom iranischen Hochland dehnt sich die weite Steppe mit wenigen Oasenstrichen, in diese versickern kürzere oder längere Wasseradern aus den östlichen und südlichen Randbergen, deren Seitentäler gut bewässert und deren Talhänge bewaldet sind. Neben dem Oxus und Yaxartes – von denen sich der erste einst in das Kaspische Meer ergoß, während heute beide in den Aral-See einmünden – verdienen den Namen eines Flusses nur noch der Serafschan, der Heri- sowie der Murghab-Rud, die in den Oasen von Bukhara, von Anau und von Merw verrinnen. Diese Landschaft war für eine Weidewirtschaft vortrefflich geeignet. Die Oasenstriche boten den Hirten samt ihrem Vieh nicht nur willkommene Ruhequartiere, sondern ermöglichten zugleich auch eine beschränkte Acker- und Gartenbestellung. Die Täler von Badakhschan sind zudem reich an Türkisen, Lapislazuli und Karneolen, und der Tiën Schan enthält sogar Gold. Früh schon wurden diese Bodenschätze zu wichtigem Handelsgut.

Das im Süden gelegene Hochland von Iran hingegen begünstigte die Entwicklung seßhafter Kulturen. Fruchtbarste Talauen, die sich allmählich zu gutem Weideland erweiterten, lagen zwischen bewaldeten Bergketten, die – fächerförmig ausgebreitet und zur Mitte abfallend – das Hochland im Osten und Westen ausfüllen und ihren Ausgang vom Pamir und vom armenischen Bergland nehmen.

Aber diese Berghänge sind heute kahl: die Wälder teils durch Menschenhand zerstört, teils auch der natürlichen Austrocknung zum Opfer gefallen; die ehemals blühenden Talebenen sind jetzt zusammengeschrumpft und bis auf wenige Stellen verödet. Inmitten des Hochlandes muß einst ein gewaltiger Binnensee gelegen haben, jedoch verwandelte eine fortschreitende Ausdörrung des abflußlosen Gebietes hier alles in Salzwüste, die sich ausbreitet und sich immer mehr in die Täler hineinfrißt: so wurde ehemaliges Weideland zur Steppe, und Steppe zur Wüste. In den beiden durch niedrige Bergketten voneinander getrennten Wüstenbecken liegen nun Salzseen: im nordwestlichen (Dascht-i-Kabir bzw. Dascht-i-Lut) der Namak- und der Namakschar-See; im südöstlichen (Registan) der vom Helmand gespeiste Hamun-See.

Derselbe Prozeß muß sich in kleinerem Maße auch in den weiten Tälern des südlichen Zagroskomplexes vollzogen haben. Die drei wichtigsten Salzseen hier sind der Gao-Khana, in den der Zayanda-Zend verläuft und an dem die Gärten von Isfahan liegen. In den Niriz-See mündet der Pulvar, in dessen Nähe Pasargadai und Persepolis gelegen sind. Im dritten, dem Mahluya-See, verlieren sich die Gewässer der Oase von Schiraz.

Eine solche totale Ausdörrung hatte bald eine Verkleinerung des natürlich bewässerten Gebietes zur Folge, was seine Einwohner zu einer intensiv betriebenen Bodenbewässerung zwang: kilometerlange, unterirdische Kanäle fingen die Wasseradern auf, ehe sie noch zutage treten konnten, und leiteten sie in die Dörfer. Neben technisch hoch entwikkelten Verteilern an den natürlichen Wasseradern gelten die sogenannten *qannat* mit ihren Einsteigeschächten zur Reinigung an allen 10 Metern, heutigentags noch als Wahrzeichen iranischer Wasserwirtschaft, deren Anfänge wohl weit in die vorgeschichtliche Zeit zurückreichen. Welche große Bedeutung diesem unablässigen Kampf gegen die Verödung des Kulturbodens, beispielsweise zu Zeiten der Achämenidenherrscher (von der letzten Hälfte des 6. Jahrhunderts v. Chr. an) beigemessen wurde, bezeugt eine Verordnung eben dieser Fürsten: fünf Generationen erhalten freie Nutznießung des Bodens zugesichert, wenn dieser auf Grund solcher Irrigationsarbeiten in fruchtbares Ackerland umgewandelt wird.

Im iranischen Hochland fließt kein Nil, noch gibt es einen Euphrat und Tigris, längs deren Lauf sich die dörflichen Siedlungen verhältnismäßig bald aus Gründen des Gemeinnutzes vereinigten, um Dämme und künstliche aus diesen Flüssen gespeiste Wasserläufe anzulegen. Ein derartiger Zusammenschluß führte über wirtschaftlich-soziale Bündnisse früher oder später auch zu solchen politischer Natur.

Die gegebene Struktur des Hochlandes (mit seinem über weite Strecken verstreut vorhandenen und jeweils nur beschränkten Wasservorrat) förderte statt dessen die Entwicklung individueller dörflicher Kulturen, die weit voneinander isoliert lagen. Obgleich der Oasenboden an sich sehr ertragreich ist, können die räumlich begrenzten Gelände naturgemäß nur eine beschränkte Anzahl ständiger Siedler ernähren. Solche Oasen in der Ebene sind meistens von semiaridem Weideland, das allgemach in Wüstenei übergeht, gleich einem Gürtel umgeben. Von höhergelegenen Wasserläufen, wie z. B. in den Tälern des armenischen Berglandes oder des nördlichen Afghanistans, konnten die Bewohner ohne weiteres auf Bergweiden hinaufziehen, so daß sie neben Land- und Gartenbestellung auch eine größere Viehzucht betreiben konnten.

Die unzugänglich und tief in die Berge eingeschnittenen Seitentäler enthalten unzählige leicht zu verteidigende Schlupfwinkel. In ihnen hausten kleinere Gruppen, bei denen es sich vermutlich um versprengte Reste verschiedener Stämme oder aber einfach um räuberische Elemente handelte. Neben kaum nennenswertem Ackerbau und knappem Viehbestand lebten sie in der Hauptsache von regelmäßig sich wiederholenden Plünderungszügen hinunter in die reichen Ebenen oder Oasengelände, bis eine dort erstarkende Herrschaft ihnen diese Art von „Erwerb" unmöglich machte.

Außer Alabaster und Diorit finden sich an Mineralien vor allen Dingen Lapislazuli im Elburzgebirge; Bernstein kommt aus Yezd in der Zentralwüste, und im eigentlichen Hochland gibt es Kupfer und Schwefel. Wesentlich bedeutender aber sind die Vorkommen von Eisen, Zinn, stark silberhaltigem Blei, und wiederum Kupfer in den armenischen Bergen sowie in Azerbeidjan. Ein wichtiger Exportartikel im Altertum war auch Holz aus dem iranischen Hochland für das fast baumlose Zweistromland.

Vorgeschichtliches Tonidol

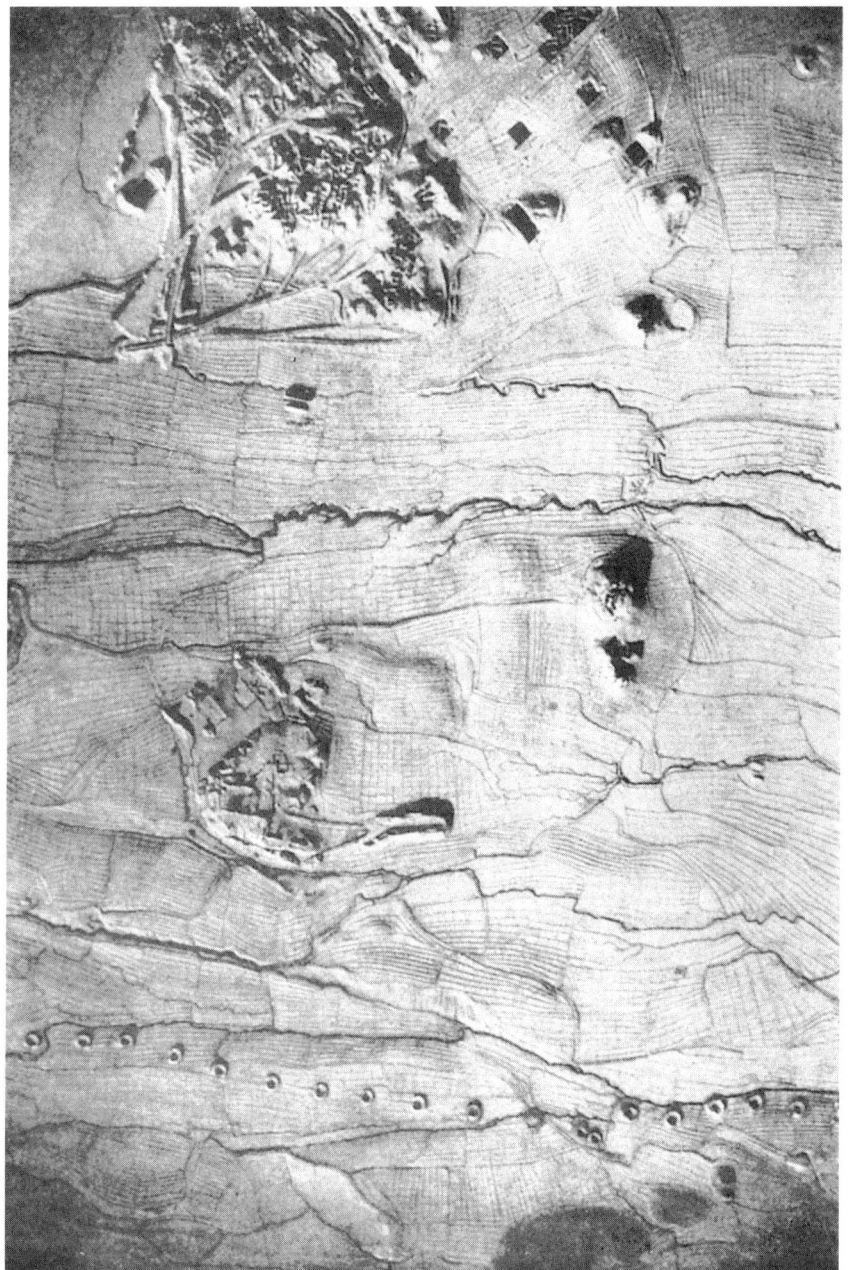

Tepe Hissar, Flugbild

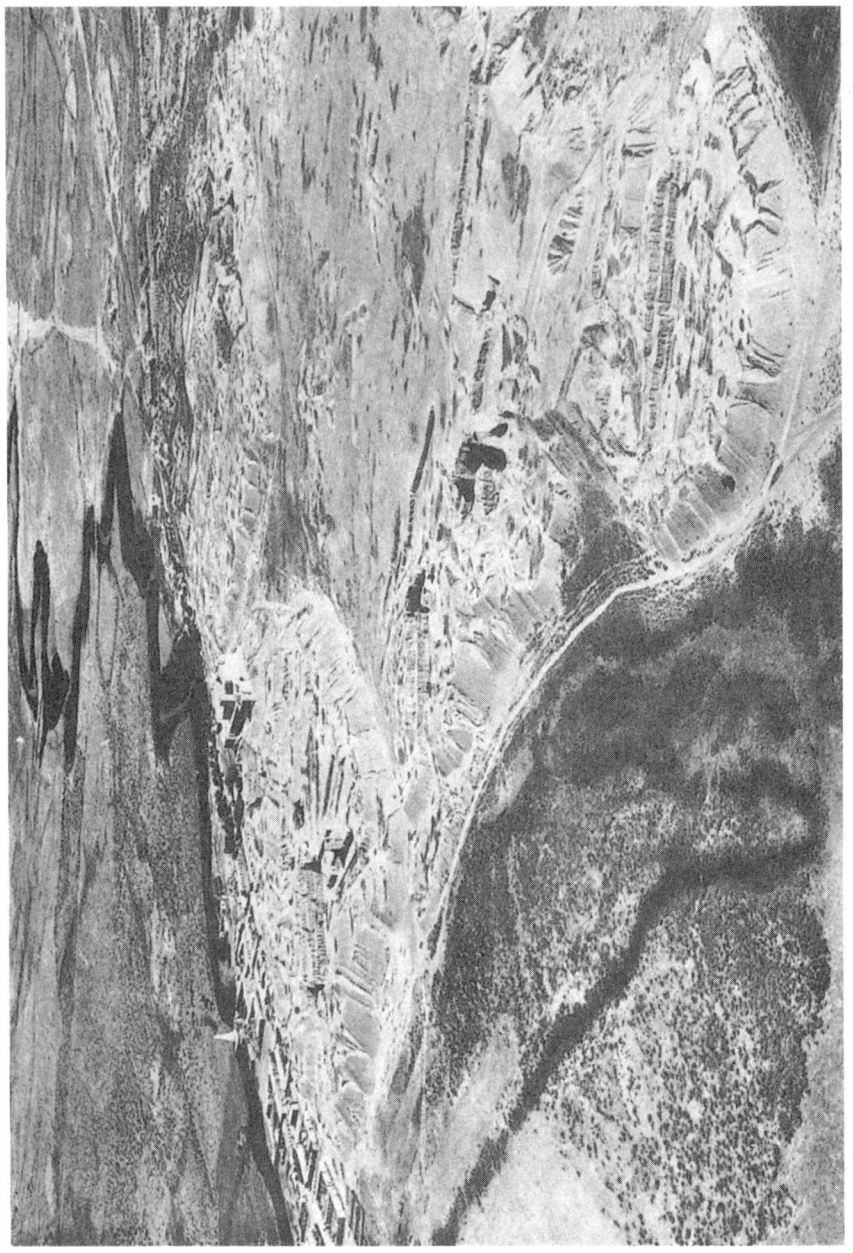

Susa, Flugbild

Darband-i-Gawr. Felsbild Naramsins von Akkad

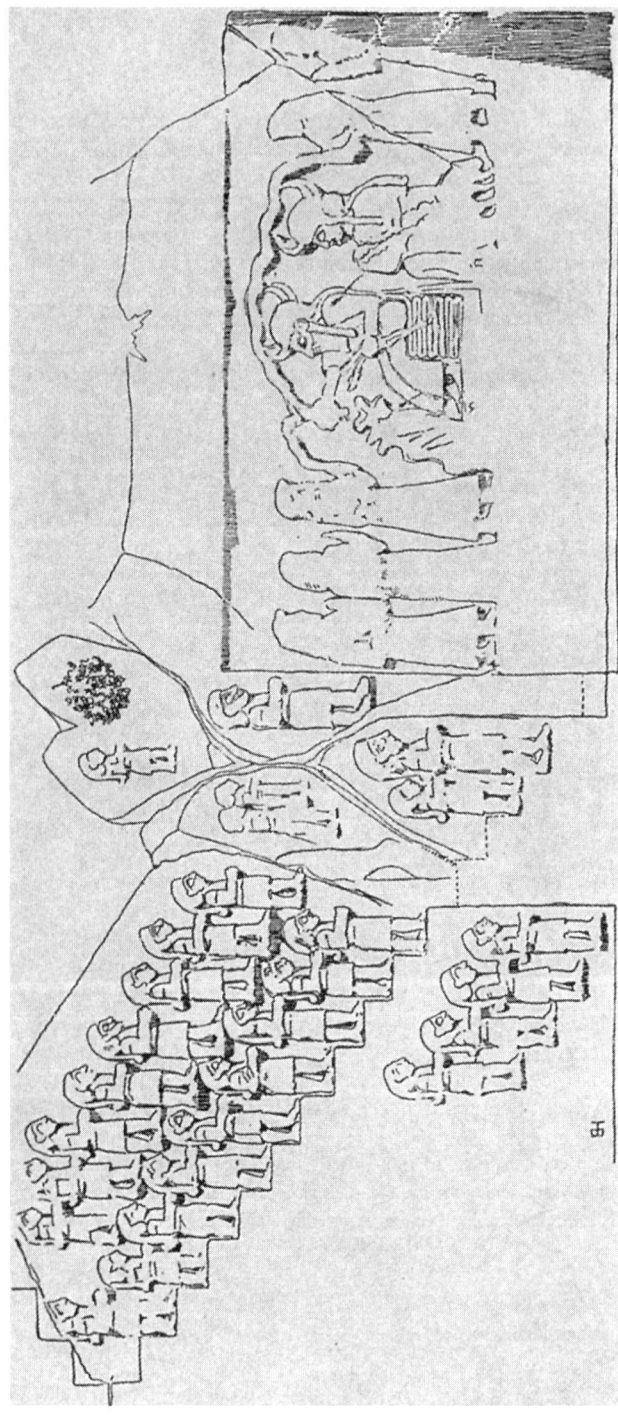

Elamische Felsreliefs, Kurangun

II

Die ältesten Dorfkulturen

In den Gebieten, die später den Namen *Iran* erhalten sollten, lassen sich die Spuren menschlichen Lebens bis in die ältere Steinzeit zurückverfolgen, eine Periode, für die noch keinerlei wirklich erfaßbare Daten vorliegen. Vor 20 000 Jahren ..., oder 30 000 Jahren ... – das sind Zahlen, die riesige Zeiträume umfassen und sich unserem Vorstellungsvermögen entziehen.

Ja, auch noch die Perioden der nächsten Entwicklungsstufe, der jüngeren Steinzeit, liegen mit ihrem Beginn in gleichfalls kaum vorstellbaren Fernen: vor 12 000 und 15 000 Jahren. Es besteht aber die Möglichkeit, Merkmale des Übergangsstadiums von der Sammel- und Jagdwirtschaft zur seßhaften Lebensweise in den später als Iran bezeichneten Gebieten aufzuspüren.

Eine wenngleich nur bedingt ununterbrochene Kulturentwicklung läßt sich im südlichen Teil des iranischen Gesamtgebietes, auf dem Hochland, erst nachdem sich schon regelrechte kleine Siedlungsgemeinschaften, also Dörfchen gebildet hatten, bis zum heutigen Tage verfolgen. Aber auch der Anfang sogar dieser Entwicklungsstufe liegt noch jenseits absoluter Daten. Es bleibt abzuwarten, ob eine neue im Zuge der Atomforschung aufgekommene Methode, nämlich die Messung der Radioaktivität von *Carbon 14* in Holz und Geweben, jemals zuverlässige Datierungen ergeben wird.

In den oasenartigen Landschaften von Westturkestan ebenso wie auf dem Hochland dämmerten die einzelnen Dörfchen langsam und ungestört vor sich hin. Ihr Dasein in der Steppe wurde aber bald unterbrochen, und erst zu einer viel späteren Zeit, als das Steppengebiet schon zu Aryanam, zum „Land der Arier" geworden war, lassen sich dort wieder Anzeichen menschlichen Lebens nachweisen. Vielleicht war es hier schon sehr früh zu einer weitgehenden Viehwirtschaft gekommen, die ein Nomadisieren nach sich ziehen mußte; immerhin könnte das eine Erklärung für die kaum vorhandenen oder nur schwer auszumachenden Reste sowohl in wie auch über dem Erdboden sein.

Wie schon gesagt, ist auf dem eigentlichen Hochland die Entwicklung mehr oder weniger lückenlos zu verfolgen, wenn auch bis auf wenige Ausnahmen ohne feste Daten. Erst mit dem beginnenden 1. Jahrtausend v. Chr. trat auch dieses Gebiet, das „Land der Arier", in das Licht der Geschichte. Während im „fruchtbaren Halbmond" seit langem schon Städte und Reiche entstanden und wieder vergangen waren, vegetierten die dörflichen Gemeinden hier unverändert weiter.

Nur an den Nord- und Südrändern des Hochlandes können Schwankungen innerhalb der an sich ziemlich statischen Kultur um und nach 3000 v. Chr. erkannt werden, die indessen nur selten auf das eigentliche Hochland übergriffen. Die meisten Bevölkerungsverschiebungen und Verlegungen der Wohnsitze lassen sich fast ausschließlich auf den Prozeß der zunehmenden Austrocknung des Bodens zurückführen. Diese immer weiter fortschreitende Ausdörrung scheint dem iranischen Hochland als Schicksal bestimmt zu sein.

Im endenden 4. Jahrtausend v. Chr. ist an der Nordgrenze ein Druck von aus der Steppe eindringenden Nomaden zu beobachten. Sie dringen teilweise in das eigentliche Hochland vor und sickern vielleicht auch über seinen Südrand in die mesopotamische Ebene ein.

Etwas später dann, um 3000 v. Chr., beginnt die für uns mit Namen und Daten erfaßbare Geschichte der Hochkulturen Mesopotamiens und Ägyptens. Mit der Erfindung der

Schrift treten zu den bisherigen stummen Zeugnissen, wie Werkzeugen, Topfscherben, Mauerresten und Gräbern, nun auch sprechende Dokumente. Hinsichtlich der iranischen Lande sagen solche Quellen – alle aus Mesopotamien – im allgemeinen aber nur für ihre südwestlichen Randgebiete etwas aus: für die westlichsten Bergketten und Talebenen des Zagros, die an das Zweistromland stoßen. Funde eines Tontäfelchens, Schmuckstückes oder einer besonders ausgeprägten Vasenform in den dörflichen Siedlungen auf dem Hochland und in seinen Seitentälern erlauben es uns nur dann, die eine oder andere Wohnschicht zeitlich genau zu bestimmen, wenn ähnliche Stücke aus datierbaren Schichten des Zweistromlandes zum Vergleich herangezogen werden können.

Schriftliche Dokumente aus Mesopotamien enthalten zwar viele Namen von Orten und Stämmen, die dem später Iran genannten Gebiet angehören müssen, aber ein genauer Begriff läßt sich nur in den seltensten Fällen mit diesen Angaben verbinden. Einige Funde aus dem beginnenden 1. Jahrtausend v. Chr., zu welcher Zeit die Assyrer tief in die Bergketten des Zagros eindrangen und dabei auch zuweilen über diese hinweg auf das eigentliche Hochland vorstießen, ermöglichen es manchmal festzustellen, wie weit sich der Einfluß der südlichen Kulturlande erstreckte, namentlich der Elams, das einen kleinen Teil von Iran selbst bildete und allein in engem Zusammenhang mit Südmesopotamien schon seit etwa 3000 v. Chr. auf der Geschichtsbühne stand.

Älteste Überreste menschlichen Daseins sind vorhanden in natürlich gewachsenen Höhlen der Bergketten, die sich, in östlicher und südöstlicher Richtung vom armenischen Bergland ausgehend, fächerförmig öffnen (im heutigen Azerbeidjan). Entdeckt wurden solche Höhlen auch in den Zagrosketten, vornehmlich in ihren nördlichen Teilen, unweit von Yarmo, aber auch weiter südlich bei Behistun, im „Tor von Asien", und an den Nordhängen der Elburzgebirge, die dem Ufer des Kaspischen Meeres zugewandt sind. Sogar in den Bergzügen, welche die beiden Wüstenbecken der Dascht-i-Kabir bzw. -i-Lut und Registan voneinander trennen, und zwar in der Mitte des Plateaus selbst wurde eine derartige Höhle aufgefunden. Alle diese Höhlen waren Lagerplätze von Jägern und Sammlern.

Die vereinzelten altsteinzeitlichen Artefakten, die zudem an weit voneinander entfernten Orten angetroffen wurden, sind aber noch zu unausgeprägt und dürftig, als daß sich Beziehungen zu ähnlich primitiven Gegenständen anderer Siedler aus dem weiten Raum des Vorderen Orients oder gar der ersten Dörfler in Iran erkennen ließen. Der Übergang von der Stufe des Sammelns und Jagens zu Viehzucht und Ackerbau – also jene bedeutsame Umwälzung, die den Menschen bis zu einem gewissen Grad von der Natur und den Jahreszeiten unabhängig machte und ihm eine höhere geistige Entwicklung ermöglichte – konnte bislang noch nirgends erfaßt werden und wird sich vielleicht auch niemals erfassen lassen. Es war dies sicherlich ein lange währender und sich über weite Gebiete erstreckender Prozeß, der sich an mehreren voneinander unabhängigen Plätzen und zu verschiedenen Zeiten vollzogen haben mag.

Einige Forscher sind freilich der Meinung, daß gerade diese Phase der Menschheitsgeschichte in den südlichen Vorbergen der Zagrosketten, nämlich bei Yarmo, zu fassen sei. Hier wurden die Überbleibsel des Wohnplatzes einer kleinen Menschengruppe gefunden, deren Werkzeuge jedoch in ihrer Primitivität kaum von denen der Jäger und Sammler zu unterscheiden sind. Indessen gab es in den etwas vertieften Hüttenböden schon einige Steingefäße – die Töpferei jedoch, das Merkmal der seßhaften Menschen, kannten jene Leute noch nicht.

Allerdings fand man in den obersten Wohnschichten einiger der vorher erwähnten Höhlen eine sehr primitive handgemachte Keramik, die der Töpferei aus den wenigen bislang untersuchten, ältesten Siedlungsstätten entspricht. Man hat daraufhin eine zeitliche Entwicklung von den erwähnten Steingefäßen der Jäger und Sammler zu der Keramik der Höhlenbewohner und von dort zu der Töpferei der ältesten Dörfler konstruieren wollen. Es ist aber eher anzunehmen, daß beide Keramiken gleichzeitig sind und infolgedessen kein Bindeglied zwischen den unsteten Höhlenbewohnern der älteren Steinzeit und den ersten Dörflern der jüngeren Steinzeit darstellen. Während des unmerklichen Übergangs von der Jagd- und Sammelwirtschaft zur eigentlichen Seßhaftigkeit werden vermutlich noch manche kleine Menschengruppen in solchen alten Höhlenverstecken weiter gehaust haben, ehe sie dann in die Täler und Ebenen hinunterzogen, um sich dort ihre Hütten zu errichten.

Nach der gesamten geologischen Periode, in deren Verlauf der Norden des eurasischen Kontinents unter einer Eisdecke lag, und die einer langen Regenperiode im Süden entsprach, setzte eine allmähliche Austrocknung des iranischen Hochlandes ein. Nach und nach zogen nunmehr die Menschen, dem Jagdwild folgend, in südöstlicher Richtung den Längstälern der Zagrosberge entlang auf das Plateau, wo damals nicht die heutige Salzwüste, sondern ein großer Binnensee lag, der von savannenartigen Uferebenen umgeben war.

Im Grenzgebiet zwischen den damals überwiegend bewaldeten Berghängen und den Talsohlen, wie auch am Rand der Savannen um den großen Binnensee, entstanden erste kleine Dorfgemeinschaften – ihr Beginn läßt sich nicht festlegen. Immerhin kann angenommen werden, daß vom 5. Jahrtausend v. Chr. an überall auf dem Hochland verstreut kleinste Dörfchen zu finden waren. Auch im Osten, wo sich in ähnlicher Weise wie im Westen Bergketten von den großen Eckgebirgen des Plateaus ablösen und der Mitte des Hochlandes fächerförmig zustreben, wurden am östlichen Rande der Salzwüste viele niedrige Hügelchen, die älteste dörfliche Siedlungsreste in sich bergen, in der nunmehr verdorrten und versandeten Ebene gefunden.

Ähnliche Ruinenstätten wurden in großer Menge in den jetzt versteppten Talebenen des Atrek und Gurgan, beiderseits der östlichen Elburzausläufer, also sowohl in Richtung der turkestanischen Steppe (namentlich in Gurgan und bei Anau), als auch innerhalb des eigentlichen iranischen Hochlandes beobachtet.

Aus den nördlichen Teilen des turkestanischen Steppengebietes liegen bis jetzt nur wenige archäologische Berichte vor; immerhin lassen diese erkennen, daß auch hier, in den heute versteppten und versandeten Gebieten östlich des Kaspischen Meeres sowie an den Ufern des Aral-Sees, Siedlungen der sogenannten Kelteminar-Kultur vorhanden gewesen waren.

Bislang sind aber nur wenige Ruinenstätten solcher Art untersucht worden, und die dabei gemachten Funde erlauben noch keinerlei Differenzierungen. Kleine, grobrechteckige und flache Gruben waren die Behausungen, die vermutlich giebelförmig mit Ästen und Rohr abgedeckt gewesen waren. Die Werkzeuge bestehen ausschließlich aus Stein oder Knochen und haben denkbar einfache Formen. Die Keramik, meistens flache Schalen und einige etwas tiefere Näpfe, ist handgemacht. Die roh geglätteten Außenseiten der Gefäße sind durch Gebrauch rauchgeschwärzt.

Über Art und Aussehen dieser Menschen weiß man ebenso wenig wie über ihre Rassenzugehörigkeit, und es bleibt auch ungeklärt, ob sie als Zugewanderte hier seßhaft geworden waren. Funde von Rinder-, Ziegen- und Schafsknochen zeigen jedoch an, daß sie neben dem Ackerbau auch die Viehzucht kannten. Das bedeutet, daß hier bereits die Grundlage der für das iranische Gesamtgebiet wichtigsten Wirtschaftsform vorhanden war, zu der später ein hochentwickeltes Hirtenwesen hinzukam, dessen höchste Stufe die Pferdezucht bildete.

Über das Leben der Dörfler im 4. Jahrtausend v. Chr. läßt sich schon erheblich mehr sagen – räumlich ist es allerdings beschränkt auf das iranische Hochland und die unmittelbar angrenzenden Landstriche im Norden und äußersten Süden. Die allgemach sich vollziehende Entfaltung geschah wahrscheinlich friedlich, denn es wurden kaum Waffen und keinerlei noch so primitive Befestigungen gefunden. Grundsätzlich ist für die Lebensführung der einzelnen Dörfer hier, im Gegensatz zu fast allen übrigen Gebieten des Nahen Orients, folgendes Sondermerkmal hervorzuheben:

Für jede Landwirtschaft ist Wasser unerläßlich. Im ganzen Vorderen Orient ist infolgedessen eine in der Nähe eines natürlichen Wasservorrats gelegene und einmal besiedelte Stelle auch in der Folgezeit immer wieder besiedelt worden, ja, bisweilen steht noch heute ein kleines Dorf an solchen Plätzen. Wurden derartige alte Siedlungsgelände dennoch verlassen, so ist der Anlaß fast ausschließlich in einer gewaltsamen Zerstörung zu finden, bei der die Anwohner entweder weit weg flohen oder erschlagen oder auch als Gefangene fortgeführt wurden. Dieser Sachverhalt trifft aber nicht für Iran zu: nicht gewaltsame Vernichtung, sondern zunehmende Austrocknung war die Ursache davon, daß in jener Zeit viele der kleinen Dorfsiedlungen verlassen und nie wieder besiedelt wurden. Mehr und mehr zeichnet es sich auch ab, daß mit der Versandung des großen Binnensees sowie der damit verbundenen, ständig sich ausbreitenden teils salzigen, teils sumpfigen Versteppung (die sich alsbald in regelrechte Wüste verwandelte) auch die dörflichen Siedlungen immer weiter gegen die Berghänge im Norden und Süden gedrängt wurden bzw. die Menschen im Osten und Westen talaufwärts wandern mußten.

Auf Grund der Keramik lassen sich auf dem Hochland zwei verschiedene Kulturen unterscheiden, eine nördliche und eine südliche. Die erste ist vor allem durch Grabungen in Tepe, Hissar, Schah Tepe und Anau bekannt geworden, und die zweite hauptsächlich durch Untersuchungen in Tepe Giyan, Tepe Sialk, Tall-i-Bakun wie auch durch mancherlei Einzelfunde aus den Tälern von Mekran und Belutschistan. Der wichtigste Fundplatz ist Tepe Sialk am Westrand der Dascht-i-Kabir. Außerdem sind noch Funde aus Elam zu nennen.

Bei diesen dörflichen Anlagen kann allgemein erkannt werden, daß die Hüttenwände aus Zweigen und Rohr erst allmählich durch gestampfte Lehmmauern und danach durch regelrechte Lehmziegelwände ersetzt worden sind. Im Vergleich mit den ersten Siedlungsspuren ist an der Form der Hütten nun aber eine grundsätzliche Änderung festzustellen: waren es früher einzelne ein-, allerhöchstens zweiräumige Hütten, so besteht ein solches Dörfchen jetzt oft aus einer einzigen Anhäufung mehrerer kleinerer Räume und Höfe mit gemeinsamen Mauern. Bisweilen lassen sich zwei oder gar drei derartiger „Gruppenhäuser" erkennen, woraus zu schließen ist, daß die einzelnen Siedlungsgemeinschaften sich in „Clane" aufgeteilt hatten und feste Verbände bildeten. Manche Forscher sehen darin den Beweis dafür, daß es in Iran damals schon eine Matriarchal-Organisation gegeben habe, die für spätere Zeiten in der elamischen Kultur nachzuweisen ist und deren Spuren sich auch noch in der Erbfolge indoiranischer Fürsten erkennen lassen. Mit Ausnahme der Töpferei ist das sonstige Inventar in den nördlichen und südlichen Dorfkulturen das gleiche. Die Form der noch immer vorwiegend aus Stein und Knochen hergestellten Werkzeuge zeigt nun eine bessere Bearbeitung. Zu steinernen Messerklingen und Bohrspitzen, Ahlen aus Knochen, und sehr seltenen kleinsten Gegenständen aus gehämmertem Kupfer kommen nunmehr auch einige Waffen. Nach ihrer Kleinheit zu schließen, werden sie jedoch wohl vornehmlich zu Jagdzwecken gedient haben. Es handelt sich bei ihnen um kleine Keulenköpfe und Äxte aus Stein sowie um tönerne Schleudergeschosse. Allerlei findet sich jetzt an persönlichem Schmuck, der namentlich als Beigaben

Naqsch-i-Rustam, in sassanidischer Zeit zum Teil überarbeitet

Sar-i-Pul. Felsbild Annubaninis

Elamische Siegel und Tontafel mit proto-elamischer Schrift

Elamische Siegel und Tontafel mit proto-elamischer Schrift

in Gräbern anzutreffen ist: Steinringe als Armreifen, kleine Perlen aus gebranntem Ton, Anhänger aus seltenem Gestein sowie Muscheln aus oft weit entfernten Gegenden, was auf frühe Beziehungen zwischen den einzelnen Gebieten des Plateaus schließen läßt. Ja, manche Verbindungen mögen sogar zu seinen nördlichen und südlichen Vorlanden geführt haben, und die heute durch die Salzwüsten rieselnden unzähligen schmalen Pisten werden neben der großen natürlichen Trasse, der später die Seidenstraße folgte, schon damals einem Austausch von Handelsgütern gedient haben.

Einige Geräte zeugen von erstaunlich hohem Können: das schönste Stück ist bisher der Knochengriff eines Steininstrumentes, der das Bild eines Menschen jener Zeit wiedergibt. Er trägt eine runde Kappe und einen halblangen, durch einen Gürtel festgehaltenen Lendenschurz; der schlechte Erhaltungszustand des Stückes läßt leider nichts von der Physiognomie erkennen.

Sehr häufig wurden kleine knopf- und knebelförmige Gegenstände gefunden, die auf der einen Seite geometrische Muster verschiedenster Art zeigen, unter diesen unverkennbar aber auch die Darstellung von Schlangen. Bei solchen Objekten handelt es sich gewiß um Siegel, was für einen ausgeprägten Begriff persönlichen Eigentums jener Zeit spricht.

Primitive Sicheln aus Ton oder kleinen Flintsplittern, die ursprünglich wohl in Holz oder Knochen eingelassen waren, sind ein Beweis dafür, daß es irgendeine Form von Ackerbau gegeben hat. Viehzucht ist durch Knochenfunde von Haustieren derselben Art wie in den ältesten Siedlungen belegt; und Abbildungen auf den Gefäßen beweisen die Zähmung von Hund und Schwein. Eine große Menge tönerner und steinerner Spinnwirteln zeugt von Weberei.

Über die religiösen Vorstellungen jener Zeit kann nur wenig gesagt werden. In Tall-i-Bakun wurde eine große Menge grob ausgeführter männlicher und weiblicher Tonfiguren wie auch solche von Tieren gefunden, die möglicherweise mit religiösen Auffassungen in Zusammenhang stehen können. Die Tatsache, daß die weiblichen Statuetten die männlichen an Anzahl übertreffen, ist vielleicht bedeutsam. Ganz gewiß aber mit irgendwelchen Glaubensvorstellungen verknüpft sind die Schlangendarstellungen, die in dieser Zeit namentlich auf der Keramik anzutreffen sind. Unter den Mustern auf der etwas späteren Töpferei aus Susa in Elam ist oft ein Mann abgebildet, der zu beiden Seiten je eine Schlange hält. Dasselbe Motiv ist aus einer anderen Periode, die aber immerhin noch in das 3. Jahrtausend v. Chr. fällt, auf einem Siegel aus Tepe Hissar bekannt. Darstellungen auf Reliefs und Felsbildern des ausgehenden 3. Jahrtausends v. Chr. aus dem elamischen Gebiet erweisen eindeutig, daß jedenfalls in Elam eine Schlangengottheit von besonderer Bedeutung gewesen sein muß. Die Beisetzung der Toten, und zwar in Hockerstellung, ist gekennzeichnet dadurch, daß die Skelette heute wie in Rötel gebettet erscheinen. Das muß darauf zurückgehen, daß die Körper der Toten mit Rötel überzogen wurden, was mit religiösen Gedankengängen zusammenhängen dürfte. Beigaben von Schmuck, kleinen Gefäßen, Handwerkszeugen und Waffen lassen darauf schließen, daß jene Menschen schon eine gewisse Vorstellung vom „Leben nach dem Tode" hatten.

Auch in der Wahl des Bestattungsplatzes scheint ein Unterschied zwischen der nördlichen und südlichen Gruppe geherrscht zu haben: in der Gurgan-Ebene und in Anau wie auch Tepe Sialk wurden die Toten innerhalb der Siedlungen, nämlich unter den Hüttenböden beigesetzt, während im Süden, zum Beispiel in Tall-i-Bakun und Susa, keine Skelette innerhalb der Ansiedlungen aufgefunden wurden; infolgedessen müssen die Toten getrennt vom Bereich der Lebenden begraben worden sein.

Der hauptsächliche Unterschied aber zwischen der nördlichen und der südlichen Dorfgruppe macht sich in der Töpferei bemerkbar.

In beiden Gruppen findet sich zu Beginn eine einfache rauchgeschwärzte Keramik, meistens Schalen mit geraden oder leicht nach innen gebogenen Rändern. Bald kommt eine bessere Ware hinzu, deren Gefäßwände einen oft sehr gut geglätteten roten Überzug aufweisen. Nicht viel später treten durch Bemalung verzierte Gefäße auf, die – eine einschneidende Erfindung – auf der Töpferscheibe hergestellt worden sind.

Es läßt sich erkennen, daß die Keramik des nördlichen Hochlandes und seiner nächsten Vorgebiete ebenso wie die der turkestanischen Steppe gekennzeichnet ist durch einen rötlichen Grund, der mit schwarzen oder schwarzbraunen gemalten geometrischen Mustern versehen ist. Diese nördlichen Gefäße haben oft ziemlich hohe Füße – gleichviel, ob es sich um tiefe Näpfe oder Becher handelt – als hervorstechendes Merkmal. Als typische Form der größeren, vermutlich meist als Vorratsgefäße dienenden Stücke gilt diejenige, deren kleinerer, unterer Teil konkav geschwungen ist, während der ausgebauchte obere Teil vertikal verziert ist.

Die südlichen Dorfkulturen bevorzugten bei ihrer Töpferei eine gelblichweiße Farbe als Malgrund. Neben den schwarz oder schwarzbraun aufgetragenen geometrischen Verzierungen treten alsbald stark stilisierte Darstellungen von Tieren auf, sehr selten von Menschen. Die Tiere sind oft derart geschickt mit geometrischen Mustern verbunden, daß die Gefäßflächen in vollendeter Weise ausgefüllt sind. An ausgeprägten Formen sind die mittelgroßen Schalen hervorzuheben, deren Innenfläche zentrierte Muster aufweisen, bei denen wiederum stark stilisierte Tiermotive, namentlich Steinböcke und Vögel, verarbeitet sind. Eine Leitform für diese Gebiete sind außerdem Schalen mit geraden Rändern sowie Becher mit flacher oder gerundeter Standfläche.

Auf Grund des bis jetzt nur spärlich vorhandenen keramischen Materials und in Anbetracht der obenerwähnten Tatsache, daß es sich im Iran nicht, wie in den übrigen Gebieten des Alten Orients, um wirkliche Dauersiedlungen handelt – von einigen Ausnahmen abgesehen –, kann noch nicht einwandfrei festgestellt werden, ob die Töpferei des nördlichen Gebietes einer anderen Zeit als die des südlichen angehört, oder ob eine Parallelentwicklung vorliegt. Durch zunehmende Handelsbeziehungen fand zwischen beiden Gebieten sicherlich bald ein Ausgleich in der Keramik statt. Das läßt sich am besten in Tepe Sialk verfolgen, wo Gefäßarten aus beiden Gebieten zu gleicher Zeit in Gebrauch gewesen waren. Es dauerte nicht lange, bis im ganzen iranischen Hochland sowohl rötliche als auch weißlichgelbliche Keramik gebräuchlich war, wobei die Ornamentik etwa dieselben Verzierungselemente aufweist.

Gegen Ende dieses Entwicklungsstadiums hat sich die Dorfkultur des Hochlandes anscheinend in südwestlicher und südöstlicher Richtung ausgebreitet. Im angrenzenden Mesopotamien, insbesondere im südwestlichsten Vorland des eigentlichen iranischen Hochlandes, in Elam, erscheint nunmehr eine Töpferei, die für dieses Gebiet zwar neu, aber unzweifelhaft verwandt mit der Keramik der südlichen Dorfkulturen ist. In Mesopotamien selbst wird diese Kultur nach ihrem ersten Fundort als „Al Ubaid-Stufe" benannt, und ihre Verbreitung kann bis an die Taurus- und Antitaurus-Barriere im Norden sowie bis an die syrische Küste im Westen verfolgt werden. In Elam ist diese Keramik hauptsächlich aus Susa bekannt geworden, wo sie durch ausnehmend schön verzierte Gefäße vertreten ist.

Auch nach Osten haben sich diese Dorfkulturen verbreitet. Im nördlichen Afghanistan, im oberen Teil des Industales und auch in den angrenzenden Landschaften findet sich eine der Töpferei von Anau ähnliche Keramik. Im Süden des Hochlandes kann das Vorhandensein hellgelblicher Töpferei mit Formen und Verzierungen, wie sie ähnlich aus Susa und Tall-i-Bakun bekannt sind, verfolgt werden in den Tälern der Zagrosberge, dem Persischen Golf entlang bis nach Mekran und sogar bis in das untere Industal.

Ja, es eröffnen sich noch viel weitere Perspektiven! In der fernen nordchinesischen Ebene findet sich als älteste keramische Ware der neolithischen Periode (die der Entwicklungsstufe der hier beschriebenen Dorfkulturen auf dem iranischen Hochland entspricht) eine bemalte Töpferei, die nicht dort entstanden, sondern offenbar im Zug einer Einwanderung dorthin gekommen ist. Noch ist die archäologische Erforschung Zentralasiens nicht so weit gediehen, daß man irgendwelche einigermaßen sichere Schlüsse in dieser Hinsicht ziehen könnte. Immerhin sieht man an einigen wenigen bemalten Scherben aus dem zentralasiatischen Gebiet, und zwar gerade aus dem Korridor, der den Fernen Osten mit dem Nahen Orient verbindet, nämlich aus Ostturkestan und der Yünnan-Passage, daß diese bemalte Keramik nicht nur der nordchinesischen, sondern auch der nordiranischen Ware ähnelt. Auch weit im Westen findet sich in der sogenannten Tripolje-Kultur Südrußlands eine bemalte Keramik, die unverkennbar gewisse gemeinsame Züge sowohl mit der dörflichen Töpferei des iranischen Hochlandes als auch mit Stücken aus der nordchinesischen Yang Schao-Kultur am Gelben Fluß aufzeigt.

Fremde Einflüsse auf die Dorfkulturen sind erstmalig gegen Ende des 4. Jahrtausends v. Chr. zu spüren. Sie sind in erster Linie an der Nordgrenze des iranischen Hochlandes, dort, wo es an die turkestanischen Steppen stößt, und in Elam, in nächster Nähe des südlichen Mesopotamiens, also des Landes Sumer, wahrzunehmen.

Die Ausgrabungen von Tepe Hissar und in Gurgan haben ergeben, daß die ältesten Dorfsiedlungen, in denen vorwiegend bemalte Keramik im Gebrauch war, zerstört worden sind und die nächsten Siedler eine einfarbige, graue Ware mit völlig anderen Formen benutzt haben. Diese Töpferei hat durchweg eine sorgfältig polierte Oberfläche, die bisweilen noch durch regelmäßige Polierstreifen verziert ist. Die kennzeichnendsten Formen sind flache Schalen auf hohen, geschwungenen Füßen und henkellose Kannen mit lang ausgezogenem, schnabelförmigem Ausguß an der Seite.

Auch die anderen in dieser Gegend und auf dem eigentlichen Plateau untersuchten Siedlungen zeigen nach vorhergehenden Zerstörungen dieselbe graue Töpferei. In Elam sowie im angrenzenden Land Sumer ist als Beimischung zu einer hier allerdings noch vorherrschenden bemalten Keramik eine monochrome, meist graue, manchmal auch rötliche Ware zu finden. In Mesopotamien wird diese Kulturstufe nach ihrem hauptsächlichsten Fundort als „Uruk-Periode" bezeichnet.

Vollkommen ungeklärt ist aber die Rolle, die diese Kultur oder ein von ihr ausgehender Einfluß bei der Ausformung der sumerischen Hochkultur im südlichen Mesopotamien gespielt hat; denn diese hat sich in jenem Augenblick zu entfalten begonnen, als in Uruk ein fremder Einfluß (der materiell bisher ausschließlich in einer monochromen, vorwiegend grauen Keramik sowie einigen typischen Gefäßformen nachzuweisen ist) auftrat.

Während im Süden und anscheinend auch auf dem Hochland selbst die Eindringlinge (die Stämme der grauen Ware?) mehr und mehr von der eingesessenen Bevölkerung absorbiert wurden – was dadurch in Erscheinung tritt, daß die Vorliebe für bemalte Töpferei und für deren alte Formen sich bald wieder durchsetzte –, konnten sie sich im Norden offenbar seßhaft machen. Zweifellos handelt es sich um Neukömmlinge von hauptsächlich nomadisierenden Hirtenvölkern aus dem eurasischen Steppengürtel.

Um diese Zeit sind viele kleine Dörfer in der Gurgan-Ebene verlassen worden. Vermutlich benutzten die einwandernden Hirten das Ackerland als Weidegrund für ihre Tiere und brannten, als der Boden unergiebig geworden war, nach Nomadenart den Wald auf den flachen Talhängen der Elburzausläufer nieder, was zusammen mit der natürlichen Ausdörrung dann zur totalen Versteppung führte. Nur an wenigen alten Siedlungsstätten haben sie sich regelrecht niedergelassen, denn eine höher entwickelte Hirtenkultur ist stets mit einer gewissen Seßhaftigkeit verbunden. Um seßhafte Leute muß es sich aber bei den wenigen Plätzen gehandelt haben; da – im Gegensatz zu den früheren Dorfkulturen hier wie auch auf dem eigentlichen Hochland – die Waffen und Werkzeuge dieser Hirten aus Metall bestehen, und zwar aus Bronze, die nicht mehr gehämmert, sondern schon richtig gegossen ist. Das Schmelzen und Gießen von Metall, das Legieren von Kupfer und Zinn zu Bronze ist eine große Neuerung. Einstweilen wissen wir nicht, wo diese Technik entstanden ist, ob an einem einzigen Ort oder an mehreren zugleich, und ebenso wenig ist über die Verbreitungswege der neuen Technik bekannt.

Ein ähnlicher Kontakt der Kulturlande mit dem eurasischen Steppengürtel hat sich anscheinend auch im Fernen Osten vollzogen. In die nordchinesische Ebene drangen Leute ein mit ebendenselben Formen einer gleichen grauen Ware, wie sie die Hirtenstämme besaßen, die sich im nördlichen iranischen Hochland niederließen. Jene mit „Lung Schan-Kultur" bezeichneten Siedlungen verschwanden aber bald, und die Bewohner der nach ihnen entstandenen Dörfchen gebrauchten wieder Geschirr, das sich in Form und Verzierung an die alte „Yang Schao-Kultur" anschließt. Die Funde sind noch zu unergiebig, um erkennen zu lassen, ob die Eindringlinge in Nordchina auch die Kunst der Metallbearbeitung eingeführt haben.

Inwieweit Stämme aus den Steppen durch die Senke bei Merw auch in das Hochland eingedrungen sind, läßt sich wegen mangelnder Funde noch nicht nachweisen. Immerhin wurden aus Afghanistan und dem nördlichen Pandjab etliche Funde grauer und unbemalter Keramik gemeldet, die anzudeuten scheinen, daß Steppenleute bis hierher vorgedrungen sind.

Während der nächsten 2000 Jahre blieben auf dem eigentlichen iranischen Hochland die alten Dorfkulturen unverändert bestehen. Den äußersten Norden scheinen jedoch die Hirtenstämme fest in Besitz genommen zu haben. In der sogenannten 3. Siedlung von Tepe Hissar wurden die Überreste eines größeren Gebäudes mit mehreren Zimmern samt einem besonderen Raum, in dem große Vorratsgefäße standen, entdeckt. Wahrscheinlich war dieses Gebäude stark befestigt. Es kamen schöne Alabaster-, Gold- und Silbergefäße zutage, dazu mannigfaltiger Schmuck aus Gold und Bronze mit Halbedelsteinen, und schließlich Waffen aus Bronze, die mit Tieren oder menschlichen Figuren verziert sind. Alle Funde zeugen für den Reichtum der damaligen Häuptlinge; denn mit Sicherheit handelt es sich bei diesem Gebäude, das in Rauch und Flammen aufgegangen ist, um den befestigten Sitz eines Hirtenfürsten, der sich hier gegen Überfälle anderer Stämme verteidigte.

Innerhalb dieses gewaltigen Zeitraumes von 2000 Jahren ist lediglich im westlichen Randgebiet, in Armenien und in den Zagrosbergen, das Eindringen neuer Stämme festzustellen, die aber größtenteils von der einheimischen Bevölkerung aufgesogen wurden. Wohl ist eine Ausstrahlung der mesopotamischen Hochkulturen des 3. und 2. Jahrtausends v. Chr. ins Hochland hinein, und zwar durch die Vermittlung Elams, bisweilen greifbar, aber zu einem wirklichen kulturellen, geschweige denn politischen Kontakt ist es nicht gekommen.

Tonidol

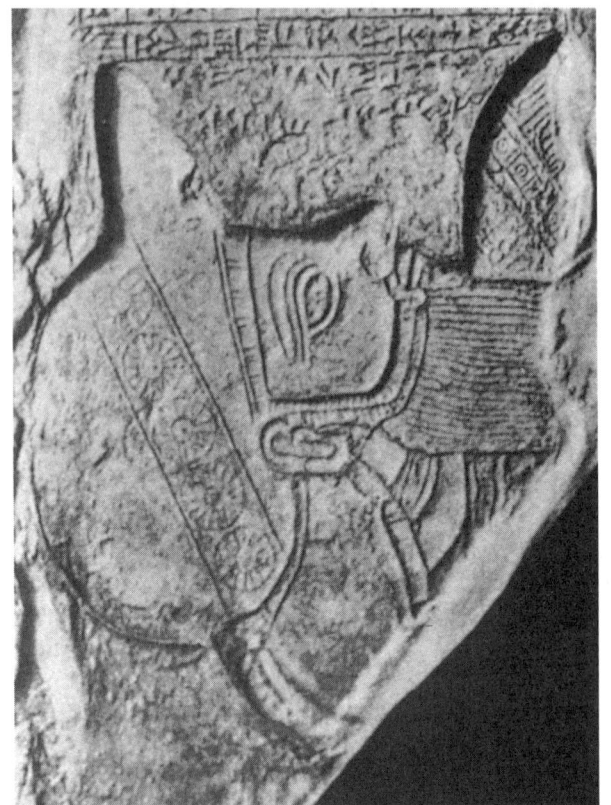

Relief eines elamischen Fürsten

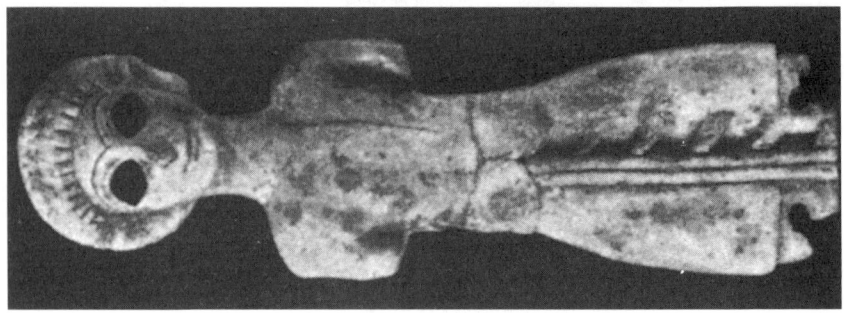

Susa. Elfenbeinfigur

Susa. Bronzestatue der Königin Napirasu

Bronzekopf eines Elamiters

III

Der Kontakt mit den mesopotamischen Hochkulturen: Elam und die südwestlichen Vorberge des Zagros

In der zweiten Hälfte des 4. Jahrtausends v. Chr. zogen Leute vom Hochland, aus der Gegend des heutigen Isfahan, dem Flußtal des Karun entlang und kamen so in die fruchtbare Ebene von Elam.

Inwieweit die mit „Al Ubaid" bezeichnete Kultur im Zweistromland auf eine Einwanderung aus dem Hochland zurückzuführen ist, ist noch ungesichert, sie liegt aber im Bereich der Möglichkeit. In der darauffolgenden „Uruk-Kultur" hat sich, wie oben erwähnt, hier wahrscheinlich der erste Druck aus der Steppe durch das nördliche Hochland hindurch bis nach Südmesopotamien ausgewirkt.

Die dörflichen Siedlungen in Elam werden vermutlich schon früh lebhafte Beziehungen zu den im südlichen Mesopotamien gelegenen sumerischen Tempelstaaten gehabt haben, die sich bereits in der Uruk-Periode zu städtischen Kulturzentren entfaltet hatten. Auf Grund seiner Lage muß sich in Elam notwendigerweise ein Großteil des Handels zwischen der Ebene und dem Hochland vollzogen haben. Die Handelsgüter bestanden in erster Linie aus Gestein (Alabaster und Diorit) und Holz für Bauzwecke, des weiteren aus Halbedelsteinen (Lapislazuli, Türkise und Karneole) und Metallen, wie Blei, Kupfer, Silber und Zinn; und dazu Gold aus Zentralasien. Für irgendeine über den dörflichen Rahmen hinausgehende Kultur gibt es für diese Zeit in Elam noch keine Belege. So ist auch der Tempelbau, der sich in den mesopotamischen Gebieten schon zu großartigen Formen entwickelt hatte, hier zu dieser Zeit noch unbekannt.

Mit der Djemdet Nasr-Periode (dieser entspricht in Elam die sogenannte Susa II-Kultur), in der Südmesopotamien allmählich in geschichtliches Licht tritt, wird der sumerische Einfluß auf Elam zunächst in seinen materiellen Überresten, alsdann aber auch auf politischem Gebiet nachweisbar. In Susa, dem Vorort des elamischen Gebietes, wurden in den dieser Zeit entsprechenden Schichten Stempel- und Rollsiegel gefunden, die sich von solchen aus Mesopotamien kaum unterscheiden lassen. Allerdings haftet den elamischen Stücken eine gewisse Eigenart hinsichtlich der freieren und natürlicheren Wiedergabe der zudem auch reichhaltigeren Motive an.

Zu dieser Zeit kam im Zweistromland die Schriftverwendung auf. Auch aus Elam sind Tontafeln mit einer piktographischen, bislang unentzifferten Schrift bekanntgeworden, die – obgleich sie im einzelnen den sumerischen Zeichen nicht gleicht – offenbar doch in Anlehnung an diese entstanden ist. Einige Forscher möchten die Schrifterfindung überhaupt auf das iranische Hochland, und sogar noch weiter nach Norden, verlegen. Der Fund protoelamischer Tabletten in Tepe Sialk erhellt jedenfalls, daß damals schon Beziehungen zwischen Elam und dem Hochland, und zwar für jene Zeiten recht rege Handelsverbindungen, bestanden haben. Der Reichtum der elamischen Lande beruhte nur zum Teil auf Ackerbau und Viehzucht, Garten- und Plantagenwirtschaft – deren letzte von den Fürsten besonders gefördert wurde –, sondern entsprang vor allem dem Handel.

Unter den ältesten schriftlichen Dokumenten aus Mesopotamien (im 3. Jt. v. Chr.), die über historische Ereignisse berichten und einen Einblick in die soziale Struktur und das Geistesleben erlauben, befinden sich auch Nachrichten über Elam. Dort hatten sich nun ebenfalls solche Staatsgebilde wie in Sumer ausgeformt, sie waren aber anscheinend zunächst nur auf einzelne Städte und deren nächstes Umland beschränkt. Sie müssen indessen wenig später innerhalb eines größeren Verbandes zusammengefaßt worden sein. Die sumerischen Quellen sprechen von einem König von Anschan und Susa, d. h. von einem Herrscher über Elam samt einem weiteren Gebiet, dessen Lage und Ausdehnung uns noch unbekannt ist, das aber mit Sicherheit zum mindesten die Berge im Rücken der Ebene, die heutigen Bakhtiari-Berge, umfaßt haben muß. Wie weit sich diese Herrschaft auf das eigentliche Hochland ausgedehnt hat, läßt sich noch nicht sagen. Ebenso wie für die meisten anderen Gebiete des Zagros, die an das mesopotamische Flachland grenzten, geben die Texte auch für Elam viele Namen von Stämmen und Orten, von Fürsten und Ländern, die aber einstweilen für uns nichts weiter als bloße Namen sind und nur in Ausnahmefällen mit uns bekannten Begriffen in Einklang gebracht werden können.

Aus allen Nachrichten und Überlieferungen geht indessen eindeutig hervor, daß jene Nachbarn Mesopotamiens, und vor allem die Elamiter selbst, weder Sumerer noch Akkader oder Indoeuropäer gewesen sind. Ohne Genaueres über ihren Ursprung zu wissen, faßt man sie heute auf Grund ihrer Namen unter dem Begriff „asianisch" zusammen. Aus den archäologischen Funden geht hervor, daß die Völker in den Zagrosbergen und in Elam wenigstens in kultureller Hinsicht die gleichen Leute wie die Träger der Dorfkulturen auf dem Hochland gewesen sein müssen.

In der sumerischen Tradition reichen Erinnerungen an Einfälle aus den südlichen Zagrostälern in das Zweistromland weit zurück; die vierte, noch sagenhafte Dynastie „nach der Flut" soll aus Awan gekommen sein, das irgendwo östlich von Elam in den Randbergen gelegen haben mag. Abgesehen von unbedeutenden Raubzügen elamischer Häuptlinge nach Sumer, die indessen „Strafexpeditionen" auslösten, war Elam aber politisch und kulturell während der ersten Hälfte des 3. Jahrtausends v. Chr. meistens in sumerischer Abhängigkeit.

Sargon I. von Akkad, der ums Jahr 2400 v. Chr. Sumer und Akkad vereinigte, unterwarf auch Elam, das weiter in engem Abhängigkeitsverhältnis zum Zweistromland verblieb. Unter dem dritten König der Sargon-Dynastie, Naramsin, beteiligte sich Elam an einer großen Koalition von Bergstämmen des gesamten südwestlichen Zagrosgebietes. Am Ausgang des „Tores von Asien" schlug Naramsin diese Koalition der Guti, Lulubi und Elamiter. Zum Andenken an seinen Sieg ließ der König bei Darband-i-Gawr sein Bild – wie er seine Feinde zertritt – in einen Felsen einschlagen. Es ist dies eine Monumentalisierung seiner denselben Sieg verewigenden, knapp zwei Meter hohen Stele, die später der Elamiterkönig Schutruk-Nakhunte (1174 v. Chr.) nach Susa schleppen sollte: die Feinde liegen mit im Tode gelösten Gliedern auf dem Rücken, und ihr Haupthaar tragen sie in Zöpfen, so wie es auf verschiedenen elamischen Darstellungen von der Djemdet Nasr-Periode an bis in die Zeit des letzten elamischen Staates abgebildet erscheint. Außerdem wurden in Susa Ziegel mit Naramsins Namen wie auch Bruchstücke eines Vertrages von ihm gefunden. Hier wird der kulturelle Einfluß des Zweistromlandes also noch fühlbarer.

Elamische Fürsten verwalteten als Vasallen der Akkader das Land. Die Dokumente dieser Zeit sind ausschließlich in akkadischer Sprache abgefaßt; meistens handelt es sich bei ihnen um Verrechnungstexte, Quittungen und Privatverträge, aber auch um Stammrollen von Arbeitern und Beamten, Analysen von Erzausschmelzungen, um Handelsabschlüsse und dergleichen mehr. Ein großer Teil dieser in Susa gefundenen Tontafeln stammt offenbar aus den Archiven eines fürstlichen Haushaltes.

Die akkadischen Monumente müssen allen Bergleuten gewaltig imponiert haben; denn unfern der Siegesverewigung Naramsins finden sich verschiedene Felsreliefs lulubäischer Fürsten. Sie ließen sich in gleicher Haltung wie Naramsin darstellen: ihre

Feinde zertretend und deren Unterwerfung entgegennehmend, während die akkadischen Beischriften wohl durch hochtrabende Worte die wirkliche Bedeutungslosigkeit dieser Fürsten gewissermaßen wettmachen sollen. Diese „Siegerdarstellungen" sind vermutlich eher Wunschträume denn historische Ereignisse. Das bedeutendste Felsrelief dieser Art hat der Lulubi-Fürst Annubanini nahe dem „Tor von Asien", der mesopotamischen Ebene zu, anbringen lassen. Auch hier setzt der Fürst in gleicher Pose wie Naramsin den Fuß auf einen besiegten und am Boden liegenden Feind. Eine den mesopotamischen Darstellungen genau nachgebildete Göttin, Ininna, tritt diesem Feind auf den Kopf und führt dem Fürsten zwei andere, nackte Feinde zu, von denen sie den einen mittels eines durch seine Nase gezogenen Riemens festhält. Mit der anderen Hand reicht sie dem Fürsten einen Ring, als Zeichen der Machtbelehnung. In einem zweiten Register erscheinen sechs weitere nackte Gefangene mit auf dem Rücken gebundenen Händen, von denen der vorderste eine Federkrone trägt. Derselbe lulubäische Fürst ließ noch mehrere solcher Reliefs in die Felsen einschlagen – bei einem von ihnen fällt das untere Register fort, und bei einem anderen ist der „König" allein dargestellt. In den sehr schlecht erhaltenen Beischriften maßt er sich in akkadischer Sprache die Titulatur der akkadischen Könige an: „Starker König".

Unfern von Sar-i-Pul, bei Scheikh-Khan, hat sich ein anderer lulubäischer Fürst verewigen lassen. Der Stil dieser Darstellung ist indessen erheblich primitiver, zeigt aber – obwohl er zweifellos auf das Naramsinsche Monument zurückgeht – in einigen Einzelheiten Unterschiede, die etwas von der Bekleidung und Bewaffnung wie auch vom Schmuck der Bergleute erkennen lassen. Der Fürst trägt eine runde, randlose Kappe und einen halblangen Lendenschurz, der vorn offen und am Saum verziert ist und durch einen breiten Gürtel gehalten wird. Im Gürtel selbst steckt eine langschäftige Streitaxt. Um seinen Hals hat er einen Ring mit einem halbmondförmigen Anhänger; in der einen Hand hält er einen Bogen, in der anderen einen großen eiförmigen Schlagstein. Die Beischrift ist leider sehr zerstört.

Diese wohl zeitlich nicht allzu unterschiedlich entstandenen Reliefs – deren ältestes unzweifelhaft dasjenige Naramsins ist – bilden den Beginn einer langen Reihe ähnlicher Monumente, auf denen elamische und andere Herrscher der Randgebirge ihre Heldentaten für immer festhalten wollten.

Der einheimische Gouverneur von Elam, *Puzur-Schuschinak*, ließ die Wirren – „Wer war König, und wer war nicht König?" sagt die Chronik –, in denen das akkadische Reich seinem Ende entgegenging, nicht ungenützt. Zuerst scheint er sich sein eigenes Machtgebiet gesichert zu haben, indem er das Bergland in Besitz nahm, wo ein dort regierender König von Schimasch sich ihm unterwerfen mußte. Die unter Puzur-Schuschinak entstehende elamisch-nationale Erstarkung nimmt mehr und mehr zu. Der Tempel des Hauptgottes von Susa, Schuschinak, wurde von Puzur-Schuschinak erneuert, der dort wertvolle Weihegeschenke niederlegen ließ und tägliche Opfer einrichtete. Er ist der einzige elamische Fürst, von dem schriftliche Dokumente in protoelamischer Schrift erhalten sind. Das Akkadische blieb aber nach wie vor in Gebrauch. Nach dem Tode Puzur-Schuschinaks übernahm die Dynastie von Schimasch die Führung in den elamischen Landen.

Noch zu Lebzeiten dieses elamischen Fürsten stiegen im Nordosten von Akkad die Guti erneut von ihren Bergen hinab in die Ebene, und dieses Mal vernichteten sie die akkadische Macht völlig und errichteten eine Fremdherrschaft über Sumer und Akkad. Als Tempelschänder und Plünderer wird dieser Stämme „ohne Könige" in einer mesopotamischen Chronik gedacht:

„Die Drachen des Gebirges, die dem Gatten die Gattin, den Eltern die Kinder geraubt, das Königtum von Sumer in die Berge geschleppt haben."

Siegelrollen und deren Abdrücke vermitteln uns einige Einblicke in das tägliche Leben jener Zeit. Unbekleidet geht der Elamiter auf die Jagd, und bei Kulthandlungen scheint zumindest der Priester nackt gewesen zu sein. Im übrigen tragen die Männer halblange, von einem Gürtel gehaltende Lendentücher, die Frauen lange Gewänder. Die Frauen tragen ihr Haar stets, die Männer ab und zu in Zöpfen geflochten. Vielfältig ist das jagdbare Wild dieser Zeit, das mit einem kurzen Speer, einer Axt oder mit Pfeil und Bogen erlegt wird. Doggenartige Hunde, aber auch solche, die den heutigen Selukki ähneln, helfen dem Jäger. Dargestellt sind Löwen, Panther, Wölfe, wilde Stiere, Rot- und Damwild, Mufflons und Antilopen, seltener Bären und Schwarzwild. Hirten treiben ihre Herden, Träger schleppen gebeugten Rückens schwere Lasten. Die Frauen beschäftigen sich mit Töpferei und Weben.

Die Groß-Skulptur – es ist lediglich ein einziges Bruchstück eines Reliefs aus dieser Zeit erhalten geblieben – scheint sich eng an sumerische Vorbilder anzulehnen. In diese Periode gehören vielleicht auch zwei große Felsreliefs aus dem südlichen Elam, schon auf dem eigentlichen Hochland.

Das imposanteste und zugleich interessanteste Monument wurde bei Kurangun, zwischen Susa und Persepolis, entdeckt. Es ist ein in das Gestein eingeschlagener Kultplatz hoch oben auf dem Felsknollen, von dessen Spitze eine Treppe zu einer schmalen Plattform führt. Die Längswand zeigt ein göttliches Paar mit Gefolge; dem Götterpaar nahen sich viele über eine Treppe herabsteigende Andächtige, die wegen ihrer Anordnung und wechselnden Größe verschiedenen sozialen Schichten angehört haben müssen. Der bärtige Gott trägt eine einfache Hörnerkrone und ein langes Gewand, das vorn offen ist. Er sitzt auf einer riesigen, zusammengerollten Schlange, deren Kopf er offenbar mit der einen Hand hält. In der anderen Hand hat er eine kugelige Vase, aus der nach beiden Seiten Wasser strömt. Die freundlich blickende Gemahlin sitzt, ebenfalls mit einer Hörnerkrone, auf einem nicht mehr kenntlichen Vierfüßler. Vor dem göttlichen Paar steht ein Altar. Das Gefolge ist gleichfalls in lange Gewänder gekleidet, während von den Andächtigen nur die drei unmittelbar vor der Gottheit stehenden und auch figürlich am größten dargestellten Ranghöchsten solche Gewänder tragen. Die restlichen Adoranten sind mit halblangen Lendentüchern bedeckt und bartlos, sie tragen ihr Haupthaar aber zu einem Zopf gesammelt. Etliche Forscher möchten annehmen, daß die die Treppe herabsteigenden Andächtigen zu einer Komposition gehören, die viel älter (Djemdet Nasr-Periode, beginnendes 3. Jahrtausend v. Chr.) als der rechte Teil des Reliefs mit den beiden Gottheiten sei; letzteres sei an Stelle einer weggemeißelten Darstellung nach einer erneuten Glättung des Felsens hier angebracht worden. Aber gerade die äußere Form dieser heiligen Stätte mit ihrer zur eigentlichen Kultplattform führenden Treppenflucht läßt die Annahme zu, daß die ganze Komposition eine Einheit bildet und eine der hier einst vollzogenen Kulthandlungen im Bilde festhalten sollte.

Der sumerische Einfluß in der Wiedergabe des Götterpaares ist unverkennbar: die Hörnerkrone, das Thronen der Göttin auf einem Tier, und die Vase, der zwei Ströme entspringen. Im übrigen aber herrschen bei weitem der sumerischen Kultur unbekannte Elemente vor, ganz abgesehen davon, daß es auch keinerlei monumentale Darstellungen dieser Art aus dem sumerischen Kreis gibt. Vor allem der Schlangengott geht wohl auf uralte Anschauungen des Hochlandes zurück; ferner ist es die Tracht der Adoranten wie auch die Darstellung der Figuren in reinem Profil, was dem Sumerischen unbekannt ist.

24

Susa. Die Spinnerin

Malamir. Felsrelief

Tepe Sialk. Gesamtansicht

Zerstörung einer elamischen Bergfeste. Assyrisches Relief aus Ninive

Ein anderes Felsmonument dieser Art findet sich in Naqsch-i-Rustam, dem späteren Grabplatz der achämenidischen Könige, bei Persepolis. Es war lange Zeit übersehen worden, da über ihm der sasanidische König Bahram II. ein Relief hat meißeln lassen, das jedoch nie fertig geworden ist. So sind wenigstens noch Teile des ursprünglichen, nämlich elamischen Reliefs wiederzuerkennen: auch hier scheint die Hauptgestalt eine sitzende Schlangengottheit gewesen zu sein. Am besten erhalten ist die hinter ihr stehende Figur in einem langen Leibrock, deren Haar in einem gelockten Schopf im Nacken liegt. Als Kopfbedeckung ist ein flacher, sonnenhelmartiger Hut wahrzunehmen. Dieses Relief zeigt uns nicht nur die Ausbreitung des kulturellen, vielleicht auch politischen, Einflusses von Elam weit nach Südosten, sondern gibt uns möglicherweise auch eine Erklärung dafür, weshalb Dareios I. gerade Naqsch-i-Rustam für seine Grabstelle aussuchte und Persepolis als Ort für seinen Palast wählte: es war ein uralter heiliger Ort.

In welchem Maße sich kulturelle und politische Einflüsse Elams im eigentlichen Zagrosgebiet und darüber hinaus auf dem Hochland ausgewirkt haben, läßt sich noch nicht genauer erfassen. Die Bergketten unmittelbar im Rücken der Ebene, also die heutigen Bakhtiari-Berge, werden wohl stets eng mit der Susa-Ebene verbunden gewesen sein und den elamischen Fürsten nach Rückschlägen sowohl Zuflucht als auch Ausgangsbasen für neue Vorstöße geboten haben. Auch die Nordküste des Persischen Golfes bis Buschehir gehörte wahrscheinlich immer zur elamischen Einflußspähre.

Die Guti-Fürsten wurden um 2100 v. Chr. von einer sumerisch-akkadischen Koalition unter Leitung des Stadtfürsten von Uruk wieder in ihre Berge zurückgetrieben. In der Ebene kam es aber unter einer neuen, d. h. dritten Dynastie von Ur zu einem etwas festeren Zusammenschluß. Elam stand in einem Vasallenverhältnis zu Ur, immerhin galt aber der dort residierende Fürst für so wichtig, daß König Schulgi von Ur ihm eine seiner Töchter zur Frau gab.

Elams politische Abhängigkeit von Ur beschränkte sich indessen bald nur noch auf die Stadt Susa und ihre Umgebung. Zur Zeit des Ibisin von Ur drohte dem Land Sumer und Akkad eine neue Gefahr, dieses Mal aus dem Nordwesten: amoritische Scharen zogen dem Euphrat entlang in das Zweistromland hinab. Ibisin versprach dem bedrohtesten Stadtfürsten seines Machtbereiches im Norden militärischen Entsatz, unter anderem durch ein elamisches Hilfskorps. Der Führer dieses Korps aber verständigte sich mit den Angreifern. Die Macht Ibisins war wenig später nur noch auf die Stadt Ur beschränkt, die ihm nach 18 Jahren dann auch entrissen wurde. Die Elamiter stürmten Ur und führten Ibisin und die Stadtgottheit Nanna als Gefangene nach Susa. Elam blieb aber trotzdem nach wie vor in einem losen Vasallenverhältnis zu den sumerischen Staaten.

Der elamische Herrscher bezeichnete sich nunmehr als „Göttlicher Bote und Hochkommissar". Unter ihm stand ein Sukkal von Elam und Schimasch sowie ein Sukkal von Susa, der sich ebenfalls „König" nannte. Um die höchste Herrscherwürde zu erlangen, mußte man anscheinend zuerst Sukkal von Susa, und alsdann solcher von Elam und Schimasch gewesen sein. Bei der Neuwahl wird der Sukkal von Susa als „Sohn einer Schwester" (des Göttlichen Boten) bezeichnet; das ist wohl ein Rest eines alten Matriarchates, das man ja auch bei den ältesten Dorfkulturen des Hochlandes hat vermuten wollen.

Dieser Herrschertitel besagt vielleicht, daß man sich den Fürsten als von einer elamischen *Landesgottheit* und nicht von einer *Stadtgottheit* abhängig dachte. Obwohl die städtische Kultur der Elamiter auf den Einfluß der sumerischen Stadtstaaten zurückzuführen ist, scheint sich die Idee des sumerischen Gottesstaates, daß jede Stadt, vielmehr der Tempel einer jeden Stadt, die „Welt" darstelle, in Elam nicht eingebürgert zu haben. Hier haben sich vielmehr von Anfang an zentralistische Bestrebungen – so möchte man die spärlichen Zeugnisse deuten – gegenüber der föderalistischen Tendenz der sumerischen Staaten bemerkbar gemacht. Die Übertragung des sumerischen *kosmologischen* Begriffes „Weltherrschaft" auf die *irdische* Welt, die eine Zentralisierung der politischen Macht widerspiegelt, hatte wohl dem letzten und bedeutendsten somerischen Stadtfürsten, Lugalzaggisi, vorgeschwebt; kurz vor Erreichung dieses Zieles aber war er dem semitischen Fürsten Sargon von Akkad erlegen, und erst unter diesem und seinen Nachfolgern war der Begriff „König der vier Weltteile" (dieser Erde) üblich geworden.

Eine Weile hatte es den Anschein, als ob sich das elamische Element als stärkster politischer Faktor in dem Machtkampf im südlichen Mesopotamien durchsetzen könnte. Im 18. Jahrhundert v. Chr. setzte der Hochkommissar *Kudur-Mabug* seinen Sohn als Herrscher in das altsumerische Kulturzentrum Larsa ein. Dessen Bruder und Nachfolger *Rimsin* gelang es im Verlauf von 32 Jahren, sich einer mesopotamischen Stadt nach der anderen zu bemächtigen. Er befahl die Anlage neuer Kanäle und scheint sich auch im übrigen sehr um das Land gekümmert zu haben, was aus den vielen Tempelneubauten und den Wiederherstellungen alter Tempel zu schließen ist. Die Bevölkerung der Stadt Isin verdankt ihm laut eines akkadischen Textes „Leben und Wohnstätte".

Der einzige Stadtstaat, der sich seiner Macht entziehen konnte, war das damals noch recht unbedeutende Babylon, in dem sich die westsemitischen Amoriter festgesetzt hatten. Ihnen ersteht in Hammurabi um diese Zeit einer der größten Herrscher des alten Orients überhaupt. Hammurabi brachte das ganze Zweistromland, einschließlich des kleinen Fürstentums Assur im Norden, unter seine Herrschaft. Trotz der Hilfe des Hochkommissars *Kuduzulusch* von Elam mußte Rimsin im 61. Jahr seiner Regierung die letzte seiner Besitzungen in Mesopotamien, Larsa, aufgeben. Er floh, verfolgt von Hammurabi, in sein Stammland Elam zurück, wo er aber doch noch gefangengenommen wurde.

Die elamischen Hochkommissare mußten nun ihr Land als Lehen von den ameritischen Herrschern in Babylon annehmen. Da sie es geschickt verstanden, mit der Obrigkeit in Babylon sich gutzustellen, ermöglichten sie es ihrem Lande, regen Anteil am allgemeinen wirtschaftlichen und kulturellen Aufschwung des Zweistromlandes zu nehmen.

Für diese Zeit gibt es aus den Archiven von Susa und Malamir eine ganze Reihe von Dokumenten, die uns Aufschluß über die damalige Lebenshaltung in Elam geben. Der mesopotamische Einfluß ist selbstverständlich sehr stark: Akkadisch ist die Amtssprache, und die juristischen Texte lassen deutlich die Einwirkung des Codex Hammurabi erkennen.

Die in Elam gebräuchliche Keilschrift beginnt nun aber auch in ihrer graphischen Form eigene Wege zu gehen: die einzelnen Zeichen erscheinen in verschiedenen Variationen, bald sorgfältiger, bald flüchtiger, wobei manche archaische Formen wieder auftreten. Die Anrufungen von Gottheiten bei Rechtsgeschäften zeigen an, daß nun vielfach semitische Götter in Elam verehrt worden sein müssen. Neben dem alten Hauptgott von Susa, Schuschinak, erscheint Schamasch; in Malamir tritt an Schuschinaks Stelle der dort beheimatete Hauptgott Ruuartir neben Schamasch auf.

Auch semitische Eigennamen kommen nun vor, allerdings nur in Susa, während die höheren Gesellschaftsschichten im allgemeinen dieser Sitte nicht folgten, die sich ebensowenig außerhalb des Stadtgebietes durchsetzen konnte.

Außer Abrechnungen und Quittungen enthalten die Texte Kontrakte aller möglichen Art: Heirats-, Adoptions- und Schenkungsurkunden. In einer solchen Schenkungsurkunde eines Vaters an seine Tochter heißt es: „Solange ich lebe, wird sie mich mit Nahrung versorgen; wenn ich gestorben bin, wird sie mir Totenopfer bringen." Ferner gibt es Niederschriften von Gerichtsbeschlüssen, die nach Anrufung eines Gottesurteils durch die Wasserprobe gefaßt wurden. Die Geldwirtschaft war hoch entwickelt. Pachtverträge, unter genauer Angabe der Bewässerungsart, Pfändungen, und schließlich fürstliche Schenkungsurkunden an verdiente Leute in Form von Land, Gut oder Befreiung von Abgaben runden das Bild jener Zeit ab. Aus dieser Periode sind aber nur sehr wenige Denkmäler künstlerischer Art überliefert. Es gibt fast nur Abdrücke von Rollsiegeln auf Tabletten, und diese zeigen ausschließlich Darstellungen in dem damals gebräuchlichen babylonischen Stil. Allerdings scheint sich in Elam eine besondere Art des „Siegelns" der Tabletten auf Kontrakten oder sonstigen Abmachungen, d. h. der „Bindung" des Kontrahenten an die Abmachung, ausgebildet zu haben. Das Siegel mußte nicht nur abgerollt werden, sondern der jeweilige Partner hatte auch seine Fingernägel auf den Rand der Tablette einzudrücken. Diese Sitte hat sich allem Anschein nach von hier aus auch in Mesopotamien eingebürgert.

In den ersten Jahrzehnten nach 1700 v. Chr. begannen die Stämme der Zagrosberge, nördlich von Elam, sich wiederum zu rühren. Dort hatten sich seit dem beginnenden 2. Jahrtausend v. Chr. die Kassiten in den früheren Wohnsitzen der Lulubi festgesetzt, genauer gesagt in den Ebenen des heutigen Luristan, wo das „Tor von Asien" liegt. Sie begannen bald, sich als eine Art „Saisonarbeiter" für allerhand Arbeiten, namentlich in der Landwirtschaft, zu verdingen. Dann aber brachen sie in größerem Maße in die Ebene des Zweistromlandes ein und setzten sich vorerst am östlichen Tigrisufer fest. Dieser Einbruch wird vermutlich durch einen gewissen Druck aus dem Nordwesten ausgelöst worden sein, denn um diese Zeit fand die Einwanderung indoeuropäischer Stämme in das armenische Bergland statt. Auf welchem Weg sie dorthin gekommen sind, ist noch unsicher: ob über den Kaukasus oder durch den nördlichen Teil des iranischen Hochlandes durch die Kaspischen Tore. Als sie im nördlichen Mesopotamien angelangt waren, riß eine Gruppe dieser Stämme als Minderheit die Führung über die von den Hurritern besiedelten Lande an sich und gründete das Reich der Mitanni. Gewisse Eigennamen bei den Kassiten gehen offensichtlich auf indoeuropäische Wurzeln zurück, weshalb zu vermuten ist, daß kleinere indoeuropäische Splittergruppen die Zagrostäler abwärts gewandert und bis zum „Tor von Asien" vorgedrungen sind.

Die schon im Niedergang befindliche Macht der Amoriter war durch den Raubzug des hethitischen Königs Murschili I. (etwa 1530 v. Chr.) nach Babylon dermaßen geschwächt worden, daß es den Kassiten nicht schwerfiel, sich der Stadt Babylon zu bemächtigen. Von ihr aus beherrschten sie für mehr als 500 Jahre ganz Mesopotamien, außer dem Norden mit den alten hurritischen Gebieten und dem kleinen Fürstentum Assur. Allerdings entzog sich auch der Süden, die Ufer des Persischen Golfes oder die „Meerlande", der Kassiten-Herrschaft. Die Rohrwälder des Sumpfdeltas von Euphrat und Tigris bildeten vorzügliche Widerstandsnester. Im allgemeinen gelang es aber den Machthabern in Babylon, das benachbarte Elam und auch Teile der „Meerlande" doch wenigstens unter politischer Kontrolle zu halten.

In dem Spiel der damaligen drei „Großen" des altorientalischen Gebietes – des Reiches von Hattuscha, des ägyptischen und des babylonischen Reiches, während Mitanni als Machtfaktor bald ausgeschieden war – gelang es Assur am mittleren Tigrislauf, seine Herrschaft nach Westen und Süden auszudehnen. Über die politischen Zustände jener Zeit sind wir ausnehmend gut unterrichtet, und zwar durch die ägyptischen bzw. hethitischen Archive von el-Amarna und Hattuscha. Ein gerissener und rücksichtsloser Spieler in diesem teils mit der blanken Waffe, teils mit diplomatischen Winkelzügen geführten

Kampf scheint der hethitische König Hattuschili gewesen zu sein. Um sich des unbequem werdenden Assur in seiner Südostflanke zu entledigen, hetzte er den jüngeren Kassitenkönig Kadaschman Enlil auf, und dieser griff auch tatsächlich Assur an. Er wurde aber geschlagen, und Elam benutzte diese Gelegenheit sofort, um zur Gänze selbständig zu werden.

Der damalige Herrscher in Elam, *Untasch-Gal*, nannte sich nunmehr „König von Anzan und Susa". Das Land muß zu dieser Zeit der im Zweistromland herrschenden Unruhen außerordentlich reich gewesen sein, wenn auch höchstwahrscheinlich ein erheblicher Teil dieses Reichtums von Raub- und Plünderungszügen herrührte, welche die Elamiter unter den obwaltenden Umständen unbekümmert im südlichen Mesopotamien durchführen konnten. Es wurden großartige Tempel errichtet, darunter die Zikurrat von Tschoga Zambil, und diese mit Statuen aus Stein und Metall ausgeschmückt. In Susa wurde eine herrliche Bronzestatue von Napirasu, der Gattin von Untasch-Gal, aufgefunden. Das Werk zeugt von dem hohen Stand der Metallbearbeitung; die künstlerische Ausführung aber läßt die völlige Abhängigkeit von mesopotamischen Vorbildern erkennen. Ein anderes von Untasch-Gal errichtetes Kunstwerk, eine Stele, weist diesen Einfluß gleichermaßen auf, aber in den Einzelheiten tritt viel Elamisches hervor, namentlich in der Bekleidung wie auch in dem Umstand, daß der Rand der Stele durch zwei große Schlangen gebildet ist; die Ausführung des Stückes macht insgesamt einen provinziellen Eindruck. Ein Grenzstein, Kudurru, eines kassitischen Herrschers zeigt ebenfalls eine große Schlange, die sich als Rahmen um die eigentliche Darstellung herumlegt. Hier wie dort scheint das Motiv der Schlange auf gemeinsame, im iranischen Hochland seit eh und je wurzelnde, religiöse Vorstellungen zurückzugehen. Mit einer einzigen Ausnahme sind die Inschriften Untasch-Gals in elamischer Sprache abgefaßt. Diese Sprache setzte sich zunehmend durch und wurde mit den aus der akkadischen Schrift entwickelten Zeichen geschrieben. Auch noch nachdem Elam 640 v. Chr. seine Selbständigkeit für immer verloren hatte, blieb seine Sprache bis zur Zeit der Achämeniden in Gebrauch.

Einer der bedeutendsten Könige dieser Zeit war der vierte Nachfolger Untasch-Gals, *Schutruk-Nakhunte*. Er benutzte die dem babylonischen König durch den Assyrer Assurdan I. im Jahre 1174 v. Chr. zugefügte Niederlage, um mit seinem Sohn Kutir-Nakhunte seinerseits in Babylon einzufallen und seinen Sohn als Herrscher dort einzusetzen. Als Beute brachte er die schon erwähnte Siegesstele Naramsins, Statuen akkadischer Könige und den Obelisken mit dem Codex Hammurabi nach Susa. Dort ließ er in die eroberten Stücke Weihinschriften an Inschuschinak einmeißeln; bevor diese aber vollendet waren, starb er. Auf dem Hammurabi-Obelisken, dessen ganze Oberfläche der Gesetzestext überzieht, war eine kleine Fläche zur Aufnahme des neuen Weihtextes geglättet – aber dieser selbst ist nicht mehr eingemeißelt worden.

In seinen, mit einer Ausnahme, elamisch geschriebenen Texten erzählt Schutruk-Nakhunte, wie er sich bei der Wiederherstellung verfallener Tempel bemühe, die Namen der einstigen Bauherren zu erforschen; so hatte er im Lande Anzan eine alte Stele gefunden, konnte aber nicht mehr feststellen, welcher Fürst sie einmal hatte errichten lassen. Ebenso wie vor ihm schon sein Bruder, und vor diesem noch ältere elamische Fürsten, ließ Schutruk-Nakhunte neue Baumplantagen zur Gewinnung von Edelholz anlegen.

Dem kassitischen König gelang es noch einmal, *Kutir-Nakhunte* aus Babylon zu vertreiben, aber nur für drei Jahre. Danach stürmte Kutir-Nakhunte die Stadt und brachte die 500 Jahre währende kassitische Herrschaft zu Fall. Der Gott Marduk von Babylon und die Gottheit Nanna von Ur wurden als Gefangene nach Susa gebracht. Der Tempel des Inschuschinak zu Susa wurde auf das prächtigste ausgebaut und geschmückt; ein Teil der mit Ziegelreliefs verzierten Fassade ist bis heute erhalten geblieben. In drei nischen-

Tongefäße aus Tepe Giyan und Tepe Sialk

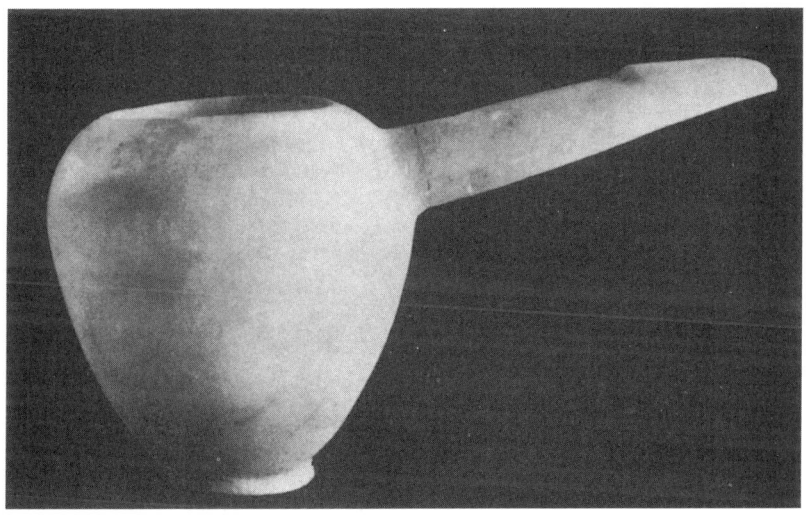

Alabastergefäß aus Tepe Hissar

Luristan. Dolch, Schwert und Axt aus Bronze

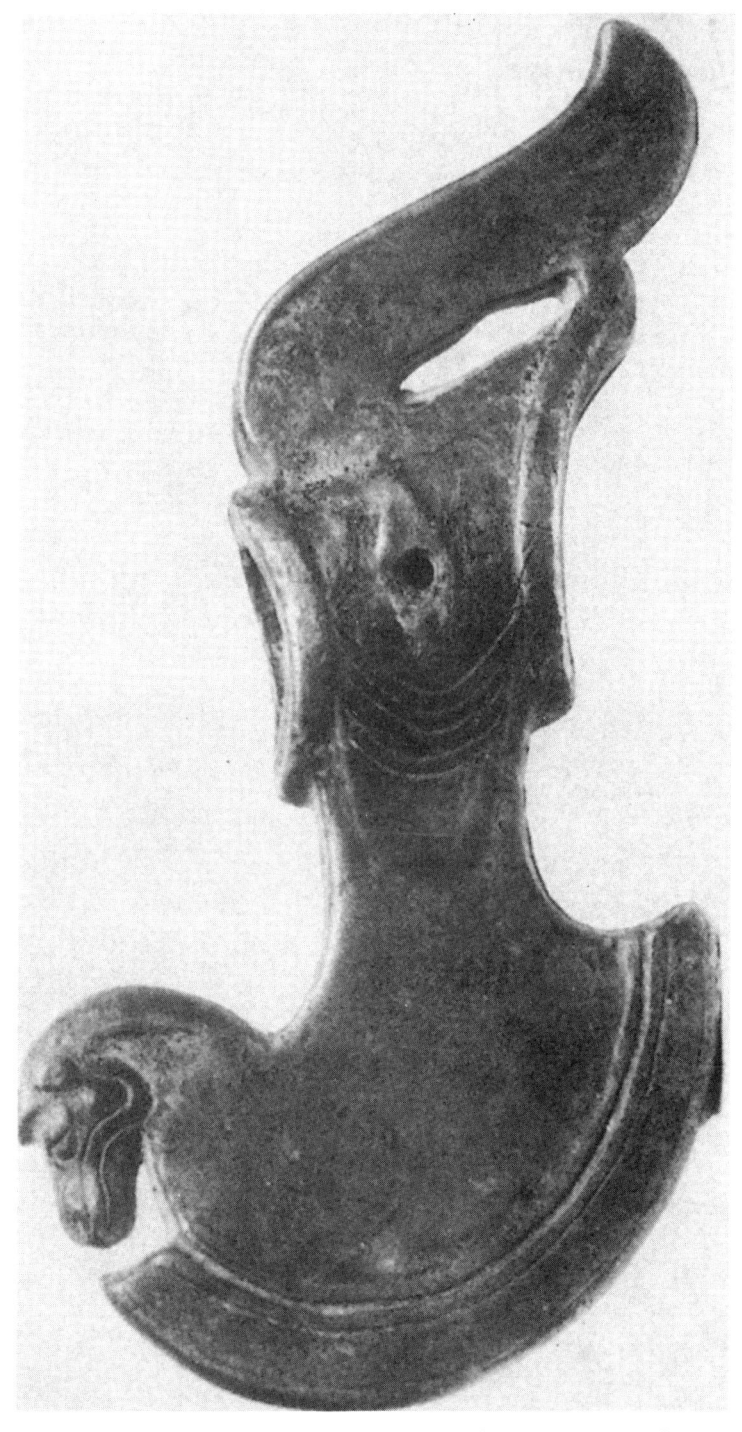

Luristan. Axt aus Bronze

Bronzenes Zierstück aus Luristan

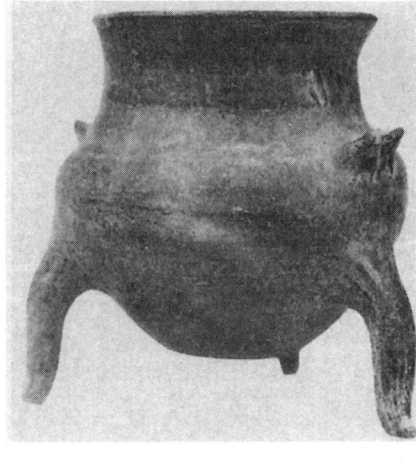

Tongefäße aus Tepe Giayn und Tepe Sialk

artigen Vertiefungen, die genau denen der gleichzeitigen Tempelfassade in Uruk entsprechen, sind je ein Stiermensch, der einen Palmbaum hält, und eine Göttin dargestellt. Die elamische Herrschaft in Babylon war indessen nicht von langer Dauer, und der Babylonier Nabukhudrossor erhob sich zum König. Elam geriet wiederum völlig in babylonische Abhängigkeit, und Marduk kehrte aus der Gefangenschaft zurück, während Nanna erst nach der Zerstörung Susas im Jahre 640 v. Chr. in die Heimat zurückkommen durfte. Die elamischen Quellen schweigen sich für die Zeit von rund 1150 bis 821 v. Chr. fast gänzlich aus. In materieller Hinsicht scheint das Land jedoch abermals eine Blüte erlebt zu haben. In der Stadt Susa entstanden weitere Tempel und Paläste, in denen Alabasterstelen und große Statuen der Herrscher in Stein und Ton prunkten. Das Andenken früherer Könige wurde dadurch gepflegt, daß man bei Grundsteinlegungen Gegenstände mit ihren Inschriften beifügte. Die Abschriften älterer Inschriften wurden mit dem Kommentar versehen, daß der regierende elamische König diese Inschrift tatsächlich habe entziffern und lesen können und damit in der Lage gewesen sei, die Namen seiner Vorfahren richtig zu überliefern. Da dieser Kommentar jedoch völlig stereotyp wiederholt wird – einerlei, ob es sich um Texte aus der Zeit der sumerischen Stadtstaaten sowie aus deren Renaissance, oder aus der Zeit des akkadischen Reiches, oder sogar um solche aus noch viel späteren Jahrhunderten handelt – erweckt es den Anschein, als ob weder der regierende König noch seine Schreiber das Sumerische beherrschten.

Assur begann vom 12. Jahrhundert v. Chr. an mit wachsender Kraft nach Süden vorzudringen. Die assyrische Macht bildete bald, trotz gelegentlicher Rückschläge infolge von Palastrevolutionen – Erhebungen unterworfener Völker oder Staaten wurden meistens schnell und grausam unterdrückt –, eine ständige Bedrohung für den babylonischen Herrschaftsbereich. Es bedurfte aller Anstrengungen seitens der babylonischen Fürsten, um sich zu behaupten. Elam versuchte wieder einmal, sich politisch unabhängig zu machen, blieb aber weiter, wenn auch jetzt mehr oder weniger als gleichwertiger Partner, mit Babylon gegen den gemeinsamen Feind Assur vereint.

Die Nachrichten aus dieser letzten Phase der Unabhängigkeit Elams, des neo-elamischen Reiches, beziehen sich auf Expansionsversuche der elamischen Fürsten in den Gebieten um das „Tor von Asien". Sie stießen hier auf das vordringende Assur, das seit dem 9. Jahrhundert v. Chr. damit beschäftigt war, sich systematisch den Rücken zu decken, indem es die Berglande Armeniens und der Zagrosketten gewissermaßen durch einen *Cordon sanitaire* absperrte, das heißt, an strategisch wichtige Punkte mehr oder minder unabhängige Vasallenfürsten und Militärgouverneure setzte. Es mag um diese Zeit gewesen sein, daß die elamischen Fürsten erstmalig auch mit den gen Südwesten wandernden persischen Stämmen in Berührung kamen. So, wie es im Norden die Assyrer und Urartäer mit den Medern gemacht hatten, dürften auch die elamischen Fürsten versucht haben, persische Häuptlinge und ihre Gefolgschaft durch Abtretung von Weideland und Zuweisung von Wohnplätzen für sich zu gewinnen.

Gleichzeitig unterstützte Elam Babylon gegen Assur. Im Jahre 710 v. Chr. unternahm der assyrische König Sargon II., ehe er in Babylon selbst einfiel, einen Demonstrationszug gegen den Elamiter *Schutruk-Nakhunte II.* Nach dem assyrischen Einfall flüchtete der babylonische Herrscher auf elamisches Gebiet und versuchte, mit elamischer Hilfe sein Reich zurückzuerobern. Ganz Mittel- und Südmesopotamien stand in hellem Aufruhr gegen Assur, aber Senakherib schlug die Rebellion 689 v. Chr. nieder und setzte einen seiner Söhne als König von Babylon ein.

Und noch einmal, wiederum mit elamischer Unterstützung, erhob sich Babylon. Bei Halule am Tigris kam es im Jahre 688 v. Chr. zwischen Senakherib und den vereinigten

Truppen der Babylonier und Elamiter, unter denen sich auch persische Kontingente befanden, zur Schlacht. Unter einem Wortschwall verbirgt der assyrische Bericht die Niederlage Senakheribs: der elamische Feldherr sei gefallen; die elamischen Adeligen, die mit „gemästeten, angeketteten Tieren" verglichen werden, wurden „geschächtet wie Schafe, ihre Eingeweide über den Boden gezerrt, ihre Geschlechtsteile ausgerissen wie die Gurken im Monat Juni"; man hackte ihnen die Hände ab, um die goldenen Armreifen abzustreifen, und zerschnitt ihre Gürtel, um sich der goldenen Dolche zu bemächtigen. Der elamische und der babylonische König seien geflohen mit den babylonischen Großen „wie verfolgte junge Tauben". Die assyrischen Verfolger hätten die flüchtenden Fürsten nicht mehr einholen können. – Da traf den elamischen König der Schlag, und nun lösten sich seine Truppen wirklich auf. Jetzt, auf sich selbst angewiesen, mußten die Babylonier den Kampf aufgeben ... Senakherib zog in Babylon ein und nahm grausamste Rache: er ließ die Stadt niederbrennen und ihre Einwohner niedermetzeln.

Die folgenden elamischen Fürsten verstanden es dennoch, irgendwie mit den Assyrern übereinzukommen, und konnten ungeachtet aller offensichtlichen Abhängigkeit von Assur eine gewisse Selbständigkeit wahren. Sobald aber diese Freiheit allzu sichtbar ward, griff Assur durch Intrigen in die Besetzung der höchsten Gewalt Elams ein, und für die nächsten zehn Jahre herrschte wiederum Frieden zwischen beiden Mächten. Während einer Hungersnot erteilte der assyrische König Assurbanipal einer großen Zahl von Elamitern sogar die Erlaubnis, auf assyrisches Gebiet zu ziehen und ließ sie auch ungehindert wieder zurückkehren, als Regenfälle ausreichende Ernte in Aussicht stellten.

Im Jahre 653 v. Chr. jedoch war Elam abermals in eine allgemeine Revolte gegen die assyrische Herrschaft verwickelt, die von den Widerstandsnestern der „Meerlande" ausgegangen war. Der assyrische Angriff richtete sich in erster Linie gegen Elam; am Ulai wurde das elamische Aufgebot geschlagen und sein König fiel. Die Waffen des elamischen Königs wurden samt seinem abgeschnittenen Kopf nach Assur gebracht. In Susa wurde ein den Assyrern genehmer Prätendent eingesetzt.

Ein neuer Aufstand der Babylonier gegen Assur, wie immer von Elam unterstützt, endete mit der abermaligen Einnahme der Stadt Babylon, die als rauchende Trümmerhaufen die Leichen ihrer Bewohner und ihres letzten Königs deckte. Im ganzen Land brach eine furchtbare Hungersnot aus. In Elam wurde wiederum ein assyrischer Günstling eingesetzt, der sich indessen nur kurze Zeit halten konnte. Das elamische Land wurde zum Spielball der assyrischen Politik, die einen Prätendenten gegen den anderen ausspielte, bis *Huban-Haltasch III.* in Elam zur Herrschaft gelangte. Mit der Auslieferung des babylonischen Gouverneurs der „Meerlande" wollte er sich den guten Willen Assurs erkaufen; sein Vorhaben scheiterte aber am elamischen Widerstand, und Huban-Haltasch mußte sich seinen Landsleuten beugen.

Assur, das nunmehr seine ganze Kraft im Süden gegen Elam konzentrieren konnte, marschierte sofort auf; vergeblich versuchten jetzt die elamischen Großen, auf den Vorschlag ihres Königs zurückzukommen. Assurbanipal ging nicht mehr auf ihn ein, sondern befahl seinem General, den Vormarsch in das elamische Gebiet unverzüglich fortzusetzen. Huban-Haltasch floh in die Berge, und eine neue assyrische Puppe kam auf den Thron. Aber „Assur und Ischtar kennen seine falschen Gedanken", und wiederum fiel ein assyrisches Korps sengend und brennend in Elam ein. Huban-Haltasch verließ sogar sein Versteck in den Bergen, mußte sich jedoch vor der assyrischen Truppe unter Bel-ibni schleunigst zurückziehen. Im Jahre 640 v. Chr. geriet Susa in assyrische Hand.

Obwohl Assurbanipal an diesem Feldzug nicht persönlich teilgenommen hatte, ließ er dieses Ereignis in den Annalen doch folgendermaßen festhalten:

„Ich habe Susa erobert, die Hauptstadt, die Residenz ihrer Götter, den Ort ihrer Orakel. Auf den Befehl Assurs und Ischtars in das Innere seiner Paläste bin ich eingedrungen, ich habe dort in Freuden gewohnt, ich habe ihre Schatzkammern erbrochen, wo angesammelt waren das Gold, das Silber, die Güter, die Reichtümer, die die Könige von Elam, von den allerältesten bis zu den Königen der Jetztzeit, hatten eingesammelt und eingeschlossen; wo kein Feind vor mir hatte gelegt seine Hand; ich habe sie herausgenommen und gezählt als Beute.

Silber, Gold, Gut und Reichtümer von Sumer und Akkad, und auch von Karduniasch (= Babylon), alles, was die alten Könige von Elam als Beute in sieben (= zahlreichen) Feldzügen genommen und nach Elam geschleppt hatten; strahlendes *tsarîru*, *glänzendes eshmaru*, edles Gestein, wertvolle Gegenstände, königlichen Schmuck, den die alten Könige von Akkad und Schamaschschum-ukîn, als Verbündete, Elam gegeben hatten; Prunkgewänder, königlichen Schmuck, Prunkwaffen, Schmuck von den Händen der Krieger, alle Möbel seiner Paläste, worauf sie gesessen hatten, auf denen sie gelegen hatten, das Geschirr, von dem sie gegessen hatten, aus dem sie getrunken hatten, sich gewaschen hatten, sich parfümiert hatten; die Fahrzeuge, die Streitwagen, die *isumbi* (= besondere elamische Wagen), geschmückt mit *isarîru* und mit *zukhalu*, die Pferde, die großen Maultiere mit Zaumzeugen aus Gold (und) Silber, ich habe sie als Beute nach Assur gebracht. Die Zikurrat von Susa, die mit Lapislazuli abgedeckt war, ich habe sie zerstört; ihren First aus glänzender Bronze, ich habe ihn zerbrochen. Schuschinak, den Gott ihrer Orakel, der an einem geheimen Platze gewohnt hatte, dessen göttliches Werk nie jemand gesehen hatte, Schumudu, Lagamaru, Partikira, Ammankasibar, Uduran, Sapak, deren Göttlichkeit die Könige von Elam verehrten, Ragibâ, Sungursarâ, Karsa, Kirsamas, Schudânu, Aipaksina, Bilala, Panintimri, Napirtu, Kindakarpu, Silagara, Napsâ, diese Götter und Göttinnen, mit ihren Werten, mit ihren Reichtümern, mit ihren Möbeln, und selbst die Priester und die *buhlalê*, ich habe sie als Beute nach Assyrien geschleppt.

32 Königsstatuen aus Gold, aus Silber, aus Bronze, aus Kalkstein, der Städte von Susa, von Madaktu und von Juradi, die Statue von Ummanigasch, dem Sohne des Umbadarâ, die Statue von Ischtar-Nakhunte, die Statue von Hallusi, die Statue des zweiten Tammaritu, der auf den Befehl von Assur, von Ischtar, sich unterworfen hatte, ich habe sie nach Assur gebracht. Ich habe die *shêdu* und *lamassu* (= die großen Torskulpturen in Form geflügelter Fabelwesen) zerstört, die Wächter der Tempel, so viele ihrer da waren; ich habe die wilden Stiere herabgeworfen, den Schmuck der Tore. Die Tempel von Elam, ich habe sie vollkommen verschwinden lassen; Götter und Göttinnen, ich habe sie dem Winde preisgegeben. In ihre heiligen Haine, in die kein Fremder je eingedrungen ist und ihre Grenzen überschritten hatte, sind meine Sturmtruppen eingedrungen, sie haben ihre Geheimnisse erschaut und sie den Flammen übergeben. Die Särge ihrer Könige, der alten und neueren, die nicht Assur und Ischtar verehrt hatten, und die die Könige, meine Vorfahren, in Frieden gelassen hatten, ich habe sie zerbrochen, sie zerstört, sie an das Tageslicht gezerrt; ihre Gebeine, nach Assyrien brachte ich sie; ihren Seelen zwang ich „Nie-Ruhe" auf, ich verweigerte ihnen die Totenopfer und Wasserspenden.

In einer Entfernung von einem Monat und 25 Tagen (= Marschtagen) habe ich das Gebiet von Elam verwüstet; ich streute über es Salz und Dornen (= verfluchte es).

Söhne der Könige, Töchter der Könige, Mitglieder, alte und junge, der königlichen Familie von Elam, Präfekten, Oberherren der Städte, so viele ich ihrer eroberte, Anführer der Bogenschützen, Gouverneure, Streitwagenführer, Reiter, Bogenschützen, Waffenschmiede, Handwerker, so viele ihrer da waren, Einwohner, Männer und Frauen, Erwachsene und Kinder, Pferde, Maultiere, Esel, Groß- und Kleinvieh, mehr wie eine Wolke von Heuschrecken, ich habe sie als Beute nach Assur mitgenommen. Den Staub von Susa, von Madaktu, von Haltemasch und von ihren anderen Städten habe ich gefordert, ich brachte ihn nach Assyrien. In einem Monat von Tagen habe ich Elam in seiner ganzen Ausdehnung unterworfen; die Stimme der Menschen, die Schritte des Groß- und Kleinviehs, die fröhlichen Rufe der Freude, ich ließ sie verstummen in seinen Gefilden, die ich den Wildeseln, den Gazellen und allerlei wilden Tieren zu Wohnstätten überließ."

Diese von Haß und Übermut erfüllte Triumphrede zeugt in ihrer Art doch von der Größe und dem Reichtum Elams.

Bei einem der assyrischen Plünderungszüge zog dem assyrischen General ein Fürst mit dem Namen Kyros entgegen, der sich „König von Parsumasch" nannte, und übergab ihm seinen ältesten Sohn als Geisel für den assyrischen König. Dieser Fürst Kyros war der Großvater jenes Kyros, der rund 90 Jahre später von Susa aus die persische Eroberung der altorientalischen Länder beginnen sollte.

Huban-Haltasch III. erschien noch einmal in Elam und wollte nun endlich den letzten babylonischen Gouverneur der „Meerlande" an Assurbanipal ausliefern. Als jedoch sein Abgesandter den Babylonier abholen wollte, fand er nur noch dessen Leiche: genau wissend, was er von Assurbanipal zu erwarten habe, hatte dieser seinen Waffenträger gebeten, ihm den Tod zu geben. Beide durchbohrten sich gegenseitig mit ihren Dolchen, und Huban-Haltasch III. schickte die Leichname, in Salz konserviert, zusammen mit dem Kopf des erfolglos gewesenen Abgesandten an Assurbanipal. Dessen ungeachtet blieb seine Stellung als assyrischer Vasall äußerst gefährdet, und er mußte ein drittes Mal vor einer Revolte fliehen.

Schließlich nahmen ihn die Assyrer doch gefangen. Assurbanipal hielt vor versammeltem Heer einen Dankgottesdienst ab; vor seinen Wagen hatte er einen arabischen sowie drei elamische Könige spannen lassen – einer von ihnen war Huban-Haltasch.

Welchen starken Einfluß Assyrien zu dieser Zeit auch auf die Kunst ausübte, bezeugt eine Gruppe von elf Felsreliefs in Malamir, östlich von Susa. Alle Reliefs gehören einem und demselben lokalen Fürsten an, mit Namen Hanni. Wir sehen ihn in einem Gewand, das mit einer breiten Borte von Rosetten verziert ist; sein sorgfältig gekräuselter und rechteckig gestutzter Bart gibt die assyrische Mode wieder. Das in einem Zopf gesammelte Haupthaar ist ebenso wie die runde, eng anliegende Kappe ein typisch elamischer Zug, den wir schon früher beobachtet hatten. Das größte der elf Reliefs stellt eine Opferzeremonie dar. Die zwei Drittel des Reliefs einnehmende Inschrift läßt die einzelnen Figuren frei; wo das nicht der Fall ist, gelten die Zeichen nur für die Identifikation der jeweiligen Figur.

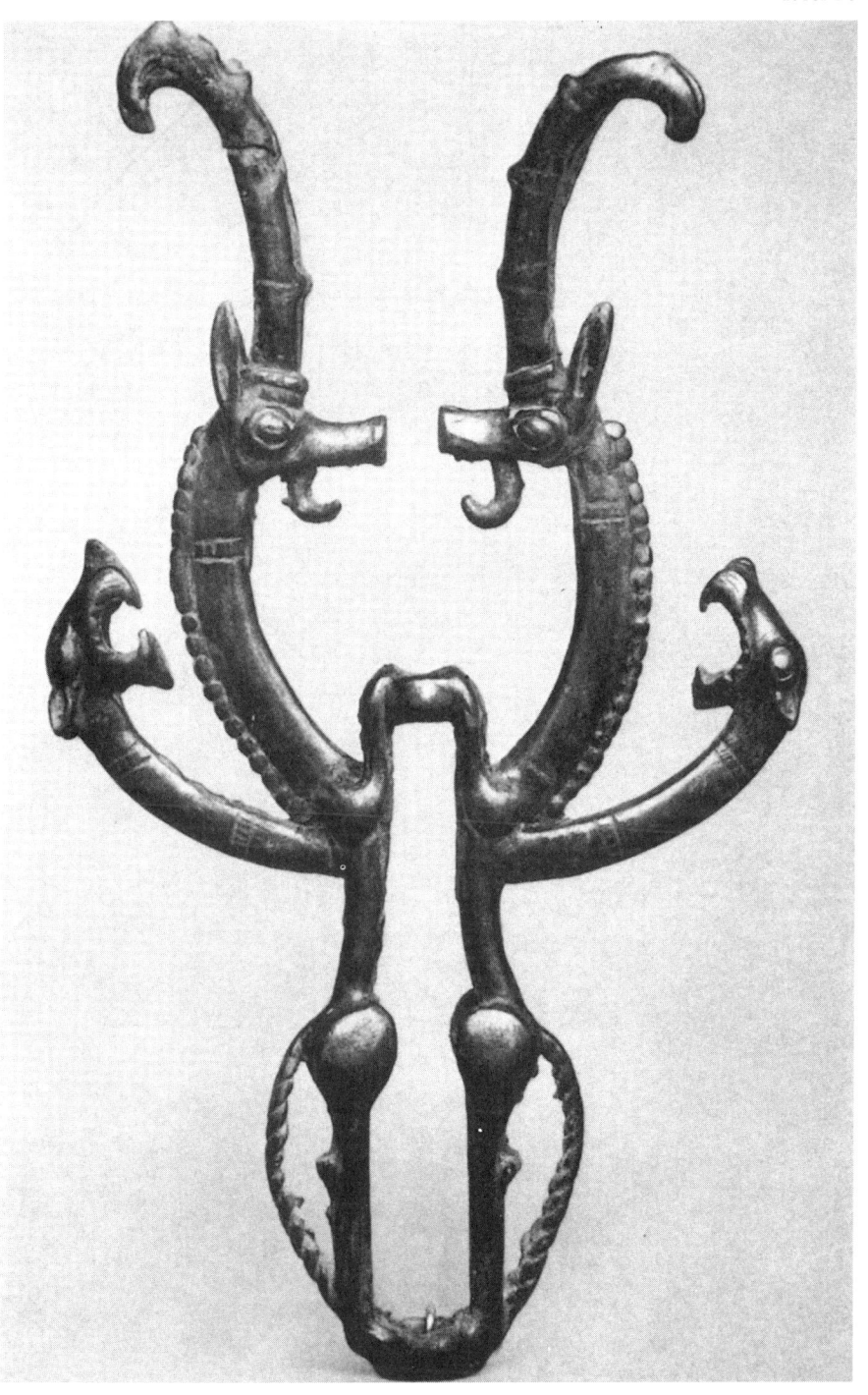

Luristan. Standartenkopf aus Bronze

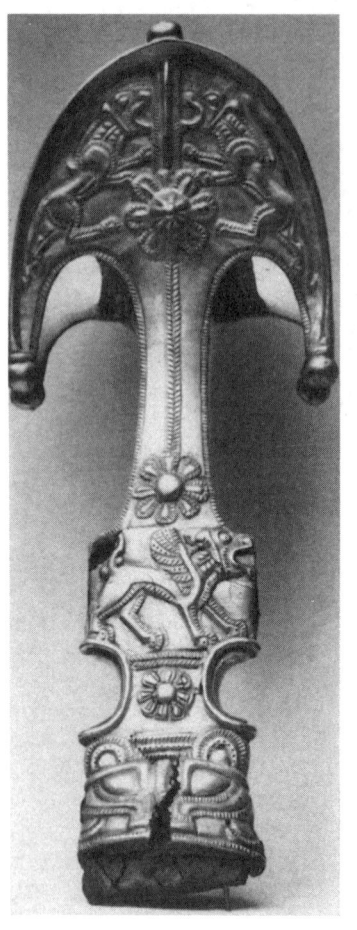

Luristan. Silberner Dolchgriff, Ziernadel aus Bronze

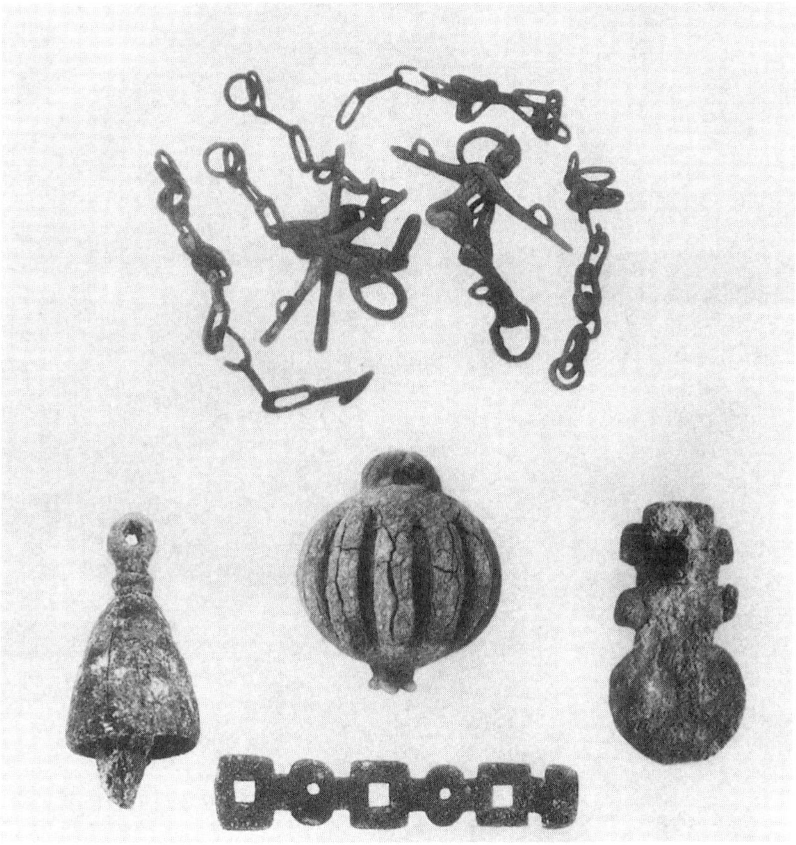

Tepe Sialk. Siegelabdrücke und Bronzegegenstände aus dem jüngeren Grabfeld

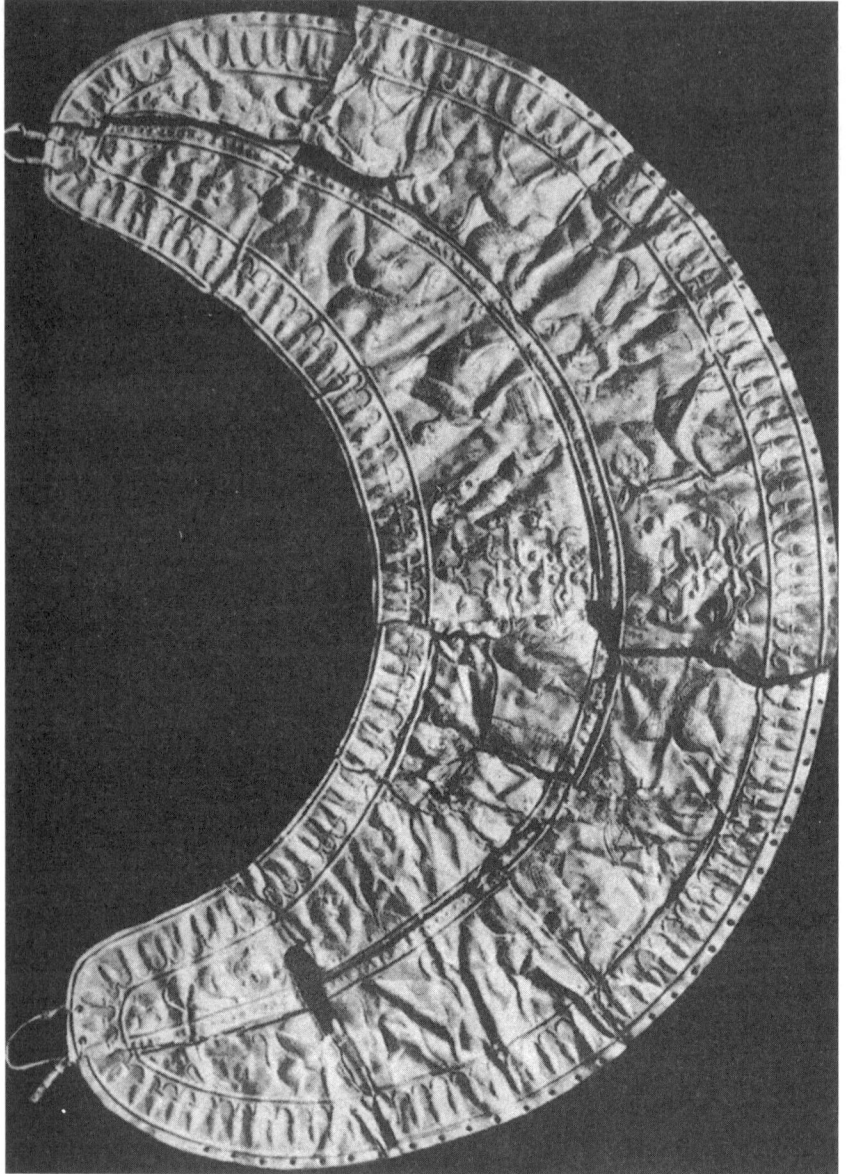

Ziwiye. Goldenes Pektoral

Ziwiye. Zwei Teilansichten des goldenen Pektorals

Tafel 31

Kizkapan. Fassade des
medischen Felsgrabs

Dah-i-Dukhtar. Frühachämenidisches Felsgrab

IV

Die Einwanderung der Indoiranier

Der Assyrerkönig Salmanassar III. erwähnt in seinem Bericht über den im 16. Jahre seiner Regierung unternommenen Feldzug von 845/44 v. Chr. *Parsua*, das Land der Perser, das westlich des Urmia-Sees am oberen Zab lag. Acht Jahre später befand sich Salmanassar wiederum in dieser Gegend, drang weiter in das Bergland vor und kam somit auch in das Land der *Madai*, der Meder. In Parsua nahm er damals die Geschenke von 27 „Königen" entgegen.

Das sind die ersten historischen Nachrichten über die zweite große Wanderung indoeuropäischer Stämme (aus sprachlichen Gründen werden sie als *Indoiranier* bezeichnet), die mit der altorientalischen Kultur in Berührung kamen. In den Feldzugsberichten der assyrischen Könige erscheinen neben zahlreichen älteren, das heißt „asianischen" Länder-, Orts- und „Konigs"namen, nunmehr häufig auch unverkennbar indoiranische Namen.

Die Inschriften der assyrischen Könige des beginnenden 1. Jahrtausends v. Chr. vermitteln uns die folgende politische und kulturelle Situation in den nördlichen Zagrosgebieten und in dem an sie anstoßenden armenischen Bergland:

In den westlichen armenischen Bergen hatte sich um den Van-See gegen Ende des 2. Jahrtausends v. Chr. eine starke Macht konstituiert: das Reich der Urartäer. Es handelte sich bei ihnen wahrscheinlich um Restgruppen von Hurritern, die seinerzeit aus ihren alten Sitzen im Quellgebiet des Khabur durch die aus Süden vorrückenden Aramäer einerseits und durch die nach Westen sich ausdehnenden Assyrer andererseits verdrängt worden waren und sich hierher zurückgezogen hatten. Diese Landschaft bot mit dem Metallreichtum der Berge, den üppigen Weiden in den Ebenen um den Van-See und der fruchtbaren Erde in den engen, tief eingeschnittenen Tälern und schließlich mit dem (damals noch vorhandenen) dichten Waldbestand auf den Berghängen die besten wirtschaftlichen Voraussetzungen für die Entstehung eines starken Reiches. Seine Macht stützte sich vornehmlich auf größere oder kleinere, meistens gut befestigte Bergstädte, in deren Schutz Hirten und Bauern auf dem Lande lebten. Von guter militärischer Schulung zeugen die Befestigungen und deren Verteilung im Gelände. Es nimmt daher nicht wunder, daß eine derart fundierte Macht bald das Verlangen hatte, wieder nach Südosten zur mesopotamischen Ebene vorzustoßen.

Östlich von Urartu hatte sich ein anderer Staat, mit seinem Schwerpunkt in der südlichen Uferebene des Urmia-Sees, gebildet: das Reich von Man. Seine Bevölkerung bestand wahrscheinlich überwiegend aus „asianischen" sowie aus dem Kaukasus zugewanderten Elementen. Politisch gesehen hat Man wohl niemals die Bedeutung von Urartu erreicht, von dem es während längerer Zeit abhängig war. In wirtschaftlicher Hinsicht aber konnte es sich mit Urartu messen; denn auch in Man hatte sich eine blühende Landwirtschaft, verbunden mit Viehzucht, entwickelt, und die Metallbearbeitung stand ebenfalls auf einer beachtlichen Stufe.

Die Urartäer stießen bei ihrem Vordringen im 10. Jahrhundert v. Chr. auf die assyrische Macht, die – nach einigen schweren Rückschlägen während des 11. Jahrhunderts – im Begriff war, neu zu erstarken. Assur, mit seinen in erster Linie nach Westen (Syrien) und Südosten (Sumer und Akkad) gerichteten Aspirationen, mußte sich den Rücken decken und versuchen, wenigstens die nächsten Bergketten im Norden unter seine Kontrolle zu bekommen. Bei diesen Kämpfen gelang es den Urartäern mehr als einmal, die Oberhand zu gewinnen und das Herz des Staates, die Stadt Assur selbst, zu bedrohen.

Im Osten des urartäischen Herrschaftsbereiches, wie auch zwischen seiner südlichen Grenze und der assyrischen Einflußsphäre im Norden, lagen mehrere kleine „Königreiche" in den teilweise kaum zugänglichen Tälern des zerrissenen Berglandes. Diese sogenannten Königreiche bestanden oft aus nichts anderem als aus einem kleinen, gleichsam an den Felsen „geklebten" Raubnest, oder aus einer geringfügigen Ansammlung von Behausungen am Fuß eines zu einer „Burg" gewordenen Felsens. Von ihr aus herrschte ein Häuptling über einige Sippen – allerhöchstens über einen ganzen Stamm. Die ethnische Zusammensetzung dieser kleinen Herrschaftsbereiche scheint äußerst gemischt gewesen zu sein: es gab hier sowohl Nachkommen der asianischen Bewohner des Berglandes als auch Abkömmlinge verschiedener, zu allen Zeiten aus dem Kaukasus eingewanderter Stämme, und schließlich völkisch nicht näher auszumachende unruhige Elemente aus der mesopotamischen Ebene. Zu dieser ethnischen Vielfalt gesellten sich nun die indoiranischen Reiterstämme, die sich anscheinend zunächst in den Talebenen um die großen Seen Göktschali und Urmia sowie in den Bergtälern Armeniens und Azerbeidjans niedergelassen hatten. Eingesessene und Neuankömmlinge dürften vorerst noch durchaus friedlich miteinander ausgekommen sein, was auch von den Leuten in der Ebene südlich vom Urmia-See gilt, wo, wie erwähnt, das Reich Man entstanden war.

Durch ständige militärische Unternehmungen, aber wohl mehr noch durch geschicktes Intrigenspiel und reichliche Geschenke, gelang es den Assyrern, diese kleinen Feudalherrschaften in ein mehr oder weniger straffes Vasallenverhältnis zu zwingen, wodurch eine Art *Cordon sanitaire* gegen Urartu gebildet wurde.

Die Anlage einiger Militärdistrikte mit assyrischen Garnisonen sollte eine festere Grenzwehr geben und vor allem die Ablieferung der Tribute sichern, die für den Unterhalt und die Schlagkraft der assyrischen Armee äußerst wichtig waren. Außerdem führten die Assyrer großzügige Umsiedlungen durch; so wurden zum Beispiel Stämme von hier in der mesopotamischen Ebene und in Judäa angesiedelt, und umgekehrt Samaritaner ins Bergland deportiert.

Nach dem Tod Salmanassars III. (825 v. Chr.) verfolgte Urartu nun seinerseits eine ähnliche Politik. Das Reich Man hatte schon vorher, vermutlich aus Furcht vor Übergriffen seines mächtigen urartäischen Nachbarn, Verbindung mit den Assyrern aufgenommen und scheint in gewissem Abhängigkeitsverhältnis zu ihnen gestanden zu haben.

Den kleinen Feudalherren verblieben nunmehr zwei Möglichkeiten, sich zu behaupten und möglichst viel für sich selbst bei geringster Gegenleistung herauszuschlagen: entweder territoriale Vergrößerungen, einige Felsennester und etliche Weidegründe dazu zu gewinnen, oder sich an den Kriegsbeuten durch die Stellung bewaffneter Aufgebote zu beteiligen. In Anbetracht der ganzen Lebensweise dieser Bergleute wird es sich um bestes und von Jugend an kriegerisch erzogenes Soldatenmaterial bei ihnen gehandelt haben. Die Assyrer werden bei ihrem steigenden Truppenbedarf, den sie schon längst nicht mehr aus den eigenen Leuten rekrutieren konnten, lieber auf diese vorzüglichen Krieger als auf die Bevölkerung der Ebene zurückgegriffen haben.

Seit der Zeit Schamsi Adads V. von Assur (825 – 812 v. Chr.) dürfte das indoiranische Element unter diesen kleinen „Königen" die führende Rolle übernommen haben. Die assyrischen Quellen dieser Periode lassen deutlich erkennen, auf welche Weise Urartu und Assur es anstellten, um die Stammes- und Sippenhäuptlinge der Berge gegeneinander auszuspielen. Durch „Belehnungen" (die aber meistens aus erst noch zu erobernden „Städten" in der urartäischen bzw. assyrischen Einflußzone bestanden) versuchten die beiden großen Mächte, diese Häuptlinge mit ihrer Gefolgschaft für sich zu gewinnen.

Abgesehen von diesen rein politischen Gründen trat für Assur bald noch ein anderer schwerwiegender Faktor hinzu: infolge ihres sich stetig ausbreitenden Machtbereiches sowie der zunehmenden Bedeutung des Pferdes als Reittier sahen sich die Assyrer gezwungen, außer ihren Streitwagentruppen auch eine regelrechte Kavallerie aufzustellen, und zwar bereits kurz vor 844 v. Chr. Für diese Kavallerie benötigten sie in steigendem Maße Remonten.

Das Pferd als Reittier war das Produkt einer Züchtung in der Steppe, und die ersten indoeuropäischen Einwanderer hatten es in die altorientalischen Länder mitgebracht. Die Mitanni waren als Pferdezüchter bekannt, und wahrscheinlich durch sie erlangte das Pferd, zunächst als Streitwagenvorspann, eine wesentliche Bedeutung in der Kriegführung. Die Aufstellung berittener Truppen hat aber anscheinend erst mit dem Einbruch der indoiranischen Reiterstämme in den „fruchtbaren Halbmond" bzw. sein nördliches Grenzland stattgefunden.

Es steht fest, daß die obengenannten Bergstämme hervorragende Pferdezüchter waren. Der Tribut aller Kleinfürsten aus dem gesamten Bergland an Urartu und Assur bestand deshalb auch, neben Metall, in der Hauptsache aus Pferden und Mauleseln.

Der Verlust des ehemaligen Reiches Man, wo jetzt die Meder Pferdezucht in großem Stil betrieben, traf Assur besonders hart, da es gerade jetzt mehr denn je schnell bewegliche Truppen benötigte und nur noch die südlichsten Zagrosketten halten konnte. Assyrische Kolonnen mußten daher häufig kühne Vorstöße weit in das Innere des Berglandes unternehmen, mit dem einzigen Ziel, alles an vorhandenem Vieh, in erster Linie aber Pferde, zusammenzutreiben, damit das assyrische Heer seinen ständigen Bedarf an Remonten decken konnte. Solche Expeditionen haben höchstwahrscheinlich sogar die Hochebene um Teheran erreicht.

Mit diesen Dingen haben wir jedoch dem zeitlichen Fortgang um beinahe 200 Jahre vorgegriffen. In dieser Zeitspanne vermehrte sich das indoiranische Element in den Berglanden durch stetige Zuwanderungen. Sie folgten der natürlichen Streichrichtung der Täler und gelangten auf diese Weise allmählich weiter nach Osten und Südosten. In der Gegend des heutigen Luristan kamen solche indoiranische, und zwar persische Stämme, in Berührung mit dem nach Norden, zum „Tor von Asien", vorfühlenden Elam, das – in dieser Zeit der Schwäche Babylons – gerade eine gewisse Selbständigkeit erlangt hatte. Mancher der indoiranischen Häuptlinge stellte sich mit seinem Gefolge den Elamitern zur Verfügung gegen Überlassung von Wohnplätzen, Weiden und – Beuteanteil, genau so wie es seine Artgenossen bei den Assyrern und Urartäern gehalten hatten und noch hielten.

Obgleich der Verlauf der Zuwanderung indoiranischer Stämme in das armenische Bergland historisch noch völlig im Dunkel liegt (es ist noch nicht allgemein anerkannt, daß sie über den Kaukasus kamen und nicht durch den nördlichen Teil des iranischen Hochlandes) und schriftliche Dokumente bis jetzt den Ausgangspunkt dieser Bewegung nicht erkennen lassen, so bieten jedoch archäologische Funde und sprachwissenschaftliche Untersuchungen einige Aufschlüsse.

Zu Zeiten, die sich noch nicht genauer festlegen lassen, waren indoiranische Stämme aus dem Steppengürtel in das Gebiet zwischen Yaxartes und Oxus eingedrungen, wo sie mit mehr oder weniger festen Wohnplätzen in erster Linie Viehwirtschaft betrieben. Die den Steppenvölkern allgemein eigene Feudalorganisation wird hier sicher schon weitgehend ausgebildet gewesen sein. Diese Vorgänge sowie der Name ihres damaligen Gebietes finden sich, in legendärer Form, in der Tradition dieser Stämme, die in den ältesten Teilen der Avesta erhalten geblieben ist (die Niederschrift der Avesta erfolgte allerdings erst im 6. Jahrhundert n. Chr. oder noch später). Der Name des Gebietes ist *Aryanam* (Land der Arier). Vermutlich noch vor der letzten vorchristlichen Jahrtausendwende wanderten von hier aus Stämme in zwei Richtungen ab: etliche zogen nach Süden und durch die Pforte bei Merw in die Ebenen von Sistan hinein. Einige Scharen zogen sogar noch weiter östlich: über den Khaiber- und den Bolan-Paß in das Industal, der gleichen Trasse entlang, über die 2000 oder 3000 Jahre früher die dörfliche Bevölkerung aus dem Hochland in das Industal hinübergewechselt war. Bis zum ausgehenden 6. Jahrhundert v. Chr. verblieben diese östlichen Gebiete ebenso wie die arischen Stammlande noch im geschichtslosen Dunkel.

Aber in den ältesten Teilen der Avesta sind Erinnerungen an große Könige und auch an einen bedeutenden Religionsstifter, Zoroaster, bewahrt geblieben. So heißt es, Zoroaster habe nach Ostiran fliehen müssen, wo er in dem König Hystaspes einen treuen Freund und Anhänger gewonnen habe. Diese Tradition ist eine legendäre Ausschmükkung historischer Tatsachen, oder vielmehr eine spätere Erdichtung, um Anschluß an die geschichtliche Überlieferung zu gewinnen –, an jenen Hystaspes, des Vater des Dareios, der das Reich des Kyros noch einmal fast völlig erobern mußte, um es dann seiner Dynastie für 200 Jahre zu sichern.

Die anderen Stämme wanderten nach Westen, um das Nordufer des Kaspischen Meeres herum, und drangen in mehrfachen Schüben über den Kaukasus in das armenische Bergland ein. Es liegen bisher keine Anzeichen für eine gewaltsame Landnahme durch diese Stämme vor, im Gegenteil deutet alles darauf hin, daß die Einwanderung auf friedliche Weise und in großen Zeitabständen vor sich ging.

Da das urartäische Reich den westlichen Teil des Berglandes umfaßte und also den Weg nach Kleinasien sperrte, und da ferner die Ketten des armenischen Berglandes sowie die südlich an es anschließenden Zagrosberge in östlicher und südöstlicher Richtung streichen, wurde diesen Einwanderern der Weg ins iranische Hochland gewissermaßen von der Natur vorgeschrieben.

Die archäologischen Entdeckungen in Transkaukasien und im westlichen Teil des Hochlandes lassen diese Vorgänge teilweise ablesen. Im Hinterland der westlichen Ufer des Kaspischen Meeres, im Talyche, wurden Gräber und in ihnen Schmuck und Waffen einer im Vorderen Orient bislang fremden Art gefunden. Die Gräber enthielten altorientalische Siegelrollen – oder nach diesen Vorbildern geschnittene Siegel – und sind danach in die letzten zwei Jahrhunderte des ausgehenden 2. Jahrtausends v. Chr. zu datieren. (Die wenigen diesen Grabfunden entsprechenden früheren Beispiele von Waffen, Geräten und Schmuckstücken, die im altorientalischen Kulturgebiet zutage gekommen sind, weisen stets nach dem Kaukasus, vielleicht sogar noch weiter nach Norden: in die Steppe selbst.)

Die Gräber im Talyche bestehen aus länglich-rechteckigen Steinkisten, die aus Platten zusammengesetzt sind und eine ebenfalls aus Steinplatten hergestellte giebelförmige Überdeckung tragen. Über ihnen wurden kleine Hügel, meistens aus Erde, bisweilen auch aus kleinen Steinen aufgeworfen; um sie wurde häufig ein Kranz aus kleinen Steinen gelegt.

Diese Bestattungsart ist ein Wahrzeichen der Steppe, ebenso wie das Tierstilornament der Grabbeigaben und einige Gefäßformen, wie auch bestimmte Waffen. Die ältesten bisher datierbaren Gräber dieser Art stammen aus der Mitte des 3. Jahrtausends v. Chr., die jüngsten aus dem 8. Jahrhundert n. Chr. Sie sind überall im weiten Steppengürtel und an seinen Rändern zu finden, im Norden, wo er an die unerschlossenen Wälder angrenzt, im Süden, wo er mit den alten Kulturlandschaften in Berührung kommt: in Podolien, am Kaukasus, auf dem iranischen Hochland, im Altai, in Ostsibirien und in den Randgebieten der nordchinesischen Ebene. Weder an eine feste Zeit noch an ein bestimmtes ethnisches Element gebunden, sind diese Gräber ein Phänomen der Steppe.

Dukkan-i-Daud. Medisches Felsgrab

Pasargadai. Rekonstruktion der Audienzhalle

Grab des Kyros

Pasargadai. Sogenanntes Kyros-Relief

Susa. Ziegelrelief von der Fassade des Schuschinak-Tempels

Die Grabbeigaben im Talyche bilden hauptsächlich Waffen und Schmuck, die in den älteren Grabstätten noch ausschließlich aus Bronze, in den jüngeren auch schon aus Eisen hergestellt sind. Es gibt kleine Plättchen und Anhänger, die vermutlich als Schmuck an die Gewänder der Menschen wie auch an die Zaumzeuge der Pferde angenäht oder angeheftet waren; in vielen Gräbern fanden sich Pferdetrensen. Auch schön ziselierte und gepunzte Gürtelbeschläge sowie Bronzekessel kamen zutage. Als Verzierung wurden Tierfiguren oder Tierprotome bevorzugt. Ebenfalls sehr zahlreich sind große Nadeln, deren Köpfe aus einer kleinen Tierfigur bestehen.

Diese Gräber sind zweifellos die letzten Ruhestätten von Angehörigen berittener Hirten und Kriegerstämme, die in verschiedenen Wellen über den Kaukasus durch Transkaukasien gezogen kamen, nachdem sie auf den einladenden Waldwiesen eine Zeitlang gerastet hatten.

Für das armenische Bergland selbst, die Zagrosketten wir auch für das eigentliche iranische Hochland liegen nur wenige Fundzeugnisse aus diesen Zeiten der ersten Phase der indoiranischen Wanderung vor.

Die Ausgrabungen bei dem schon erwähnten Tepe Sialk beleuchten als einzige diese Phase: die letzte dörfliche Siedlung muß bereits eine ganze Weile verlassen gelegen haben, als ein Reiterstamm ankam und sich für einige Zeit hier niederließ. Die Begräbnisse zeigen dieselben Formen wie im Talyche: giebelförmig abgedeckte Steinkisten, und auch die Beigaben sind, wenngleich nicht so reich, die gleichen wie dort: Waffen, Schmuckplättchen, Anhänger und Perlen aus Bronze.

In Tepe Sialk wurde zudem noch ein anderer, großer Bestattungsplatz aus einer etwas jüngeren Zeit aufgedeckt. Auf den Trümmern des alten Dorfhügels war einst ein mächtiger quadratischer Unterbau aus luftgetrockneten Ziegeln errichtet gewesen, auf dem sich das feste Haus eines feudalen Stammesfürsten erhoben hatte. Am Fuß des Hügels und an seinen Hängen lagen die bescheidenen Hütten seines Gefolges, wie auch die Behausungen der eingesessenen Bevölkerung, die dem Fürsten Frondienste leisten mußte. Die ganze Anlage war von einer Mauer umgeben.

Die Beigaben der Gräber von Tepe Sialk sind teilweise sehr reichhaltig und lassen uns drei Klassen unterscheiden, aus denen wiederum die soziale Gliederung des Stammes zu ersehen ist. Die reichsten Gräber sind sicherlich dem Feudalherrn und seiner Familie sowie seinen Kriegern zuzusprechen. Neben schön gearbeiteten Waffen aus Bronze und Eisen finden sich aufnähbare Schmuckplättchen und Anhänger aus Bronze, Eisen und Silber, außerdem vielfältiger Halsschmuck, Helm-, Schild- und Gürtelbeschläge sowie aus Bronze getriebene Gefäße. Die Verzierungen gleichen denen aus dem Talyche, sind aber viel reicher und feiner ausgeführt. Ein im Stil der spätassyrischen Siegelrollen geschnittenes Siegel aus einem Grab zeigt einen Reiter auf einem prächtig aufgezäumten Pferd, und auf einem anderen Siegelstein sieht man einen Wagenkämpfer.

Die Gräber der zweiten Klasse bestehen zwar auch aus giebelförmig abgedeckten Steinkisten, die Beigaben aber sind wesentlich anspruchsloser: einige wenige Tongefäße oder eine Gewandnadel aus Metall, die wohl Handwerkern, Kleinbauern und Hirten mitgegeben waren.

Am armseligsten jedoch sind die nicht abgedeckten Gräber, deren Tote nur zuweilen in eine Steinkiste oder in eine mit luftgetrockneten Lehmziegeln verbrämte Grube gelegt waren. Diese Gräber gehören vermutlich der damals zu Sklaven herabgesunkenen, ursprünglichen Bevölkerung an. Die Annahme, daß der Feudalherr über Leibeigene geboten haben muß, dürfte durch das schon erwähnte Fundament seines festen Hauses als bestätigt gelten; denn ein derartiges Bauwerk kann nur in härtester Fron errichtet worden sein. Im übrigen lassen sich laut Grabungsberichten unter den in den Gräbern aufgefundenen Schädelresten auch deutlich zwei ethnische Elemente unterscheiden: die Langschädel gehören den alteingesessenen Leuten an, während die im Hochland bis dahin unbekannten Kurzschädel ein Merkmal der Neukömmlinge sind. Dieser Herrensitz mit seinem großen Bestattungsplatz ist die einzige bis jetzt untersuchte Siedlung aus jener Zeit. Ihre Überreste ermöglichen die Rekonstruktion eines Feudalsitzes, wie ihn die assyrischen Quellen zu Hunderten für das armenische Bergland und die angrenzenden Gebiete des iranischen Hochlandes erwähnen. Gewöhnlich lagen solche Feudalfesten wohl auf einem Felsen oder alleinstehenden Hügel, statt auf einem hohen, künstlichen Unterbau wie in Tepe Sialk.

Die in die gleiche Phase fallende Schicht von Tepe Giyan im mittleren Zagrosgebiet zeigt, daß der Hügel zur Anlage eines assyrischen Forts terrassiert worden war. Hierbei handelt es sich offenbar um einen jener Stützpunkte, mittels derer die Assyrer immer wieder versuchten, dem recht losen Gefüge des *Cordon sanitaire* ein festes Gerüst zu geben.

Auf den Reliefs, mit denen die assyrischen Könige seit Assurnasirpal ihre Paläste auszuschmücken pflegten, sind solche befestigten „Städte" öfters dargestellt. Die Bilder und Annalen erzählen von den beträchtlichen Schätzen an Metallgegenständen und Lapislazuli wie auch von den großen Vieh- und Pferdemengen, die nach der Einnahme derartiger Fürstensitze erbeutet und weggeschleppt wurden – was den Wohlstand dieser Feudalherren ahnen läßt.

Die Fürsten werden ihre Einkünfte, die aus Beuteanteilen bei militärischen Dienstleistungen und aus Raubgut bestanden, auch durch Schutzzölle, die sie den Handelsleuten abzwangen, erhöht haben. Überdies waren sie sicher auch am Umsatz der von ihnen abhängigen Bauern und Hirten stark beteiligt. Aus einer etwas späteren Zeit berichtet Herodot, daß ein Teil der Skythen von ihren Fürsten dazu angehalten wurde, Land zu bebauen, wo sie aber „nicht zur Nahrung, sondern zum Verkaufe säen" sollten, das heißt, um einen Handelsartikel gegenüber den griechischen Kolonien an der Küste des Schwarzen Meeres zu gewinnen.

In dem gesamten, von der indoiranischen Zuwanderung betroffenen Gebiet findet sich auch eine neue Töpferei. Die wichtigsten Fundplätze sind wiederum Tepe Sialk und Tepe Giyan. Der letzte ist besonders wichtig, weil hier gewissermaßen der Anschluß an die älteren Dorfkulturen gewonnen werden kann. Von allen Einflüssen unberührt, hatte sich ein solches Dörfchen dort beinahe 2000 Jahre erhalten. Wohl lassen sich in dieser großen Zeitspanne bisweilen geringfügige „fremde" Einwirkungen erkennen – entweder eine abweichende Gefäßform oder ein sonst nicht üblicher Metallgegenstand, aber sie fallen nicht ins Gewicht. Während der ganzen Zeit waren alle fremden Einströmungen im gesamten Bergland von der alten Bevölkerung aufgesogen worden, was sich mit der indoiranischen Einwanderung allerdings änderte: nun wurden die Alteingesessenen von den Neukömmlingen absorbiert.

Aber die Metallarbeiter der alten Bevölkerung, der Urartäer und Mannäer, werden noch Generation nach Generation für Meder, Perser und Skythen arbeiten und diesen vieles an altorientalischen Kunstformen übermitteln.

Die Vermischung altorientalischer Elemente mit der Kultur der indoiranischen Zuwanderer kommt in der Töpferei besonders deutlich zum Ausdruck. In Tepe Giyan und Tepe Sialk erscheinen neben der bemalten Keramik wieder viele Stücke einer sehr sorgfältig verarbeiteten und geformten monochromen grauen Ware. Sie ähnelt der Art, die, wenn auch teilweise mit anderen Formen, bereits um das 3. Jahrtausend v. Chr. von einem Steppenvolk in das nördliche iranische Hochland gebracht worden war. Unter den neuen

Formen fällt vor allem eine niedrige bauchige Kanne auf, mit sehr lang ausgezogenem, schnabelförmigem Ausguß an der Seite, eine Form, die zweifellos auf ein Metallvorbild zurückgeht, wie man ja auch mehrfach derartige Gefäße aus Bronze gefunden hat. Obgleich ein wesentlich formaler Unterschied zu beobachten ist, so läßt sich doch im Prinzip die Form auf die Gefäße mit seitlichem Ausguß der grauen Ware zurückführen, und insbesondere auf die Kannen aus Alabaster in der mit Tepe Hissar III bezeichneten Kultur – eine Form, die als ein Charakteristikum der Steppenkultur angesehen werden darf.

Diese Leitform aus Tepe Sialk und Tepe Giyan erscheint nun auch in der für das iranische Gebiet seit altersher gebräuchlichen bemalten Töpferei, und zwar mit der gleichen rötlichen, meistens jedoch hell-tongrundigen Färbung des Malgrundes, der mit geometrischen Ornamenten oder Tieren, seltener mit menschlichen Figuren, verziert ist. Die geschickt stilisierten Tiere treten zusammen mit allerlei geometrischen Mustern auf. Im Gegensatz zur älteren Keramik der Dorfkulturen sind die Verzierungen nunmehr keineswegs der Struktur des Gefäßes angepaßt, sondern auf recht „barbarische" Art und willkürlich angebracht. Die Ausgüsse und deren Ansätze zeigen überladenes Dekor, so daß die Kannen nach vorn überzufallen scheinen; die Gefäßflächen sind bedeckt mit einem Gemisch geometrischer Muster zusammen mit Menschen- und Tierornamentik – alles möglichst reich, aber unbekümmert um die eigentliche Gefäßform ausgeführt.

Auch eine andere Gruppe von Denkmälern fällt wahrscheinlich in diese Zeit der ersten indoiranischen Einwanderung in das iranische Hochland. In den fernsten Tälern Mekrans und Belutschistans, gegen den Soliman Dagh zu, wurden an mehreren Stellen der jetzt total ausgetrockneten Täler und an ihren Rändern riesige Begräbnisplätze mit unzähligen Steinhügeln entdeckt. Man kann sich des Eindrucks nicht erwehren, daß es sich dabei um die Gräber ganzer Stämme handelt, die auf der Suche nach Weideland immer weiter nach Südosten wanderten und auf diesem Weg in ein schon von der natürlichen Austrocknung betroffenes Gebiet gelangten. Ein Rückweg war unmöglich; so kamen sie hier um.

Die vorhin beschriebenen politischen Konflikte und kulturellen Berührungen mit Urartu und Assur waren vermutlich die Ursache des Zusammenschlusses der medischen Stämme; der genauere Anlaß ist allerdings noch unbekannt. Herodots Erzählung von Deiokes, der sich durch seine Redlichkeit und seine Gabe, Recht zu sprechen, derartig ausgezeichnet habe, daß er von den Medern zu ihrem König erwählt wurde, deckt sich nicht ganz mit dem, was die zeitgenössischen assyrischen Quellen berichten.

Wie schon angedeutet, hatten die Assyrer seit Tiglat Pileser III. mit einer weitgehenden Umsiedlungs- und Deportationspolitik begonnen. So deportierte Sargon II. im Jahre 715 v. Chr. einen medischen Feudalherrn namens Daiaukku (griechisch: Deiokes), der sich mit dem urartäischen König verschworen hatte, mit seinem gesamten „Haus" nach Hama in Syrien. Je nach den Umständen wurden solche Herren von den Assyrern einige Zeit am Königshof gehalten und wieder in ihr Herrschaftsgebiet eingesetzt; wenn sie aber von keinem Nutzen sein konnten, wurden sie gepfählt oder bei lebendigem Leibe geschunden. Man möchte daher annehmen, daß dieser medische Daiaukku ein sehr einflußreicher Feudalherr gewesen sei, der über zahlreiche kriegerische Gefolgschaft verfügte und, nachdem Sargon den urartäischen König empfindlich geschlagen hatte, sich gewissen assyrischen Anträgen keineswegs abgeneigt zeigte, für Assur zu „arbeiten", das heißt – gegen gute Entlohnung selbstverständlich.

Ob dieser Daiaukku tatsächlich mit dem Gründer des medischen Reiches, mit *Deiokes* identisch ist, wissen wir nicht. Es ist immerhin möglich, daß Daiaukku wirklich einen Zusammenschluß der medischen Stämme anstrebte, die ständig, einer gegen den anderen ausgespielt, als Spielball in den Intrigen der Assyrer und Urartäer dienten. Daiaukku mag,

Urartu und Assur vor Augen, sehr genau die Vorteile einer straffen zentralisierten Macht erkannt haben, wenn eine solche auch die den Indoiraniern so teure individuelle und unabhängige Lebensweise stark beeinträchtigte.

Wahrscheinlich hat die „historische" Tradition, die wir bei Herodot lesen, Daiaukku zum Vorgänger jenes Phraortes erhoben, der dann tatsächlich die medischen Stämme geeint und zum ersten, wenngleich vergeblichen Angriff auf Assur geführt hat. Nach Herodot soll Deiokes, und zwar als König der Meder, gegen 715 v. Chr. einen Staat gebildet und sich zu Egbatana, dem heutigen Hamadan, eine Hauptstadt errichtet haben. Gewissermaßen seine erste „Amtshandlung" habe in der Aufstellung einer Leibgarde bestanden.

Der offenbar *nicht*indoiranische Name dieses ersten medischen Herrschers und die erwähnte Gründung einer *Stadt* lassen vermuten, daß es zu einer starken Vermengung des neu zugewanderten indoiranischen Elementes mit der im armenischen Bergland ansässigen asianischen Bevölkerung gekommen war, soweit die letzte nicht innerhalb des urartäischen Machtbereiches in dem hier überwiegend hurrischen Volk aufgegangen war. Es ist kaum anzunehmen, daß die Meder, die an eine der städtischen völlig entgegengesetzte Lebensweise gewöhnt waren und als ursprüngliches Steppen- und Reitervolk das Städtertum als wesensfremd ablehnten, Städte gegründet haben sollten. So haben ja nicht einmal ihre Vettern, die Perser, welche erheblich mehr von der altorientalischen *städtischen* Zivilisation beeinflußt wurden, je eine richtige Stadt gegründet. Es liegen zwar Nachrichten über angebliche Städte in Ostiran aus damaliger Zeit vor, aber es fehlen bisher jede konkreteren Angaben.

Überdies beharrten gerade die Meder zur Zeit der achämenidischen Herrschaft am zähesten auf ihren alten, aus der Steppe mitgebrachten Sitten. Das kommt schon in ihrer Tracht zum Ausdruck, die stets die eines Reitervolkes blieb: Hosen und hohe Stiefel, während die Perser bereits seit langem, sogar für ihre Gardetruppen, die viel luftigere Kleidung der Bewohner der elamischen Ebene übernommen hatten.

Andererseits gehörte es aber durchaus zu den Anschauungen der Steppenleute, das Individuum zu achten und außergewöhnliche Fähigkeiten bereitwillig anzuerkennen, was durch ihre Lebensform bedingt war; darum können die Meder sehr wohl einen alteingesessenen Fürsten eben auf Grund seiner hervorragenden Eigenschaften und Tüchtigkeit zu ihrem Führer erwählt haben. Der Bericht Herodots betont ja, daß gerade die hohen ethischen Qualitäten des Deiokes und seine Rechtschaffenheit zur Wahl geführt hätten. Sollte Deiokes jedoch ein asianischer Fürst gewesen sein, so würde mancher Zug der Erzählung auch verständlicher, ganz abgesehen davon, daß er als Einheimischer weitaus besser als die Meder um die Vorteile einer „Zentralregierung" gewußt haben würde. Als Nachkomme einer „seßhaften" Kultur betrachtete er die Gründung einer Stadt als selbstverständlich und die Bildung einer Leibgarde als unerläßlich, da er ja über keine Gefolgsleute gebot. Und mag er nicht schließlich der Ansicht gewesen sein, in diesen jungen und unverbrauchten Stämmen ein Gegengewicht gegen Assur und Urartu, die beiden „Eindringlinge" auf asianischem Boden, in der Hand zu haben?

Über die Ausdehnung des medischen Reiches, zum mindesten für seinen Anfang, kann nichts Genaueres gesagt werden. Zu Beginn waren sicherlich keineswegs alle medischen Stämme in diesem Reich zusammengefaßt, dessen Kern die Ebenen südlich des Urmia-Sees, bei Hamadan und noch weiter südlich, gewesen sein werden. Tiglat Pileser III. (745–727 v. Chr.) spricht von den „mächtigen" Medern, die „bis zum Berge Bikni (dem Demavend in der Elburzkette) und zur Alkaliwüste" (Dascht-i-Kabir) saßen; Sargon II. (721–705 v. Chr.) erwähnt die „fernen" Meder, „jenseits des Berges Bikni" (das heißt im heutigen Gurgan).

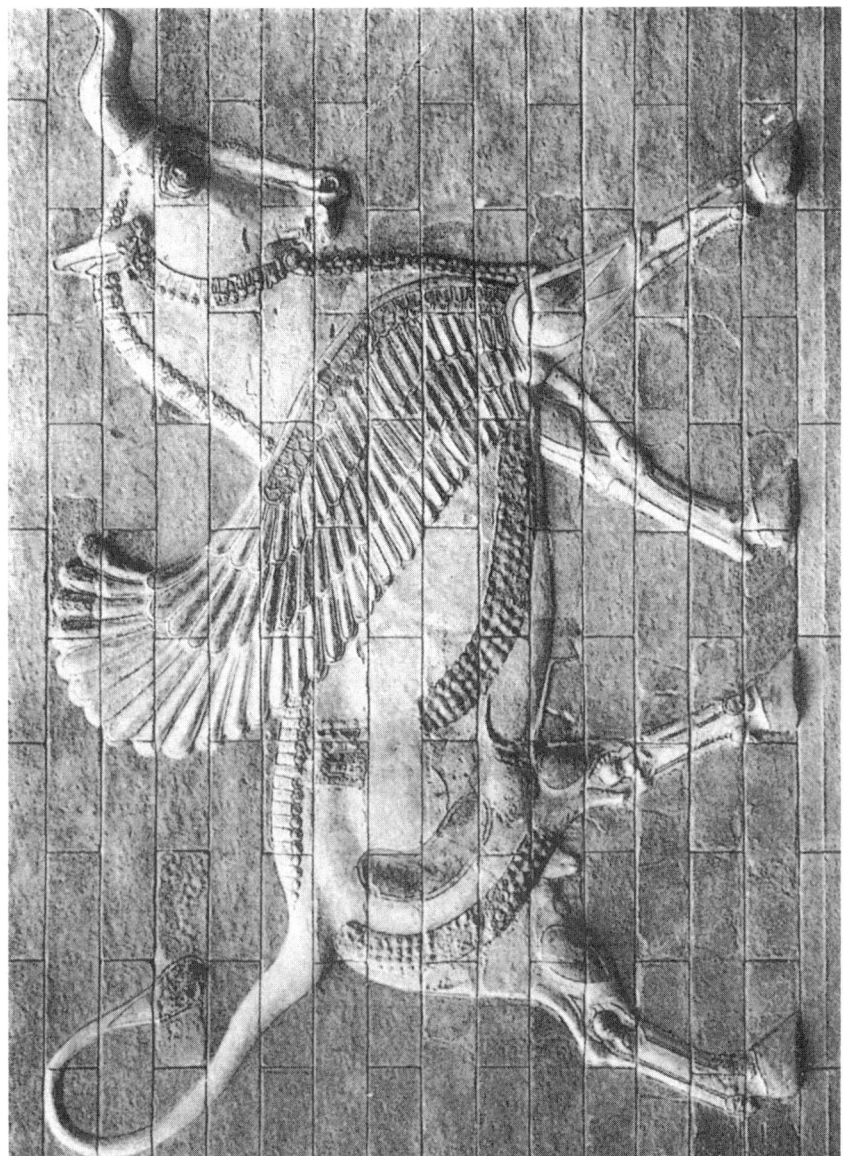

Susa. Ziegelrelief vom achämenidischen Palast

Naqsch-i-Rustam. Die Grabstätte der achämenidischen Könige

Susa. Achämenidisches Kapitell

Der Einbruch der gleichfalls indoiranischen Kimmerier in das armenische Bergland fällt in das Jahr 707 v. Chr.; sengend und brennend ergossen sie sich über den Kaukasus nach Süden. Dem urartäischen König Rusas gelang es, den ersten Ansturm abzuschlagen, und die Hauptmasse dieser Sturmflut nach Westen, nach Kleinasien, abzudrängen. Die Assyrer haben die Notlage Urartus natürlich sogleich ausgenutzt, und Sargon schreibt in seinen Annalen: „Rusas, der König von Urartu, hörte von der Zerstörung Musasirs und der Gefangennahme Haldis, seines Gottes; mit seinen eigenen Händen, mit dem eisernen Dolche seines Gürtels beendete er sein Leben. Über Urartu in seiner Gesamtheit brachte ich Kriegsnot, über die Menschen, welche darin wohnen, verhing ich Jammer."

In den weiteren Kämpfen wurde Urartu derartig geschwächt, daß es als Machtfaktor aus der Geschichte ausschied. Dem Nachfolger Senakheribs berichtet einer seiner Militärgouverneure: „Als der König von Urartu gegen das Land der Kimmerier gezogen war, sind seine Truppen geschlagen worden."

Diesen indoiranischen Kimmeriern kann bisher nur sehr wenig an materiellen Überresten zugewiesen werden. Im Verlaufe des ersten Weltkriegs wurden am Varzaktepe, der am Nordostzipfel des Van-Sees liegt, einige hundert mächtiger Steinkistengräber entdeckt, bei denen es sich möglicherweise um einen kimmerischen Begräbnisplatz handelte. Die schweren Deckplatten wurden gesprengt, und über den Inhalt der Gräber ist leider nie etwas bekannt geworden.

Den Kimmeriern teils nachdrängend, teils mit diesen zusammen, kamen skythische Stämme, die ebenfalls Indoiranier waren. Von den ersten scheinen nur einzelne versprengte Scharen in die östlich an das urartäische Reich angrenzenden Gebiete eingedrungen zu sein. Der Hauptstoß der Skythen hingegen, der sich aus dem nördlichen Teil der westturkestanischen Ebene (vielleicht aus der Dschungarischen Pforte) entwickelte, erfolgte in genau westlicher Richtung und verlief sich in den südrussischen Ebenen und an den Ufern des Schwarzen Meeres.

Phraortes, der in den assyrischen Quellen „Kaschtariti" genannt wird, folgte um 675 v. Chr. dem Deiokes in der Herrschaft. Als erstes nutzte er die lange Abwesenheit des assyrischen Königs Senakherib in Elam, Judäa und Ägypten aus, um sich das fruchtbare Gebiet des ehemaligen Reiches Man zu sichern und die letzten assyrischen Vasallen und Garnisonen von dort zu vertreiben. Dann wird er wohl versucht haben, mit Hilfe von kimmerischen Restgruppen die skythischen Eindringlinge von den Talebenen um den Urmia-See fernzuhalten. Als der Druck zu groß wurde, kam es anscheinend zwischen den medischen und skythischen Stämmen zu einer Art Übereinkommen, denn nunmehr setzten sich skythische Stämme dort fest. Vorerst war ja auch genügend Weidegrund für beide Teile vorhanden, namentlich dann, wenn sich der medische Machtbereich damals schon über das „Tor von Asien" hinaus auf die Ebenen von Luristan erstreckt haben sollte. Möglicherweise waren auch die weiter südlich sitzenden persischen Stämme schon unter Phraortes in ein Vasallenverhältnis zu den Medern getreten.

Allem Anschein nach bereitete nun Phraortes, gestärkt durch kimmerische und mannäische Aufgebote, einen Einfall in das eigentliche assyrische Gebiet vor, nachdem er sich auch der skythischen Unterstützung versichert hatte. Es bleibt unklar, ob er seinerseits mit dem Angriff begonnen hatte, oder ob Assurbanipal ihm zuvorgekommen war und in die Berglande einmarschierte. Auf jeden Fall stellte sich Phraortes dem assyrischen Heer und wurde vernichtend geschlagen. Die Skythen, denen nichts ferner lag, als ihm zu Hilfe zu kommen, die vielmehr ein Bündnis mit den Assyrern gegen ihn geschlossen hatten, sind den Medern offenbar in den Rücken gefallen. Phraortes fand den Tod in dieser Schlacht.

41

Während der nächsten 28 Jahre beherrschten die Skythen das armenische Bergland und unternahmen von hier aus ihre Raubzüge bis nach Kleinasien und Syrien.

Der auf Phraortes als Anführer der medischen Stämme folgende *Kyaxares* machte der skythischen Vorherrschaft ein Ende; auf welche Weise ihm das gelang, ist allerdings noch völlig ungeklärt. Herodots Erzählung kann unbedingt der Wahrheit entsprechen, vor allem auch, da es ja ein skythisches *Reich* an sich niemals gegeben hat, sondern nur einzelne Kriegshaufen mit ihren Anführern, deren alleiniges „politisches" Ziel Raub und Plünderung war. Gemäß Herodot lud Kyaxares einmal „eine beträchtliche Anzahl von diesem Raubgesindel" zu einem Festmahl, machte sie betrunken und ließ sie allesamt erschlagen.

Den Rest der skythischen Reiterhorden dürfte Kyaxares ohne allzu große Mühe teils seinem eigenen Heer einverleibt und teils in besonders geeigneten Gebieten, in Reservaten, untergebracht haben. Südlich von Kirmanschah erstrecken sich die beiden Talebenen der Kerkha und Seimareh in südöstlicher Richtung, und an ihren Enden liegen im Norden und Süden leicht zu sperrende Défilés. In diesem Gelände waren die Skythen gut zu überwachen, ja, man konnte sie zudem unbesorgt ihrer Neigung zum Herumschweifen überlassen.

Einzig aus diesen Ebenen, der heutigen Landschaft Luristan, stammt eine große Zahl herrlicher Prunkwaffen aus Bronze und Eisen sowie anderer Gegenstände, die eindeutig dafür sprechen, daß ihre Besitzer Krieger gewesen sein müssen, und zwar Wagenkämpfer und Reiter. Die Unterkünfte dieser Leute bestanden vermutlich aus Zeltlagern; denn es sind keine noch so bescheidenen Grundmauern von Hütten oder Gebäuden bekannt geworden – wohl aber ihre Grabfelder, die um oder an den Rastplätzen nahe den Wasseradern liegen. Sie bestehen aus flachen kleinen Hügeln über Steinpisten; eben aus ihnen müssen alle die unzähligen „Luristanbronzen" stammen. Ungeachtet aller Mühe wissenschaftlicher Unternehmungen ist es nämlich bisher nicht gelungen, auch nur ein einziges solches Objekt im Boden selbst zu finden

In ähnlicher Weise wie einst die skythischen Restgruppen lebend, haben halbnomadische Luren, an den gleichen Quellen rastend, diese Grabhügel um 1928 herum ausgenommen und ihren Inhalt zum Verkauf auf den Bazar in Hamadan gebracht. Die Archäologen fanden nur noch die leeren Gräber, außerdem glücklicherweise wenigstens ein bescheidenes Heiligtum an einer Quelle. Hier gefundene assyrische Rollsiegel ergaben für die Datierung der Bronzen, die von der Wissenschaft beinahe allen Völkern vom 3. bis in das ausgehende 1. Jahrtausend v. Chr. zugeschrieben worden waren, endlich einen festen Anhaltspunkt.

Die reichverzierten Waffen: lange Eisenschwerter mit figürlich geschmückten Griffen, kürzere Schwerter aus Bronze, Dolche aus beiden Metallen, prunkvolle Streitäxte, Lanzen- und Pfeilspitzen, bilden die Hauptmasse der Luristan-Funde. Hinzu kommen Gewandnadeln entweder mit großen Tierköpfen oder mit großen reliefierten Scheiben, Zierplatten für Gewänder, Gürtelbeschläge und Metallgefäße aller Art. Besonders bemerkenswert sind aber die reich verzierten großen Backenstücke von Pferdetrensen, Beschläge von Streitwagen sowie eine Menge von Standartenköpfen.

Die Ornamente gehen fast ausschließlich auf alte vorderasiatische Motive zurück, namentlich in der uns von assyrischen und urartäischen Kunstwerken wohlbekannten Form. Dennoch erinnern sie, auf Grund ihres ganzen Habitus, in erster Linie an jene so wesentlich bescheideneren Grabbeigaben der ersten indoiranischen Einwanderer im Talyche und bei Tepe Sialk. Beides – sowohl das vorherrschende altorientalische Moment als auch das Anklingen an indoiranische Art – ist damit zu erklären, daß die in Luristan lebenden Skythen bald die besten Kunden der mannäischen Metallarbeiter wurden. Diese verarbeiteten natürlich die ihnen geläufigen Motive, die sie jedoch geschickt umzuformen verstanden, um sich dem charakteristischen Geschmack ihrer kriegerischen Steppenkunden anzupassen. Es ist auffällig, daß vornehmlich die Streitäxte zwar sehr prächtig sind, aber wegen ihrer Form und ihrer Verzierungen wohl kaum als richtige Kampfwaffen gedient haben können, sondern eher als Paradestücke angesehen werden müssen. Die große Menge der Standartenköpfe und Prunk- und Zeremoniewaffen überwiegen bei weitem die Gegenstände des praktischen Gebrauchs.

Auch der Waffenschmuck jener Skythen, die seinerzeit nicht über den Kaukasus vordrangen, sondern sich in den weiten Ebenen Südrußlands bis zu den Karpathen ausbreiteten, weist unverkennbar den Einfluß mannäischen Metallhandwerks auf.

Die relativ wenigen Tongefäße aus Luristan gleichen denen aus Tepe Giyan und Tepe Sialk.

Kyaxares hat sich vermutlich schon vor seiner Abrechnung mit den skythischen Häuptlingen eine disziplinierte Truppe mit differenzierten Waffen nach assyrischem Muster geschaffen, ja, wahrscheinlich ist seine Herrschaft über die Skythen, nachdem er ihre Häuptlinge beseitigt hatte, überhaupt auf das Vorhandensein eines solchen Heeres zurückzuführen. Durch ihre Tauglichkeit als Einzelkämpfer waren die Meder der Feudalaufgebote wohl als Ergänzung einer regelrechten Truppe von größtem Wert, einem geschulten Heer aber, zumal wenn sich dieses auf Befestigungen stützen konnte, waren sie nicht gewachsen.

Die assyrische Macht ging ihrem Ende entgegen. Nach dem Tode Assurbanipals im Jahre 626 v. Chr. verlor sie eine Provinz nach der anderen. Ägypten hatte bereits 663 v. Chr. das assyrische Joch abgeworfen und strebte unter seinem Befreier Psammetich einer neuen, obzwar nur kurzen, Machtentfaltung und wirtschaftlichen Blüte entgegen. In Babylon hatte sich Nabupolassar im Todesjahr Assurbanipals selbständig gemacht; 616 v. Chr. war ganz Babylonien in seiner Hand, und daraufhin konnte er einen Angriff auf das eigentliche assyrische Gebiet vorbereiten. Da aber griff Ägypten ein, indem es seinem früheren Oberherrn „zu Hilfe" eilte; denn ein geschwächtes Assyrien brauchte Ägypten nicht mehr zu fürchten, wohl aber ein neu erstarkendes Babylon, das dem Plan Psammetichs, wieder die Kontrolle in Syrien zu gewinnen, gefährlich werden mochte. Tatsächlich zwang er durch eine Demonstration am Euphrat die Babylonier zum Rückzug, und Assur bekam noch einmal eine Gnadenfrist.

Mittlerweile fühlte sich der Meder Kyaxares stark genug, um 615 v. Chr. die Assyrer angreifen zu können; sein Sturm auf Ninive scheiterte aber, und er marschierte den Tigris abwärts gegen das alte, längst nicht so stark befestigte Assur. Nabupolassar hatte jedoch keineswegs die Absicht, irgendeiner anderen Macht ein Stück des von ihm beanspruchten Raumes abzutreten, weshalb er in Eilmärschen gen Norden anrückte. Kyaxares wiederum wollte niemanden an der in Assur zu erwartenden Beute teilnehmen lassen und trieb seine Truppen zum Generalsturm an – als das babylonische Heer erschien, fand es mordende und plündernde Meder inmitten der rauchenden Trümmer der alten Königsstadt Assur.

Kyaxares und Nabupolassar schlossen ein großes Friedens- und Freundschaftsbündnis, das durch die Heirat des babylonischen Kronprinzen Nabukhudrossor mit der Enkelin des Kyaxares, der Tochter seines Sohnes Astyages, besiegelt wurde. Kyaxares war wohl von der babylonischen Heeresmacht beeindruckt, und Nabupolassar hatte seinerseits vom Anmarsch eines ägyptischen Heeres Kunde bekommen; aber für beide Herrscher bildete die assyrische Macht immer noch eine nicht geringe Bedrohung, solange das gut befestigte Ninive sich hielt. Ein freundschaftliches Übereinkommen zwischen Nabupolassar und Kyaxares lag im Interesse beider Fürsten.

Die so vereinten Heere zogen zum Sturm auf Ninive: die Stadt fiel und mit ihr das assyrische Reich, das die zwei Eroberer unter sich aufteilten. Nabupolassar nahm sich die alten Kulturlande des „fruchtbaren Halbmondes" und hatte für einige Jahre noch damit zu tun, den letzten assyrischen Widerstand, der sich unter einem jungen, tüchtigen Führer im nördlichen Mesopotamien festgesetzt hatte, zu brechen. Kyaxares fielen die Berglande zu. Wie weit sich sein Machtbereich auf dem Hochland erstreckte, steht nicht fest. Jedenfalls scheint er im Südosten, wo das alte Elam und das heutige Fars von zwei persischen Fürsten aus dem Geschlecht der Achämeniden als seinen Vasallen beherrscht wurden, insofern eine Veränderung vorgenommen zu haben, als er den einen der beiden Perser seines Postens enthob und beide Gebiete dem zweiten, zu Susa residierenden Fürsten unterstellte. Nach Westen, über das armenische Bergland hinaus, stieß er weit bis in die kleinasiatische Halbinsel vor. Der eigentliche Anlaß dieses Vorstoßes ist noch ungeklärt, kann aber sehr wohl mit der Sicherung gegen sich hier noch haltende Skythen zusammenhängen. An den Ufern des Halys trat ihm das starke Lyderheer entgegen. Die Sonnenfinsternis des Jahres 585 v. Chr. versetzte jedoch beide Heere in solchen Schrecken, daß es durch die Vermittlung des babylonischen Königs zu einem Frieden kommen konnte, wobei der Halys als Grenze zwischen der lydischen und der medischen Machtsphäre festgelegt wurde.

Kyaxares starb 584 v. Chr. und sein Sohn *Astyages* trat die Nachfolge an. Er scheint den Reichtum, der durch die Eroberungen seines Vaters nach Egbatana geflossen war, in vollen Zügen genossen zu haben; in Egbatana führte er ein den altorientalischen Höfen abgesehenes Zeremoniell ein und veranstaltete an seinem Königssitz ein glänzendes Fest nach dem anderen. Bei einer ganzen Reihe seiner Feudalherren machte sich indessen eine allgemeine Unzufriedenheit bemerkbar, eben weil ihr Fürst offenbar mehr und mehr altorientalische Lebensgewohnheiten annahm, wodurch ihre eigene Stellung am Hof an Bedeutung verlor. Vielleicht begannen schon zu diesem Zeitpunkt die Feudalen aus dem Stamm der medischen Magier ihre undurchsichtige Rolle zu spielen; Astyages hatte ihnen nach Ansicht seiner übrigen Lehnsherren zu großen Einfluß eingeräumt. Wenig später hatten nämlich diese Magier eine Position inne, die sich mit der Stellung der Brahmanen bei den Indern vergleichen läßt; sie allein waren es, die als Priester bei religiösen Zeremonien offizieren durften. Vielleicht hatte dieser Stamm von jeher, das heißt schon in der Steppe, die religiöse Tradition besonders gepflegt; vielleicht aber maßte er sich eine solche Rolle erst jetzt an, um ein Gegengewicht gegen die auf dem Schwert beruhende Macht jenes medischen Stammes zu erlangen, der die Gefolgschaft der Deiokiden bildete. Im Laufe der Zeit entwickelte sich bei den Magiern (die trotz allen priesterlichen Gebarens auch sehr wohlhabende Feudalherren sein konnten), auf Grund einer Vermengung von altarischen Glaubensvorstellungen mit einheimischen älteren religiösen Formen, ein besonderes „Geheimwissen", das mit einer jeder professionellen Priesterschaft anhaftenden Intoleranz verbunden war. Auch die Angaben Herodots deuten gewisse unheimliche Dinge bezüglich der Magier an. So weit zu überblicken ist, hielten aber die meisten indoiranischen Herren und ihre Gefolgschaft an den urtümlichen und unkomplizierten Auffassungen über Religion und Sitte fest; sie dürften den Magiern und deren Gedankengut verständnislos und unbeteiligt gegenübergestanden haben, allerdings nur bis zu dem Augenblick, als jene sich stark genug fühlten, um in die Politik einzugreifen. Als sich um 550 v. Chr. der persische Vasallenfürst in Elam und Parsa gegen Astyages erhob, dort, wo sich die altarischen Überzeugungen reiner als in Medien erhalten hatten, verließen viele medische Feudalherren mit ihren Aufgeboten das medische Heer und gingen zu Kyros über, der sie seinen Persern gleichstellte, womit er tatsächlich zum

König der Perser und Meder wurde. Aber mit den Magiern hatte Kyros seiner Herrschaft einen Unruheherd eingefügt, wovon später noch zu reden sein wird.

Es wurde bereits dargelegt, daß und weshalb es aus der ersten Phase der indoiranischen Einwanderung wie auch aus der Zeit des medischen Reiches nicht allzu viele Denkmäler gibt. Hinzu kommt, daß die archäologische Erschließung der betreffenden Gebiete noch ziemlich in den Anfängen steckt. So wurde in Egbatana, der medischen Hauptstadt, bis jetzt keine Ausgrabung vorgenommen; eine solche wäre auch recht schwierig, da die Stadt vollständig vom heutigen Hamadan überbaut ist. Die wenigen hier gemachten Zufallsfunde beschränken sich auf Kleinobjekte, goldene Schmuckplättchen und Täfelchen. Die einzige Großfigur, ein vier Meter langer Löwentorso, ist zu schlecht erhalten, um typische Kunstmerkmale erkennen zu lassen; der Löwe kann sehr wohl auch aus späteren Zeiten stammen. Manche Gelehrte schließen allerdings auf eine sehr entwickelte medische Architektur, die die Vorstufe der – sonst geradezu aus dem Nichts entstandenen – Monumentalarchitektur und Kunst des Dareios gewesen sein soll.

Das von den Steppenstämmen mitgebrachte Kulturgut geistiger und materieller Art muß in mühseliger Kleinarbeit, teils aus den gleichzeitigen assyrischen Monumenten oder aus den etwas jüngeren des achämenidischen Reiches, und teils aus der viel später niedergeschriebenen Avesta herausgeschält werden.

Der sichtbare Ausdruck der urartäischen Kultur – ihre mächtigen, aus riesigen Blökken aufgeführten Mauern, ihr gewaltiger Felsbau, ihre großartigen Kanal- und Stauanlagen, ihre terrassierten Obst- und Weingärten, dazu das hochentwickelte Metallhandwerk hier wie auch im Reiche Man –, dieser Anblick muß natürlich, ebenfalls wie das schlagkräftige, straff geschulte assyrische Heer und die prachtvollen Paläste der assyrischen Könige, die Steppenstämme mit ihren materiell so viel ärmeren Gütern ungeheuer beeindruckt haben. Den Indoariern mangelte es sicher zunächst noch an Voraussetzung und Verständnis, um sich mit den geistigen Werten dieser Kulturen auseinanderzusetzen. Eines werden sie immerhin bald erkannt haben, nämlich die Vorteile einer zentralisierten Verwaltung und Befehlsgewalt sowohl im Krieg als auch im Frieden; denn das waren Dinge, die ihnen nahelagen und die sie verstanden. Allerdings widersprach eine solche Zentralisierung ja der feudalen Gesellschaftsordnung, die im Gegensatz zur Sozialstruktur der altorientalischen Kulturvölker dem Einzelmenschen eine größere Freiheit zubilligte.

Die assyrischen Berichte lassen ungeachtet der Überbetonung der eigenen militärischen Tüchtigkeit dennoch durchblicken, daß die Assyrer den kriegerischen Qualitäten der indoiranischen Stämme eine keineswegs geringe Achtung zollten. Anderenfalls hätte Sargon wohl kaum einen dieser „Rebellen" offenbar so bereitwillig und ehrenvoll in seine Dienste genommen, wie er es mit Daiaukku tat.

Aus den gleichzeitigen babylonischen Quellen ist aber – trotz aller diplomatischen Vorsicht des Ausdruckes einem (obendrein noch mit dem eigenen Königshaus verschwägerten) Verbündeten gegenüber – eine beträchtliche Zurückhaltung herauszulesen. Mit besonderer Betonung wird von dem Wüten der Meder in Assur und von der Grausamkeit und Gründlichkeit, mit der sie unter der assyrischen Nobilität aufgeräumt hatten, erzählt. Davon abgesehen ist auch eine gewisse Geringschätzung wahrzunehmen, die ein altes städtisches Kulturvolk für solche, wenn auch tüchtigen, aber – infolge ihrer einfachen Lebensweise und Anschauungen – doch recht „primitiven" Leute hegt.

Wie die „Städte" der jüngst eingewanderten Indoiranier aussahen, wurde an dem Beispiel von Tepe Sialk und an Darstellungen auf assyrischen Reliefs bereits erläutert. Über die medische Königsstadt Egbatana liegen zwei Nachrichten vor. Die eine stammt von

Herodot und dürfte der Wirklichkeit wohl kaum nahekommen, sondern eher ein Phantasiebild der Stadt Kangdiz sein, einer iranischen Sagenstadt, von der Herodot durch einen medischen Gewährsmann gehört haben mag. Die laut der Sage aus Lapislazuli, Kristall, Eisen, Bronze und Stahl bestehenden Mauern dieser Stadt entsprechen bei Herodot den blau, weiß, schwarz, purpurn und orange bemalten Befestigungen; nur für die beiden Innenmauern gibt Herodot an, sie seien mit silbernen und goldenen Platten belegt gewesen – und Kangdiz hatte nach der Sage solche Mauern aus reinem Silber und Gold. Die andere von Polybios überlieferte Beschreibung, allerdings aus einer wesentlich späteren Zeit, mag wohl der Wahrheit näherkommen. Bei ihm ist die Stadt an sich unbefestigt, aber in ihrer Mitte erhebt sich der Palast in einer stark befestigten Zitadelle. Aus den silbernen Dachziegeln des Palastes sind nach der Eroberung durch Alexander Millionen von Drachmen geprägt worden.

Die einzigen medischen Denkmäler monumentaler Art finden wir in einer Gruppe von Felsgräbern vertreten, die zweifellos medischen Königen zuzuschreiben sind. Sie spiegeln in erster Linie den Einfluß der urartäischen Felsenarchitektur wider und lassen zugleich erkennen, daß die Meder inzwischen für ihre Häuser eine im armenischen Bergland typische Form mit flachem Dach angenommen hatten, statt des in den Steppen gebräuchlichen spitzen Giebels.

Die bislang gefundenen fünf Königsgräber zeigen die in Stein umgesetzte Fassade eines aus Holz und Lehmziegeln gebauten Hauses mit flachem Dach. Durch eine von zwei oder vier Pfeilern abgestützte Vorhalle tritt man in den rechteckigen Hauptraum ein, der zuweilen ebenfalls Stützpfeiler aufweist. Bei einem der Gräber ist besondere Sorgfalt aufgewendet worden, um sogar die Balkenanordnung der Decke wiederzugeben. Meistens verbindet eine schmale und niedrige Tür, deren Holzkonstruktion genau nachgeahmt ist, die Vorhalle mit der Grabkammer. In dieser sind entweder in den Boden oder in die Seitenwände länglich-rechteckige Vertiefungen zur Aufnahme der Toten, bis zu drei Körpern, eingeschlagen worden. Entsprechende Abarbeitungen zeigen, daß die Gräber einst mit großen Steinplatten abgedeckt gewesen waren. Bei dem Grab von Sakhna führt von der Grabkammer ein Schacht senkrecht zu einer zweiten, tiefer gelegenen Kammer, in der sich eine weitere zur Aufnahme eines Toten hergerichtete Vertiefung findet.

Aufschlußreich sind auch die an den Grabfassaden angebrachten Reliefs. Zwei von ihnen zeigen eine Darstellung von Symbolen, die ihren Ursprung aus dem vorderasiatischen Kulturkreis klar erkennen lassen: das Grab von Sakhna weist eine geflügelte Sonnenscheibe auf. Das Grab von Kizkapan hat an seiner Fassade die Darstellung einer viergeflügelten Gottheit sowie zweier runder Scheiben. In der ersten ist eine kleine menschliche Figur über einer Mondsichel und in der zweiten ein sechzehnstrahliger Stern eingearbeitet. An der gleichen Grabfassade erscheint auch die Darstellung von zwei Männern, die sich gegenüberstehen, zwischen ihnen sieht man einen hohen Altar mit der stilisierten Wiedergabe eines Feuers. Die beiden Männer sind bärtig und tragen auf dem Kopf einen Baschlik. Beide haben sie hohe Stiefel, deren Sitz am Fuß durch Riemen reguliert wird. Die eine Figur läßt deutlich lange Hosen erkennen und darüber einen halblangen, durch einen Gürtel gehaltenen, langärmeligen Leibrock. Die andere Figur trägt, über die Schulter gelegt, einen langärmeligen Mantel. Beide Männer halten einen zweiteiligen Bogen vor sich.

Das von der heutigen Bevölkerung „Kramladen des David" (Dukkan-i-Daud) genannte Grab zeigt nur eine Figur: einen bärtigen Mann mit einem Baschlik auf dem Kopf. Er ist in ein einfaches langes Gewand gekleidet; in der einen Hand hält er ein Stabbündel vor sich, zweifellos das Barsombündel, das in der Religion der Magier und später der Zoroastrier eine große Rolle spielte. Wegen der Tracht möchten einige Forscher dieses Relief erst in viel spätere Zeit, nach der makedonischen Eroberung, datieren. Diese Bildwerke sind für unsere Kenntnisse der medischen Tracht von großem Wert.

Sie entspricht durchaus der der medischen Gardereiter und Feudalherren, wie sie auf den Reliefs von Persepolis erscheinen, mit dem Unterschied, daß auf den älteren Monumenten ausschließlich der Baschlik als Kopfbedeckung vorkommt, in Persepolis dagegen die hohe, gerundete Kappe, aus der dann später die charakteristische Form der arsakidischen und sasanidischen Helme entstand.

Auch die assyrischen Reliefs zeigen uns die medische Tracht, indessen im allgemeinen nicht so deutlich, mit einer Ausnahme: im Jahre 1955 wurden in dem Thronsaal Assurbanipals in Nimrud-Kalach neben einer Tontafel mit einem Vertrag zwischen diesem und mehreren medischen Häuptlingen einige Elfenbeintäfelchen entdeckt, auf denen diese von assyrischen Offizieren geführt, dem König Geschenke überbringend, dargestellt sind. Im Gegensatz zu den Assyrern mit ihren wohlgepflegten, rechteckig geschnittenen Bärten tragen die Meder rundliche, struppige Bärte. Unter einem langen, mit Fransen verzierten Überwurf lassen sich lange Hosen und hohe Stiefel erkennen.

Für die Religion der Meder sind diesen Felsengräbern folgende Momente zu entnehmen: sie verrichteten ihre Andacht vor einem hohen Altar, auf dem ein Feuer brennt; als Symbol für ihren höchsten Gott (ob dieser Zerwan oder Ahuramazda heißt, wissen wir noch nicht) haben sie die geflügelte Sonnenscheibe übernommen. Was uns sonst noch über den Glauben dieser ältesten Indoiranier bekannt ist, soll später berichtet werden.

Eine gewisse Vorstellung von dem Reichtum der Meder, der, abgesehen von ihren Herden, in erster Linie aus Schmuck bestand (den sie teils von Raubzügen oder als Kriegsbeute mitgebracht und teils für den Erlös ihrer Zuchtpferde bestellt und gekauft hatten), vermittelt ein Schatzfund, der aus nächster Nähe des Vorortes von Man, aus Ziwiye, kommt. Ein großes Bronzegefäß enthielt eine Menge von Schmuckstücken aus Gold, Silber, Bronze und Elfenbein. Die Gegenstände umfassen ihrem Stil nach die Zeit vom 9. bis 6. Jahrhundert v. Chr. und sind zum Teil bestimmt syrischer, assyrischer und urartäischer Herkunft. Zahlreiche Stücke aber entsprechen in der Kombination der Ornamente den Luristanbronzen, weshalb man vermuten möchte, daß diese Gegenstände für die Meder oder andere Indoiranier speziell hergestellt wurden. Im allgemeinen sind die Formen weniger groß und die Ornamente in einer feineren Art verarbeitet und angebracht als bei den Luristanbronzen. Bei den Funden von Ziwiye läßt sich mehr noch als bei den Luristanstücken nicht nur im Handwerklichen, sondern auch in der Ornamentik selbst eine Verwandtschaft mit dem skythischen Schmuck in Südrußland wie auch mit achämenidischen Schmuckstücken feststellen, welch letztere wir auf den Reliefs von Persepolis studieren können und die ja tatsächlich in dem dortigen Schatzhaus und vor allem im Oxusschatz erhalten geblieben sind.

Bei den skythischen Stämmen an den Ufern des Schwarzen Meeres wurde diese Tradition bald mit griechischen Formen durchsetzt. Griechische Künstler verfertigten, wie früher die mannäischen Metallhandwerker für die Skythen und Meder, für die durch den Handel mit den griechischen Kolonien reich gewordenen Feudalherren den prächtigsten Schmuck; und Entsprechendes geschah im fernen Ordosgebiet am Gelben Fluß, wo chinesische Goldschmiede Ornamente aus ihrem eigenen Formenschatz den Verzierungen von Schmuckplatten und Beschlägen hinzufügten, die von reiterlichen Steppenvölkern bei ihnen bestellt worden waren.

Behistun. Das Denkmal Dareios des Großen

Behistun. Das Symbol Ahuramazdas

Persepolis. Flugbild

Persepolis. Der König im Kampf mit einem Fabelwesen

Persepolis. Die Apadana

Persepolis. Der König mit seinen Garden

V

Die Achämeniden

Herodot berichtet: Dem Könige der Meder, Astyages, habe geträumt, „daß dem Leib seiner Tochter Mandane ein mächtiger Strom entsprungen sei, der nicht nur seine Hauptstadt Egbatana überschwemme, sondern ganz Asien überflute". Da Astyages befürchtete, der Traum könnte sich auf die Vermählung Mandanes mit einem medischen Feudalherren beziehen, der ihn, Astyages, vom Throne stoßen werde, gab er seine Tochter nun einem Perser aus guter Familie, nämlich Kambyses I., dem medischen Vasallenfürsten zu Susa. Der Perser Kambyses schien dem Astyages ungefährlicher und unbedeutender als irgendein Meder bescheidenster Herkunft oder Stellung zu sein.

Später hatte Astyages abermals einen Traum: „Dem Leib seiner Tochter entsprieße ein Weinstock, der sich über ganz Asien ausbreite." Entsetzt ließ er seine Tochter, die ein Kind erwartete, zu sich rufen. Zu gegebener Zeit übergab er dann ihr Kind, einen Sohn, einem seiner Gefolgsleute, Harpagos, zur Beseitigung, der seinerseits das Neugeborene wiederum einem Hirten zur Aussetzung im wildesten Gebirge überließ. Da aber die Frau dieses Hirten gerade ein totes Kind zur Welt gebracht hatte, konnte sie ihren Mann dazu überreden, dem Königsboten das totgeborene Kind zu zeigen, um den Sohn der Mandane nun als ihr eigenes Kind aufziehen zu können. (Die alte sowohl altorientalische als auch indoeuropäische Königslegende.) Nach Jahren soll dann Astyages seinen Enkel aus Zufall wiedererkannt haben: seine Freude war groß, und er schickte ihn nach einiger Zeit zu seiner Mutter (nach Susa). Seinen Gefolgsmann aber bestrafte er auf das Grausamste: bei einem Festmahl gab er dem Ahnungslosen das Fleisch seines eigenen Sohnes zu essen und ließ ihm, während er aß, einen Korb mit dem Kopf und den abgehackten Händen des Kindes überbringen.

Dieser Harpagos sei es dann gewesen (sagt Herodot), der Kyros, nachdem er seinem Vater Kambyses als Fürst in Susa gefolgt war, zur Revolte aufgestachelt und für ihn unter den medischen Großen Anhänger geworben habe. Bei Ausbruch der Revolte schickte der verblendete Astyages ausgerechnet den Harpagos als Führer des Aufgebotes gegen Kyros, zu dem Harpagos sogleich überging. Kyros gewann bei Pasargadai eine Schlacht; das medische Aufgebot meuterte und nahm seinen König Astyages gefangen und lieferte ihn dem Kyros aus. Er tat aber seinem Großvater weiter kein Leid an, sondern hielt ihn in ehrenvoller Haft.

Soweit Herodot.

Irgendwann im 8. vorchristlichen Jahrhundert wanderten erstmalig zehn oder zwölf persische Stämme aus Parsua, in der Nähe des Urmia-Sees, den südöstlich streichenden Tälern des Zagros entlang abwärts. Vielleicht fühlten sie sich in diesem ewig unruhigen Gebiet nicht mehr sicher, möglicherweise aber wollten sie sich dem Einfluß der immer mächtiger werdenden Meder, deren Zusammenschluß sich damals anbahnte, entziehen. In kleinen Gruppen machten sie sich auf die Suche nach neuen Weidegründen und Ackerland; ein Teil von ihnen hatte noch im Bergland die frühere halbnomadisierende Lebensweise ganz aufgegeben.

In der Gegend des „Tores von Asien" kamen einige Stämme mit den Elamitern in Berührung und erhielten gegen die Verpflichtung, Krieger zu stellen, die Erlaubnis, das Kerkha-Tal hinunterzuziehen und sich im elamischen Herrschaftsgebiet anzusiedeln. Bei ihrer Niederlassung bevorzugten sie wegen des kühleren Klimas die höhergelegenen Seitentäler der Bakhtiarigebirge, namentlich die Gegend von Malamir. Seit 710 v. Chr. werden in den assyrischen Berichten mehrmals persische Kontingente erwähnt, die auf elamischer Seite kämpften.

Ein anderer Teil der aus Parsua aufgebrochenen Perserstämme, darunter auch ihr bedeutendster: der Stamm der Pasargaden, zog nach Osten weiter und ließ sich in den offenen Ebenen am Pulvar nieder, wo sie sich mit den älteren Bewohnern anscheinend friedlich verständigten.

Später werden sich beide Stammesgruppen auf einen gemeinsamen Anführer dieses Wanderzuges berufen: auf *Achämenes* aus dem Stamm der Pasargaden.

Die in dem nunmehr mit „Parsumasch" bezeichneten Teil von Elam ansässigen Stämme wie auch die weiter im Osten wohnenden, deren Gebiet „Parsa" genannt wurde, scheinen zunächst noch ein gemeinsames Oberhaupt gehabt zu haben: *Teispes*, den Sohn des Achämenes. Zu seinen Lebzeiten fand die letzte bedeutende Revolte Elams gegen Assur statt, die mit der Zerstörung von Susa im Jahre 640 v. Chr. endete. Während der ununterbrochenen Kleinkämpfe zwischen den national-elamischen und pro-assyrischen Parteien hatte es Teispes klug verstanden, sich neutral zu halten und sein Gebiet sowie seine Machtstellung zu erweitern. In der Genealogie seiner Nachfolger wird ihm der Titel eines „Königs des Landes und der Stadt Anschan" verliehen.

Teispes hatte seinen Herrschaftsbereich zwischen seinen beiden Söhnen aufgeteilt. Nach seinem Tod folgten ihm in Parsa der ältere Sohn *Ariaramnes*, und in Parsumasch und Anschan regierte der jüngere Sohn *Kyros I.* Es war derselbe Kyros, der dem assyrischen General Bel-ibni bei dessen Verwüstungszug um 640 v. Chr. an die Grenzen des persischen Machtgebietes entgegengezogen war und ihm, um seine „Treue" zum Assyrerkönig zu bekräftigen, seinen eigenen Sohn als Geisel übergeben hatte.

In diese Zeit fällt auch die eigentliche Gründung des medischen Königreiches unter Kyaxares. Ariaramnes, der sich irgendwie das Mißfallen des Mederkönigs zugezogen haben muß, wurde seines Thrones entsetzt, und Kyros, der seine Interessen denen der medischen Macht anzugleichen gewußt hatte, erhielt zu Parsumasch und Anschan auch noch die Verwaltung von Parsa.

Außerhalb des eigentlichen Stadtgebietes von Susa, das ja die Assyrer völlig zerstört hatten, scheint damals ein kleines persisches Dorf entstanden zu sein; es wurde vor einigen Jahren entdeckt und wird jetzt ausgegraben. Bisher ist nur ein Gebäude mit mehreren Räumen, die verschiedentliche Umbauten erkennen lassen, freigelegt worden. Es erinnert sehr an die Gemeinschaftshäuser der einzelnen Clans aus den alten dörflichen Siedlungen des 4. und 3. Jahrtausends v. Chr. im iranischen Hochland. Das zutage gekommene Inventar ist äußerst bescheiden. Die wenigen besseren Stücke – etwas Schmuck und sonstige kleinere Gegenstände – sind offensichtlich fremder Herkunft; entweder wurden sie einst durch Tausch erworben oder in den Ruinen des zerstörten Susa aufgesammelt.

Es wurden aber dennoch einige Objekte gefunden, die eine deutliche Beziehung sowohl zu den Funden aus Tepe Giyan als auch zu denen der Grabfelder von Luristan und Tepe Sialk aufzeigen. Besonders bemerkenswert, und ähnlichen Stücken aus Azerbeidjan entsprechend, ist ein Gefäß in Form eines gesattelten Pferdes. Die zwar auf der Drehscheibe angefertigte, im übrigen aber sehr einfache, mit rotem Überzug versehene Töpferei ist die nämliche, die sich heute noch auf den Ruinenfeldern von Pasargadai und Persepolis finden läßt.

Herodots Erzählungen über Sitten und Gebräuche der Perser beziehen sich allerdings auf eine spätere Zeit, sie können aber vermutlich auch schon für die Leute jener Anfangsperiode geltend gemacht werden. Es waren einfache und gesunde Menschen, die sich im allgemeinen mit wenig und frugaler Speise zufriedengaben. Um so höher ging es dann bei ihren Festen zu, wobei je nach Reichtum des einzelnen ein Rind, ein Pferd, ein Kamel oder ein Esel zur Gänze gebraten wurde. Besonderen Wert legten sie auf Nachspeisen, weniger auf deren Menge als Verschiedenheit. Sie tranken gern Wein, und bei allen Beratungen wurde tüchtig gezecht. Am nächsten Morgen ließen sie sich vom Gastgeber über ihre Beschlüsse des Vortages berichten, fanden diese im nüchternen Zustand noch ihren Beifall, so blieben sie dabei; was jedoch in der Nüchternheit beschlossen wurde, mußte nochmals beim Trunk erwogen werden. Nach der Tapferkeit war es der größte Vorzug eines Mannes, möglichst viele Söhne zu haben, und demjenigen, der die meisten aufweisen konnte, sandte der König jährlich Geschenke; Polygamie war bei ihnen üblich.

Die Erziehung ihrer Söhne erfolgte nach Altersklassen; sie wurden vom 5. bis zum 20. Lebensjahr im Reiten und Bogenschießen unterrichtet und in der Wahrhaftigkeit erzogen; denn Lügen und Schulden galten als größte Schmach. Vater- und Muttermord soll es bei ihnen nicht gegeben haben, und bei den Untersuchungen solcher vermeintlichen Morde stellte sich stets heraus, daß der Mörder entweder ein untergeschobenes Kind oder ein im Ehebruch gezeugtes war.

Am meisten beeindruckte Herodot aber, daß kein Perser einen Hausgenossen bloß um *eines* Vergehens willen hart bestrafte, genausowenig wie der König nicmals jemanden nur wegen *eines* Verbrechens zum Tode verurteilte. Erst wenn das Maß seiner Freveltaten größer als das seiner Verdienste geworden war, ließ man den Schuldigen allen Zorn fühlen.

Im übrigen erwähnt Herodot ausdrücklich, daß dieses junge und kräftige Volk nur allzu leicht den Versuchungen der überfeinerten Kulturen erlegen sei: „Alle Arten von Wollüsten, die ihnen bekannt werden, suchen sie zu genießen; unter anderem sollen sie von den Griechen auch die Knabenliebe gelernt haben."

Aus der Frühzeit der persischen Niederlassung in Parsumasch und Parsa stammen möglicherweise drei andere Monumente. In Pasargadai entdeckte man einen und bei Malamir zwei aus großen Blöcken errichtete, terrassenartige Unterbauten, auf denen vielleicht einst die festen Häuser der ersten achämenidischen Herren gestanden haben. Möglicherweise lag auf der heute mit Masjid-i-Suleiman bezeichneten Terrasse die Feste, von der Kyros einst aufbrach, um Bel-ibni, dem assyrischen General, entgegenzuziehen? Aber das sind Vermutungen, da die zeitlichen Zuweisungen dieser Monumente noch ungesichert sind. Mit Ausnahme der Terrasse von Pasargadai, die spätestens unter dem großen Kyros angelegt sein muß, könnten die beiden anderen Unterbauten ebensogut in der arsakidischen Zeit errichtete Kultplätze sein.

Nach dem Tode Kyros' I. ging die Herrschaft an seinen Sohn *Kambyses I.* über, und dessen Nachfolger wurde wiederum sein Sohn *Kyros II.*, genannt der Große. Kyros' Aufstieg, der sich nach der Schlacht von Pasargadai um 550 v. Chr. innerhalb von 12 Jahren vollzog (und ihn im Westen alle Länder des Vorderen Orients einschließlich der kleinasiatischen Halbinsel, nicht aber Ägyptens, erobern ließ und gleicherweise im Osten das iranische Hochland und die westturkestanischen Lande bis zum Yaxartes), liegt – ebenso wie die Geschichte seines Vaters und Großvaters – für uns im dunkeln. Aus dem spärlichen Quellenmaterial läßt sich der Verlauf indessen ungefähr rekonstruieren.

Als erstes stellte sich Kyros vermutlich eine schlagkräftige Armee aus seinen eigenen Stämmen zusammen. Xenophons Roman *Die Erziehung des Kyros* vermittelt uns wertvolle Angaben, die Herodots Buch ergänzen, über die militärische Erziehung der persischen Jugend und gibt auch über die Sozialorganisation der Perser im allgemeinen Aufschluß;

überdies behandelt er ausführlich die Art und Weise, in der sich Kyros sein Heer schuf. Diese Erzählung muß allerdings mit gleicher Vorsicht bewertet werden wie die *Germania* des Tacitus; denn beide Bücher enthalten Idealisierungen von Völkern, die der Natur noch näherstanden im Gegensatz zu den Griechen bzw. Römern mit ihren überfeinerten städtischen Lebensgewohnheiten.

Kyros wird sich schon vor seiner Revolte viele Sympathien unter den medischen Großen dadurch erworben haben, daß er die herkömmlichen Sitten eines indoiranischen Fürsten beibehielt, nämlich jagte und ritt, vom Waffengebrauch des Lanzenwerfens und Bogenschießens nicht abging und allem andern ein Kriegs- und Lagerleben vorzog (sogar seine spätere Residenz Pasargadai stellte nichts anderes als ein großes Lager dar, wie noch geschildert werden soll). Wie wir aus den Quellen erfahren, waren es ja eben die von Astyages aus altorientalischem Kreis übernommenen Gewohnheiten eines städtischen Luxuslebens, die, neben seinem mangelnden Interesse für die Meder zur größten Unzufriedenheit führten. Kyros dürfte wohl in seiner Jugend persönlich Gelegenheit gehabt haben, diese Zustände am Hof seines Großvaters zu beobachten. Es darf dabei aber nicht übersehen werden, daß wiederum das Schminken und Tanzen, also ein betont effeminiertes Betragen, gerade eines der Hauptmerkmale indoiranischer Kriegerbünde war. Im übrigen mag zur allgemeinen Unzufriedenheit auch die den Magiern von Astyages eingeräumte einflußreiche Stellung beigetragen haben.

Über die entscheidende Schlacht, während welcher Astyages seinem Enkel ausgeliefert wurde, wird kurz in einer babylonischen Chronik berichtet, weshalb dieses Ereignis auch zeitlich festgelegt werden kann: 550 v. Chr. Es heißt dort:

„Und was den Astyages anbelangt, seine Truppen meuterten gegen ihn; er wurde festgenommen und dem Kyros übergeben. Kyros marschierte nach Egbatana, der Königsstadt; das Silber, das Gold, das Eigentum, die Reichtümer, aus Egbatana nahm er sie und brachte sie nach dem Lande Anzan."

Kyros residierte vorerst in Egbatana als König der Perser und Meder. Mit kluger Überlegung stellte er die medischen Feudalherren seinen eigenen persischen Gefolgsleuten mehr oder weniger gleich und vergrößerte damit seine militärische Macht, deren eigentlicher Kern ja in erster Linie aus Feudalaufgeboten bestand.

An der allgemeinen politischen Lage im Vorderen Orient änderte sich durch den Thronwechsel in den Berglanden vorderhand nichts. Ebenso blieb es vorläufig noch bei jener Aufteilung des ehemaligen assyrischen Herrschaftsgebietes, wie diese seinerzeit zwischen Nabupolassar von Babylon und Kyaxares von Medien auf den Trümmern von Ninive vereinbart worden war.

Auf Grund des im Jahre 585 v. Chr. geschlossenen Vertrages seines Vorgängers Alyattes mit dem Mederkönig Kyaxares (wobei der Halys als Grenze zwischen ihren Interessensphären unter babylonischer Garantie festgelegt worden war) betrachtete sich der Lyderkönig Kroisos indessen als Verbündeter des Astyages und fühlte sich berechtigt, zu dessen Gunsten einzuschreiten. Kyros ließ daraufhin unverzüglich marschieren, und es kam bei Pteria, schon jenseits des Halys, zu einem unentschiedenen Kampf. Vermutlich wegen der einsetzenden schlechten Jahreszeit zog sich Kroisos, nicht ohne alles Land hinter sich zu zerstören und zu verbrennen, nach Lydien in seine Hauptstadt Sardes zurück. Kyros setzte ihm jedoch überraschend nach. Die hervorragende lydische Reiterei geriet, da den Pferden die von den südmesopotamischen Aufgeboten verwendeten Kamele nicht vertraut waren, in Verwirrung und wurde von der anstürmenden persischen Kavallerie geworfen. Auch die ausgezeichneten und schwerbewaffneten Söldner aus den

Persepolis. Inschrift Artaxerxes' III. an der Freitreppe des Dareios-Palastes

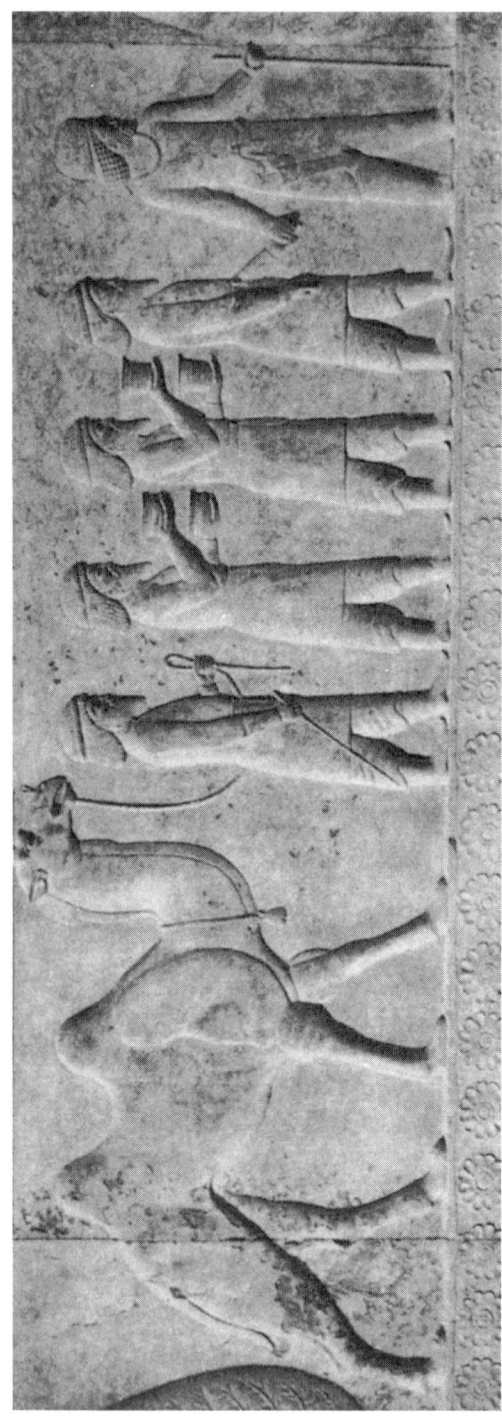

Persepolis. Tributbringer, Ausschnitt

Persepolis. Die königlichen Wagen und Feudalherren, Ausschnitt

Persepolis. Persischer und medischer Gardesoldat

Persepolis. Königliche Diener, Teilansicht

Persepolis. Dareios-Palast

griechischen Städten vermochten die Niederlage des Kroisos nicht zu verhindern. Er flüchtete in die Zitadelle seiner Hauptstadt, aber Sardes wurde von den Persern eingenommen. Schließlich wurde auch die Zitadelle gestürmt und Kroisos auf Befehl von Kyros auf dem Scheiterhaufen verbrannt.

Die griechischen Kolonialstädte im westkleinasiatischen Küstengebiet hatten unter der lydischen Herrschaft eine nahezu selbständige Stellung innegehabt und überdies auch den lydischen Königshof kulturell stark beeinflußt. Sie hatten Kroisos allerdings gegen Kyros kaum unterstützt, andererseits aber auch jedwede Zusammenarbeit mit Kyros abgelehnt. Diese Städte gerieten nun unter eine wesentlich straffere Oberhoheit, gegen die sie sich anfänglich heftig zu sträuben versuchten. Namentlich im Südwesten, in Karien und Lykien, stießen die Perser auf verzweifelten, nachhaltigst von Samos unterstützten Widerstand. Kyros beherrschte jedoch in Kürze die Situation und konnte, nachdem er in Sardes einen Satrapen eingesetzt hatte, den Rückmarsch antreten.

In den folgenden Jahren durchzog Kyros offenbar das östliche Hochland von Iran, wo er seine Machtstellung sicherte. Sein besonderes Augenmerk galt den turkestanischen Steppen, aus denen so oft schon Einfälle in das Hochland erfolgt waren. Längs des Yaxartes ließ Kyros eine Reihe befestigter Lager anlegen, von denen etliche in den letzten Jahren wiederentdeckt und untersucht wurden: es sind langrechteckige, stark gesicherte Plätze. Inmitten jeder der vier Seiten befindet sich ein Torbau in typisch assyrischer Form: vor dem eigentlichen Mauerdurchbruch liegt ein Zwinger mit niedrigeren und auch schwächeren Mauern. Es gab im Innern dieser Lager keine Gebäude, dort waren die Pferde und das Schlachtvieh untergebracht, und überdies diente dieser Innenraum auch als Exerzierplatz der hier stationierten Truppe. Die Krieger wohnten in der kasemattenartig ausgebauten Hauptmauer. Ob Kyros mit der Einrichtung dieser militärischen Anlagen schon vor oder erst nach seiner Eroberung Babyloniens begonnen hatte, läßt sich noch nicht feststellen.

Wie dem auch sei, in Babylon hatte sich jedenfalls unterdessen die Unfähigkeit des Usurpators Nabonid günstig für Kyros ausgewirkt. Obwohl er durch die Marduk-Priesterschaft auf den Thron gelangt war, versuchte Nabonid nunmehr die Verehrung des Stadtgottes von Harran, des Sin, in Babylon einzuführen, womit er sich logischerweise die Marduk anhängenden Priester zu Feinden machte. Im übrigen war Nabonid seiner Hauptstadt (wo sein Sohn Belsazar statt seiner regierte) schon eine geraume Weile ferngeblieben, da er durch die Anlage eines Handelsstützpunktes bei Taima in der arabischen Wüste stark in Anspruch genommen war.

Außer der Marduk-Priesterschaft hatte Kyros auch einen mächtigen Verbündeten in Gobryas, dem Gouverneur einer babylonischen Provinz, gefunden. Das stark befestigte Babylon fiel mit allen seinen Reichtümern Kyros beinahe ohne Schwertstreich zu und ihm wurde bei seinem Einzug als „Befreier" zugejubelt. Er „ergreift die Hände Marduks" und wird damit dessen „Sohn" und der legitime König von Babylon, was bedeutet, daß Kyros mit der auf Angst vor Grausamkeit beruhenden Machtpolitik der Assyrer vollkommen gebrochen hatte. Schon bei seiner Eroberung von Kleinasien scheint er strengstens darauf geachtet zu haben, daß dem Land und den Städten durch Brand und Plünderung nicht unnötig mehr Schaden zugefügt wurde, als ihn die damalige vom jeweiligen Land lebende Kriegführung ohnehin schon mit sich bringen mußte. Kyros sorgte vielmehr ganz im Gegenteil für den Wiederaufbau in Land und Stadt. Vor allen Dingen respektierte er aber die religiösen Anschauungen der Besiegten: anstatt ihre Götter in die Gefangenschaft zu führen, befreite und schickte er sie in ihre Städte zurück, aus denen sie früher von den Assyrern oder Babyloniern weggeschleppt worden waren.

Nichts charakterisiert die Politik des großen Kyros besser als seine bekannte Zylinderinschrift, die seine Besetzung von Babylon behandelt (nachdem Kyros die Vergehen Nabonids gegen die Götter aufgeführt und dargelegt hat, wie er von Marduk, dem Hauptgott Babylons, gerufen worden sei, folgen als nächstes seine Titel sowie sein Stammbaum):

„… aus einer ewigen Königsfamilie, deren Regierung Bel und Nabu lieben, deren Königtum sie zur Erfreuung ihrer Herzen wünschten. Als ich friedlich in Babylon eingezogen war, unter Jubel und Freude im Palaste der Fürsten den Sitz der Herrschaft einnahm, machte mir Marduk, der große Herr, das weite Herz der Babylonier geneigt, während ich täglich auf seine Verehrung bedacht war. Meine weit ausgebreiteten Truppen zogen friedlich innerhalb Babyloniens umher, in ganz Sumer und Akkad ließ ich keinen Feind aufkommen. In Babylonien und allen seinen (Kult)stätten war ich auf Frieden bedacht (strebte ich nach Heil). Die Einwohner Babyloniens waren zufrieden, (da) ich das Joch, das ihnen nicht geziemte (zerbrach). Ihrer Wohnungen Verfall besserte ich aus, ließ Klagen beschwichtigen. Über meine (frommen) Taten freute sich Marduk, der große Herr, und mich, den Kyros, den König, der ihn verehrt, (und) den Kambyses, meinen leiblichen Sohn, und meine Truppen segnete er in Gnaden, und in Frieden priesen wir vor ihm mit Freuden (seine) erhabene (Gottheit)."

Fürwahr, eine andere Sprache als die Assurbanipals nach der Eroberung von Susa! Sogar die einst nach Babylon deportierten Juden erhielten ihre Freiheit zurück. Die Schatzkammern wurden nach geraubtem heiligem Gerät durchsucht; den Juden folgten persische Beamte zur Überwachung des neu zu errichtenden Tempels von Jerusalem.

Diesem Großmut mag sich auch eine gewisse politische Überlegung beigesellt haben. Einzig und allein Ägypten (zuerst Verbündeter von Assur und später von Lydien und Babylon) war noch nicht unterworfen; Kyros zog aber zweifelsohne auch seine Eroberung in Betracht und erwog dementsprechende Vorbereitungen. Für ein solches Unternehmen konnte natürlich eine dankbare und ergebene Bevölkerung in den Gebieten, aus denen ein Angriff gegen Ägypten vorgetragen werden mußte, nur vorteilhaft sein.

Die letzten Kämpfe des Kyros spielten sich im Nordosten ab, wo er im Jahre 529 v. Chr. tödlich verwundet wurde, jedoch sind weder die näheren Umstände noch der genaue Ort überliefert. Die Leiche des großen Königs wurde in seine Residenz, nach Pasargadai, überführt und dort beigesetzt.

Sein ältester Sohn und Nachfolger, *Kambyses II.*, hatte als Kronprinz acht Jahre in Babylon residiert. Die schon von seinem Vater geplante Eroberung Ägyptens war mittlerweile zu einer politischen Notwendigkeit geworden; denn viele griechische Städte an der kleinasiatischen Westküste waren absolut nicht geneigt, die persische Herrschaft als unabänderlich hinzunehmen, wofür sie in Ägypten willige Bundesgenossen fanden. Außerdem machten auch die phönikischen Seestädte kein Hehl daraus, es mit den Ägyptern gegen die Perser zu halten.

Als erstes zwang Kambyses die Phönikier, sich ihm anzuschließen, und gewann somit eine Flotte. Daraufhin griff er in einem gut organisierten Feldzug Ägypten an und konnte es als letztes Glied des „fruchtbaren Halbmondes" dem persischen Reich einverleiben. Die dem Kambyses bei Herodot nachgesagte Unfähigkeit und Grausamkeit sind, wie wir aus neuen ägyptischen Inschriften jetzt erfahren, Verleumdungen. Sein nächstes Ziel, auch Karthago zu erobern, scheiterte; es gelang ihm gerade noch, die Kyrenaika zu unterwerfen, bevor er umkehren mußte. Kambyses trat diesen Rückmarsch im Jahre 522 v. Chr. an; ehe er noch das Zweistromland erreicht hatte, fand er aber unter ungeklärten Umständen den Tod – wahrscheinlich infolge eines unglücklichen Sturzes vom Pferd. Laut der großen Inschrift von Behistun, die sein Nachfolger *Dareios I.* verfaßte und deren Inhalt sich im allgemeinen mit der Erzählung bei Herodot deckt, wurde Kambyses durch die Nachricht über eine Revolte in der Heimat zu seinem Rückmarsch veranlaßt. Wir lesen in Behistun:

„… So spricht Dareios, der König: Acht meines Stammes waren Könige vor mir; ich bin der Neunte. In zwei Linien sind wir Könige gewesen.

[...]

So spricht Dareios, der König: Das wurde von mir gemacht, nachdem ich König wurde. Der Kambyses genannt war, der Sohn des Kyros, einer unseres Stammes, war vor mir König. Dieser Kambyses hatte einen Bruder, der Bardiya hieß, von derselben Mutter und demselben Vater. Später tötete Kambyses diesen Bardiya. Als Kambyses Bardiya tötete, ward das dem Volke nicht kund, daß Bardiya getötet worden war. Darauf zog Kambyses gegen Ägypten. Als Kambyses nach Ägypten gezogen war, wurde das Volk feindlich gegen ihn und die Lüge vermehrte sich in dem Land, sogar in Persien, wie auch in Medien und in den anderen Provinzen.

So spricht Dareios, der König: Nachher war da ein gewisser Mann, ein Magier, mit Namen Gaumata, der in Paischiyauvada eine Revolte anzettelte, in dem Berge Arakdrisch … Er log zu dem Volke sagend: „Ich bin Bardiya, der Sohn des Kyros, der Bruder des Kambyses." Dann standen alle Völker auf in Rebellion und von Kambyses gingen sie über zu ihm, von Persien und Medien und den anderen Provinzen. Er ergriff das Königtum, am 9. Tage des Monats Garmapada ergriff er das Königtum. Nachher starb Kambyses bei seiner eigenen Hand.

So spricht Dareios, der König: Das Königreich, das Gaumata, der Magier, dem Kambyses entrissen hatte, hatte unserem Stamm seit alters gehört. Nachdem Gaumata, der Magier, dem Kambyses Persien und Medien und die anderen Provinzen entrissen hatte, tat er nach seinem Willen, als wenn er König wäre.

So spricht Dareios, der König: Da war kein Mann, weder Perser noch Meder, noch von unserem Stamme, der dem Gaumata, dem Magier, das Königtum entriß. Die Menschen fürchteten ihn sehr, denn er tötete viele, die den früheren Bardiya gekannt hatten. Deswegen erschlug er sie, auf daß sie nicht erfahren sollten, daß er nicht Bardiya, der Sohn des Kyros, sei. Da war niemand, der gewagt hat, gegen Gaumata, den Magier, *nein* zu sagen, bis ich kam. Dann betete ich zu Ahuramazda; Ahuramazda brachte mir Hilfe. Am 10. Tage des Monats Bagayadisch, *ich* mit ein paar Männern, erschlug ich diesen Gaumata, den Magier, und die hauptsächlichsten Männer, die seine Anhänger waren. In der Festung, genannt Sikayauvatisch, in dem Distrikt, genannt Nisaya in Medien, erschlug ich ihn. Durch die Gnade Ahuramazdas wurde ich König; Ahuramazda verlieh mir das Königtum.

(Es folgt die Aufzählung der Lügenkönige und der gegen sie geführten Feldzüge.)

So spricht Dareios, der König: Diese neun Könige machte ich zu Gefangenen in diesen Kriegen. So spricht Dareios, der König: Was die Provinzen anbelangt, die revoltierten, Lügen ließen sie revoltieren, so daß das Volk verführt wurde. Dann hat Ahuramazda sie in meine Hand gegeben; ich machte mit ihnen nach meinem Willen …"

Die eigentliche Ursache dieser Revolte unter Gaumata ist ungeklärt. Sogar dann, wenn der Bericht von Dareios I. in großen Zügen der Wahrheit entsprechen sollte, bleiben noch viele Fragen offen.

Tatsache ist jedenfalls, daß Kyros II. keine Zeit mehr verblieben war, den für sich und seine indoiranischen Gefolgsleute eroberten, riesigen Landmassen ein festes Gefüge zu geben. Für das Zweistromland war von Kyros der gut eingespielte und überwiegend in Händen aramäischer Beamter ruhende Verwaltungsapparat des neubabylonischen Reiches beibehalten worden. In den übrigen Ländern aber hatte er die älteren und zumeist mit der Landesreligion eng verbundenen Verwaltungsformen nicht nur gelassen, sondern sie überdies noch festigen wollen, indem er wenigstens *pro forma* die Stadt- und Landgötter anerkannte. Zur Überwachung der Provinzen waren persische oder medische Feudalherren als Satrapen mit umfassenden Vollmachten von ihm eingesetzt worden, denen er jedoch nur unverhältnismäßig geringe Kontingente wirklich zuverlässiger, also indoiranischer Truppen beigeben konnte. Sein außerordentliches Interesse für die nordostiranischen Lande galt vermutlich nicht ausschließlich der Abwehr von Nomadeneinbrüchen, sondern hatte wohl auch damit zu tun, daß er hier hervorragende Soldaten rekrutieren konnte.

Zu seinem Kriegszug nach Ägypten hatte Kambyses selbstverständlich neben den Aufgeboten aus den Satrapien möglichst viele iranische Truppen an sich gezogen. Im Falle eines Aufstandes konnten die Satrapen infolgedessen nur auf unzureichende Militärkräfte zurückgreifen.

Es kann außerdem in Betracht gezogen werden, daß die als Satrapen eingesetzten und beinahe wie unabhängige Fürsten über weite Gebiete herrschenden iranischen Feudalherren keineswegs von einem wirklichen „Reichsgedanken" durchdrungen waren, dieser Idee, von der Kyros d. Gr. offensichtlich, nach ihm Dareios aber ganz gewiß erfüllt gewesen waren. Es war einzig und allein die Persönlichkeit des Kyros (in ihm sahen die iranischen Herren ihr Ideal eines indoiranischen Kriegers verkörpert), was sie an ihn und somit auch an seinen Reichsgedanken band. Als eine solche Persönlichkeit nicht mehr da war, flammte sofort der eigenwillige Partikularismus – die größte Schwäche jeder Feudalordnung – wieder auf.

Wenn auch die eigentliche Bevölkerung in den eroberten Gebieten der persischen Obrigkeit im großen und ganzen nicht ablehnend gegenüberstand, so waren doch die Nachkommen der älteren ansässigen Herrscherfamilien dort keinesfalls gewillt, auf ihre Ansprüche zu verzichten.

Die zwischen der medischen und persischen Feudalität bestehende Rivalität hat bei dieser Revolte sicher keine (wenn auch nicht recht greifbare) unbedeutende Rolle gespielt. Unter den Medern taten sich wieder einmal die oft genannten Magier ausschlaggebend hervor. Sie hatten sich doch als Gegengewicht zum medischen Königsgeschlecht der Deiokiden eine geistige Sonderstellung zu schaffen gewußt, die sie nun auch den persischen Achämeniden gegenüber zu wahren versuchten. Aber einer Persönlichkeit wie Kyros waren sie letztlich doch nicht gewachsen.

Nach dem Tod des großen Kyros war es vermutlich zu Spannungen zwischen seinen Söhnen gekommen. Es ist gut möglich, daß Kambyses (ein jähzorniger, aber kraftvoller und politisch recht kluger Herrscher) damals seinen Bruder Bardiya (den Smerdis der Griechen) im geheimen hatte beseitigen lassen, zumal dieser über ungeheure Besitzungen in Ostiran, wo Kyros ihn als Herrscher eingesetzt hatte, verfügte und somit für Kambyses recht gefährlich werden konnte. Laut Herodot bestimmte Kambyses vor seinem Aufbruch nach Ägypten keinen persischen Feudalherren als Reichsverweser für die Dauer seiner Abwesenheit, sondern das Oberhaupt der Magier namens Oropastes, den Bruder des „falschen Bardiya" Gaumata.

Wenn die in der Behistun-Inschrift von Dareios I. gegebene Darstellung der Wahrheit entspricht, so dürfte es sich bei der Usurpation des Gaumata um einen Aufstand gewisser medischer Elemente gegen eine Gruppe der persischen Feudalität gehandelt haben. Da der größte Teil der persischen wie auch vermutlich der medischen Feudalen mit Kambyses nach Ägypten aufgebrochen war, konnten die Magier unter Berufung auf Bardiya hoffen, die zurückgebliebene iranische Bevölkerung für sich zu gewinnen.

Es gibt auch eine andere Erklärung für die Umstände, die Dareios I. auf den Thron brachten, die zunächst aber als eine noch nicht nachweisbare Hypothese anzusehen ist: möglicherweise hatte Kambyses seinen Bruder gar nicht beseitigt, sondern ihn ganz im Gegenteil als Reichsverweser während seiner Abwesenheit eingesetzt. Mit dieser Mutmaßung würde die ganze Geschichte über den Aufruhr des „falschen Bardiya" hinfällig werden; denn nach dem Tod des kinderlosen Kambyses hätte sein Bruder Bardiya selbstverständlich Anspruch auf den Thron gehabt. Da nun nach altindoiranischer Sitte für die Bestätigung des Königs noch die Zustimmung einer Wahlversammlung notwendig war, wäre die Erzählung der Behistun-Inschrift in solchem Falle nichts anderes als ein Versuch, die Thronbesteigung des Dareios zu rechtfertigen und zu legitimieren. Dareios, des Hystapes Sohn, war ein Urenkel jenes älteren Bruders von Kyros I., Ariaramnes, der einst von Kyaxares seiner Herrschaft in Parsa entsetzt worden und allem Anschein nach mit seinem Gefolge ostwärts geritten war. Als Kyros d. Gr. seinerzeit die Verhältnisse im östlichen Hochland ordnete, bestätigte er offenbar den ihm verwandten und dort als freien Fürsten über große Gebiete herrschenden Hystaspes als „Satrapen". Einige wenige moderne Forscher neigen dazu, in diesem Hystaspes den letzten der vier großen legendären Könige Ostirans zu sehen, der nach der Tradition der Avesta sowohl Förderer als auch Beschützer Zoroasters gewesen sei.

Es könnte möglich sein, daß Dareios (als Bardiya die Thronfolge nach Kambyses Tod antreten wollte) in eine Gruppe jener persischen Herren gelangt war, die sich gegen die Vorherrschaft eines medischen oder auch eines (durch die Magier unter medischen Einfluß geratenen) achämenidischen Fürsten auflehnten, zumal dieser sich noch gewisse altorientalische Herrscherallüren zugelegt hatte. Der Verlust der Macht, die an den jüngeren Zweig ihres Geschlechtes übergegangen war, dürfte bei der älteren Linie der Achämeniden und ihrem Anhang noch nicht verschmerzt gewesen sein. Herodots Erzählungen vom Traum des Kyros über Dareios zeigt deutlich das Vorhandensein solcher Spannungen zwischen den beiden Linien auf. Dareios' Anerkennung als Herrscher erfolgte nicht durch den versammelten Feudalrat, wie es der hier schon aufgeführte Brauch war, sondern er wurde auf Grund eines Gottesurteils zum König bestimmt: von allen Pferden seiner Mitverschworenen wieherte sein Tier als erstes. Die Designation durch ein Gottesurteil war bei den Indoiraniern eine feste Sitte, falls nämlich der Inthronisierung eines neuen Königs ein Interregnum voranging, wie es hier ja der Fall war.

Welches auch immer die eigentlichen Hintergründe gewesen sein mögen – Dareios bemächtigte sich jedenfalls mit sechs persischen Feudalen durch Handstreich der Festung Sikayauvatisch in Medien, in die sich Bardiya-Gaumata mit seinen ansehnlichsten Anhängern zurückgezogen hatte, und erschlug sie alle.

Wenig später brachen im ganzen Reich Rebellionen aus. In 19 Feldzügen besiegte Dareios neun Kronprätendenten, sowohl die acht „Lügenkönige" seiner Inschrift als auch den neunten, der ein Deiokide war und somit rechtmäßigen Anspruch auf den medischen Thron hatte, was ihn aber keinesfalls davor bewahren sollte, ebenso grausam wie die anderen hingerichtet zu werden.

Von Kleinasien bis zum fernen Nordosten hatten die Nachfahren älterer Dynastien oder Feudalgeschlechter die Wirren des umstrittenen Thronwechsels dazu benutzt, sich unabhängig zu machen, wozu sie sich als Provinzialkönige stark genug fühlten. Erst nachdem Dareios auch diese Aufsässigen unterdrückt hatte, konnte er an die innere und äußere Sicherung seines Reiches denken.

Wiederum das wichtigste war die Festigung des Ostens und Nordostens, teils wegen der Einbrüche aus der Steppe, teils wegen der aus dieser Gegend zu gewinnenden Reiterkontingente. Nach der Unterdrückung des eigentlichen Unruheherdes im Osten, wobei Dareios von seinem dort als Satrap gebietenden Vater unterstützt wurde, vernichtete er als abschreckende Maßnahme einige unzuverlässige Steppenstämme. Im Osten gliederte er das reiche Industal seinem Reich ein, vornehmlich aus „ökonomischen" Gründen, die Dareios stets besonders berücksichtigte, so sehr, daß er von den persischen Herren oft spöttisch als „Krämer" bezeichnet wurde.

Dareios zog nun nach Ägypten und ließ sich dort zum ägyptischen König krönen und knüpfte damit also an die alten pharaonischen Traditionen an, ebenso wie sich Kyros in Babylon an die babylonischen Vorgänger anschloß. Bald aber richtete Dareios sein Augenmerk auf den fernsten Westen seines Machtbereiches, auf Kleinasien, insbesondere die ägäische Küste. Schon unter medischer Herrschaft hatte hier, namentlich im späteren Kappadokien und Pontus, eine starke iranische Kolonisation ihren Anfang genommen, indem indoiranische Feudalherren mit ausgedehnten Landgütern belehnt wurden. Dareios setzte diese Politik fort, festigte aber gleichzeitig auch Stellung und Besitz der einheimischen großen Familien, sofern sie ihn freiwillig als Oberherrn anerkannten. Den griechischen Küstenstädten billigte er vorerst ebenfalls noch eine gewisse Autonomie zu und stützte dabei in erster Linie die sogenannten Tyrannen, deren Interessen er mit denen seines Reiches in Einklang zu bringen versuchte. Dareios war sich aber vermutlich darüber klar, daß alle diese Maßnahmen keine endgültige Lösung der kleinasiatischen Probleme darstellten – wahrscheinlich hatte er auch besondere Pläne hier im Westen. Im Jahre 512 v. Chr. befand er sich persönlich mit seinem Reichsheer in Kleinasien und überschritt auf einer von kleinasiatischen Griechen erbauten Schiffsbrücke den Bosporus. Nach der Besiegung von Thrakien setzte er auch über die Donau. Sein nächster mit einer Flottenaktion kombinierter Plan mag der Gewinnung der reichen Kornkammer an der nördlichen Schwarzmeerküste gegolten haben. Möglicherweise hatte sich Dareios aber ein noch viel weiteres Ziel gesetzt, nämlich durch den Steppengürtel nördlich des Schwarzen Meeres und des Aral-Sees zu marschieren, die dort nomadisierenden Stämme seinen Truppen am Yaxartes entgegenzutreiben und sie schließlich hier in die Zange zu nehmen und zu vernichten. Aber weder den einen noch den anderen Plan konnte Dareios in die Tat umsetzen, er trat vielmehr vorsichtigerweise den Rückmarsch an, ehe die leichten skythischen Reiter – die sich aus taktischer Klugheit nie zu einer regelrechten Schlacht stellten – die Verbände seiner Armee durch fortgesetzte plötzliche Überfälle ermüdet und gelockert hatten.

Diese schon mehrfach erwähnten Skythen bestanden in der Hauptsache aus indoiranischen Stämmen. Bei den großen Bewegungen innerhalb des eurasischen Steppengürtels kam es aber immer wieder vor, daß auch andersrassige Splittergruppen in eine Wanderwelle hineingerieten. In diesem Falle dürfte es sich um solche von Türkvölkern gehandelt haben. Die Sprache der Skythen war aber, wie es die späteren Texte beweisen, rein iranisch. Die Skythen waren aus ihren zentralasiatischen Weidegründen nach Westen gedrängt worden und hatten das Gebiet nördlich des Schwarzen Meeres zwischen Don und Donau in Besitz genommen. Etliche von ihnen waren zu einer seßhaften Lebensweise übergegangen, die meisten aber behielten die Weidewirtschaft bei. Die Bewaffnung der

Skythen ist die nämliche wie die der medischen Reiter auf den Persepolis-Reliefs: der kombinierte Bogenköcher, der Akinakes und die Stoßlanze. Die Metallbeschläge dieser in skythischen Gräbern gefundenen Waffen sind fast die gleichen wie die auf den persepolitanischen Reliefs dargestellten. Auch die Bekleidung der Skythen ähnelt derjenigen der Meder. Die ausführliche Beschreibung bei Herodot über ihre Lebensweise, ihre soziale Ordnung und über ihre Religion deckt sich mit dem, was uns in dieser Hinsicht über die Meder und Perser bekannt ist.

Es ist keine aus der Luft gegriffene Mutmaßung, wenn Dareios die den damaligen geographischen Kenntnissen entsprechende Idee eines „Weltreiches" zugeschrieben wird; denn eine Bestätigung findet sich in den Inschriften (in viersprachiger Ausfertigung: ägyptisch, persisch, babylonisch und elamisch), die einen Kanalbau bei Suez – den Dareios nach einer seitens des griechischen Kapitäns Skylax unternommenen Erkundungsfahrt von Indien nach Ägypten graben ließ – verkünden:

„So spricht Dareios: Ich bin Perser; von Persien her habe ich Ägypten erobert. Ich habe befohlen, einen Kanal zu graben von einem Flusse Nil genannt, der in Ägypten fließt, bis zu dem Meer, das von Persien aus beginnt. Dann wurde dieser Kanal gegraben, wie ich es befohlen hatte, und die Schiffe segelten durch diesen Kanal von Ägypten nach Persien, wie es mein Wille war."

Der Erfolg des Skythenfeldzuges jedoch war, daß die Perser jenseits des Bosporus einen Brückenkopf behielten. Damit hatten sie nicht nur den wichtigen Getreidehandel aus dem Schwarzmeergebiet unter ihrer Kontrolle, sondern zugleich auch einen guten Stützpunkt im Norden der griechischen Festlandstaaten gewonnen. Wie empfindlich die Politik Persiens in Kleinasien durch diese Griechen gestört werden konnte, hatte sich ja bereits bei der Eroberung des lydischen Reiches durch Kyros abgezeichnet. Dareios zog sich im Jahre 510 v. Chr. nach Osten zurück, um sich nun voll und ganz dem administrativen Ausbau seines großen Reiches zu widmen.

Was Kyros d. Gr. nicht mehr hatte tun können, richtete Dareios aus: Er gab dem mächtigen Reich ein festes Gerüst. Tatsächlich werden seine Nachfolger an der von Dareios geschaffenen Organisation und seinen Einrichtungen kaum etwas ändern oder ihnen hinzufügen. Allen Mängeln und Schwächen zum Trotz hielt sich dieses Reich 200 Jahre lang, um dann allerdings in knappen drei Jahren vollständig auseinanderzubrechen.

Kyros und Dareios haben uns mehrere Monumente hinterlassen, deren Betrachtung uns den charakteristischen Unterschied dieser beiden großen Männer wie auch den ihrer Reiche erkennen lassen.

Der große Kyros erbaute sich nahe der Stätte seines Sieges über Astyages seine Residenz. Hier, bei *Pasargadai*, muß seit uralten Zeiten schon das Zentrum der späteren Landschaft Parsa gelegen haben; denn in nächster Nähe liegen die Überreste zweier prähistorischer Dörfer, und Naqsch-i-Rustam mit einem Kultrelief aus elamischer Zeit ist auch nicht weit davon entfernt. Der höchstwahrscheinlich von Kyros angelegte heilige Bezirk liegt über einem älteren Heiligtum, und der große terrassenartige Unterbau des Takht-i-Suleiman, der in die von Kyros erbaute Befestigung einbezogen wurde, war vielleicht schon – wie kurz angedeutet – von den ersten persischen Stammesfürsten hier, von Teispes oder Ariaramnes, angelegt worden. Die Anlage ist ungewöhnlich weiträumig und der eigentliche Palastbezirk unbefestigt. So fehlen auch jedwede feste Gebäude zur Unterbringung eines Verwaltungsapparates, wie er für ein solches Reich doch notwendig gewesen sein muß. Zwar ist Pasargadai noch keineswegs eingehend erforscht, aber sogar wenn die wenigen, weit voneinander entfernt gelegenen und bisher noch nicht untersuchten Ruinen aus der Zeit des großen Kyros stammen sollten, dürften sie kaum als Verwaltungsgebäude gedient haben. Auch für das Kyrosreich blieb Egbatana, das alte medische Zentrum, die Hauptstadt, in der Kyros anfänglich auch residiert hatte, und ebenfalls in Egbatana lagen die Archive. Pasargadai hingegen war nur Herrschersitz, das „Sanssouci" des Kyros: ein ins Monumentale übersetzter Traum vom Lager eines indoiranischen Fürsten.

Rings von steil abfallenden Bergen umgeben, liegt die tischglatte Ebene von Pasargadai, durchflossen vom Pulvar. In der ebenen Landschaft erhebt sich eine kleine felsige Hügelgruppe, die mit einer starken, turmbewehrten Mauer gesichert ist. Innerhalb des befestigten Raumes sind keinerlei Gebäudereste zu erkennen; hier befand sich der bewehrte Lagerplatz der Gefolgschaft des Fürsten, seiner Garde. Einbezogen in die Ummauerung ist jener schon erwähnte terrassenartige Unterbau aus riesigen mit Eisenklammern zusammengehaltenen Steinblöcken, der die Oberfläche der einen Hügelkuppe gewissermaßen erweitert, und zwar in derselben Art wie bei den urartäischen Anlagen. Vielleicht diente auch dieser Unterbau, ebenso wie die beiden ähnlichen Anlagen bei Malamir, als Fundament der ersten achämenidischen Residenz. Möglicherweise aber legte erst Kyros die Terrasse an, in welchem Fall sie als Unterbau des Schatzhauses anzusehen wäre, von dessen Plünderung durch Alexander wir aus zeitgenössischen Quellen unterrichtet sind.

Angelehnt an diese Hügelgruppe lag einstmals ein riesiger Wildpark, in dem sich Kyros eine Audienzhalle und seinen Wohnpalast errichten ließ. Ein Fliegerbild dieser Stätte läßt deutlich werden, daß dieser ehemalige Park einmal mit einer Mauer umfriedet war, die aber von keiner fortifikatorischen Bedeutung gewesen sein kann. In den Park führt ein monumentales Tor, dessen Grundriß offensichtlich auf assyrische Festungspalasttore zurückgeht. Der Eingang zur Torhalle, die mit acht Säulen abgestützt war und rechts und links zwei kleine Wachlokale hatte, war von mächtigen Stieren oder Stiermenschen flankiert – was wir ebenfalls von assyrischen Bauten kennen und später auch in Persepolis wiederfinden. An einer noch stehengebliebenen Türleibung des einen Wachlokals ist jenes Relief erhalten geblieben, das man lange für ein Bildnis des großen Kyros gehalten hatte, weil es die Beischrift trug: „Ich bin Kyros, der Achämenide." Jetzt wissen wir, daß diese Worte nur ein Teil der mehrfach in den Gebäuden von Pasargadai angebrachten Bauinschriften sind und daß das flache Relief einem vierflügeligen assyrischen Dämonen nachgebildet ist. Im Gegensatz zu den assyrischen Dämonen mit langem, viereckig geschnittenem Bart trägt dieser nachgebildete Dämon einen runden, kurzen Bart wie auch ein elamisches Gewand, und seine Kopfbedeckung ist die Abwandlung einer ägyptischen Krone in der Art, wie sie vornehmlich in Syrien auftritt.

Die Fundamentblöcke sind aus weißem Kalkstein, und auf ihnen ruhen die Plinthen der Säulen aus schwarzem Kalkstein. Die Säulenschäfte bestehen wiederum aus weißem und die Kapitelle aus schwarzem Stein. Zweihundert Meter weiter stehen die Reste der Audienzhalle, der „Apadana". Ihr Hauptraum ist eine von mehr als 12 Meter hohen, überschlanken Steinsäulen getragene Halle, an die sich vier, zwischen quadratischen Eckräumen liegende, niedrigere Vorhallen anlehnen, deren Säulen aus mit Stuck überzogenem Holz bestanden. Im Innern der Türleibungen sind Überreste von Reliefs in flächigem Stil erhalten geblieben; an den beiden Längsseiten stellen die Reliefs je eine Gruppe von drei Personen mit einem Vierfüßler dar – vielleicht Tributbringer, wie wir solche später in Persepolis antreffen, oder Priester mit einem Opfertier. An den Kurzseiten sind zwei Schutzdämonen zu sehen, der eine mit menschlichen Füßen, der andere mit Raubvogelkrallen – wieder in Anlehnung an assyrische Darstellungen.

Der knapp 200 Meter von dieser Halle entfernte Wohnpalast, die „Tatchara", hat einen ähnlichen Grundriß, mit Ausnahme der Wohngemächer, die sich hier an drei Seiten der Mittelhalle anschließen. In den Türleibungen befanden sich Reliefs mit der Darstellung des Königs, hinter dem ein kleinerer Diener herschreitet. Dübellöcher in den Gewändern und tiefe Einschnitte über den Augen lassen erkennen, daß diese Reliefs teilweise mit Metall eingelegt gewesen waren.

Durch niedrige Hügel vom Palast getrennt, liegt auf der anderen Seite des Wildparkes der heilige Distrikt. Die Anlage des Kyros ist eine sechsstufige Terrasse mit einem Aufbau an der einen Seite, auf dem einst wohl ein Feueraltar gestanden hat. Einige hundert Meter davon entfernt liegen zwei Feueraltäre, deren mächtige Steinblöcke zur Erleichterung des Transportes ausgehöhlt worden waren. Wiederum lassen Fliegerbilder erkennen, daß an derselben Stelle, aber mit anderer Orientierung, eine ältere Umfriedung (vermutlich auch die eines heiligen Platzes) gelegen hat.

Sakrale Bestimmung muß auch ein mächtiges turmartiges Gebäude gehabt haben, das innerhalb des Wildparkes unfern der Palastanlagen steht. Das zuletzt errichtete Bauwerk in Pasargadai war das Grabmal des großen Kyros. Innerhalb einer rechteckigen Umfriedung, die auch ein Gebäude für die mit der Betreuung des Grabes bestallten Magier einschließt, erhebt sich auf einem sechsstufigen Unterbau eine aus gewaltigen Steinblökken sorgfältig gefügte Cella mit einem Eingang und einem giebelförmigen Dach. In ihr war der große König einbalsamiert, was der zoroastrischen Religion völlig widerspricht, auf einer Kline beigesetzt worden. Kostbare Gewebe waren an den Wänden aufgehängt und sicher auch andere wertvolle Beigaben in den Raum gestellt worden. Bei Arrian steht die Beschreibung des Grabes durch Aristobulos, dem Alexander d. Gr. seine Wiederherstellung aufgetragen hatte, nachdem es während des Indien-Feldzuges geschändet worden war.

Der Plan des Torgebäudes sowie die Überreste der Reliefs in den Türleibungen zeigen deutlich eine Übernahme assyrischer Formen. Der terrassenartige Unterbau geht, gleichgültig aus welcher Zeit er auch stammen mag, eindeutig auf urartäische Architektur zurück. Das turmförmige Gebäude (auf das noch zurückzukommen sein wird) ist ebenfalls eine urartäische Hausform, wie solche von einem kleinen Bronzerelief bekannt ist. Die stufenförmige Terrassierung des Heiligtums und der treppenartige Unterbau des Kyrosgrabes erinnern an babylonische Zikurrate. Neu im Bereich des Vorderen Orients sind dagegen die Grundrisse der „Apadana" und „Tatchara" wie auch die überschlanken Säulen mit ihren Kapitellen und endlich die Grabform selbst.

Die Cella des Grabes ist nichts anderes als ein monumentalisiertes Haus von jener Art, der wir schon bei den Gräbern der indoiranischen Reiterstämme im Talyche, in Tepe Sialk und Luristan begegneten und dessen Urform in der Steppe zu suchen ist. Aus den Grundplänen der „Tatchara" und „Apadana" aber ist die Monumentalität eines Fürstenzeltes mit höherem Mittelraum und niedrigeren Seitentrakten herauszulesen; die schlanken Säulen stellen die in Stein umgesetzten Zeltstangen dar.

Die medischen Fürstengräber wie auch das Felsengrab von Dah-i-Dukhtar (von dem noch zu sprechen sein wird) zeigen die Fassade eines Hauses mit einer von zwei oder vier Säulen abgestützten Vorhalle *in antis*. Das ist ein Haustyp, wie er auch heute noch in weiten Teilen des Vorderen Orients, insbesondere im armenischen Bergland und in Kurdistan, sehr häufig anzutreffen ist. Der auf dem Säulenschaft ruhende Querblock, das Kapitell, erinnert mit seinen Voluten an das jonische Kapitell, zeigt aber eine Tendenz, sich in mehreren Voluten spielerisch aufzulösen (man vergleiche dazu auch die Säulen von Susa und Persepolis). Der obere Teil des achämenidischen Kapitells hatte ursprünglich eine ganz andere Funktion als die griechischen Kapitelle und bringt in seiner künstlerischen Ausgestaltung eine den Steppenvölkern eigene Kunstform zum Ausdruck, die auf ihre Kleinkunst und den sogenannten Tierstil zurückgeht.

Das griechische Kapitell hat ebenso wie die „Holzblöcke" auf den Säulenschäften der medischen Gräber die Aufgabe, die darüberliegenden Längsbalken abzustützen. Der obere Teil des achämenidischen Kapitells hingegen geht auf eine Astgabel zurück, in der ein Querbalken ruhte, auf den erst der Längsbalken zu liegen kam. Die Ausformung dieser „Astgabel" zu zwei gegenständigen Tiervorderteilen (Protomen) weist auf das Kunstgut der Steppe zurück, wie wir es in Metall an Gegenständen verschiedenster Art, besonders bei Waffengriffen, wiederfinden.

Auch die Details dieser großen Tierprotome erinnern an Metallarbeiten, z. B. an Granulation und Filigran von Goldschmuck (man vergleiche den Schatz von Ziwiye). Ebenso wie bei diesen Kapitellprotomen möchte man auch bei den großartigen Reliefkompositionen von Persepolis einen starken Einfluß des alten, kleinformatigen und meist aus Metall angefertigten Kunstgutes der Steppenvölker sehen, zu dem dann urartäische, mannäische, assyrische und griechische Einwirkungen traten; die Darstellung der menschlichen Gestalt war bei den Reitervölkern ursprünglich weniger üblich.

Die zwei letzten Bauwerke von Pasargadai hängen mit dem religiösen Gedankengut der Perser zusammen und sollen erst später besprochen werden.

Soviel wir wissen, wurden nach der Beisetzung des großen Kyros in Pasargadai während der Achämenidenzeit keine weiteren Bauten mehr aufgeführt. Der Platz blieb die heilige Stätte des achämenidischen Königsgeschlechtes, und jeder Großkönig mußte hier rechtmäßig gekrönt werden, wobei ihm zur Erinnerung an das genügsame Leben seiner Reitervorfahren ein einfaches Mahl gereicht wurde.

Schon Kambyses hatte anscheinend den Plan, seine Residenz an einem anderen Ort als in Pasargadai zu bauen. Sein Grab, das nur begonnen und im Verlauf der großen Revolte zerstört wurde, liegt in der Ebene von Persepolis.

Die Residenz Pasargadai ist in ihrer Gesamtanlage und baulichen sowie sonstigen Ausgestaltung charakteristisch für die Wesensart des großen Kyros: er war ein Reiterfürst mit dem ihm ureigenen Verlangen nach räumlich unbegrenzter Weite. Hier in Pasargadai hatte Kyros genug Raum, um für sich und seine Gefolgschaft ein großes Lager anlegen zu lassen. Sein eigener Wohnpalast lag inmitten eines „Paradies" genannten Wildparkes. Außerhalb des Parkes konnte er sich in der ebenen Landschaft mit seinem Gefolge in reiterlichen Kampfspielen ausleben. Wie überall in seinem großen Machtbereich sind auch hier die kulturellen Elemente zu keiner Einheit verschmolzen: das Kulturgut der altorientalischen Völker ist mit dem arteigenen der Indoiranier nur zusammengestückt. Auch rein äußerlich ist der indoiranische Weltherrschaftsgedanke mit der praktischen irdischen Beherrschung der Länder noch nicht zu einem Ganzen geworden; denn Pasargadai war nur der persönliche Herrschersitz, während Egbatana sowie die alten Königsstädte Babylon und Susa die eigentlichen Reichszentren blieben.

Und nun zu Dareios und seinen Monumenten. Sein erstes Denkmal ist das Felsrelief von Behistun, das er als Mahnmal für die Völker seines Reiches hatte einschlagen lassen. Der Felsen von Behistun liegt innerhalb des „Tores von Asien" (dessen Besitz die Herrschaft über den „fruchtbaren Halbmond" und die iranischen Lande bedeutete) und trägt auf seinem Gipfel einen uralten heiligen Ort, während an seinem Fuß seit undenklichen Zeiten eine heilige Quelle sprudelt. Jahrein, jahraus zogen die Karawanen des Dareios an diesem Felsen vorbei in die fernsten Länder seines mächtigen Reiches und berichteten überall von diesem Denkmal und seiner Inschrift gemäß der Mahnung des Königs:

Persepolis. Xerxes-Palast

Persepolis. Harem des Xerxes

Persepolis. Harem des Xerxes

Persepolis. Audienzszene

„Es spricht Dareios, der König: So sollst Du glauben, was ich getan habe. Deshalb verbirg es nicht. Und wenn Du diesen Erlaß nicht verbirgst, sondern verkündest es unter dem Volk, dann soll Ahuramazda ein Freund über Dir sein, und ... Dein Stamm, und Du sollst lange leben. Aber wenn Du diesen Erlaß verheimlichst und ihn nicht dem Volke bekanntgibst, dann soll Ahuramazda Dich zerschmettern, und Du mögest Deinen Stamm nicht fortsetzen."

Gleichzeitig sorgte aber Dareios auch persönlich für die Verbreitung seiner Worte; denn er ließ Abschriften anfertigen und diese in die verschiedensten Hauptorte seines Reiches senden.

Das Relief zeigt ein bereits durch Naramsin von Akkad geschaffenes Motiv: Dareios – hinter ihm zwei seiner getreuesten Gefolgsmänner als Waffenträger – zertritt mit dem Bogen in der Hand den Kopf des Bardiya-Gaumata, während hinter diesem die anderen Rebellen und „Lügenkönige" gefesselt ihrer gnadenlosen Aburteilung harren. Über ihnen schwebt Ahuramazda in der geflügelten Sonnenscheibe und hält dem König den Ring der Macht entgegen, d. h., er belehnt Dareios mit der Macht.

Dieses Bild ist den altorientalischen Königsvorstellungen gemäß und muß für die orientalischen Untertanen des Dareios eine unmißverständliche Sprache gesprochen haben. Die auf persisch, babylonisch und elamisch abgefaßte Beischrift hingegen zeugt von einem bislang im Vorderen Orient völlig fremden Geist, welcher von einer gewissen ethischen Verantwortung der Gottheit Ahuramazda gegenüber getragen ist. Die Inschrift von Behistun berichtet über die Taten des Königs, die Organisation seines Reiches und über die Prinzipien, die ihn dabei leiteten.

Der König ist der Herr, die Macht, durch die Gnade Ahuramazdas. Die Macht stützt sich auf die Wahrheit und die Treue des Königs gegenüber seiner Gefolgschaft und umgekehrt.

„Es spricht Dareios, der König: Das ist was ich getan habe; durch die Gnade von Ahuramazda habe ich stets gehandelt. Ahuramazda brachte mir Hilfe, und die anderen Götter, die es gibt. Es spricht Dareios, der König: Deswegen brachte mir Ahuramazda Hilfe, und die anderen Götter, die es gibt, weil ich nicht böse war, weil ich kein Lügner war, weil ich kein Tyrann war, weder ich oder irgendeiner meines Stammes. Ich habe gerecht regiert, nach ... Wer auch immer meinem Hause geholfen hat, habe ich belohnt; wer aber feindlich war, habe ich vernichtet. Es spricht Dareios, der König: Du, der Du nach mir König sein magst, wer immer ein Lügner oder Rebell ist oder Dir nicht freundlich gesinnt, den sollst Du vernichten."

Und er nennt seine Getreuen, die ihm bei der Beseitigung Bardiya-Gaumatas geholfen haben, bei Namen und fordert: „O Du, der Du nach mir König bist ... ehre diese Männer!"

Der Großkönig war der absolute Gebieter in Kriegs- und Friedenszeiten, dennoch aber hatte er Berater, die ihm zur Seite standen. Dem König unterstanden die Satrapen der einzelnen Reichsgebiete, und es handelte sich bei ihnen zumeist um Mitglieder des persischen und medischen Hochadels sowie der königlichen Familie. Sie waren verantwortlich für den Eingang der genau festgelegten Steuern und für die Stellung der bewaffneten Aufgebote, außerdem hatten die Satrapen für Ruhe und Rechtsprechung innerhalb ihrer Statthalterschaft zu sorgen. Von Fall zu Fall wurden ihnen auch umfassende Vollmachten verliehen. Dareios wußte aber von ihrer angeborenen Neigung zu Partikularismus und Unabhängigkeit, weshalb er ihnen nur der Zentralregierung – also ihm selbst als Großkönig – unterstellte Beamte beigab. Im übrigen waren ständig Königsboten: „Augen und Ohren des Königs", in Begleitung von Gardekriegern zur Kontrolle unterwegs. Den Satrapen unterstanden im allgemeinen lediglich die bewaffneten Lokalaufgebote. Die iranischen Truppen, die allein das stehende Heer bildeten, standen unter dem Befehl von ausschließlich dem König verantwortlichen Kommandanten.

Die eigentliche Verwaltung des Reiches befand sich in Händen der zumeist aramäisch sprechenden und schreibenden Beamtenschaft, die bereits von den Achämeniden, als diese noch medische Vasallen in Elam waren, übernommen worden war und derer sich die Perser nach der Einverleibung des neubabylonischen Reiches weiter bedienten.

Zur Erleichterung des Handels hatte Dareios eine Reichsmünze schlagen lassen, den Dareikos, nach dem Vorbild der ältesten im 6. Jahrhundert v. Chr. in Lydien geprägten Münzen. Noch eine andere wichtige Neuerung geht auf den großen Organisator zurück, nämlich die Einführung einer im ganzen Reich verwendbaren Kanzleischrift und -sprache, was in der Behistun-Inschrift ausdrücklich von ihm erwähnt wird. Es war dies das Aramäische, das schon seit langem die gebräuchlichste Handels- und Verwaltungssprache im Vorderen Orient war und dessen Schreibweise sich auch am besten für das – im Gegensatz zu den Tontafeln – bedeutend leichtere Material des zunehmend zur Verwendung kommenden Papyrus und Pergaments eignete. Die persische Keilschrift – in der auch eine Fassung der Behistun-Inschrift geschrieben ist sowie andere monumentale Inschriften achämenidischer Könige – wurde vermutlich schon früher zusammengestellt, zu einer Zeit, als die Achämeniden noch als Kleinfürsten in Elam und Parsa saßen. In den einzelnen Satrapien wurden nebenher aber auch noch die einheimischen Schriftsysteme verwendet. Sogar in der Persis und in Persepolis selbst wurde für den Schriftverkehr anläßlich der Errichtung der Palasthauptstadt noch auf Tontafeln in Keilschrift geschriebenes Elamisch benutzt. Und nicht nur in diesem Falle, auch auf einem anderen Tontäfelchen, das sagt:

„Sprich zu Arinne …; Pharnakes sagt: Dareios der König hat mir den Befehl gegeben, sagend: Einhundert Schafe aus meiner Domäne gibt Artystone (meiner) Tochter. Und nun sagt Pharnakes: Wie Dareios der König mir befohlen, so befehle ich Dir: Jetzt gib Du Artystone (seiner) Tochter, einhundert Schafe, wie es vom König befohlen wurde …"

Es handelt sich hierbei wahrscheinlich um die Aussteuer der damals ungefähr sechzehnjährigen Prinzessin, der Tochter von Dareios und Atossa. Die Letztgenannte war eine Tochter des großen Kyros, und Dareios übernahm sie aus dem Harem des Gaumata, der sie wiederum aus dem Kambyses übernommen hatte, und erhob sie zu seiner Königin.

Dareios kümmerte sich ebenfalls um eine schnelle und gut funktionierende Postverbindung zwischen den Hauptorten seiner Satrapien und der Verwaltungszentrale in Susa und von dort zu seiner Residenz Persepolis. Die bekannteste Strecke ist die sogenannte Königsstraße, die Sardes mit Susa verband.

Mit aller Strenge wachte der Großkönig über der Rechtsprechung. Richter, die das Recht beugten, wurden bei lebendigem Leibe geschunden und mit ihrer Haut die Richtersitze zur Abschreckung der Kollegen überzogen. Recht wurde im allgemeinen nach den jeweils in den verschiedenen Gebieten des Reiches üblichen Gesetzen gesprochen. Das Vorhandensein eines „Königsgesetzes" ist nachgewiesen.

So bedeutend die Rolle des Heeres als hauptsächlichster Stütze der Königsmacht auch gewesen ist (was in den Königsinschriften mehrfach zum Ausdruck kommt und insbesondere aus den Reliefs von Persepolis hervorgeht), so wenig sagen jedoch die persischen Quellen über seine Organisation und Gliederung. Dieser Punkt soll später anläßlich der persepolitanischen Reliefs kurz behandelt werden. Über Glauben und Kultus des Großkönigs und seines Volkes sind wir nur mangelhaft unterrichtet, und auch Herodots Nachrichten sind nicht sehr ergiebig. Außer An- und Berufungen auf Ahuramazda in den verschiedenen Inschriften können lediglich die Reliefs der Königsgräber von Naqsch-i-Rustam sowie zwei am Schatzhaus in Persepolis angebrachte Reliefs und außerdem in Pasargadai gefundene Überreste des heiligen Bezirkes und des turmartigen Gebäudes (zum letztgenannten gibt es ein Gegenstück in Naqsch-i-Rustam) einige Anhaltspunkte liefern.

Dareios ließ sich noch bei Lebzeiten sein Grab errichten und griff dabei auf die alte, von den medischen Königen verwendete Form des Felsgrabes zurück. Auch einer seiner unmittelbaren Vorfahren hatte als Fürst der Persis dieselbe Art der letzten Ruhestätte gewählt, wie das Grab von Dah-i-Dukhtar bezeugt.

Als Grabplatz wählte Dareios die fast senkrecht abfallende Felsenwand von Naqsch-i-Rustam unweit von Persepolis, in die bereits im ausgehenden 3. vorchristlichen Jahrtausend ein elamisches Kultrelief eingeschlagen worden war. Auch hier sehen wir die auf den Felsen übertragene Fassade eines zinnengekrönten Gebäudes, eines Palastes. Die Säulen der Vorhalle haben die – schon bei Pasargadai besprochenen – aus zwei Tierprotomen gebildeten Kapitelle. In der eigentlichen Grabkammer, zu der eine Tür mit einem ägyptisierenden Türsturz führt, sind in den Boden eingeschlagene rechteckige Gruben zu sehen, die zur Aufnahme der Körper des verstorbenen Königs und seiner nächsten Angehörigen dienten. Die Gruben waren einst mit schweren Steinplatten abgedeckt.

Auf dem flachen, zinnenbekrönten Dach des Palastes befindet sich ein riesiger Thron, den – in zwei übereinander angebrachten Reihen – dreißig Vertreter der Völker des Reiches tragen. Auf dem Thron steht auf einem dreistufigen Podest der Großkönig in vollem Ornat, den Bogen vor sich aufgestützt, die eine Hand in anbetender Geste gegen den Feueraltar erhoben, über dem das Symbol Ahuramazdas schwebt und ihm den Ring der Macht entgegenreicht. Hinter diesem Symbol erscheint eine in eine Mondsichel gesetzte Scheibe. Rechts und links des Thrones, in drei Reihen übereinander, assistieren die Großen des Reiches bei der Zeremonie.

Diese von Dareios geschaffene Ausformung der Grabfassade wurde von allen seinen Nachfolgern kopiert, und zwar so genau, daß keines der Gräber mit Sicherheit den einzelnen Besitzern zugewiesen werden kann, da allein das Grab des Dareios eine Inschrift trägt. Der Großkönig hat hier seinen letzten Erlaß einschlagen lassen, den ersten, offiziellen Teil auf persisch, babylonisch und elamisch; den zweiten Teil aber außerdem noch auf persisch in aramäischer Schrift:

„Ich (bin) Dareios, der große König, König der Könige, König der Länder aller Stämme, König dieser großen Erde auch fernhin, des Hystaspes Sohn, ein Achämenide, ein Perser, Sohn eines Persers, ein Arier von arischem Stamme.
Es spricht der König Dareios: Nach dem Willen Ahuramazdas (sind es) diese Länder, die ich in Besitz nahm außerhalb Persiens. Ich wurde ihr Herrscher, sie brachten mir Tribut; was ihnen von mir gesagt wurde, das taten sie, mein Gesetz ward gehalten: Medien, Chuza, Parthien, Aria, Baktrien, Sogdiana, Chorasmia, Drangiana, Arachosien, Thatagus, Gandara, Indien, die Ost-Saka, die Massageten, Babylo-

nien, Syrien, Arabien, Ägypten, Armenien, Kappadokien, Lydien, Inonien, die Skythen, Thrakien, die Hellenen des Festlandes, Libyen, Nubien, Mekran und Karien. Es spricht der König Dareios: Als Ahuramazda diese Erde im Kampf begriffen sah, da gab er sie mir, machte mich zum König, ich bin König. Nach dem Willen Ahuramazdas brachte ich sie an ihren Platz zurück; was ihnen von mir gesagt wurde, das taten sie, wie es mein Wille war. Wenn Du nun denkst, wie vielfach waren jene Länder, die der König Dareios besaß, so blicke die Bilder (hier) an, die den Thron tragen, da wirst Du erkennen. Alsdann wirst Du wissen, des persischen Mannes Lanze ist fernhin gedrungen, alsdann wirst Du wissen, der persische Mann hat fern von Persien den Feind geschlagen. Es spricht der König Dareios: Dies, was getan worden ist, das alles habe ich nach dem Willen Ahuramazdas getan. Ahuramazda brachte mir Hilfe, bis ich das Werk vollendete. Mich soll Ahuramazda schützen vor dem Übel, und mein Haus und dieses Land. Darum bitte ich Ahuramazda, möge es Ahuramazda mir gewähren.

O Mensch, Ahuramazdas Befehl erscheine Dir nicht widerwärtig, den geraden Weg verlasse nicht, sündige nicht.

Der große Gott ist Ahuramazda, der dies wunderbare Werk, das wir sehen, geschaffen hat, der das Glück für den Menschen geschaffen hat, der Weisheit und Rüstigkeit dem König Dareios verlieh.

Es spricht der König Dareios: Durch die Gnade Ahuramazdas bin ich solcher Art, daß ich ein Freund bin des Rechtes, daß ich nicht ein Freund bin des Schlechten. Es ist nicht mein Gefallen, daß der Arme vom Mächtigen Unrecht erdulde, noch ist es mein Gefallen, daß der Hohe um des Niederen willen Unrecht erdulde. Was recht ist, das ist mein Gefallen.

Nicht bin ich ein Freund für die Anhänger der Lüge. Ich bin nicht rachsüchtig; was mich zornig macht, halte ich fest unter Kontrolle und meiner eigenen Leidenschaft bin ich streng Herr.

Wer sich bemüht, den belohne ich nach seinem Verdienst; wer sich vergeht, den bestrafe ich nach seiner Missetat. Nicht ist mein Gefallen, daß jemand einem Manne Böses tue; auch ist es nicht mein Gefallen, daß nicht gestraft werde, wer Böses tut. Was ein Mann gegen einen Mann sagt, das überzeugt mich nicht, bis er dem Zeugnis nach guter Regel Genüge tut. Was ein Mann tut oder leistet für andere nach seinem Können, damit bin ich zufrieden, und meine Freude ist groß und ich habe Wohlgefallen daran. Solches ist mein Wille und mein Befehl: Indem Du, was ich gewirkt, sehen und hören wirst ob in der Heimat oder im Felde, betrachte meine Rüstigkeit und meine Weisheit, diese meine Güte, die über Leidenschaft und Wissen steht.

Soweit mein Körper die Kraft hat, bin ich als Krieger ein guter Krieger. Wenn es meinem Verstand zweifelhaft erscheint, wen ich als Feind, wen nicht als Feind betrachten soll, dann gedenke ich zuerst der guten Taten, ob es nun ein Feind oder ein Freund sei, den ich vor mir habe.

Geübt bin ich mit Hand und Fuß. Als Reiter bin ich ein guter Reiter, als Schütze bin ich ein guter Schütze, zu Fuß wie zu Roß, als Lanzenwerfer bin ich ein guter Lanzenwerfer, zu Fuß wie zu Roß. Und die Fähigkeiten, mit denen mich Ahuramazda bekleidet hat, und ich habe die Kraft gehabt, sie zu nutzen, durch Ahuramazdas Gnade habe ich, was ich geleistet habe, mit diesen Fähigkeiten gewirkt, die Ahuramazda mir verliehen hat."

So sprach Dareios, der Mensch …

Weder diese noch die anderen Inschriften geben leider genauere Aufschlüsse über den eigentlichen Kult. So sind wir für die Religion der Perser in achämenidischer Zeit letztlich wieder auf die Nachrichten bei Herodot angewiesen, zu denen noch einige Stellen von späteren klassischen Verfassern hinzukommen und schließlich die älteren Teile der Avesta.

Die anderen Völker des großen Reiches wurden in ihren religiösen Traditionen nicht gestört und durften ihnen unbeschadet huldigen, sofern ihr Kult nicht als eine Gefahr für den Bestand des Reiches angesehen wurde, wie z. B. Xerxes I. eine solche offenbar in der Revolte von Babylon sah. Xerxes wollte den Widerstand der Griechen ebenfalls zum Teil auf religiöse Empfindungen zurückführen, was aus einer seiner Inschriften, die sich vermutlich auf Vorgänge in Athen nach seiner Eroberung im Jahre 480 v. Chr. bezieht, hervorgeht.

Allem Anschein nach gab es zu jener Zeit bei den medo-persischen Stämmen in der Hauptsache drei Religionen: die achämenidischen Königsfamilie, jene der Magier sowie die des Volkes. Die Volksreligion muß viele stamm- und lokalgebundene Varianten gehabt haben. Herodots Kenntnisse erstrecken sich offenbar nur auf den Volksglauben, vom religiösen Wissen der Magier hatte er nur sehr ungenaue Vorstellungen.

Von der Volksreligion sagt Herodot: „Es ist bei ihnen (den Persern) nicht üblich, Statuen oder Tempel oder Altäre aufzurichten, ja, man hält die, welche das tun wollen, für Toren, dieses nach meinem (Herodots) Bedünken deswegen, weil sie den Göttern nicht wie die Griechen menschliche Natur und Gestalt beilegen. Ursprünglich opferten die Perser nur dem Himmelsgott Zeus auf Bergeshöhen, und der Sonne, dem Mond, der Erde, dem Feuer, dem Wasser und den Winden; von den Assyrern (d. h. den Babyloniern) und Arabern aber haben sie gelernt, auch der Uranostochter Aphrodite zu opfern, die die Assyrer Mylitta, die Araber Alilat, die Perser aber Mithra nennen. Die Opferbräuche der Perser sind die folgenden. Sie errichten bei ihren Opfern keine Altäre, zünden kein Feuer an, haben kein Trank- und Speiseopfer, keine Kuchen und keine Musik dabei. Jeder Opfernde führt das Opfertier an einen reinen Ort … Ist dies geschehen, so singt ein dabeistehender Magier, ohne welche bei ihnen nichts geopfert werden darf, von der Erzeugung der Götter, und das heißen sie eine Beschwörung."

Aus diesem Passus wird klar ersichtlich, daß das persische Volk bildlose göttliche Wesen, die elementarische Naturgottheiten waren, an Kultplätzen unter freiem Himmel verehrte. In späterer Zeit (Herodots Werk entstand nach der Mitte des 5. Jahrhunderts v. Chr.) nahmen zum mindesten zwei unter diesen Göttern, die aber schon altarische Gottheiten waren, greifbare Gestalt an. Es ist dies einmal Mithra, ein Lichtgott und Wahrer des Rechtes (der späterhin, zur Zeit des Römischen Reiches, noch eine bedeutende Rolle spielen sollte), den Herodot als eine weibliche Gottheit auffaßte. Ebenfalls eine altarische Göttin war Anahita, wahrscheinlich eine des Wassers. Durch Verschmelzung mit der altkleinasiatischen Muttergöttin einerseits und mit der namentlich in Mesopotamien hochverehrten Kriegs-, Fruchtbarkeits- und Liebesgöttin Ischtar (oder Nannai) andererseits, wurde Anahita auch den Bewohnern des Vorderen Orients ein Begriff. Ihr Kult scheint sich dann vornehmlich in parthischer (arsakidischer) Zeit großer Beliebtheit erfreut zu haben. Aus dieser Periode stammen Tausende von kleinen Terrakotta und Alabasterstatuetten, die Anahita, meistens unbekleidet und ihre Brüste haltend oder auf der Seite liegend, darstellen. Von einer Feuerverehrung weiß Herodot nichts. Er berichtet aber, daß die Perser ihre Toten, nachdem diese mit Wachs überzogen hatten, in der Erde begruben.

Die achämenidischen Fürsten erkannten Ahuramazda als höchste Gottheit an, einen lichten Himmelsgott, der über Wahrheit und Rechtlichkeit wachte, und durch dessen

Gnade und nach dessen Gebot die Achämeniden auf Erden herrschten. Die Existenz anderer Götter neben ihm wird in der Inschrift von Behistun ausdrücklich betont. Ob mit diesen anderen Göttern altarische Stammesgottheiten, die höchstwahrscheinlich Teilfunktionen Ahuramazdas darstellten, gemeint sind oder altorientalische Götter, mit denen die Indoiranier in Kontakt gekommen waren, bleibt unsicher. Jedenfalls zollten Kyros und Dareios den orientalischen Gottheiten alle Ehrerbietung, was allerdings ganz gewiß auch auf politische Klugheit zurückzuführen sein dürfte. Von Xerxes I., Dareios' Sohn, ist uns eine Inschrift erhalten geblieben, aus welcher hervorgeht, daß er mit der Toleranz nicht-indoiranischen Göttern gegenüber brach, was auch durch die Zerstörung des Haupttempels von Babylon, Esagila, und die Einschmelzung der Mardukstatue nach der Revolte dieser Stadt bewiesen erscheint. Artaxerxes II. nannte zusammen mit Ahuramazda auch noch Mithra und Anahita, und dieser Göttin soll er sogar Tempel und Statuen in verschiedenen Städten seines Reiches errichtet haben.

Auf den Grabreliefs der Achämeniden sehen wir, daß die Großkönige Ahuramazda vor einem Altar mit lohender Flamme huldigten und anscheinend auch noch einer anderen Gottheit, deren Symbol die in einen Halbmond gesetzte Scheibe war. Sie brachten ihrem Gott blutige Opfer in Form von Tieren dar, sogar Menschen wurden geopfert, was den Vorschriften Zoroasters widersprach. Ihre Toten wurden wohl einbalsamiert und in Felsgräbern, in mit schweren Steinplatten verschlossenen Loculi, bestattet.

Zahlreiche in die Felsen um Persepolis eingeschlagene Gräber lassen vermuten, daß zum mindesten auch die am Hofe weilenden und höhere Ämter bekleidenden Perser und Meder ihre Verstorbenen auf die gleiche Art beisetzten. Nur Kyros ließ sich in einer eigens für ihn errichteten Grabkammer bestatten.

Die dritte Religion war den schon mehrmals genannten Magiern aus medischem Stamm zu eigen. Den Texten Herodots kann entnommen werden, daß offenbar ausschließlich die Magier berechtigt waren, als Priester bei königlichen Opferhandlungen wie auch bei solchen des Volkes zu fungieren. Ihre einflußreiche Stellung am Hof der Mederkönige und an dem des Kambyses wurde bereits hervorgehoben. In der nächsten Umgebung des großen Dareios waren sie ebenfalls zu finden; so erscheint auf den beiden Reliefs der Schatzkammer unmittelbar hinter dem Kronprinzen Xerxes ein Magier in der charakteristischen Tracht. Im übrigen aber ist ihr Einfluß während der achämenidischen Periode eher zu ahnen denn zu greifen.

Aus Herodots Bericht ist zu schließen, daß dem Glauben der Magier etwas Geheimnisvolles angehaftet haben muß. Etwas, was aber bei Herodot erwähnt wird, ist, daß sie ihre Toten den Vögeln und Hunden zum Fraß aussetzten, um später die Knochen aufzusammeln und in Ostotheken beizusetzen. Unfern des Ortes, wo die Burg des Magiers Gaumata, Sikayauvatisch, vermutet wird, wurde eine Reihe von in den Felsen eingeschlagenen Nischen entdeckt. Eine dieser Nischen ist mit dem Reliefbild eines Mannes in persischer Hoftracht geschmückt, der in Anbetung vor zwei Altären verharrt, während hinter diesen Altären eine andere kleinere Figur als Priester dargestellt ist.

Die Religion der Magier war engstens mit dem Feuerkult verbunden. In späteren Zeiten wird dieser Glaube besonders im westlichen Kleinasien und zwar offenbar durch Synkretismus, mit einem nämlichen Feuerkult der dort heimischen Muttergöttin, eine außergewöhnliche Form und Bedeutung erlangen. Wenn unsere Kenntnisse hinsichtlich der religiösen Verhältnisse der Iranier unter den achämenidischen Fürsten auch recht unzureichend sind, so scheint aber dennoch festzustehen, daß die Lehre des Zoroaster in damaliger Zeit weder Zutritt bei den Herrschern noch beim Volk oder bei den Magiern gefunden hatte.

Zoroaster hatte zu jener Zeit vermutlich schon seine Reformation durchgeführt, je-

Persepolis. Diener mit Geschenken

Oxus-Schatz. Goldblech mit der Darstellung eines Meders

Hundestatue aus Persepolis

Bronzegewicht aus Abydos

Persepolis. Relief mit sitzender Sphinx

doch im Osten des iranischen Hochlandes, aus dem bislang kaum archäologische Funde vorliegen. Somit sind auch Heimat und Daten Zoroasters noch völlig unbekannt. Alle diesbezüglichen Nachrichten stammen aus einer viel späteren Periode, zu welcher seine Lehre – wenngleich in einer ihr vollkommen zuwiderlaufenden intoleranten Form – durch die Magier bereits zum Staatskult erhoben worden war, wovon noch die Rede sein wird.

Das Zusammentreffen der beiden indoiranischen Gruppen des Westens, der Meder und Perser, mit ihren Stammesgenossen im Osten, den seinerzeit direkt nach Süden abgewanderten Stämmen, wurde von großer Bedeutung für die religiöse Entwicklung Irans, die mit der Eroberung Ost- und Nordirans durch Kyros d. Gr. ihren Anfang nahm. „In Zentralasien hatten sich altarische Religion und altarische Lebensformen in ihrer ursprünglichen Reinheit erhalten. Die Religion, von einer stark entwickelten Hierarchie getragen, beherrschte in ganz anderer Weise als im Westen das Leben der Stämme, die noch in Klanfürstentümer zersplittert waren, und hatte sogar durch einen Propheten, Spitama Zarathustra, eine tiefgehende Entwicklung durchgemacht, die zwar ältere Religionsformen nicht verdrängt hatte, aber einen bedeutsamen neuen Ansatz bezeichnete. Durch die Berührung mit dieser altarischen Welt (zu der auch Ost- und Nordostiran gehören), die abseits von den politischen Wirren Vorderasiens ihr eigenes Leben geführt hatte, empfingen die Westarier (die Perser und Meder) kräftige religiöse Antriebe, die sich allmählich auswirken und der Religionsgeschichte Irans ihr Gepräge aufdrücken sollten." *(H. S. Nyberg)*

Da sie sich vielleicht auf diesem Wege einen Machtzuwachs versprachen, mögen die Magier Astyages vorsätzlich zur Übernahme altorientalischer despotischer Bräuche bewogen haben, die ihn naturgemäß seinen indoiranischen Feudalherren entfremden mußten; Herodot bezeugt, daß die Magier als Traumdeuter an Astyages' Hof von großem Einfluß waren. Möglicherweise haben sie etwas Ähnliches auch unter Kambyses versucht. Ihre damals schon zutage tretende Intoleranz zeigt sich in der Zerstörung der „Tempel", die Dareios dann wieder aufrichten ließ. Xerxes' Vorgehen in Babylon und sein schon erwähnter Erlaß gegen den Daiva-Kult sprechen dafür, daß er keineswegs die starke Persönlichkeit seines Vaters geerbt hatte. Wenn nicht alles täuscht, so ist auch er es gewesen, der sich mittels eines strengen Zeremoniells als Großkönig zum unnahbaren orientalischen Despoten aufwarf. Auf diese Weise mußte um den König eine verlogen-ergebene Hofkamarilla entstehen, die jeden direkten Kontakt zwischen Herrscher und Feudalität unterband. Der König jagte und ritt nicht mehr mit seinesgleichen wie früher seine Vorfahren; und er zog in den Krieg auf einem Wagen, gleich einem iranischen Sonnengott, und leitete (in Übereinstimmung mit einer gewissen indoiranischen Tradition) die Schlacht von einem sicheren Platz aus, ohne sich persönlich einzusetzen. Für das unheimlich-geheimnisvolle Wirken der Magier war die unsaubere, von Bestechung und Mord durchtränkte Palastatmosphäre ein äußerst günstiger Boden.

Diese Zustände hätten das Reich gewiß schon lange vor dem Ansturm Alexanders d. Gr. zum Untergang geführt, wenn es nicht durch den von Dareios I. geschaffenen Verwaltungsapparat zusammengehalten worden wäre und wenn nicht letzten Endes die ostiranischen Feudalherren mit ihrer Gefolgschaft doch immer wieder zu den Nachfolgern jenes Mannes gestanden hätten, der „als Krieger ein guter Krieger, als Reiter ein guter Reiter, als Schütze ein guter Schütze und als Lanzenwerfer ein guter Lanzenwerfer war, zu Fuß wie zu Roß."

Es bleiben noch die wenigen archäologischen Denkmäler anderer Art zu betrachten, denen in achämenidischer Zeit kultische Bedeutung zugekommen war. Die beiden bis jetzt nachweisbaren Kultplätze – der eine auf dem Gipfel des Felsens von Behistun und der andere im heiligen Bezirk von Pasargadai – entsprechen vollkommen der Beschreibung von Herodot. Eine ähnliche Kultstätte bei Naqsch-i-Rustam ist zwar nicht nachgewiesen, aber durchaus denkbar. Die Ausgrabungen dort haben ergeben, daß der Raum vor den Grabfassaden der Großkönige ummauert gewesen war. Bislang fehlt aber noch jede Andeutung, daß bei der Palastterrasse von Persepolis ein Kultplatz bestanden hätte. Sollte vielleicht die auf der Fassade von Naqsch-i-Rustam vorhandene Darstellung tatsächlich eine auf dem flachen Dach der „Apadana" sich vollziehende heilige Handlung wiedergeben? Technisch unmöglich wäre dies nicht gewesen, da innerhalb der vier Eckräume beiderseits der Mittelhalle Treppenanlagen nachgewiesen wurden, die gut zum Dach hätten führen können.

An Feueraltären, die mit Sicherheit der achämenidischen Periode zugehören, sind die zwei bei Pasargadai erwähnten Altäre bekannt. Ein weiteres Paar ist bei Naqsch-i-Rustam aus dem Felsen herausgeschlagen; seine Zugehörigkeit zur achämenidischen Epoche ist allerdings noch ungesichert. Ein kleiner, tragbarer Feueraltar wurde in Kleinasien unfern von Kaisareia Mazaka entdeckt, am Fuße des nunmehr erloschenen Vulkans Argaios. Die an den vier Seiten des Altars befindlichen Reliefs, die einen Magier in typisch medischer Tracht mit Barsombündel und Haomaschale darstellen, gehören auf Grund ihres Stils in die Achämenidenzeit.

Eine von Herodot beschriebene Opferszene gibt ein Relief wieder, das von griechischen Künstlern angefertigt sein muß.

Rätselhaft aber bleiben die beiden schon mehrfach erwähnten turmartigen Gebäude bei Pasargadai und Naqsch-i-Rustam, zu denen noch ein drittes bei Nurabad hinzukommt. Die frühere Annahme, daß es sich bei ihnen um Grabbauten handele, ist wohl kaum länger aufrechtzuerhalten. Höchstwahrscheinlich sind es Feuertempel gewesen, d. h. Aufbewahrungsplätze des heiligen Feuers. Ebenso unsicher, wie ihre wirkliche Funktion, ist auch der Zeitpunkt ihrer Anlage. Sie dürften aber zumindest schon in arsakidischer Zeit bestanden haben, was gewisse Münzen von Fürsten der Persis aus dem 3. Jahrhundert v. Chr. anzuzeigen scheinen, da sie auf der Rückseite diese Türme, offenbar mit drei Feueraltären auf ihren Zinnen, sehen lassen. Bei diesen Bauten spricht die altertümliche Form, die sicherlich auf urartäische Haustypen zurückgeht, für ihre Errichtung während achämenidischer Zeit. Der „Turm" von Nurabad ist hingegen jüngeren Datums und gehört wohl in die arsakidische Periode.

Das größte von Dareios hinterlassene Monument ist seine Palaststadt *Persepolis*, das Wahrzeichen seines Reiches. Ähnlich wie Pasargadai liegt auch Persepolis inmitten einer weiten Ebene, angelehnt an eine felsige Erhebung, deren heutiger Name eine seit Urzeiten heilige Stätte vermuten läßt: Kuh-i-Rahmat, der „Berg des Erbarmens" oder „der Gnade". Und wie bei Pasargadai liegen auch hier unweit der Palastterrasse die Überreste zweier alter Dörfchen aus vorgeschichtlicher Zeit, heute Tall-i-Bakun genannt. Über den Felsenkamm verläuft eine starke Festungsmauer, die, nach einer Seite absteigend, die Terrasse mit umfaßt. Teils durch Abarbeitung des Felsenbodens, teils durch Anschüttung einer Terrasse, die von einer aus gewaltigen Steinblöcken sorgfältig gefügten Stützmauer umgeben ist, hat man für die eigentlichen Bauten einen mächtigen Sockel geschaffen mit einem Zugang: einer breiten, doppelseitigen Treppe, auf deren Läufern bequem hinaufzureiten war; sie führte zu dem einstmals in die hohe Lehmziegelmauer eingelassenen monumentalen Portal. Ein wohldurchdachtes Kanalisationssystem war hier angelegt, und die Versorgung mit Frischwasser wurde durch eine auf halber Höhe tief in den Felsen eingeschlagene Zisterne geregelt, zu welcher zwei Treppenfluchten hinabführten. Die aufgefundenen Gründungsurkunden, goldene und silberne Tafeln mit Keilinschriften in steinernen Behältern, lassen ebenso wie die an den Gebäuden angebrachten Texte erkennen, daß zu Lebzeiten von Dareios außer seinem Palast, seinem Harem und dem Schatzhaus lediglich noch die „Apadana" sowie die an sie anschließende „Ratshalle" in Bau genommen worden waren, von denen aber die „Apadana" erst unter Xerxes I. beendet wurde. Abgesehen von seinem eigenen Wohnpalast und den großen Umbauten des Harems und des Schatzhauses, hat Xerxes dann auch das vermutlich im ursprünglichen Plan vorgesehene gewaltige Hauptportal und ebenfalls den „Hundertsäulensaal", den Versammlungsraum der königlichen Garden, errichten lassen. Ein weiteres riesiges Portal, das vom Haupttor, nach einer Wendung im rechten Winkel, in den vor dem „Hundertsäulensaal" gelegenen Ehrenhof führte, ist niemals vollendet worden.

Die Grundformen der einzelnen Gebäude wie auch die Einzelheiten der Ausschmückung lagen in ihren Elementen zwar schon in den Anlagen von Pasargadai vor, waren dort aber nur locker aneinandergefügt – gleich dem Reich des Kyros. In Persepolis dagegen ist eine aus den verschiedenen Kunstformen des Reiches geschöpfte, künstlerische Einheit entstanden. Der mächtige Quaderbau der Terrassenanlage und die in den Felsen eingeschlagene Zisterne gehen auf urartäische Vorbilder zurück. Das monumentale Tor mit seinen riesigen Wächtern an den Torwangen ist assyrischen Portalen nachgebildet, und auch die Stirnwände der Freitreppen und der Hauptfassaden sind nach assyrischem Muster ausgeschmückt worden. Die „Apadana", die Versammlungshalle der Garden, und die Wohnhäuser sind dagegen, so wie in Pasargadai, in Stein umgesetzte Zelte eines Steppenfürsten, mit dem einzigen Unterschied, daß sie hier quadratisch sind. Ägyptischer Kunst wurden die Türstürze entlehnt, und bei der Verzierung der Basen und Kapitele sind unter anderen ägyptische Lotusornamente verwendet worden.

Bei den Reliefs und bei den mächtigen Torwächtern sind die assyrischen Vorbilder, vor allem die von Khorsabad, ganz offensichtlich. Interessant ist auch ein Vergleich der die Treppen hinaufsteigenden Personen oder der auf ihnen postierten Garden mit den Andächtigen, die auf den Stufen des alten elamischen Felsreliefs von Kurangun erscheinen. Die einstmals das Gebälk zierenden Bilder aus buntglasierten Ziegeln waren seit alters her in der Kunst Babylons üblich. Obwohl sich der phantasievolle griechische Stil orientalischem Formalismus beugen mußte, zeigt sich die Hand griechischer Künstler dennoch in der lebensnahen Rundung auf den Reliefs. Von der tatsächlichen Mitwirkung der Griechen erfahren wir aber nicht nur aus der Baurkunde des Palastes in Susa und den Persepolistafeln, sondern sie wird auch ersichtlich aus einer Ritzzeichnung zweier Köpfe, wie sie nur ein griechischer Künstler hatte ausführen können. Es mag in einer Ruhepause unter der glühenden Sonne von Persepolis gewesen sein, als dieser Grieche rasch das Bild von Kameraden auf den Schuh des einen Königsreliefs, ehe er rot übermalt wurde, hinstrichelte.

Die Planung der Bauten bildet, wie schon gesagt, in ihrer Großartigkeit ein einheitliches Ganzes und bringt, zusammen mit der Auswahl der Motive für den bildlichen Schmuck, Geist und Eigenart des Dareios zum Ausdruck. Er wählte im Gegensatz zu den assyrischen Reliefs für die bildliche Ausschmückung hier, wie auch für die der Grabfassade in Naqsch-i-Rustam, keine sich nur auf eine Einzelperson beziehenden historischen Vorwürfe, sondern zeitlose und die Macht des Reiches symbolisierende, was durch die Darstellung sich ständig wiederholender offizieller Handlungen ausgeprägt wird: Der Neujahrsempfang, die Vielzahl der beherrschten Völker aufzeigt; die persisch-medische Feudalität und die Armee als Grundstützen der Herrschaft; die Rechtmäßigkeit der

Regentschaft durch die Belehnung von Ahuramazda und der Sieg der lichten Macht durch den das Untier tötenden Großkönig. Dareios hat seine Königsstadt nicht mehr fertig bauen können, einiges hat Xerxes I. weitergeführt. Auch Artaxerxes I. und III. haben später hier gebaut, ohne jedoch künstlerisch etwas Neues zu schaffen.

Umgeben von seinen engsten Verwandten und in nächster Nähe seiner militärischen Gefolgschaft, wollte Dareios hier in Persepolis leben, wo sich die ebene Landschaft, genau wie in Pasargadai, vorzüglich zum Reiten, Jagen und Kampfspiel eignete. Die Gebäude sind ihrem Zwecke nach durch eine Zwischenmauer in zwei Komplexe geteilt, mit gesondertem Zugang vom Hauptportal, und untereinander nur durch zwei korridorähnliche Pforten verbunden. Der eine Komplex umfaßt die repräsentative Thronhalle, die „Apadana", und unmittelbar neben ihr ein kleineres Gebäude, das wohl als Versammlungsort des Adelsrates diente, und daran anschließend das eigentliche Palastviertel. Hier standen Dareios' Wohnpalast und Harem; außerdem hatte er genügend freien Raum gelassen, damit sich auch die übrigen Mitglieder seiner Familie ihre Paläste errichten konnten. Es entstanden hier dann nacheinander die Paläste Xerxes' I. und mindestens noch drei weitere, die aber bis jetzt keinem Fürsten dieser Dynastie namentlich zugewiesen werden können. An den Harem schließt das Schatzhaus an, das einen bzw. zwei Umbauten erkennen läßt. Von diesem Komplex führen, wie oben erwähnt, zwei kleine Zugänge in den anderen Gebäudekomplex, der den königlichen Garden, den „Unsterblichen", vorbehalten war. Hier erhebt sich, ungefähr auf gleicher Höhe mit der „Apadana", der „Hundertsäulensaal". Die Magazine und die Wohnquartiere der Truppe lagen entweder innerhalb der kasemattierten Festungsmauer oder in dem langen, am Felshang angelegten Trakt.

Weder für die Planung noch für die Ausführung gibt es im Vorderen Orient eine Parallele, obwohl es dort wahrlich nicht an gewaltigen Anlagen fehlt. Infolgedessen kann der Architekt, der die Anlage nach den Wünschen des Königs entwarf, auch kaum aus einem Land des Alten Orients gestammt haben. Man möchte glauben, daß sich hier der Geist eines ostgriechischen Baumeisters erkennen läßt, der mit den ihm zur Verfügung gestellten unerschöpflichen Mitteln den Wunschtraum des Großkönigs verwirklichen konnte. Nicht nur in der Gesamtplanung, den Grundrissen der Hauptgebäude, den schlanken Säulen mit ihren Tierprotomkapitellen scheint der entwerfende Künstler den Ideen seines Auftraggebers gefolgt zu sein, sondern er hat obendrein auch die persische Vorliebe für Metallarbeit erfaßt und demzufolge den imposanten Reliefstil von Persepolis genial schaffen können. Die Einzelheiten der Figuren erinnern eher an getriebenes und zieliertes Metall, als an Stein- oder Tonskulpturen.

Die „Apadana" erhebt sich über großen, reliefgeschmückten Freitreppen, auf denen Vertreter der Spalier bildenden königlichen Garde mit Wagen und Vorspannpferden des Königs vor diesem am Neujahrsfest vorbeidefilieren. Das Fest ist symbolisch durch ein astrologisches Zeichen (ein Löwe, der einen Stier schlägt) versinnbildlicht. Alsdann folgt die Generalität: die persischen und medischen Feudalen nähern sich, ungezwungen miteinander sprechend, als „Verwandte des Großkönigs". Nach ihnen kommen die Völker des Reiches mit Geschenken, von denen einige im Original im Schatzhaus von Persepolis und unter dem später am fernen Oxus vergrabenen Schatz wiedergefunden worden sind. Die Darstellung dieser zumeist bewaffneten Deputationen, eine jede von einem persischen oder medischen Feudalen angeführt, zeugt für die Wahrheit des sogenannten Heereskatalogs bei Herodot.

Wiederum durch ein Gardespalier hindurch steigen die persischen und medischen Feudalherren auch zur „Ratshalle" empor, wo sie der von zwei Dienern begleitete König empfängt. Die Reliefs in den Leibungen des Osteingangs zeigen den König auf dem von den Völkern seines Reiches getragenen Thron; hinter ihm steht sein Sohn und zukünftiger Nachfolger, Xerxes. Über die hintere Treppe bringen Diener dem König Geschenke zur Verteilung an die Großen.

Der Eingang zum Saal der „Hundert Säulen" ist von zwei Wachlokalen mit riesigen Stieren flankiert, an ihren Türen stehen je ein Gardesoldat und hinter ihm ein wachhabender Offizier. An den Haupteingängen erscheint der König einmal auf dem Völkerthron und einmal inmitten seiner Garden. Auch die Wohnpaläste sind von Gardetruppen umgeben, und Diener mit Gaben steigen die Treppe hinauf. Im Palast des Dareios tritt der König, abermals von zwei Dienern begleitet, dem Besucher entgegen. In dem des Xerxes sind dies zwei Eunuchen, und unter den Dienern befinden sich Magier. Bei Artaxerxes III., dessen Palast selbst nicht mehr mit Sicherheit festzustellen ist, wohingegen seine Skulpturen aber mit anderen Spolien beim Bau eines neuen, vermutlich nach-achämenidischen Palastes verwendet wurden, treten außerdem noch einige Tributbringer auf, wie ja auch an der „Apadana" des Dareios.

Im Harem finden sich lediglich Reliefs mit der Darstellung des Königs in Begleitung von Dienern. Zwei Reliefs wurden im Schatzhaus gefunden und zeigen den thronenden König, hinter ihm den Thronfolger und einen Magier, beim Empfang eines hohen Würdenträgers in medischer Tracht. Die ganze Szene ist unter einem Baldachin dargestellt. Die zweimal aufgebaute Schatzkammer war offenbar nicht nur ein Stapelplatz für alle Geschenke und alles Gold, sondern sie scheint auch regelrechte Ausstellungshallen für Besucher gehabt zu haben – ähnlich dem Grünen Gewölbe in Dresden.

Die große Bedeutung der Armee im Dareios-Reich geht nicht nur aus den Reliefs hervor, sondern auch die weitläufigen Anlagen zur Unterbringung der Garnisonen sprechen dafür. Wie schon vorhin gesagt, ist aus schriftlichen Quellen nur sehr wenig über ihre Organisation zu erfahren. Einige Aufschlüsse vermitteln immerhin die Reliefs von Persepolis; in der Bauinschrift von dort heißt es:

„Es spricht der König Dareios: Wenn Du denkst, vor keinem Feinde will ich mich fürchten, so schütze dieses persische Heer. Wenn das persische Heer geschützt ist, so wird für lange Zeit die Segensfülle ungestört sein; durch Ahuramazda wird sie herabkommen auf dieses Haus."

Das eigentliche, also stehende Heer setzte sich allem Anschein nach lediglich aus dem Korps der Zehntausend zusammen, von denen eine Truppe mit tausend Mann als Leibgarde bezeichnet und in ihren verschiedenen, dem jeweiligen Dienst angepaßten Uniformen unterschieden werden kann. Im Innendienst des Palastes erscheinen sie bei der Parade am Neujahrsfest auf der „Apadana" und auf dem Fries aus buntglasierten Ziegeln des Palastes von Susa. Die Uniform im Außendienst zeigen die Spalier bildenden Garden, und sie ist von der zuerst genannten Uniform lediglich durch die Kopfbedeckung verschieden. Sonst besteht sie aus demselben langen und reichverzierten Gewand, mit umgehängtem Köcher und Bogen sowie Lanze, deren Schuh ein goldener oder silberner Granatapfel ist. Außer den Bogenschützen gab es noch eine schildbewehrte Truppe mit Lanzen. Ihre Waffen waren, wie durch Magazinfunde am Terrassenrand erwiesen ist, genormt. Befremdlich berührt es zuerst, daß auf den Reliefs von Persepolis die berühmte persische Reiterei zu fehlen scheint – aber auch sie ist vorhanden, freilich abgesessen. Es sind dies die in medischer Tracht dargestellten Gardisten in kurzem Leibbrock, Hosen und Stiefeln. Sie sind mit der Lanze und dem seitlich getragenen, kombinierten Bogen-

und Köcherfutteral (Gorythes) wie auch mit dem für alle indoiranischen Reiter typischen Kurzschwert (Akinakes) ausgerüstet.

Zu diesen Gardetruppen gehörten auch Abteilungen der leichten, nur mit dem zusammengesetzten Bogen, dem Akinakes sowie einer Streitaxt und Speeren ausgerüsteten Reiterei, die sich aus ostiranischen Stämmen rekrutierte.

In späterer Zeit waren der stehenden Truppe vor allem auch noch die schwerbewaffneten griechischen Söldner zuzurechnen. Es ist einigermaßen verwunderlich, daß die Perser als militärisch hervorragend begabtes Volk niemals dazu übergegangen sind, sich eine eigene schwere Infanterie zu schaffen, sondern bis zum Ende statt dessen Griechen einsetzten. Ein Papyrusfund aus Elephantine am Nil besagt, daß die Perser gelegentlich auch Einheimische unter persischen Offizieren anmusterten. Diese Soldaten konnten in beschränktem Maß ihrem Zivilberuf nachgehen.

Im Kriegsfall hatten die verschiedenen Völker des Reiches Aufgebote mit ihren nationalen Waffen zu stellen, die – in Korps zusammengefaßt – persischen oder medischen Generälen unterstanden. In solchen Kriegszeiten trat dann auch die Feudalität als berittene Leibgarde des Königs auf.

Über die Gliederung ist nahezu gar nichts bekannt geworden. Die wichtigste und zugleich auch höchste Charge war anscheinend die des Hazarapeten. Dieser hohe Offizier vereinigte in seiner Person die Stellung eines Generalstabschefs sowie die eines Oberstkommandierenden des Gardekorps mit der eines Premierministers, da er ebenfalls für den gesamten Verwaltungsapparat und für das Schatzhaus verantwortlich war. Für die Tätigkeit des Hazarapeten als Verwaltungsbeamter ist auch der Fund mehrerer tausend Keilschrifttabletten, die sich auf den Palastbau von Persepolis beziehen, im dortigen Truppenquartier bezeichnend. Bereits unter Xerxes war der Inhaber dieser Würde zum mächtigsten Mann im Reiche, den König nicht ausgenommen, geworden. In besonderen Fällen wurden Verwandte des Königs oder hochgestellte Feudale zu Oberkommandierenden der Aufgebote mehrerer Satrapien ernannt. Weiterhin ist wohl anzunehmen, daß die Truppen in Tausend-, Hundert- und Zehnerschaften eingeteilt waren.

Ein genaues Studium der mit großer Sorgfalt ausgeführten Persepolisgarden, und insbesondere eine eingehende Untersuchung der Reliefs der Adelshalle werden sicherlich einmal auch zur Feststellung der verschiedenen Chargen führen. Schon eine flüchtige Betrachtung läßt unter den Gruppen der Feudalherren wesentliche Unterschiede deutlich werden. So geben anscheinend schmälere oder breitere Halsringe verschiedene Rangstufen an; einzelne Gruppen scheinen aus einem General und ihm unterstellten Unterführern sowie aus einem oder zwei Adjutanten zu bestehen, wobei die letzten immer beritten gewesen waren, wie es der von ihnen getragene Bogenköcher, eine Reiterwaffe, beweist. Die persischen Offiziere, in der leichten elamischen Tracht, tragen stets einen vorn in den Gürtel gesteckten Dolch; außer den Adjutanten tragen auch einige höhere Offiziere das Gorythes. Bei den medischen Feudalen scheint sich ein Rangunterschied auch durch das Tragen zweier verschiedener, über die Schultern gelegter und langärmeliger Mäntel auszuprägen. Offiziere haben allem Anschein nach keine Schilde getragen.

Der von Dareios geprägte Baustil tritt aber nur bei den Königsbauten auf, während in den zahlreichen Ländern seines Reiches die jeweiligen einheimischen Bauweisen beibehalten wurden. Abgesehen von Persepolis und Susa ist über die Bautätigkeit des Dareios und seiner Nachfolger jedoch nur sehr wenig bekannt geworden. Bei der Errichtung des Palastes von Susa wurde offensichtlich mancherlei von neubabylonischen Formen übernommen, die dem Zweck dieser für einen administrativen Betrieb bestimmten Anlage auch besser entsprachen. Der Bauerlaß sagt:

Achämenidischer
Siegelabdruck

Achämenidische Münzen

Ritzzeichnung aus Persepolis

Gefäßhenkel aus teilweise vergoldeter Bronze

Achämenidische Silberdose

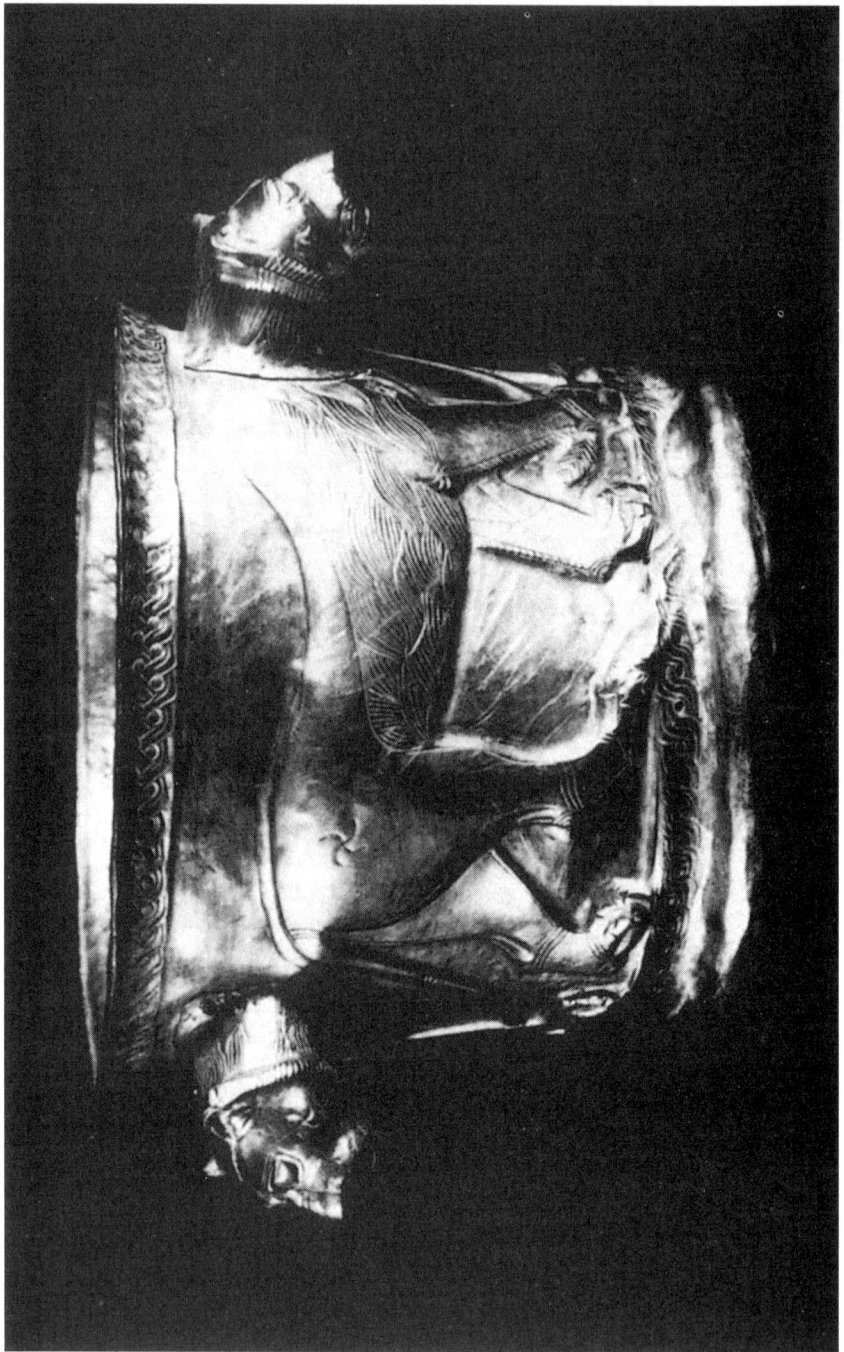

Vorachämenidischer Goldbecher

„Ein großer Gott ist Ahuramazda, der diese Erde schuf, der jenen Himmel schuf, der den Menschen schuf, der den Frieden schuf für die Menschen, der Dareios zum König gemacht hat, einen zum König von vielen, einen zum Gebieter von vielen. Ich, Dareios, der große König, der König der Könige, der König der Länder, der König auf dieser Erde, des Hystaspes Sohn, der Achämenide. Spricht Dareios der König: Ahuramazda, der der größte der Götter, er hat mich geschaffen, er hat mich zum König gemacht, er hat mir dieses Reich verliehen, das groß ist, das gute Rosse, gute Menschen hat. Durch Ahuramazdas Gnade waren Hystaspes mein Vater und Arsama mein Großvater, diese beiden noch am Leben, als Ahuramazda mich zum König machte auf dieser Erde. Ahuramazda, (so) wie es sein Wille war, hat auf dieser ganzen Erde unter den Menschen mich sich erwählt, mich zum König gemacht auf dieser Erde. Ich habe Ahuramazda verehrt, Ahuramazda hat mir Beistand gebracht. Was er mir befahl zu tun, ist von mir als zu vergeltendes, frommes Werk getan. Was von mir getan ist, das habe ich alles durch Ahuramazdas Gnade getan. Dieser Palast, den ich in Susa gebaut habe, sein Kalkstein ist von weit her gebracht worden ..., die Erde ist ausgegraben worden, bis ich den gewachsenen Boden erreicht hatte. Als die Fundamentgräben da waren, da ist Kies geschüttet worden, an einigen Stellen bis 40 Pferdehöhen hoch, an anderen bis 20 Pferdehöhen hoch; auf diesem Kies ist der Palast errichtet worden. Und was an Erde ausgegraben worden und was an Kies geschüttet worden und was an Ziegeln gestrichen worden ist, das hat das Volk der Babylonier gemacht. – Zedern, pinienartig, von einem Berge namens Libanon, von jenem sind sie gebracht worden; das Volk der Assyrer (Syrer), sie brachten sie bis Babylon, von Babylon brachten sie Karer und Ionier bis Susa. – Yaka(-holz) ist aus Gandara gebracht worden und aus Kirman. – Gold ist aus Sardes gebracht worden und aus Baktrien, das (hier) verarbeitet worden ist. – Lapislazuli und Karneol, die hier verarbeitet sind, sind aus Sogdiana gebracht worden. – Türkis, der ist aus Chorasmia gebracht worden, der hier verarbeitet ist. – Silber und Kupfer sind aus Ägypten gebracht worden. – Der Kalkstein, mit dem das Mauerwerk gebaut ist, der ist aus Ionien gebracht worden. – Elfenbein, das hier verarbeitet ist, ist aus Kusch und aus Sind und aus Arachosien gebracht worden. – Die steinernen Säulen, die hier verarbeitet sind, aus einer Burg namens Abiradus in Chuza, von dorther sind sie gebracht worden. – Die Steinmetzen, die die Steine bearbeitet haben, das sind Ionier und Sarder. – Die Goldschmiede, die das Gold bearbeitet haben, das sind Meder und Ägypter. – Die Leute, welche die Terrase gebaut haben, das sind Sarder und Ägypter. – Die Leute, die die Backsteine gemacht haben, das sind Babylonier und I ...; und endlich das Mauerwerk, das sind Meder und Ägypter. Spricht Dareios der König: (dies ist) was in Susa als Strahlendes gestaltet ist, großes und weit sich dehnendes. Mich soll Ahuramazda schützen und (mein Haus) und meinen Vater und mein Land."

Artaxerxes II. oder III. hat hier ebenfalls eine „Apadana" errichten lassen. Ein Tempel des Dareios, in der Oase von Kharga, lehnt sich eng an ägyptische Vorbilder an. Einen anderen Dareios-Bau erwähnt Xerxes in einer dreisprachigen Felsinschrift auf dem Burgfelsen von Van, die sich aber möglicherweise auf eine Festung beziehen kann. Die einzigen übrigen an den achämenidischen Reichsstil anklingenden Denkmäler sind einmal ein Tierprotomkapitell (vermutlich eines Jagdpavillons) aus Sidon, und zum anderen ein der Grabstätte von Dah-i-Dukhtar ähnelndes Felsgrab eines iranischen Feudalen bei Kangal im östlichen Kleinasien.

Von ausgesprochener Schönheit sind auch die Werke der Kleinkunst aus achämenidischer Zeit. Es sind überwiegend aus Gold und Silber gearbeitete Stücke. In Ornamentik und Form neigen sie oft der urartäischen und mannäischen angewandten Kunst zu, wie jene aus dem Schatz von Ziwye bekannt geworden ist; andererseits gehen sie natürlich auch auf die aus dem skythischen Bereich überlieferten Metallarbeiten zurück. Diese achämenidische Kleinkunst hat die Kunstrichtung des ganzen Steppengürtels nachhaltig beeinflußt. Eindeutig auf achämenidische Motive zurückzuführende Darstellungen lassen sich weit bis in das letzte vorchristliche Jahrhundert hinein finden, und zwar von der Schwarzmeerküste im Westen bis zum Gelben Fluß im Osten, und im Norden im Altaigebiet sowie in Ostsibirien.

Nach seiner Rückkehr vom Feldzug gegen die westlichen Skythen im Jahre 512 v. Chr. hatte Dareios ernstliche Unruhen weder innerhalb seines Reiches noch an dessen Grenzen mehr zu fürchten. Der im Jahre 500 v. Chr. ausgebrochene Aufruhr der ionischen Städte an Kleinasiens Westküste, der sich gegen die persische Kontrolle ihrer kommunalen Autonomie richtete, konnte nach anfänglichen Schwierigkeiten 494 v. Chr. niedergeschlagen werden. Die Unterstützung durch die Griechen im Mutterlande, besonders in Athen, veranlaßte Dareios aber, seinen Feldherrn Mardonios, zu dessen Befehlsbereich der europäische Brückenkopf des Reiches in Thrakien gehörte, mit einer bewaffneten Demonstration gegen Hellas zu beordern. Durch den Verlust eines Teiles seiner Kriegsflotte, die am Vorgebirge Athos scheiterte, und infolge einer empfindlichen Schlappe seiner in einen Hinterhalt geratenen Landtruppen, wurde Mardonios daran gehindert, diese Demonstration weiter nach Süden zu tragen; im übrigen blieben diese Mißgeschicke aber ohne schwerwiegende Folgen. In kluger Erkenntnis der sich in Hellas anbahnenden Entwicklung ließ Dareios nunmehr die „Tyrannen" in den griechischen Städten fallen, um statt ihrer die aristokratischen Parteien dort zu unterstützen.

Unter dem Eindruck der teilweise mißglückten Demonstration des Mardonios töteten die Spartaner und Athener persische Gesandte. Diese Tat erforderte nun allerdings ein schärferes Eingreifen und bestimmte Dareios zu einer Strafexpedition unter Datis und Artaphernes. Aber nicht nur, daß diese Expedition ganz unzureichend ausgestattet war, sie zeichnete sich überdies noch durch eine unverständliche Unterschätzung der griechischen Militärkraft aus, was um so merkwürdiger berührt, als die Perser doch im Verlauf des ionischen Aufstandes den schwergerüsteten Hopliten gegenübergestanden hatten. Die Ebenen des westlichen Kleinasiens boten der leichten persischen Reiterei Gelegenheit, sich voll zu entwickeln, hemmten die Gegenseite und ließen die Vorteile der griechischen Bewaffnung nicht zur Entfaltung kommen. In Griechenland aber, unter den völlig anderen topographischen Bedingungen, die den Hopliten die Auswahl taktisch günstigen Geländes boten, waren diese den leicht berittenen Persern weit überlegen. Nachdem sie einmal den persischen Pfeilhagel unterlaufen hatten, erfochten die gut gepanzerten griechischen Bürgersoldaten bei Marathon (490 v. Chr.) einen glänzenden Sieg über die leichtbewaffneten und ungepanzerten Perser, die zu keinem Einsatz stärkerer Kavallerieabteilungen mehr hatten kommen können.

Dieser persische Mißerfolg mußte aus Prestigegründen natürlich wieder ausgeglichen werden. Dareios verfügte also einen Reichsfeldzug unter Mardonios, den er persönlich zu begleiten gedachte. Die Vorbereitungen wurden sogleich in Angriff genommen; bevor sich aber das Heer noch in Marsch setzen konnte, starb Dareios im Jahre 486 v. Chr.

Ihm folgte *Xerxes*, sein Sohn aus der Ehe mit Atossa, auf den Thron. Xerxes hatte dem Vater bereits während der letzten Jahre als Mitregent zur Seite gestanden und war von ihm unter anderem auch mit der Leitung des Baus von Persepolis betraut worden. Gleich zu Beginn seiner Regierung zeigten sich schon jene Schwächen, die schließlich zum Ende des Achämenidenreiches führen sollten. Thronstreitigkeiten brachen aus, der Adelsrat des Reichs jedoch bestätigte Xerxes als Großkönig gemäß der von Dareios ausgesprochenen Designation. Die kurz vor Dareios' Tod in Ägypten und unmittelbar nach seinem Ableben auch in Babylon ausgebrochenen Revolten wurden blutig unterdrückt. Xerxes brach mit der seitens der Achämeniden gegen Babylon geführten Religionspolitik: der Haupttempel des Stadtgottes Marduk wurde dem Erdboden gleichgemacht und seine Statue eingeschmolzen. Es ist zu vermuten, daß Xerxes, der kein starker Charakter war, sich leicht durch seine jeweilige Umgebung beeinflussen ließ. Dareios war dank seiner hervorragenden geistigen Fähigkeiten und kraftvollen Persönlichkeit der selbstverständliche Gebieter seiner Perser und anderen Völker gewesen; Xerxes hingegen mußte sich seine Stellung durch äußere Mittel und unter Ausübung seiner absoluten Gewalt als „König der Könige" nach altorientalischem Vorbild erst erzwingen.

Im Jahre 480 v. Chr. zog Xerxes mit einem Heer über den Hellespont nach Griechenland. Trotz heldenhafter Gegenwehr der griechischen Nachhut unter Leonidas von Sparta erzwangen die Perser durch Verrat den Durchzug durch die Thermopylen, stürmten Athen und äscherten es ein. Damit war der ursprüngliche Zweck des Feldzuges erreicht; Xerxes glaubte jedoch, mit seiner zahlenmäßig überlegenen Flotte das griechische Problem ein für allemal lösen zu können. Von einem gleichsam für ein Schauspiel errichteten Thron mußte er aber ganz im Gegenteil bei Salamis der Vernichtung seiner Schiffe zusehen. Nach diesem Ereignis kehrte er nach Osten zurück und überließ es Mardonios, die Verhältnisse zu regeln.

Mardonios, der die Überlegenheit der griechischen Hopliten in dem bergigen Gelände sehr gut erkannt hatte, marschierte zunächst mit seinen Truppen nach Thrakien zurück und ließ die Griechen vorläufig noch unbehelligt. Im Sommer des Jahres 479 v. Chr. entschloß er sich dann zum Angriff.

In der Ebene von Plataiai lag Mardonios mit seinem Heer, das unverhältnismäßig viele berittene iranische Elitetruppen zählte, den schwerbewaffneten Bürgeraufgeboten gegenüber, unter denen es eigentlich nur eine militärisch wirklich vollwertige Truppe gab, nämlich die der Spartaner. Es gelang Mardonios auch zuerst, die Griechen durch einen geschickten Einsatz seiner leichten Reiterei ständig in Unruhe zu halten und ihre Kampfmoral zu erschüttern. Pausanias, Führer der Spartaner und zugleich griechischer Oberkommandierender, der die Schwäche seiner Verbündeten genau kannte, befahl den Griechen einen Stellungswechsel, d. h. sich an den Hängen der Ebene neu zu formieren. Die nächtliche Umgruppierung vollzog sich unter größter Unordnung, die stellenweise zur Panik ward. Nur die Spartaner erreichten, vom Feinde hart bedrängt, die neue Stellung in voller Ordnung. Im Vertrauen auf seine zahlenmäßige Übermacht ließ Mardonios sich dazu verleiten, durch seine (den Spartanern auf Grund der leichteren Bewaffnung im Nahkampf unterlegene) Infanterie anzugreifen. Nachdem die Spartaner einem prasselnden Pfeilhagel standgehalten hatten, gingen sie, den flachen Abhang hinunterstürmend, zum Gegenangriff über und warfen die persischen Truppen trotz erbitterter Gegenwehr auf die sich hinter den ersten Linien stauenden Reserven des Mardonios. Es entstand eine heillose Verwirrung. Mardonios begriff die Hoffnungslosigkeit einer Neugruppierung und warf sich mit einer Abteilung iranischer Feudalreiterei in den Kampf und fiel. Nun lösten sich die persischen Fußtruppen in wilder Flucht auf, nicht so die persische Reiterei, die sich geordnet zurückzog, wobei sie sogar noch ein verirrtes griechisches Kontingent über den Haufen ritt. Auch die nicht eingesetzt gewesenen persischen Truppen, die teilweise in verschanzten Lagern standen, konnten sich unter dem Schutz der leichten Reiterei nach Norden absetzen. Nach der Niederlage bei Plataiai wurden die Perser nun endgültig aus Griechenland vertrieben. Die persischen Garnisonen in Thrakien wurden eine nach der anderen vernichtet. Nach Vertreibung der persisch-phönikischen Schiffsgeschwader aus dem Ägäischen Meer fielen die griechischen Kolonien an der kleinasiatischen Westküste wie auch auf Cypern vom Großkönig ab. Die Eifersucht der griechischen Stadtstaaten untereinander und ebenso die parteipolitischen Zwistigkeiten in den Städten selbst verschafften aber den Persern bald die Möglichkeit, ihren auf den Schlachtfeldern erlittenen Verlust durch geschicktes Intrigenspiel, unterbaut mit Gold, wettzumachen: hundert Jahre nach der Seeschlacht von Salamis konnte der persische Großkönig den durch den peloponnesischen Krieg entkräfteten griechischen Staaten seinen Frieden diktieren, den sogenannten Königsfrieden des Ant(i)alkidas im Jahre 386 v. Chr.

Von der Außenwelt durch eine undurchlässige Kamarilla ehrgeiziger Höflinge, Priester und Eunuchen abgeschnitten, war Xerxes in Kürze völlig in Haremsintrigen verstrickt. Einer solchen fiel er dann im Jahre 465 v. Chr. zum Opfer; in seinem Schlafgemach wurde er durch seinen Hazarapeten ermordet. Sein Sohn und Nachfolger *Dareios* hatte nur 45 Tage auf dem Thron gesessen, als auch er von derselben Clique umgebracht wurde.

Ihm folgte sein jüngerer Bruder, *Artaxerxes I.*, der gleich zu Beginn seiner Thronfolge einen anderen Bruder, der in Baktrien als Satrap herrschte und Ansprüche auf den Thron geltend machte, niederzukämpfen hatte. Weit gefährlicher war indessen eine abermalige Revolte in Ägypten, die nur unter größten Mühen erstickt werden konnte. Etliche der Satrapen gebärdeten sich nun auch schon völlig wie selbstmächtige Landesherren und konnten nur durch Kompromisse, die wiederum mit undurchsichtigen Haremsintrigen des königlichen Palastes verquickt waren, bei der Reichsidee gehalten werden. In die Zeit Artaxerxes' fällt die Blüte der athenischen Macht, die freilich nur von kurzer Dauer sein sollte. Die Auseinandersetzung zwischen Sparta und Athen zeichnete sich bereits am Horizont ab, und 431 v. Chr. brach der Bruderkrieg aus. Noch ehe dieser entschieden war, starb Artaxerxes im Jahre 425 v. Chr.

Abermals entbrannte der Streit um die Thronfolge, aus dem schließlich *Dareios II.*, Sohn einer babylonischen Konkubine des Artaxerxes und Gatte der Parysatis (Tochter einer anderen babylonischen Mätresse des Artaxerxes), als Großkönig hervorging. Seine Gattin war zwar eine kluge, jedoch ehrgeizige und böse Person, die während der nächsten 40 Jahre eine unheimliche Rolle hinter den Haremsmauern spielen sollte. Wie wenig zu jener Zeit von einer panhellenischen Idee im praktischen Sinne gesprochen werden darf (eine solche machte sich lediglich theoretisch in leeren Worten gegen den orientalischen Despotismus des Perserkönigs Luft) zeigt, daß Athener und Spartaner bei jeder sich bietenden Gelegenheit nur allzu gern persisches Gold annahmen. Auf diese Weise wurde die persische Macht zum ausschlaggebenden Faktor unter den Hellenen. Da Sparta geringeres Interesse am westlichen Kleinasien hatte als Athen, war es nur zu natürlich, daß sich die Spartaner der besonderen großköniglichen Unterstützung erfreuen durften und aus diesem Grunde schließlich den Krieg gewannen. Und doch, gerade damals, in jener Zeit der nahezu völligen politischen Entmachtung, schuf griechischer Geist unter andern die wertvollsten Grundlagen unserer heutigen Kultur.

Als der Zentralgewalt wieder einmal ein persischer Feudalherr als Statthalter in Kleinasien zu eigenmächtig wurde, ward der vielleicht tüchtigste, aber auch rücksichtsloseste Diplomat der achämedinischen Epoche dorthin entsandt: Tisaphernes. Als Oberbefehls-

Wagen aus Gold

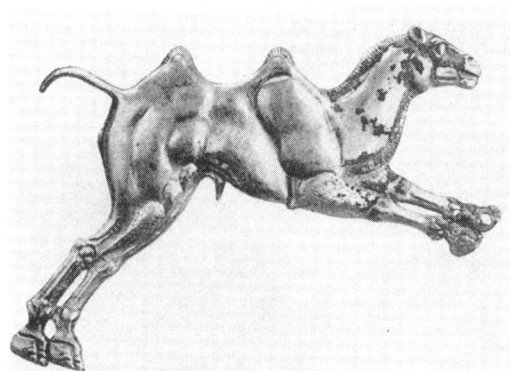

Schmuckplättchen aus Gold

Zwei Silberstatuetten

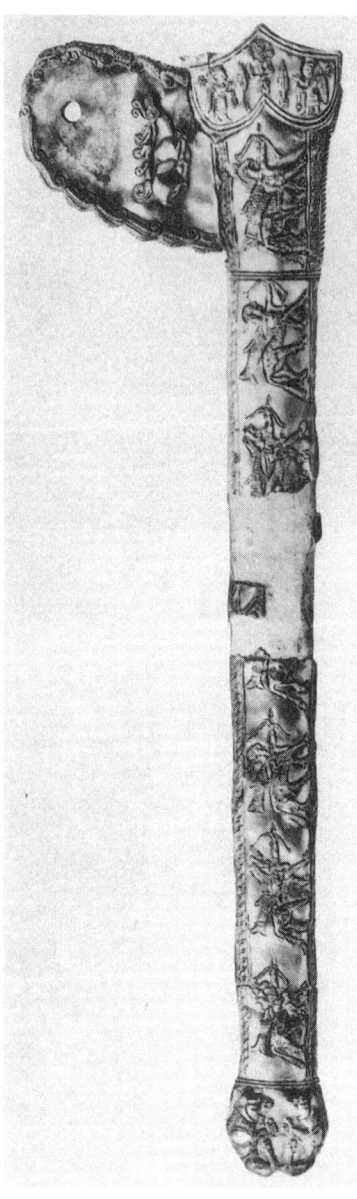 

Links: Goldene Akinakesscheide aus Südrußland
Rechts: Teilansicht eines Reliefs von Persepolis

haber im Westen wurde er durch den gleichfalls äußerst geschickten Satrapen von Daskyleion, Pharnabazos, nachhaltigst unterstützt. Die griechische Freiheit an der kleinasiatischen Westküste brach endgültig zusammen. Als bedeutsam für die Regierungsperiode Dareios' II. ist nur noch zu erwähnen, daß sich Ägypten damals für längere Zeit aus dem Reichsverband löste. Im Jahre 405 v. Chr. mußte der Großkönig selbst gegen Medien, wo eine schwere Revolte ausgebrochen war, marschieren und starb ein Jahr später im Feldlager.

Die Regentschaft übernahm sein Sohn Artaxerxes II., der nach schon üblich gewordenem Brauch mit der Vernichtung möglicher Rivalen begann. Zu beseitigen versäumte er nur einen Menschen, der doch sein gefährlichster Gegner war: seine eigene Mutter Parysatis, die ihm nicht wohl wollte, da sie den Thron für ihren zweiten Sohn, den jüngeren Kyros, anstrebte. Dieser Kyros, der als königlicher Prinz schon mit 16 Jahren als Satrap in Kleinasien herrschte, vermochte (nach einem ersten mißlungenen Anschlag auf seinen Bruder anläßlich dessen Krönung in Pasargadai) sich trotz der Überwachung des Tisaphernes eine Armee zusammenzustellen – worüber dieser dann allerdings sofort Meldung erstattete. Jedenfalls organisierte sich Kyros in Kleinasien ein schlagkräftiges Heer, mit griechischen Söldnern als Kern, offiziell zum Zwecke eines Privatkrieges gegen einen anderen Satrapen, was ja gang und gäbe geworden war. Im Jahre 401 v. Chr. zog er ostwärts und stieß bei Kunaxa im Zweistromland auf das Heer seines Bruders Artaxerxes II. Seine griechischen Söldner warfen die ihnen gegenüberstehenden königlichen Truppen. Kyros ritt nach altem Brauch an der Spitze seiner Feudalreiterei gegen den von seiner Leibgarde umgebenen Großkönig an, durchbrach die Garde, verwundete seinen Bruder und – fiel selbst zu Tode getroffen. Das Heer des Kyros löste sich auf, die griechischen Söldner aber begannen ihren berühmt gewordenen Rückmarsch. Nachdem durch Verrat sämtliche kommandierenden Offiziere niedergemacht worden waren, beteiligte sich Xenophon (der sich diesem Zug nicht als Soldat, sondern als Gastfreund eines der erschlagenen Generäle angeschlossen hatte) maßgebend an der Führung und brachte die „Zehntausend" nach unsäglichen Strapazen an das Schwarze Meer. In der packend geschriebenen *Anabasis* erzählt er dieses Abenteuer selbst. Der Rest der langen Regierungszeit des zweiten Artaxerxes war mit verschiedenen recht gefährlichen Satrapen-Aufständen ausgefüllt, die in Mord und Gold erstickt wurden. Der alternde König versank immer mehr im Sumpf der Haremsintrigen. Obwohl die unheilvolle Parysatis, nachdem sie sogar die Lieblingsfrau des Königs vergiftet hatte, nach Babylon verbannt worden war (wo sie für uns spurlos verschwindet), wollten die Intrigen kein Ende nehmen. Als dem achtzigjährigen König auch noch der ihm liebste Sohn ermordet wurde, starb er vor Gram.

Die beiden Satrapen zu Sardes und zu Daskyleion in Kleinasien hatten sich unterdessen zu mehr oder weniger von der Zentralmacht unabhängigen Fürsten entwickelt. Je weniger die Griechen hier auf politischem Gebiet halten konnten, desto erheblicher gewannen ihre Kultur und ihr Bildungswesen in dem stark iranisierten Land an Boden. Neben vertriebenen Aristokraten und ehrgeizigen Politikern waren schon früh griechische Künstler und Gelehrte nicht nur an kleinasiatischen Satrapenhöfe, sondern auch an den großköniglichen Hof selbst gekommen. Die Bereitschaft der Perser, schnell und gern fremde Sitten und Gewohnheiten anzunehmen, namentlich wenn diese mit einer Verfeinerung des Lebensgenusses zusammenhingen, wird schon bei Herodot hervorgehoben. So wurden die klugen und kultivierten Hellenen mit Vorliebe als Leibärzte und Künstler oder als *maîtres de plaisir* herangezogen und ihnen nahezu unbeschränkte Mittel für ihre jeweiligen Zwecke zur Verfügung gestellt. Der jedem bedeutenden Künstler und Gelehrten eigene Individualismus konnte sich hier, wo er mit dem stark ausgeprägten

Gefühl der persönlichen Unabhängigkeit der persischen Feudalität zusammentraf, erheblich freier entfalten als in den engen heimischen Verhältnissen der Stadtstaaten; genau so, wie sich der Hang der indoiranischen Fürsten zum Eigenleben nur fern vom großköniglichen Hof, nämlich an den Satrapensitzen auf einem von altorientalischen Ideen nie wirklich durchdrungenen Boden ungezwungen ausleben konnte. Dazu mag auch noch die ursprüngliche innere Wesensverwandtschaft der Perser und Griechen gekommen sein. Wir verdanken dieser Symbiose einige äußerst aufschlußreiche und lebensvolle Kunstwerke, die den Prozeß der Kulturverschmelzung, die später nach der alexandrinischen Eroberung ihren höchsten Stand erreichen sollte, deutlich aufzeigen. Der Inhalt der Darstellungen ist iranisch, lediglich die Formgebung und Technik zeugen von griechischem Einfluß.

Ein höchst eindrucksvolles Monument ist die bärtige Sphinx, die bei den schwedischen Ausgrabungen in Labraunda gefunden wurde. Es handelt sich dabei um dasselbe Fabelwesen, welches – nach assyrischen Vorbildern – auf den Ziegelreliefs von Susa und auf den persepolitanischen Reliefs vorkommt. Hier aber ist dieses unirdische Wesen durch die Hand griechischer Künstler derart gestaltet worden, daß es bei aller orientalischen hochmütigen Erhabenheit einen mildernden lebensnahen Zug zeigt.

Griechische Künstler haben für Tisaphernes und Pharnabazos die wahrscheinlich ersten naturgetreuen Porträts der griechischen Kunst geschaffen, und zwar für Münzen. Hunderte von graeco-persischen Gemmen zeigen in einer für den Orient unerhörten Weise persische Herren im Kampf und auf der Jagd, oder zusammen mit ihren Damen. Der überwiegend aus jener Zeit stammende und in Sardes, ebenso wie in anderen kleinasiatischen Städten aufgefundene Goldschmuck ist von dem in Persepolis gefundenen Schmuck kaum zu unterscheiden, es sei denn, daß der Sardesschmuck etwas feiner und ästhetischer wirkt und nicht nur durch sein wertvolles Material glänzt.

Zwei Reliefs stammen aus Daskyleion. Das mit der bereits beschriebenen Opferszene kann nur von griechischer Künstlerhand geschaffen worden sein, während sich das andere mit den reitenden Frauen in Technik und Darstellung eng an die Reliefs von Persepolis anlehnt.

Von der starken Durchdringung mit iranischem Geist in dieser Landschaft zeugen auch die Androne („Männerhäuser") innerhalb der Tempelanlage von Labraunda. Die Idee dieser Häuser, die den Zusammenkünften in sich geschlossener Männergruppen in Zusammenhang religiöser Begehungen dienten, weist auf die altarischen Männerbünde zurück. Auch der Grundriß dieser Bauten verweist auf iranische Vorbilder.

Die das Reich in seinen Grundfesten erschütternden Satrapenaufstände gegen Ende der Regierungszeit von Artaxerxes II. brachen hauptsächlich durch das energische Eingreifen des Prinzen Ochos zusammen. Dieser tatkräftige und grausame, aber auch zielbewußte Mann bestieg als letzter kraftvoller Regent des Achämenidengeschlechtes unter dem Namen *Artaxerxes III.* den Thron. Er ließ ebenfalls als erstes die in Frage kommenden Kronprätendenten umbringen. Innerhalb von 15 Jahren konnte er in harten Kämpfen die Ordnung in seinem Machtbereich wiederherstellen. Ägypten wurde blutig unterworfen und dem Reich erneut eingegliedert.

Im Westen, auf dem griechischen Festland und bereits nach Kleinasien übergreifend, war mittlerweile jene Macht erstanden, die dem alternden Reich den Todesstoß versetzen sollte. Der Makedonenkönig Philipp II. hatte sich dort, ähnlich wie die ersten Achämeniden, eine auf die Feudalität des Landes mit ihrer bäuerlichen Gefolgschaft stützende Machtstellung errungen. Für seine eigenen makedonischen Pläne zur Eroberung Kleinasiens unternahm er den Versuch, den theoretischen Panhellenismus mit seiner Rachsucht gegen den verhaßten orientalischen Despotismus, dessen Repräsentant Persien war, in eine praktische Kraft zu verwandeln. Es gelang ihm jedoch nicht, die freiwillige Hilfe der Stadtstaaten zu gewinnen, er mußte vielmehr ihre Autonomie durch einen Feldzug zertrümmern. Auf dem Schlachtfeld von Chaironeia ging den Griechen im Jahre 338 v. Chr. die politische Freiheit für immer verloren. Philipp II. sollte aber nicht mehr dazu kommen, sich ihrer gegen Persien zu bedienen; denn im Jahre 336 v. Chr. wurde er ermordet.

Im Jahre der Schlacht von Chaironeia wurde Artaxerxes III. durch einen Eunuchen, Bagoas, der sich zum Königsmacher aufschwingen wollte, vergiftet. Sein erster Kandidat war ihm nicht willfährig genug, weshalb er ihn kurzerhand samt dessen Kindern umbrachte. Bagoas vergab dann den Thron an Dareios, den einzigen überlebenden, volljährigen Achämenidenprinzen. Als er auch diesen beseitigen wollte, zwang ihn *Dareios III.*, den Giftbecher selbst zu leeren.

Dieser letzte Achämenide scheint ein guter und gewiß auch mutiger Mann gewesen zu sein, aber keine überragende Persönlichkeit. Unter ihm vollzog sich dann das Schicksal des Reiches, das einst einen kraftvollen, im Großkönig verkörperten Organismus bildete, und nun zu einer hohlen, nach außen schreckhaft glänzenden Fassade geworden war.

Das Alexandermosaik von Pompeji spiegelt deutlich die Tragödie dieses letzten Achämeniden wider. Es ist die Kopie eines verlorengegangenen griechischen Wandgemäldes, vermutlich aus dem 3. vorchristlichen Jahrhundert, und soll eine Szene aus der Schlacht von Issos (333 v. Chr.) darstellen. Während der Wagenlenker des Großkönigs schon die Pferde zur Flucht herumreißt, streckt Dareios III. mit gramverzerrtem Gesicht hilflos seine Hände dem letzten Überlebenden seiner Garde entgegen, der sich zwischen seinen König und den heransprengenden Alexander geworfen hatte und von dessen Lanze durchbohrt zusammenbricht. Die Ideen hatten sich geändert: ein Kyros, ein Dareios I. hätten selbst zur Lanze, zum Bogen gegriffen ...

Im Jahre 334 v. Chr. überschritt Alexander den Hellespont. Ein erstes persisches Aufgebot wurde am Granikos geworfen. Zunächst sicherte sich Alexander Kleinasien. Sein Besuch in Gordion, an den sich die Sage von der Lösung des gordischen Knotens durch einen Schwerthieb knüpft, bekommt im Licht der neuen amerikanischen Grabungen dort eine wesentlich andere Bedeutung. Gordion war damals eine starke persische Festung, die Alexander nicht unerobert in seinem Rücken lassen durfte. Ein Jahr später schlug Alexander ein Reichsheer, bei dem sich der Großkönig persönlich befand, bei Issos. Das persische Lager fiel mit der Familie des Königs und seinem Harem in die Hand des Siegers.

Die letzte Schlacht wurde bei Gaugamela geschlagen, nachdem Alexander Ägypten erobert hatte. Der Kampf war außerordentlich hart. Der persische linke Flügel unter Bessos (der wahrscheinlich aus königlichem Geblüt und Statthalter in Ostiran war) konnte sich gegen Alexanders Rechte zwar nicht durchsetzen, aber Alexanders Linke, die Parmenion kommandierte, wurde dagegen vom rechten persischen Flügel schwer bedrängt. Die persische Gardereiterei brach teilweise sogar durch und erreichte das makedonische Lager. Die Ansicht, daß sie dadurch aus der Hand gekommen sei und geplündert hätte, anstatt umzukehren und den Makedonen in den Rücken zu fallen, ist irrig. Die Perser hatten wohl vielmehr gehofft, die königliche Familie befreien zu können, die sie im Lager vermuteten. Unterdessen war Alexander mit seinen Hetairoi in eine zwischen dem persischen Zentrum (wo sich Dareios III. befand) und dem von Bessos befehligten Flügel entstandene Lücke vorgestoßen und hatte die Perser zum Weichen gebracht. Dareios verließ fluchtartig das Schlachtfeld. Von Parmenion zu Hilfe gerufen, ritt Alexander mit dem Hetairoi zu seinem linken Flügel und traf auf die zurückgehende persische

81

Reiterei, der es nach hitzigem Gefecht gelang, durchzubrechen. Das persische Heer aber löste sich auf, die schwer angeschlagene Reiterei des Bessos verließ hingegen in guter Ordnung das Schlachtfeld und traf in Egbatana mit ihrem geflohenen König wieder zusammen, der nun in ihrer Begleitung die Flucht nach Nordosten fortsetzte; dort, aus dem unerschöpflichen Reservoir indoiranischer Krieger, beabsichtigte er, ein neues Heer aufzustellen. Alexander, der in Babylon und Susa eingezogen war und auch Persepolis nach schwachem Widerstand erobert hatte, verfolgte den König. Vorher aber ging Persepolis in Flammen auf – handelte es sich dabei um einen beabsichtigten politischen Akt, oder geschah es während der Siegesfeier aus einer trunkenen Laune heraus? Wir wissen nichts darüber, aber die letzte Annahme könnte zutreffen, da sogar die Götterstatuen, die einst aus Griechenland dorthin geschafft worden waren, von den amerikanischen Ausgrabungen umgestürzt und zerschlagen im Brandschutt des zerstörten Persepolis aufgefunden wurden.

Die iranische Feudalität, die bisher ihrem König die Treue gehalten hatte, sagte sich nunmehr größtenteils von ihm los. Als sich schon am Horizont die Staubwolke der Verfolger unter Alexander zeigte, der seine Leute, ohne sich selbst zu schonen, rücksichtslos vorwärtstrieb, verließen auch die letzten Herren ihren schwachen König. Bessos, der sich anscheinend für befähigter hielt, den Widerstand im Osten zu organisieren und zu leiten, ließ Dareios III. niederstechen. Noch ehe Alexander ihn selbst erreicht hatte, fand ein makedonischer Reiter den sterbenden König am Wegrand. Alexander bedeckte den Toten mit seinem eigenen Mantel und ließ ihn in seinem unvollendeten Felsgrab zu Persepolis beisetzen.

Alexander hatte mehrere Jahre im Osten des Hochlandes schwer zu kämpfen, insbesondere in Baktrien und Sogdien, wo sich der iranische Widerstand versteift hatte. Die Kämpfe gingen auch dann noch weiter, als ihm Bessos, der Mörder des letzten Dareios, in die Hand gefallen war und er ihn hingerichtet hatte. Nur unter größten Schwierigkeiten und manchen Rückschlägen gelang es ihm endlich, durch die Einrichtung von Militärposten und durch Städteanlagen der schnell beweglichen Reiterscharen Herr zu werden, die ständig neue Verstärkungen aus dem Steppengebiet jenseits des Yaxartes, der alten achämenidischen Reichsgrenze, erhielten. Endlich konnte er seinen fähigsten Gegner, Spitamenes, entscheidend schlagen, dessen massagetische Hilfstruppen den Kopf ihres Herrn abschnitten und ihm übersandten.

In Ostiran begann Alexander mit der Verwirklichung seines Traumes von einer Verschmelzung von Ost und West der Alten Welt. 30 000 junge Iranier ließ er als Nachwuchs für die makedonische Armee sorgfältig erziehen. Als er dann im Jahre 327 v. Chr. versuchte, die bei den Iraniern übliche Proskynese vor dem Herrscher auch bei den Makedonen einzuführen, kam es dann zu mehrfachen Verschwörungen. Nach Eintreffen neuer Reserven aus Makedonien in Baktrien marschierte er nach Indien. Erst 324 v. Chr. kehrte Alexander nach Susa zurück, wo sein energisches Eingreifen notwendig geworden war. Persische Satrapen hatten ihre Machtstellung mißbraucht, und das Grab des großen Kyros war geschändet worden. Während Alexander mit den Problemen seines Vielvölkerreiches rang, wuchs die Unzufriedenheit seiner makedonischen Generäle und Veteranen zusehends. Bei der Beurteilung der oft grausam wirkenden Beseitigungen verdienter Kriegskameraden, wie z. B. Parmenions und anderer mehr, darf aber nie außer acht gelassen werden, daß auch Alexander gegen das Erbübel der Indoeuropäer zu kämpfen hatte wie ehemals die Achämeniden, nämlich gegen die übliche Eigenwilligkeit der Feudalität, aus der sich seine Generäle und Elitetruppen zusammensetzten und die sich nur bis zu einem gewissen Grad einem der Ihren unterordnen wollte. Er versuchte, die von ihm angestrebte Verschmelzung durch Heiraten zu beschleunigen; am gleichen Tage, da er selbst Roxane, die Tochter eines iranischen Feudalen, zur Frau nahm, verheiratete er auch 80 seiner makedonischen Offiziere und 10 000 Soldaten mit Iranierinnen.

Als er die oben erwähnten 30 000 jungen Iranier anläßlich einer teilweisen Entlassung makedonischer Veteranen in die Reitertruppen einreihen wollte, entstand eine offene Revolte im Heer. Erst als Alexander mit der Entlassung *aller* seiner Makedonen gedroht hatte und die Schaffung einer persischen Armee unter Übernahme der makedonischen Formationen und ihrer Benennungen ankündigte, gaben die Soldaten nach und baten ihn um Verzeihung. Bei Opis am Tigris ließ Alexander ein großes Friedensfest richten für 9000 Makedonen, Perser, Griechen und Vertreter aller Völker seines Reiches. Beim Klang der Kriegshörner brachte er nach altem makedonischem Brauch das Trankopfer aus einem Silberkrater dar, der ehemals Dareios gehört hatte. Ein griechischer Seher und ein Magier offizierten. Die teilweise Entlassung führte er aber dennoch durch. Knapp ein Jahr später, 323 v. Chr., starb Alexander, und mit ihm sank seine Weltreichsidee ins Grab.

Alexander soll anläßlich jener denkwürdigen Feier zu Opis ein Gebet gesprochen haben, dessen Inhalt – wenn eine der Überlieferungen zutreffend ist – zeigen würde, daß ihm ein weitaus größeres Reich als je den Großkönigen Kyros und Dareios vorgeschwebt hatte. Alexander soll für den Frieden gebetet haben, für einen Frieden, in dem Makedonen und Perser sowie alle anderen Völker gleichberechtigte Mitglieder einer einzigen Gemeinschaft sein sollten; er betete, daß alle Völker dieser Welt, die er kenne, in Harmonie und Eintracht des Herzens zusammenleben möchten, denn *alle* seien die Kinder *eines* Vaters ...

Mag auch Alexanders Reichsidee mit ihm gestorben sein, bleibend aber ist die Nachwirkung seines Eroberungszuges, durch den der griechischen Kultur Eingang in die ganze östliche Welt verschafft wurde. Die von ihm gegründeten Städte Asiens wurden zu Zentren hellenistischen Geistes, und umgekehrt strömte orientalisches Wesen in die hellenisierte Mittelmeerwelt ein.

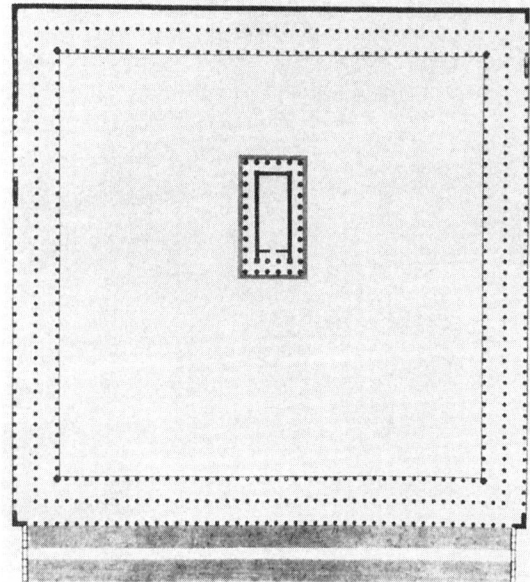

Kangavar. Der Artemis-Anahita-Tempel

Oben: Hatra. Rekonstruktionszeichnung des Palast- und Tempelhofes
Unten: Rekonstruktion des parthischen Palastes in Assur

Susa. Partherkopf

Schami, Bronzestatue

Statuette aus Bronze, Wandmalerei aus Dura und Abdruck eines Siegels

VI

Die Arsakiden

Nach Alexanders Tod wurde die Fiktion seines „Weltreiches" politisch und kulturell (soweit seine kulturellen Absichten überhaupt verstanden worden waren) zunächst noch aufrechterhalten. Die Generäle verwalteten das Reich als Statthalter seines schwachsinnigen Halbbruders Philippos Arrhidaios und später des posthum geborenen Sohnes von Alexander. Von Anfang an hatte jeder von ihnen aber nur ein Ziel: die Macht, ja womöglich sogar die *ganze* Herrschergewalt an sich zu reißen.

Eine Ausnahme bildete der Kanzler Alexanders, Eumenes, der kein Makedone, geschweige Abkömmling einer solchen alten Feudalfamilie, sondern ein Grieche bescheidener Herkunft war und Alexander als Sekretär treu gedient hatte. Aber auch in militärischer Hinsicht muß er ein ausnehmend begabter Mann gewesen sein; denn daß Alexander ihm den hohen Titel eines Hipparchen nicht nur ehrenhalber verliehen hatte, bewies er in seinen Feldzügen während der Diadochenkämpfe. Mit größter Mißbilligung hatten die Generäle der wachsenden Macht dieses „Emporkömmlings" zusehen müssen. Eumenes war nun der einzige, dem es mit dem Gedanken einer Statthalterschaft für die Erben seines Herrn ernst war.

Es gelang Eumenes schließlich, wenigstens einen Teil der iranischen Satrapen bis zu einem gewissen Grad zu einen. Der ehrgeizige und tatkräftige Diadoche Antigonos, der „Einäugige", stellte ihn jedoch im Jahre 316 v. Chr. unweit des heutigen Isfahan, und es kam zu zwei unentschiedenen Gefechten. Antigonos glückte es, mit den Anhängern des Eumenes Verhandlungen anzuknüpfen, und diese beschlossen seine Auslieferung. Der alte Eumenes erfuhr aber von diesem Verrat und vernichtete in der Nacht noch alle seine Aufzeichnungen. Danach bat er vergeblich, daß man ihn töte oder ihm zum mindesten erlaube, sich selbst das Leben zu nehmen. Antigonos hielt ihn anfangs in strengster Haft, ließ ihn dann aber umbringen.

Das Interesse aller Diadochen zielte nach dem Westen, auf die Herrschaft über Makedonien. Der General Seleukos bemächtigte sich zunächst Babyloniens, und von hier aus Indiens und Irans. Ein Aufstand der im Nordosten, in Baktrien und Sogdien, angesiedelten makedonischen Veteranen, die nach dem Tod Alexanders ihre Repatriierung verlangten, wurde blutig niedergeschlagen.

Der Ausgang der Schlacht von Ipsos im Jahre 301 v. Chr. zwischen Antigonos und Seleukos beseitigte endgültig den letzten Schein einer Gesamtreichsidee. Die Diadochen geboten nun als selbständige Herrscher über die Länder, die sie sich hatten erraffen können. Der Kampf um die Vormacht im Westen ging unablässig weiter.

Auch Seleukos, der eine baktrische Fürstentochter geheiratet hatte, und nach ihm seine Nachfolger waren bedeutend mehr an den westlichen Teilen ihres Machtbereiches interessiert als an Iran, das sie nur wie eine Art Depot betrachteten, aus dem neue Truppen für ihre Kämpfe im Westen geschöpft werden konnten.

Seleukos I. teilte sein Herrschaftsgebiet in eine westliche und eine östliche Hälfte, mit dem Euphrat als Grenze. Im Westen ward Antiocheia am Orontes die Hauptstadt, und im Osten Seleukeia am Tigris, wohin eine erhebliche Menge der Bevölkerung aus Babylon zwangsweise umgesiedelt wurde. Er setzte hier seinen Sohn und späteren Nachfolger Antiochos I. im Jahre 294 v. Chr. als Mitregenten ein. Seleukos selbst aber widmete seine ganze Kraft dem Westen. Eine immer stärker werdende Sehnsucht trieb ihn in seinem Alter in die Heimat zurück, nach Makedonien. Nachdem er seinen alten Kriegskameraden Lysimachos in Kleinasien geschlagen hatte, setzte er nach Europa über. Aber in dem

Augenblick, als er 280 v. Chr. von einer makedonischen Heeresversammlung auf dem thrakischen Chersonesos als König der Makedonen gerade begrüßt werden sollte, stieß ihn ein anderer Prätendent auf das Diadem, Keraunos, nieder.

Seine Nachfolger versuchten, sich in den weiten Gebieten ihres Reiches eine feste Basis durch die Anlage von Militärkolonien und weiteren Städtegründungen, die nach dem hippodamischen Prinzip angelegt waren, zu schaffen. Überall wurden Griechen und Makedonen angesiedelt; viele Griechen verlockten die ungeahnten wirtschaftlichen Möglichkeiten nach dem östlichen Teil des Reiches. Die Makedonen bekamen Ackerland. Trotz der beinahe nie endenden kriegerischen Verwicklungen im Westen nahm vor allem Syrien gerade um diese Zeit einen großen wirtschaftlichen Aufschwung, da die Seleukiden ihr Hauptaugenmerk auf das Wirtschaftsleben innerhalb ihres Reiches richteten. Sie waren darauf aus, ihre Länder auf allen Gebieten von fremden Märkten unabhängig zu machen und betrieben außerdem eine äußerst geschickte Finanzpolitik.

Das griechisch-makedonische Element war den Alteingesessenen gegenüber zahlenmäßig natürlich ständig unterlegen. In Mesopotamien und Medien gelang es aber den Seleukiden dennoch, eine gewisse Hellenisierung zu erreichen, die allerdings nicht sehr tief ging. In Mesopotamien blieben die alten Tempelstädte, wie z. B. Uruk, Zentren der semitischen Tradition, während in den iranischen Landen nur die Feudalherren eine gewisse Neigung zeigten, wenigstens äußerlich griechische Formen anzunehmen, ohne deshalb irgendwelche inneren Bindungen mit dem griechischen Geist einzugehen. Andererseits übten die geheimnisvollen Riten der altorientalischen Religionen, namentlich die altbabylonische Astrologie, einen starken Einfluß auf die griechisch-makedonische Bevölkerung aus.

In den wichtigsten Handelsstädten an den großen Verkehrsadern schlossen sich die griechischen und semitischen Kaufleute, verbunden durch gemeinsame Interessen, bald fest zusammen, während die iranische Minderheit stets etwas abseits verblieb.

Die Satrapienordnung wurde von den Seleukiden beibehalten. Der bereits unter den Achämeniden eingeleitete Prozeß der zu erblicher Würde sich entwickelnden Stellung des Satrapen wie auch des unter diesem stehenden Amtes des Hyparchen ging weiter. Binnen kurzem war das ganze seleukidische Herrschaftsgebiet eine Anhäufung mehr oder weniger selbständiger Fürstentümer. Eine Förderung erfuhr diese Entwicklung auch dadurch noch, daß nunmehr die innenpolitische, militärische und ökonomische Macht vereinigt in der Hand der Satrapen bzw. Hyparchen lag. Die Städte, die sich teilweise weitestgehender Autonomie erfreuten, blieben aber ebenso wie die Militärkolonien weiterhin unmittelbar vom König abhängig.

Solange die Steuern und sonstigen Erhebungen regelmäßig eingingen, kümmerten sich die seleukidischen Herrscher nur wenig um diese Entwicklung und überließen, besonders auf dem iranischen Hochland, die alte medische und persische Feudalität sich selbst.

Mit allem Nachdruck sorgten sie hingegen für den Schutz der Handelsstraßen, um sich die hohen Abgaben und Zölle des Transithandels und die Zufuhr wichtiger Waren zu sichern. Dieser Handel umfaßte außer Rohmaterial für die Fabriken im Mittelmeergebiet hauptsächlich allerhand Luxusartikel aus dem Osten für die reichen hellenistischen Städte in Syrien und Ägypten. Die unverhältnismäßig geringe Aufmerksamkeit, die die Seleukiden gegenüber dem Verlust ihrer politischen Oberherrschaft über die östlichen Teile ihres ehemaligen Machtbereiches zeigten, geht wohl darauf zurück, daß ihre dortigen Nachfolger in der Herrschaft, die Arsakiden, ungeachtet aller äußeren und inneren Kämpfe ebenfalls stets darauf bedacht waren, die Sicherheit der ertragreichen Handelswege zu garantieren, was im Interesse beider Parteien lag.

Noch unter *Antiochos I.* (280–261 v. Chr.) hatte sich die Persis nahezu völlig selbständig gemacht. Unfern der Palastterrasse von Persepolis errichtete das Fürstengeschlecht, das sich mit „Fratadara", „Hüter des heiligen Feuers", bezeichnete, einen Feuertempel. Die Türpfeiler zeigen im Innern, wie bei den älteren Bauten in Persepolis, auf der einen Seite den Fürsten, auf der anderen (wo nun nach dem alten Kanon sein Spiegelbild hätte angebracht werden müssen) in gleicher Stellung wie ihn selbst das Bild seiner Gemahlin. Das war eine unerhörte Neuerung; denn auf allen Reliefs von Persepolis erscheint auch nicht eine weibliche Gestalt – trotz der einflußreichen Rolle einer Atossa oder Parysatis. Die Reliefs sind vollkommen flach und ohne jede Modellierung. Der Grundriß des Tempels ist ungriechisch, aber die Namen der alten Gottheiten sind in griechischer Schrift angebracht: Zeus Megistos an Stelle von Ahuramazda, Apollon und Helios für Mithra, Artemis und Königin Athene für Anahita, „deren Namen Herrin ist". Der Bruch in der äußeren Form der achämenidischen Tradition könnte nicht stärker zum Ausdruck gebracht werden, namentlich wenn man bedenkt, daß diese „Fratadara"-Fürsten sich als die rechtmäßigen Nachfolger der Achämeniden innerhalb ihres Stammlandes, der Persis, fühlten. Ihre Residenz war das unfern gelegene und stark befestigte Istakhr. 500 Jahre später sollte von hier die „national-iranische" Erhebung ausgehen, die Iran unter den Sasaniden noch einmal für 400 Jahre zu einem der mächtigsten Reiche der sterbenden Alten Welt erhob.

Zu Lebzeiten *Antiochos' II.* (261–246 v. Chr.) lösten sich die Satrapien des Nordostens aus dem seleukidischen Staatsverband. Unter griechisch-makedonisch-iranischen Fürsten blühte hier das baktrische Reich. Gemeinsame wirtschaftliche Interessen gegenüber der ständig drohenden Gefahr aus der Steppe hatten in diesem Gebiet wirklich eine weitgehende Verschmelzung der Griechen und Iranier hervorgetrieben. Die daraus entstehende Kunst befruchtete mit ihren verschiedenen Ausdrucksformen Nordwestindien, und von dort breitete sich der hellenistische Einfluß über ganz Zentralasien aus.

Ungefähr zu dieser gleichen Zeit waren im Nordwesten des iranischen Hochlandes, an der Südostecke des Kaspischen Meeres, neue Steppenstämme eingedrungen, die wir gemeinhin mit „Parther" bezeichnen. Unter den Häuptlingen dieser Stämme waren die vornehmsten die Brüder *Arsakes* und *Tiridates*, aus dem Stamm der Parni. Anfänglich hatten sie diese Reiter mit einem Einfall in Baktrien versucht, waren dort aber von dem tüchtigen, nur noch nominell als seleukidischer Satrap fungierenden, tatsächlich jedoch unabhängigen Landesfürsten Diodotos I. zurückgetrieben worden. Im Nordwesten hingegen, in Hyrkanien, hatten sie den seleukidischen Satrapen getötet und überfluteten, durch ununterbrochenen Nachschub aus der Steppe verstärkt, mit ihren Scharen weite Gebiete des Hochlandes, um sich aber beim Erscheinen größerer seleukidischer Truppeneinheiten stets sogleich zurückzuziehen.

Dieser parthische Einbruch in das Hochland darf keineswegs als eine national-iranische Bewegung gegen die makedonischen Eroberer angesehen werden. Die gesamte iranische Feudalität, vor allem die im Westen und Südwesten des Hochlandes ansässige, verhielt sich ganz im Gegenteil den Eindringlingen aus der Steppe gegenüber von Anfang an mißtrauisch, ja sogar feindlich. Als die Nachfolger der beiden Brüder Arsakes und Tiridates sich endlich die Macht in Iran erkämpft hatten, bedeutete das den Sieg einer neuen im nördlichen Iran heimisch gewordenen Feudalsippe über die im Süden sitzende alte Feudalität, einen Sieg der von fremden Einflüssen unberührten indoiranischen Steppenstämme über solche, die jahrhundertelang altorientalischen Einwirkungen ausgesetzt gewesen waren, über die Nachkommen der Perser. (Hingegen war es dadurch, daß sich die Parther im alten medischen Gebiet festgesetzt hatten, durch Symbiose bald zu einem weitgehenden Ausgleich zwischen ihnen und den Nachfahren der alten Meder gekommen; tatsächlich nahmen die Parther einen medischen Dialekt an.) Diese Kluft zu überbrücken, sollte den Arsakiden nie gelingen, weshalb sie sich stets entweder auf die Steppenleute, mit denen sie während ihrer beinahe 500 Jahre dauernden Herrschaft niemals die Verbindung verloren, oder auf die griechisch-makedonischen Städte zu stützen versuchten.

Nach dem Tode des Arsakes in einem Gefecht setzte sich sein Bruder Tiridates in Hyrkanien, dem heutigen Gurgan, fest, und es gelang ihm in den 37 Jahren seiner „Regierung", erhebliche Gebiete Irans in seine Hand zu bekommen; das graeco-baktrische Reich war nun mit dem Westen nur noch durch eine unter parthischer Kontrolle stehende Handelsstraße verbunden.

Es war Tiridates, der durch straffe Organisierung seiner Krieger – wobei sein hauptsächliches Augenmerk wahrscheinlich der schweren Reiterei galt – die Grundlage für die Militärmacht der Parther legte, ohne aber ihre alte Feudalordnung anzutasten.

Der energische Seleukide *Antiochos III.* (223–187 v. Chr.) unternahm, nachdem er seine Macht im Westen gegen Aspirationen der ägyptischen Ptolemäer gesichert hatte, einen mehrjährigen Zug durch seine östlichen Reichsteile, um diese wieder fester an sich zu binden. Der parthische König *Artabanos I.* zog sich nach alter Steppentaktik vor ihm zurück, wobei er den vorrückenden seleukidischen Truppen eine verbrannte Erde hinterließ und die griechisch-makedonische Einwohnerschaft der Städte rücksichtslos niedermetzelte. Zuletzt konnte er aber doch in seinem hyrkanischen Schlupfwinkel gestellt werden, und Antiochos III. erzwang von ihm wenigstens eine nominelle Anerkennung als Oberherr. In Baktrien aber, das nunmehr auch jede äußere Form der Abhängigkeit abgeworfen hatte und jetzt von Euthydemos, einem Griechen aus dem kleinasiatischen Magnesia, als selbständigem Fürst regiert wurde, stieß er auf hartnäckigsten Widerstand. Der drohende Hinweis des Euthydemos auf die im Norden, in der Steppe umherschweifenden Stämme, soll Antiochos III. schließlich bewogen haben, ein Friedens- und Freundschaftsabkommen mit ihm zu treffen, zu dessen Bekräftigung er seine Tochter mit dem Sohn des Euthydemos, Demetrios, vermählte. Antiochos zog dann weiter nach Osten, wo er mit dem Maurya-König gleichfalls einen Freundschaftsvertrag schloß. Nach vier Jahren gelangte er, an den Gestaden des Persischen Golfes entlang marschierend, wiederum nach Mesopotamien.

Wahrscheinlich veranlaßte ihn der Erfolg dieses seines Zuges dazu, nun auch in den Westen vorzudringen, um den Traum seiner Vorfahren, die Einverleibung des griechischen Festlandes in sein Reich, zu verwirklichen. Mittlerweile waren aber im Westen bereits die Römer auf den Plan getreten und spielten in der hellenistischen Staatenwelt nun schon die entscheidende Rolle. Bei Magnesia im westlichen Kleinasien wurde Antiochos III. im Jahre 190/189 v. Chr. von den Römern vernichtend geschlagen. Von dieser Niederlage sollten sich die Seleukiden nicht mehr erholen, und ihr Machtbereich beschränkte sich zunehmend auf das eigentliche Syrien.

Kaum befand sich Antiochos III. erneut im Westen, als die Parther auch schon wieder die Herren im westlichen Hochland waren. Seine Nachfolger konnten dann den endgültigen Verlust der Osthälfte des seleukidischen Reiches nicht mehr verhindern.

Der wahre Gründer der arsakidischen Macht in Iran war *Mithradates I.* (ca. 160 bis 137 v. Chr.). Als erstes verpflichtete er sich die verschiedenen Feudalherren auf dem iranischen Hochland, d. h. sie mußten ihn entweder als Oberherrn anerkennen oder wurden durch Männer seiner eigenen Gefolgschaft abgelöst. Um 160 v. Chr. war er Gebieter in Medien, und 141 v. Chr. gehorchte ihm das Fürstentum Elymais mit der alten Kapitale Susa, das sich auf dem Boden des ehemaligen elamischen Staates gebildet hatte, aber im Osten weit auf das eigentlich Plateau hinaufreichte. Die reichen Handelsstädte in Südmesopotamien mit ihrer vorwiegend griechischen Bürgerschaft ließ Mithradates I.

unbelästigt. Seleukeia erhielt nicht einmal eine parthische Garnison, aber gewissermaßen vor ihren Toren legte er ein festes Lager an, aus dem später die Stadt Ktesiphon werden sollte.

Die südiranischen und medischen Feudalherren waren keineswegs glücklich über diese „Befreiung" von der seleukidischen Herrschaft, von der sie sich aus eigenem ja schon nahezu unabhängig gemacht hatten. Diese „Erben" der gestürzten persischen Weltmacht sahen in den Steppenfürsten, den Arsakiden, ihnen nicht ebenbürtige Konkurrenten. Die Arsakiden gaben sich jedoch mit der Anerkennung ihrer Oberhoheit vollkommen zufrieden und griffen im übrigen weder in die Lebensordnung noch in die Fehden der alteingesessenen Feudalfamilien ein.

Mit den Fürsten der Persis hatte Mithradates I. schwer zu ringen. Wohl mit Recht fühlten sich diese dort als die legitimen Erben der Achämeniden. Das der Anahita geweihte Feuerheiligtum in Istakhr war zu einem Zentrum geworden, wo die Magier auch eine in religiöser Hinsicht an die Achämeniden anschließende Tradition pflegten. Die Rückseiten ihrer Münzen zeigen ein den turmartigen Feuertempeln von Pasargadai und Naqsch-i-Rustam ähnliches Bauwerk, neben welchem das Reichsbanner dargestellt ist.

Infolge dieses bisweilen offenen, immer aber latent vorhandenen Widerstandes der älteren iranischen Feudalgeschlechter versuchte Mithradates I., ebenso wie schon sein Vorgänger, sich vorwiegend auf die reichen Städte mit ihrem griechischen Bevölkerungselement zu stützen und ließ zur äußeren Bekundung seines guten Willens auf der Rückseite seiner Münzen die Beischrift „Freund der Griechen" anbringen. Es ist nicht unwahrscheinlich, daß schon Mithradates gegen die ersten Schwärme der Saka, jener Nomadenstämme, vor denen Euthydemos einst Antiochos III. warnte, anzukämpfen hatte.

Wie wenig sich die arsakidischen Herren auf ihre Untertanen, trotz der ihnen zugestandenen Freiheit, verlassen konnten, geht daraus hervor, daß alle, ob Iranier oder Griechen, bei jedem seleukidischen Versuch des Eindringens in die östlichen Gebiete mit fliegenden Fahnen zu den Seleukiden übergingen. So hatte es anfänglich den Anschein, als ob es dem Seleukiden *Demetrios II.* (147–139 v. Chr.) tatsächlich noch einmal gelingen sollte, den Arsakiden die Macht zu entreißen. Sogar das ferne Baktrien erklärte sich mit ihm solidarisch. Demetrios hatte bereits das eigentliche Hochland erreicht, als er in einem Gefecht geschlagen und von den Parthern gefangengenommen wurde; man hielt ihn dann auf einem Schloß in Hyrkanien in ehrenvoller Haft. Nachdem Mithradates I. diese Gefahr beseitigt hatte, behandelte er seine Untertanen mit erstaunlicher Milde.

Einem späteren Seleukiden glückte es dann nochmals, die Parther in drei Schlachten zu schlagen. Seine übermütigen Truppen lagen siegesstolz in den reichen Dörfern um Egbatana in Medien im Winterquartier. Es war den parthischen Agenten daher ein leichtes, die durch die Einquartierung aufs äußerste drangsalierte Bevölkerung aufzuwiegeln. Ein gleichzeitiger Angriff parthischer Reiterei führte zu einer vollkommenen Niederlage der Syrer. Bei der Verfolgung gelangten parthische Reiter erstmalig an die Euphratgrenze und standen bereit, in Syrien einzufallen.

Der parthische König *Phraates II.* (138–129 v. Chr.) hatte mit dem Stamm der Saka, die sich an seiner Nordostgrenze niedergelassen hatten, eine Vereinbarung über die Stellung eines Hilfskorps gegen Überlassung von Weidegründen und Gold getroffen. Dieses Korps traf nun allerdings zu spät ein, bestand aber desungeachtet auf seiner Entlohnung. Alsbald überschwemmten sakische Horden sogar weite Gebiete Mesopotamiens. Sowohl Phraates als auch sein Nachfolger fielen im Kampf gegen die Saken. Nach ausgiebigem Rauben und Plündern kehrten die Saka-Scharen in ihre Wohnsitze im alten baktrischen Gebiet zurück. Die graeco-baktrischen Herren waren unterdessen über den Hindukusch nach Süden geworfen worden, wo sie sich noch eine geraume Zeit in kleinen Fürstentümern halten konnten. Auf ihrem ehemaligen Gebiet saßen, außer den Saken in Baktrien, nun die Yüh-Chi in der Sogdiana. Wieder einmal schien es mit der Herrschaft der Arsakiden vorbei zu sein. In Babylon ließ sich der dortige Gouverneur zum König ausrufen, und die alten „Meerlande", Charakene, erklärten ebenfalls ihre Selbständigkeit. Das gesamte östliche Hochland war von den Saken besetzt, die dem Land ihren Namen gaben: Sakacene, Sakistan, wovon ein kleiner Teil noch heute Sistan heißt.

In diesem Augenblick des scheinbaren Endes der arsakidischen Herrschaft entstand den Parthern aber in *Mithradates II.* (123–87 v. Chr.) erneut ein mächtiger Fürst. Er stellte die Oberherrschaft bis zum Oxus wieder her, eroberte Merw und Herat zurück und belehnte die Feudalfamilien der Surenen mit großen Ländereien in Sakistan, das in ein Vasallenverhältnis zu ihm treten mußte. In Armenien setzte er seinen Schützling Tigranes, den Abkömmling einer dort seit der achämenidischen Periode herrschenden Feudalfamilie, zum König ein. Unweit des Denkmals des großen Dareios, am Felsen von Behistun, ließ Mithradates II., der den Titel „König der Könige" annahm, ein Relief einschlagen, das ihn bei der Entgegennahme der Huldigung seines Reichsfeldherrn sowie dreier anderer Großer zeigt.

Der mittlere Teil des Reliefs ist durch eine Inschrift aus dem 18. Jahrhundert n. Chr. zerstört worden, und auch sonst läßt der schlechte Erhaltungszustand keine näheren Einzelheiten erkennen. So viel ist aber immerhin zu sehen, daß außer der griechischen Inschrift und einer kleinen auf den König zufliegenden Nikefigur nichts mehr an griechischem Einfluß vorhanden ist. Die starre Haltung der Figuren ist absolut altorientalisch, und die Relieftechnik selbst ist die gleiche wie die der Skulpturen am Feuertempel der „Fratadara" bei Persepolis.

Die arsakidischen Fürsten hatten zusammen mit dem gesamten Verwaltungsapparat der seleukidischen Zeit auch das Griechische, das dazumal mit dem Aramäischen die *lingua franca* geworden war, übernommen. Obwohl die alte verwaltungstechnische Einteilung in Satrapien, Eparchien und Hyparchien bisweilen nur noch eine leere Form war, während größere oder kleinere Landesfürsten und Barone ziemlich frei schalteten und walteten, innere und äußere Wirren das ganze Land zu überziehen schienen, waren dennoch die ökonomischen Verhältnisse in vielen Reichsteilen, insbesondere in den Städten, keinesfalls schlecht.

Zu allen Zeiten der arsakidischen Fürsten wurde nachdrücklich für die Sicherheit der Handelswege gesorgt, namentlich der Seidenstraße. Diese gewann zunehmend an Bedeutung, je mehr nun auch die westlichen Mittelmeerländer als Konsumenten in Frage kamen, seitdem es dort zu einem mächtigen und wirtschaftlich aufstrebenden Staatenwesen, Rom, gekommen war. Im Jahre 115 v. Chr. traf sogar eine chinesische Gesandtschaft unter dem General Ssu-ma-Ch'ien bei Mithradates II. ein, um über einen Ausbau der Handelsbeziehungen zu verhandeln. In seinem Bericht hebt der Chinese ganz besonders die große Handelstüchtigkeit seiner parthischen Partner hervor. China exportierte an erster Stelle Seide; Pfirsiche und Aprikosen kamen ebenfalls auf diesem Wege nach dem Westen. Das begehrteste Gut für die Chinesen war vor allem der berühmte Stahl von Merw und – die schweren Pferde, die von den Parthern in den nisäischen Ebenen, in Media Atropatene, gezüchtet worden waren und die ihnen die Aufstellung ihrer schwer gepanzerten Reiterei ermöglicht hatten. Es sollte allerdings erst einer zweiten chinesischen Gesandtschaft im Jahre 101 v. Chr. gelingen, die ersten „Himmelspferde" zu erhalten. Mittlerweile hatten die Luzerne, der Wein und der Granatapfel die Ebenen des Gelben Flusses erreicht. Man darf nicht vergessen, daß auch der Handel mit Indien die von den Parthern beherrschte Straße benutzen mußte.

Die wahre Stütze ihrer Macht blieb aber, wie schon in der achämenidischen und späterhin dann auch in der sasanidischen Zeit, das Heer, das sich nach wie vor aus den Aufgeboten der Feudalherren zusammensetzte. Es bestand beinahe ausschließlich aus Reiterei. Aus dieser hatten sich die Arsakiden ein vorzügliches Kriegsinstrument geschaffen, das es sogar, wie sich später zeigen sollte, gut mit den schwerbewaffneten römischen Legionen aufnehmen konnte. Der eigentliche Grund aber, weshalb sich die Arsakiden fast ausschließlich auf berittene Truppen beschränkt haben, lag darin, daß sie ihr Machtgebiet in erster Linie vor den unablässig aus der Steppe eindringenden berittenen Nomadenscharen zu schützen hatten, gegen die der Einsatz noch so guter Fußtruppen ja völlig wirkungslos geblieben wäre. Die schwere Reiterei mit ihren gepanzerten Pferden, deren Reiter Panzer trugen und mit einer langen Stoßlanze sowie einem langen, geraden Schwert ausgerüstet waren, hatte sich in der Steppe wohl zuerst bei den Sarmaten entwickelt. Zu einer wirklich effektiven Truppe wurde sie aber erst, nachdem die in der Media Atropatene gezüchteten schweren Pferde eingesetzt worden waren. Diese äußerst stoßkräftige Truppengattung wurde von den hohen Feudalherren und den von ihnen abhängigen Baronen gebildet. Die eigentlichen Lehnsaufgebote von Bauern und Hirten waren lediglich mit Pfeil und Bogen sowie einem Rundschild ausgerüstet und stellten die leichten Reitergeschwader.

Die Schwäche dieser letzten Truppen bestand vornehmlich darin, daß sie nach Abschuß des letzten Pfeiles so gut wie wehrlos waren. Dieser Mangel konnte nur durch einen organisierten ständigen Nachschub von „Munition" behoben werden. Nachweisbar ist ein solcher Nachschub zum ersten Male in großem Maßstab in der Schlacht von Karrhai (53 v. Chr.) organisiert worden. Für die Ausrüstung dieser Truppen – von denen nur ein Bruchteil mit dem heutigen Begriff als stehendes Heer bezeichnet werden kann – mit den notwendigen Waffen und dem sonstigen Bedarf mußte jeder Lehnsherr selbst aufkommen. Es ist kaum anzunehmen, daß diese Dinge gewissermaßen „fabrikmäßig" hergestellt wurden. Die wertvollen Panzerungen mögen größtenteils von den Schmieden in Merw gestammt haben, aber die anderen Waffen, wie Pfeile, Schwerter und Pferdeausrüstungen, dürften von lokalen Waffenschmieden verfertigt worden sein.

Krieger zu Fuß konnten die Arsakiden jederzeit aus den ihnen unterstellten Provinzen rekrutieren. Ihre ersten Könige nahmen häufig noch griechisch-makedonische Söldner in Dienst. Für einen Angriff auf eine Festung oder befestigte Stadt – die für ein Reiterheer natürlich unangreifbar waren – standen stets genügend griechische Techniker aus den Städten zur Verfügung.

Mithradates II. hatte sich noch klug aus dem nunmehr entbrennenden Kampf der Römer mit ihrem letzten großen hellenistischen Gegner, dem König Mithradates VI. Eupator von Pontus (120–63 v. Chr.), herausgehalten, während sein Schützling Tigranes von Armenien ein Bündnis mit diesem einging. Gleich nach dem Tod von Mithradates II. im Jahre 87 v. Chr. setzte eine neue Periode des Niederganges der Arsakidenmacht ein, und zwar wie gewöhnlich infolge von Thronstreitigkeiten. Nach altarischer Sitte war es keineswegs selbstverständlich, daß der Sohn dem Vater in der Herrschaft folgte; nach wie vor forderte die Thronbesteigung jedesmal eine Bestätigung durch die Wahlversammlung. Nur so viel war anerkannt: der Thronfolger sollte aus dem arsakidischen Geschlecht stammen.

Tigranes benutzte diese Gelegenheit und riß mehrere parthische Provinzen an sich. Die Syrer, der ewigen Wirren (die zudem auf ihrem Rücken ausgetragen wurden) der sich untereinander befehdenden letzten Seleukiden müde, boten Tigranes sogar die Königskrone an. Im Jahre 74 v. Chr. stürmten die Römer, nachdem sie sich der Neutralität der geschwächten Arsakiden versichert hatten, gegen die beiden Verbündeten Mithradates VI. Eupator von Pontus und Tigranes von Armenien. Lucullus drang nach einer ersten siegreichen Schlacht in das Tigristal ein und schlug Tigranes bei Tigranocerta. Dann aber wurde der erfolgreiche römische Feldherr durch eine Meuterei seiner eigenen Truppen zum Rückzug gezwungen. Der Senat von Rom ersetzte ihn durch Pompeius, der nunmehr die Früchte des äußerst umsichtig geführten Zermürbungskrieges des Lucullus erntete. Mithradates VI. Eupator mußte in seine südrussischen Gebiete (Krim) flüchten. Aber erst ein anderer Feldzug mit der Schlacht bei Zela, über die Cäsar mit den Worten „veni, vidi, vici" berichtet hat, sollte diesen Konflikt im Jahre 47 v. Chr. endgültig beenden.

Im übrigen ist die Geschichte der damaligen Politik der Römer im Nahen Osten die einer Folge schlimmster Intrigen und Bestechungen. Ihren Höhepunkt fand sie während der Zeit des Prokonsulates des Crassus, der sich bei der Verteilung der Provinzen anläßlich der Konferenz in Lucca (56) zwischen ihm selbst, Pompeius und Cäsar das reiche und begehrenswerte Syrien gesichert hatte. In beispielloser Unterschätzung der parthischen Macht marschierte Crassus ostwärts und überschritt den Euphrat. Bei Karrhai (53 v. Chr.) wurden seine Legionen vom parthischen Reiterheer beinahe vollständig vernichtet. Der Reichsfeldherr aus dem Geschlecht der Surenen, der diese Schlacht mit einer aus ostiranischen Aufgeboten bestehenden (zumeist aus seinen eigenen Hintersassen rekrutierten) Armee schlug, hatte damals für je fünf leichte Reiter eine Kamellast von Pfeilen bereitstellen lassen, was den Persern einen unaufhörlichen Pfeilhagel auf die römischen Karrees ermöglichte. Als sich demzufolge die römischen Verbände gelockert hatten, konnten die schwergepanzerten Kataphrakten in die Karrees der Legionen hineinstoßen und sie zersprengen. Sieben Legionsadler fielen in die Hände der siegreichen Parther, zwei Drittel des Heeres wurden gefangen und teilweise im fernen Merw angesiedelt. Crassus selbst und ebenso sein Sohn fielen in dieser Schlacht.

Nach Karrhai drangen parthische Streifscharen in Syrien ein und erreichten mehr als einmal die Gestade des mittelländischen Meeres. Hätten nicht Neid und innere Intrigen schließlich zur Hinrichtung des mächtigen Suren geführt, so wäre vielleicht damals der Wunschtraum der westsemitischen Staaten, Syriens und Palästinas, Wirklichkeit geworden und parthische Reiter würden die verhaßten Römer für immer verjagt haben.

Kaiser Augustus (27 v. Chr.–14 n. Chr.) suchte und erreichte einen Vergleich mit dem Partherreich. In richtiger Einschätzung der Lage hatte er erkannt, daß das parthische Reich auf Grund seiner ganzen Struktur niemals eine ernsthafte Gefahr für die Ostgrenze Roms sein könne. Andererseits sah er aber auch ein, daß eine Unterwerfung des Ostens, nur um die Handelsstraßen (deren wirtschaftlicher Bedeutung er sich bewußt war) zu sichern, für Rom ein viel zu unsicheres und kostspieliges Unternehmen bedeutet hätte. Der Euphrat wurde also zur Ostgrenze des römischen Machtbereiches, zu dessen Schutz römischerseits eine Reihe von Pufferstaaten zugelassen wurden, deren wichtigste Kommagene, Osrhoëne und Palmyra waren. Die Arsakiden versuchten ihrerseits, die in Nordmesopotamien eindringenden arabischen Stämme als eine Art Grenzschutz zu verwenden. Ihr hauptsächliches Bollwerk wurde bald die befestigte Lagerstadt des arabischen Fürsten von Hatra.

Der iranische Kultureinfluß war in diesem römisch-parthischen Grenzgebiet äußerst stark. Aus Urfa, dem alten Edessa, stammt ein Mosaik mit einer syrischen Familie aus jener Zeit: in parthischer Tracht sind der *pater familias* ungsweise Frau, drei Söhne, eine Tochter sowie eine kleine Enkelin dargestellt.

Das weitaus großartigste Monument aus diesem Gebiet ist das Grabmal des Königs Antiochos I. von Kommagene auf dem Gipfel des Nimrut Dagh. Außer einer Reihe von Großskulpturen hat er dort auf Relieftafeln seine Ahnen abbilden lassen, die vorwiegend iranischen Ursprungs waren. Griechisch ist nur das äußere Gewand, das heißt die handwerkliche Ausführung und Gestaltung, der Inhalt aber ist rein iranisch. Auf der einen Relieftafel erscheint Antiochos I., wie er Mithra-Helios zur Bestätigung des Lehnverhältnisses die Hand reicht.

Wie schon erwähnt, hatte Artaxerxes II. den altarischen Gott Mithra neben Ahuramazda und Anahita in seinen Inschriften aufgeführt. Mithra war ein Gott des Lichtes, Hüter der Ordnung und Verträge sowie des richtigen, das heißt guten Lebens, Beschützer der Lebewesen. Ein freundlicher Gott war er und ein Begleiter der Menschen im Kampf gegen die finsteren Mächte der Unordnung, der Ungerechtigkeit und der Lüge; ein Krieger, mit dem unlösbar der Sieg verbunden war. In Babylonien erkannten die Einwohner ihren alten Sonnengott Schamasch in ihm an, und in Kleinasien wurde er in Kontakt mit dem griechischen Pantheon zum Sonnengott Helios. Unter Aufnahme altmesopotamischer Spekulationen, die in der Astrologie verwurzelt waren, und gnostischer Ideen bildete sich um ihn eine Mysterienreligion, die in der Mithra-Legende gipfelte. Er wurde zum Helfer der Menschen auf Erden wie auch auf ihrem Weg ins Jenseits. Alle Tugenden eines Kämpfers und alle Ideale der altarischen Krieger waren in Mithra vereint. Der ihn umgebende Mysterienkult ward zu einer Religion der Erlösung, welcher der Initiierte nach geheimnisvollen Riten teilhaftig wurde. Mithra war somit als Gott für die römischen Soldaten vorzüglich geeignet. Wahrscheinlich lernten ihn die Römer erstmalig durch die von Pompeius im Jahre 67 v. Chr. gefangengenommenen Seeräuber kennen. Asiatische Soldaten in den Reitergeschwadern der *auxiliarii* und Legionäre, die in asiatischen Garnisonen in den Mysterienkult eingeweiht worden waren, trugen den Mithra-Glauben bis an die äußersten West- und Nordgrenzen des Reiches. Die gewöhnlichste Darstellung des Gottes ist von hellenistischen Künstlern nach dem Vorwurf der einen Stier opfernden Nike geschaffen. Ein herrliches Wandgemälde aus Capua Vetere zeigt den in iranischer Tracht gekleideten Mithra; das reichverzierte Gewand ist in königlichem Rot ebenso wie der Mantel, dessen Inneres blau gefüttert und mit goldenen Sternen bestickt ist. Die Augen schmerzerfüllt abgewandt, tötet er in einer Grotte den weißen Stier. Die genaue Bedeutung der beinahe auf allen Bildern dieser Art wiederkehrenden Schlange oder anderer Tiere wie auch die Wiedergabe zweier Akolythen steht bis jetzt noch nicht fest. Diese Darstellung ist der Höhepunkt der Mithra-Legende: einem Felsen entsprossen, empfängt Mithra die Adoration von Hirten und verbündet sich mit der Sonnengottheit. Er bemächtigt sich eines wilden Stieres, den er alsdann auf Befehl der Sonnengottheit Ormuzd zu töten hat. Dem verströmenden Stierblut entsprießen Getreide und alle nutzbaren Pflanzen. In einem mystischen Vorgang wird Mithra selbst zum Schöpfer aller nützlichen Lebewesen wie auch eines neuen Lebens überhaupt. Aber dieses Leben entspringt einem Opfertod, an dem Mithra durch sein Mitleiden mit dem geopferten Stier persönlich beteiligt ist.

Entgegen der prinzipiellen Abgrenzung der römischen und parthischen Machtsphäre durch Augustus, blieb das Königreich Armenien die Zone, wo die Interessen Roms und des arsakidischen – späterhin auch des sasanidischen – Reiches immer wieder aufeinanderprallten. Rom griff mehrfach in die nun bis zum Ende der Dynastie andauernden Thronstreitigkeiten ein, die eine Folge von Familienmorden und Empörungen seitens der Feudalherren gegen die oft mit entsetzlicher Grausamkeit herrschenden Könige bildeten. Schließlich hatten sich die in direkter Linie von Mithradates II. abstammenden Arsakiden bis auf einige wenige junge Prinzen (die zur Erziehung ins Ausland, vor allem nach Rom geschickt worden waren) gegenseitig umgebracht, und *Artabanos III.*, ein Mitglied der weiblichen, seit längerem in der alten Media Atropatene begüterten Nebenlinie, bestieg den Thron. Die Kämpfe der verschiedenen Fraktionen unter den Feudalen dauerten aber an; zuletzt hatte ein gewisser *Gotarzes* den Thron gewinnen können, seine legitimen Ansprüche scheinen allerdings nicht ganz stichhaltig gewesen zu sein. Seine Gegner wandten sich daraufhin an Rom um die Rücksendung des jungen Prinzen (Mih(i)rdates, der ein Nachkomme aus der Hauptlinie der arsakidischen Familie war. Kaiser Claudius (41–54 n. Chr.) ließ den jungen Mann von einem römischen Legaten an die Euphratgrenze bringen, wo er von seinen Anhängern in Empfang genommen wurde. Gotarzes aber erwartete ihn im „Tor von Asien", und da der unerfahrene Mih(i)rdates binnen kurzem von Verrat umgeben und hoffnungslos in Intrigen verstrickt war, fiel er in die Hände des Gotarzes. Rom zum Schimpf, vor allem aber, um Mih(i)rdates für die Thronfolge untauglich zu machen, ließ er ihm die Ohren abschneiden (50 n. Chr.), da das Thronfolgegesetz keine Verstümmelten als Kandidaten anerkannte. In einem Felsenrelief, neben dem des Mithradates II., verherrlichte Gotarzes diesen seinen „Sieg", auf dem er sich selbst hoch zu Pferde darstellen ließ und, begleitet von einem Pagen, den unglücklichen Mih(i)rdates vom Pferde heruntersticht. Außer der griechischen Inschrift und der kleinen über Gotarzes schwebenden Nike ist nichts Griechisches mehr an diesem Relief. Die Ausführung an sich ist noch flacher als die des Mithradates-Reliefs. Offenbar war nun jede hellenistische Handwerkertradition verlorengegangen, und es kam nur noch auf den Inhalt, nicht mehr auf die Form an.

Seit dem Machtaufstieg der weiblichen Nebenlinie der Arsakiden war wenigstens in einem beschränkten Maße von einer iranischen Reaktion gegen den Hellenismus zu sprechen. Dieser Vorgang wurde besonders auf religiösem Gebiet spürbar und kommt auch auf den Münzen der Könige, wo die Beischriften im Pahlavi-Alphabet, einem aus der aramäischen Schrift für die parthische Sprache entwickelten System ausgeführt sind, zum Ausdruck. Die in Medien, dem Stammsitz der Magier, seit langem angesessenen Arsakiden waren vermutlich unter erheblichem Einfluß der Magier geraten. Das medische Feuerheiligtum zu Shiz dürfte um diese Zeit zum wichtigsten religiösen Zentrum geworden sein. Neben ihm gab es noch mindestens zwei weitere Zentren dieser Art, wo von einer Priesterschaft die alten Traditionen gepflegt wurden. Das eine, das auf achämenidische Überlieferung zurückgriff, lag, wie schon gesagt, in der Persis, wo die zoroastrischen Feuerpriester ihren Kultus und ihre Traditionen ausübten; das andere, wo sich vielleicht die an den großen Reformator Zarathustra anknüpfende Tradition am reinsten erhielt, war Raghe. Auf welche Weise aus diesen drei Zentren dann in der sasanidischen Zeit die zoroastrische Staatsreligion entstand – erst damals wurden die heiligen Texte der Avesta schriftlich niedergelegt –, soll im nächsten Abschnitt besprochen werden. Die imposanten Ruinen von Shiz, die von einer fast kreisrunden, turmbewehrten Mauer umgeben an einem See liegen, sind noch nicht eingehend untersucht worden. Der größte Teil der über dem Erdboden stehenden Überreste stammt aus frühislamischer Zeit, immerhin konnte aber auch das Vorhandensein größerer, aus arsakidischer Periode herrührender Anlagen bereits erkannt werden.

Der römische Kaiser Trajan (98–117 n. Chr.), der lange im Osten gekämpft hatte, war sich über die Ohnmacht der Arsakiden bestimmt im klaren. Das so wichtige Ostiran war schon seit geraumer Zeit kaum noch der Form nach ein Teil ihres Machtbereiches. Trajan plante, Armenien zu einer römischen Provinz herabzudrücken und das „Reich" der Arsakiden in einen Vasallenstaat umzuwandeln. Im Jahre 116 n. Chr. fand der siegreiche

Einzug des Kaisers in Ktesiphon statt, und er gelangte, den Tigris stromabwärts marschierend, an den Persischen Golf. Ehe er aber noch die neueroberten mesopotamischen Provinzen dem römischen Staatsverband fester einfügen konnte, erfolgte der parthische Gegenstoß. Auf dem Rückmarsch, bei dem er vergeblich versuchte, Hatra zu nehmen, starb der Kaiser in Kilikien. Sein Nachfolger Hadrian aber griff auf die alte augusteische Politik zurück.

Trotz aller Wirren und andauernder Zwistigkeiten sah es unter dem tatkräftigen König *Vologases II.* (148–192 n. Chr.) doch noch einmal so aus, als ob parthische Reiter das Mittelmeer erreichen sollten. Aber ein von Dura-Europos (seit ungefähr 170 n. Chr. eine wichtige Festung der römischen Grenzverteidigung) geführter Gegenstoß in seine Flanke trieb nicht nur die Parther zurück, sondern ließ auch die Römer während der Verfolgung zum zweiten Male Ktesiphon erreichen, wo sie den Königspalast niederbrannten. Es war dann die Pest, die die Römer dieses Mal zur Aufgabe beinahe ihrer sämtlichen Eroberungen in Mesopotamien zwang. Ein neuerlicher Zug nach Ktesiphon im Jahre 197 n. Chr. unter Kaiser Septimius Severus blieb ebenfalls ohne nachhaltigen Erfolg; auch ihm gelang es nicht, die von den Arabern tapfer verteidigte Feste Hatra zu stürmen.

Die Herrschaft der arsakidischen Könige – von denen es nun meistens zwei zu gleicher Zeit gab, die sich bitter befehdeten – reichte oft nicht über den einen Landstrich hinaus, in dem der jeweilige König gerade mit seinen Kriegern lag. Das reiche Mesopotamien behandelten sie ohne Rücksicht auf die unglückselige dörfliche Bevölkerung als Zone der beweglichen Abwehr vor den eigentlich iranischen Landen.

Im Jahre 216 n. Chr. marschierte Kaiser Caracalla in seinem Wahn, ein zweiter Alexander zu sein, in den arsakidischen Bereich ein, wo es *Artabanos V.* (etwa 215–224 n. Chr.) nach schweren Kämpfen mit seinem Bruder *Vologases V.* gelungen war, wieder einigermaßen Ordnung zu schaffen. Um Zeit für die Aufstellung einer Armee zu gewinnen, wich Artabanos vorerst jedem Zusammenstoß mit den Römern aus. Kampflos zog Caracalla in Medien ein und schändete dort die Gräber der Arsakidenkönige und streute ihre Gebeine in alle Winde. Zur Vorbereitung des im folgenden Jahre geplanten Einmarsches bezog Caracalla in Edessa Winterquartier und wurde bei Karrhai ermordet. Mittlerweile rückte Artabanos mit seinem neu aufgestellten Heerbann vor und schlug die Römer zweimal unter den Mauern von Nisibin. Kaiser Macrinus sah sich gezwungen, den Frieden für schweres Gold zu erkaufen.

Artabanos V. konnte seinen Erfolg im Westen jedoch nicht mehr ausnutzen, denn in der Persis hatte sich unterdessen ein Lehnsherr aus der Familie des Sasan mit Ansprüchen auf die Herrschaft, die er irgendeine Weise aus einer achämenidischen Abstammung herleitete, erhoben Nachdem Artabanos' Truppen in mehreren Gefechten geschlagen worden waren, fiel er selbst in der Entscheidungsschlacht, und Ardaschir, der Sasanide, hing den abgeschlagenen Kopf des Artabanos als blutiges Siegeszeichen im Jahre 224 n. Chr. im Tempel der Anahita zu Istakhr auf.

Die Geschichte der Arsakiden ist eines der umstrittensten Kapitel der alten Geschichte, und dementsprechend unterliegt auch die Wertung des Beitrages, der unter und von den Fürsten dieses Geschlechtes zur allgemeinen Kulturentwicklung Irans im besonderen und der Alten Welt im großen und ganzen geleistet wurde, beträchtlichen Schwankungen.

Die im vorhergehenden in lockeren Zügen umrissene politische Geschichte jener Zeit könnte den Eindruck erwecken, als ob auf Grund der beinahe unaufhörlichen inneren und äußeren Konflikte gar nicht die Möglichkeit für die Entfaltung irgendwelcher kulturellen Werte gegeben gewesen sei; das trifft keinesfalls zu. Außer Mesopotamien und einigen anderen begrenzten Landstrichen, die als Abwehrzonen wirtschaftlich ungeheuer zu leiden hatten, erlebten gerade in der damaligen Zeit viele Gebiete der iranischen Lande eine wirtschaftliche Hochkonjunktur, mit der auch eine hohe Kulturentwicklung Hand in Hand ging. Diese letzte hing vornehmlich mit dem in steigendem Maße an Bedeutung gewinnenden Ost-West-Handel zusammen, für dessen reibungslose Abwicklung die arsakidischen Fürsten ja mit allem Nachdruck sorgten. Aus diesem Grund blieben auch die Handelsstädte des ansonsten ständig heimgesuchten Mesopotamiens weitgehend verschont, und für die Sicherung der Handelsstraße in der Wüste waren wahrscheinlich zusätzliche Kamelreiterkorps eingesetzt worden.

Während der Zeit der arsakidischen Herrschaft entstand die graeco-baktrische Kunst, die einen nachhaltigen Eindruck auf Indien, Zentralasien und China hinterlassen sollte. Ihre große Bedeutung für Ostiran aber, wo sich der mächtige Sakastaat (seit kurz vor Christi Geburt) gebildet hatte, beginnen wir vorerst nur zu ahnen.

Im Westen des arsakidischen Herrschaftsbereiches wurde der Hellenismus damals überwunden. In tastenden Versuchen entstand hier zuerst eine iranische Volkskunst, die zur Grundlage der sasanidischen Kunst werden sollte, und diese wiederum befruchtete das frühislamische Kunstschaffen. In der Spätzeit der arsakidischen Vormacht erhielten hier nämlich beinahe sämtliche iranischen Motive ihre bildliche Gestaltung, so wie wir diese dann in der sasanidischen Periode eindrucksvoll ausgeführt sehen.

Auf religiösem Gebiet ging die Entwicklung, wenngleich im einzelnen nicht genauer zu erfassen, weiter und führte unter den ersten Sasaniden zur Entstehung des Manichäismus, vor allem aber zur Niederschrift der Avesta, die die erhabene Lehre Zoroasters erkennen läßt und somit wenigstens einen Einblick in den altarischen Glauben ermöglicht.

Als die arsakidischen Fürsten mit ihrer Gefolgschaft zu Beginn in das iranische Hochland einbrachen, waren sie – obgleich iranischen Stammes und iranischer Sprache – noch keine „Iranier". Erst allmählich wuchsen sie in beschränktem Maße in ihre Aufgabe hinein, die ihnen politisch als Erben der östlichen Reichsteile des seleukidischen Staates zufiel. Tatsächlich aber haben sie nie die Kluft zwischen sich und der alten auf achämenidischer Tradition beruhenden Feudalität im Südwesten des iranischen Hochlandes überbrücken können.

Das starre Beharren der Arsakiden auf ihrer aus der Steppe stammenden Feudalorganisation darf nicht als atavistischer Konservatismus oder gar als mangelnde Anpassungsfähigkeit beurteilt werden. Sie wollten nichts anderes sein als das, was sie waren: Reiterfürsten. Für sie bedeutete die Eroberung Irans und Mesopotamiens nichts weiter als erkämpfte neue Weidegründe sowie neues Lehnsland. Sie dehnten sich im Land soweit wie möglich aus, wurden jedoch die Widerstände zu erheblich, so begnügten sie sich mit der Erhaltung ihres Besitzes. Ein größeres politisches Ziel, wie vor ihnen die Achämeniden und späterhin die Sasaniden, haben die Askakiden anscheinend niemals verfolgt, ausgenommen möglicherweise Mithradates II. Durch die Verteidigung ihrer „Weidegründe" bewahrten sie jedoch die östlichen Mittelmeerlande mehr als einmal vor der Überflutung durch nomadische Horden.

Ihrer ganzen Lebensauffassung entsprachen auch ihre Kriegführung und ihre Heeresorganisation, die beinahe ausschließlich auf Reiterei aufgebaut war. Als sie im verhältnismäßig späten Stadium ihrer Herrschaft ihr Gebiet im Westen durch die Römer bedroht sahen, zeigte es sich, daß dieses Reiterheer als durchaus vollwertiges Instrument auch den schwer bewaffneten Legionen gewachsen war, und zwar derart, daß Rom nunmehr selbst, um sich der neuen Kriegführung anzupassen, eine Heeresreform durchzuführen gezwungen war.

Die Einstellung der Arsakiden und ihrer parthischen Gefolgschaft zu Gütern geistiger und materieller Art erhellt ein kurzer Überblick über die uns bekannt gewordenen religiösen Strömungen und künstlerischen Ausdrucksformen während ihrer Herrschaftsdauer. Es muß aber vorausgeschickt werden, daß die Forschung noch am Beginn steht, namentlich im Hinblick auf die damaligen Zustände auf dem eigentlichen Hochland. Aber schon jetzt zeichnen sich deutlich zwei hinsichtlich ihrer Entwicklung vollkommen verschiedene Richtungen ab. Jene im Westen endete in der äußerlichen künstlerischen Ausformung mit einer Überwindung des Hellenistischen und führte zu formelhaft erstarrter Gestaltung oft stark hybriden Charakters; auf religiösem Gebiet ließen uralte semitische Gedanken und Mysterienkulte gnostische Sekten entstehen, die, vermischt mit altarischem Religionsgut, zum Manichäismus führten.

Im Osten wurden die hellenistischen Formen aufgesogen und dem bildlichen Ausdruck iranischer Ideen dienstbar gemacht, die zu den lebensvollen Denkmälern der graeco-baktrischen sowie graeco-indischen Kunst leiten. Diese in Ostiran entstandene Kunstrichtung ist es, welche die sasanidische Königskunst auf das stärkste beeinflußte. Die bedeutsame Rolle, die die einheimische iranische Religion im Osten gespielt haben muß, beginnen wir erst zu ahnen.

Zu Anfang der Arsakidenherrschaft war in der Kunst, jedenfalls in ihrer äußeren Gestaltung, das griechische Element ausschlaggebend. Es müssen griechische Künstler und Bronzegießer gewesen sein, die die prachtvolle Statue aus Schami geschaffen haben. Der hellenistische Geist ist auch noch in dem Kopf aus Susa und besonders im Königskopf aus Hatra zu erfühlen.

Im übrigen läßt sich die Entwicklung im Westen am besten aus der Serie der Münzen wie auch aus den kleinen, zu Tausenden hier gefundenen Statuetten ablesen, von denen die letzten wahrscheinlich mit dem Kult der Anahita zusammenhängen dürften. Zu Beginn der Reihen stehen noch vollkommen lebensnahe, also griechische Darstellungen, allmählich setzt dann die Erstarrung ein, bis nur noch der Inhalt zählt. Der Königskopf auf den Münzen wird zu einer abstrakten Zeichnung und die kleinen Frauenstatuetten zu hölzernen Puppen, deren Formen unter schematisch gefalteten Gewändern verborgen sind.

Im äußersten Westen des arsakidischen Machtbereiches, vornehmlich dort, wo er durch den nie abreißenden Handelsstrom mit den hellenistischen Zentren in Syrien in dauerndem Kontakt blieb, hielt sich der handwerkliche Einfluß griechischer Künstler länger. Aus Dura-Europos am Euphrat, der letzten Station der Karawanen auf parthischem Gebiet (der auf syrischem Boden Palmyra entsprach) stammen zahlreiche Wandgemälde, die die Einwirkung hellenistischer Handwerker klar aufzeigen. Abgesehen davon, daß beinahe alle der abgebildeten Personen iranische Kleidung tragen, sind auch viele der hier auftretenden Motive rein iranisch: Jagd und Kampf zu Pferde. In der eigentlichen Darstellung tritt die Neigung zur Frontalität zunehmend hervor, die zum Merkmal der spätparthischen sowie der ihr folgenden sasanidischen Kunst wird.

Zwei Felsreliefs arsakidischer Könige wurden schon erwähnt. Beide sind unweit des Denkmals des großen Dareios am Berge Behistun eingeschlagen. Mithradates II. wählte diesen Platz wohl aus dem Grunde, um seine Absicht, das Erbe des Dareiosreiches anzutreten, zu versinnbildlichen, und Gotarzes sicherlich zur Betonung seiner nicht ganz einwandfreien Legitimität als Großkönig. Sehr aufschlußreich ist die Gruppe von Felsreliefs bei Tang-i-Sarwak, die vermutlich am Platz des Hauptheiligtums der alten Elymais stehen, und zwar unfern der Stelle, wo sich in neu-elamischer Zeit ein Teilfürst ebenfalls mehrere Reliefs hatte einmeißeln lassen. Das Gesetz der Frontalität ist in Tang-i-Sarwak bereits durchgehend angewendet. Am eindrucksvollsten ist der schwere Reiter, der Prototyp des prachtvollen Reiterreliefs vom Taq-i-Bustan aus der Spätzeit der Sasaniden.

97

An dem wenigen bisher aus parthischer Zeit bekannten Goldschmuck läßt sich die Hand griechischer Kunsthandwerker nicht verleugnen, obwohl die Formen überladen wirken. In parthischer Zeit entwickelte sich auch die Technik reliefierter Töpferei, die zumeist mit einer grünen Glasur überzogen war. Diese Technik wurde in der sasanidischen Periode weiterentwickelt und späterhin vom frühislamischen Kunsthandwerk übernommen. In der gleichen Art wurden vielfach auch Särge hergestellt, und als Reliefverzierungen erscheinen häufig nackte Frauengestalten, die ebenso wie die vorher genannten Statuetten mit dem Anahita-Kult zusammenhängen dürften.

Für die Architektur der Frühzeit der Arsakidenherrschaft sind im Westen die beiden Tempel von Khurkha und Kangavar bezeichnend. Die Grundrisse und Säulenanordnungen sind zwar griechisch, aber das wesentliche Merkmal des griechischen Geistes fehlt: die Proportion. Die Säulen sind überschlank und stehen in keinem Verhältnis zu den Kapitellen; im Falle von Kangavar ist der Temenos viel zu mächtig im Verhältnis zum eigentlichen Tempel. Für den Alten Orient ist neu die Form des parthischen Palastes, wie sie in erster Linie aus Hatra und Assur bekannt geworden ist. Der Palast besteht meistens aus drei langrechteckigen, nebeneinander liegenden und mit Tonnengewölbe überdeckten Räumen, von denen der mittlere fast immer bedeutend höher und größer sowie vorn offen ist. Diese Form läßt sich wahrscheinlich auf eine aus Rohr und Zweigen erbaute Wohnstätte zurückführen, die mit einem aus demselben Material sowie mit Fellen abgedeckten, halbtonnenartigen Dach versehen war, wie es solche Hütten noch heutigentags am Aral-See und am Hamun-See gibt. Die häufig mit ornamentiertem und bemaltem Stuck verzierten Fassaden sind mehrfach durch Reihen übereinander angeordneter Blindarkaden aufgeteilt. In Hatra sind in die Mauern, teilweise willkürlich und ohne Rücksicht auf die architektonischen Formen, rein griechische Masken und Kornichen sowie medaillonartige Reliefs mit Stadtgottheiten eingelassen. Die Türstürze sind mit Büsten geschmückt.

Richtige Städtebauer waren die Arsakiden nicht. So sehr sie auch den wirtschaftlichen und bis zu einem beschränkten Maße auch den militärischen Nutzen derartiger Anlagen erkannt hatten und gewiß auch der feineren und leichteren Lebensführung in den Städten keineswegs abhold gegenüberstanden, so sehr würde sie ein ummauerter Raum doch beengt und gewissermaßen erstickt haben. Ihre erste Hauptstadt war Hekatompylos, eine ehemalige griechisch-makedonische Gründung in Nordiran, man hat aber diese Stadt bisher noch nicht wiederentdecken können. Andere arsakidische Gründungen sind, außer der befestigten Lagerstadt von Hatra und abgesehen von Burgen und befestigten Palästen, im Westen noch nicht bekannt geworden, obgleich wahrscheinlich einige sasanidische Städte auf derartige Anlagen zurückgehen, wie z. B. Ktesiphon. Der Grundriß von Hatra ist polygonal; die Stadt war mit turmbewehrten Mauern umgeben. In der Mitte, an einem großen Platz, stehen der Palast und der Tempel.

Schließlich muß noch einer anderen Stadt im Westen gedacht werden, der bereits genannten Dura-Europos. Sie war eine nach dem hippodamischen System angelegte makedonische Militärkolonie gewesen, die sich seit Ende des 2. vorchristlichen Jahrhunderts in parthischer Hand befand und eine der wichtigsten Stationen auf dem Handelsweg nach Westen geworden war. 300 Jahre später war sie ein Bollwerk der römischen Euphratgrenze, bis sie um 255 n. Chr. von den Sasaniden gestürmt wurde, die der Stadt kein Wiederaufleben gestatteten. Bereits Ammianus Marcellinus gibt bei der Beschreibung des Zuges Julianes Apostatas im Jahre 363 n. Chr. folgende Schilderung: „Nachdem wir so einen Marsch von zwei Tagen gemacht hatten, kamen wir bei der am Ufer des Flusses (Euphrat) gelegenen, aber verlassenen Stadt Dura an. Hier zeigten sich zahlreiche Rudel von

Gazellen, von welchen so viele teils mit Pfeilen erlegt, teils mit den schweren Rudern zu Boden geschlagen wurden, daß sich unsere Leute daran völlig satt essen konnten."

Und nun zu Nordost- und Ostiran. Auch dort überwiegen zu Beginn der Arsakidenzeit rein hellenistische Formen. Wiederum sind es Münzen der Könige und außerdem ein äußerst instruktiver Fund von Gemmen, aus denen sich die Entwicklung ablesen läßt. Es ist deutlich zu erkennen, daß sich hier griechische Form und iranischer Inhalt bald zu einer besonders gelungenen Gestaltung vereinigt haben. Eine der Gemmen zeigt einen jungen Iranier in typisch iranischer Ausrüstung, aber in einer in jeder Beziehung hellenistischen Gemmen dieser Zeit entsprechenden Ausführung. Die einsetzende Umformung geht hier andere Wege als im Westen. An Stelle einer mehr linearen Erstarrung setzt hier eine Umbildung in stark gewölbte und gerundete Formen ein. Die Sakavölker und nach ihnen die Yüh-Chi, besonders dann aber die Kuschanenfürsten, bedienten sich dieser Form auch weiterhin, wobei eine gewisse „Barbarisierung" natürlich unvermeidlich war. Bei aller starren Strenge ist der Torso des Kuschanen Kanischka aus Mathura lebendig und zeigt ihn als echten Ostiranier in iranischer Tracht mit iranischen Waffen. Weniger gelungen ist allerdings ein sicher nach dem Vorbild von Persepolis gebildetes Kapitell. Der auf seinem Wagen thronende iranische Sonnengott weist in Technik und Darstellung alle Eigenheiten der graeco-indischen Kunst auf, die dem Buddhismus die äußere Gestalt des Bodhisatva geben sollten.

Ein weiteres Monument aus Ostiran muß noch hervorgehoben werden: es ist dies ein befestigter Palast auf einer Insel im Hamun-See, Kuh-i-Khwadja. Der Palast geht in seiner älteren Anlage in die Zeit der arsakidischen Vorherrschaft zurück. Wahrscheinlich war er der Sitz der Fürsten von Sakistan, die zuerst als mächtige Vasallen der Arsakiden hier residierten, bis sie sich dann zu unabhängigen Fürsten aufwarfen. Auch hier ist bemalter Stuck zur Verkleidung der Wände genommen worden. Am interessantesten ist aber eine Reihe von Freskogemälden, die in leuchtenden Farben ornamentale und figurale Motive aller Art zeigen. Die Ornamente weisen eine deutliche Verbindung zu Persepolis auf. Bei den figürlichen Motiven erscheinen sowohl rein hellenistische Elemente, wie beispielsweise kleine Eroten auf einem Pferd oder einem Panther, als auch iranische, wie z. B. in iranische Tracht gekleidete Fürsten und Gottheiten. Die handwerkliche Ausführung ist absolut hellenistisch, in den Motiven und in der Darstellungsweise (Frontalität) herrscht indessen iranisches Gedankengut vor.

Am wenigsten wissen wir wiederum von der religiösen Geschichte der Arsakidenzeit. Religion und Kult des Fürstengeschlechtes dürften sich nur wenig von den Bräuchen der Achämeniden unterschieden haben, mit der Ausnahme, daß unter den Arsakiden die Verehrung der Anahita eine wichtigere Rolle zu spielen begann. Im allgemeinen waren sie aber in Glaubensdingen anscheinend recht indifferent, nicht so sehr aus bewußter Toleranz, sondern weil sie Religion wohl nicht für so bedeutungsvoll hielten; denn für diese ritterlich eingestellten Fürsten und Feudalherren waren Pferd, Bogen und rechter Arm das wichtigste. Somit ließen sie den von ihnen beherrschten Stämmen und Völkern in religiöser Hinsicht jede Freiheit. Im Osten konnten buddhistische Wanderpriester ihre Lehre genauso unbehelligt verkünden, wie auch Missionierungen durch Juden und Christen frei stattfinden konnten. Christenverfolgungen seit Vologases sind zwar noch als Taten lokaler Magier anzusehen, zeigen aber schon den wachsenden Einfluß dieser Priesterschaft. Ebenso wie sie den anderen Religionen gegenüber jede Freiheit walten ließen, haben anscheinend die Arsakiden auch den Magiern, die nach wie vor für die Religionsausübungen die Priesterschaft stellten, freie Hand in ihrer Traditionspflege gelassen. Gerade damals müssen sich in den Zentren der Magier bedeutsame Entwicklungen ereignet haben.

In den letzten zwei vorchristlichen Jahrhunderten vollzog sich in Kleinasien, namentlich an der Westküste und in Phrygien, die Ausformung eines Feuerkultes, dessen Auswirkung im einzelnen auf die spätere Hierarchie der Feuerpriester in der sasanidischen Staatskirche noch nicht erfaßt werden kann. Der magischen Traditionen in den drei großen Feuerheiligtümern zu Shiz, Raghe und Persepolis-Istakhr wurde bereits Erwähnung zuteil. Aus Ostiran sind bislang drei Feuerheiligtümer bekannt geworden: das eine innerhalb des schon erwähnten Palastes von Kuh-i-Khwadja, das andere auf der Akropolis von Surkh-Kangal sowie das dritte in Taxila. Aus dem Westen kennen wir nur die kleinen aus einem quadratischen Raum bestehenden Heiligtümer mit einem schmalen Umgang wie in Hatra und Susa. Höchstwahrscheinlich waren sie von einer Kuppel überdeckt gewesen. Es ist auch ziemlich sicher, daß die beiden bei Malamir gelegenen terrassenartigen Unterbauten, von denen ja schon mehrfach die Rede war, zu jener Zeit Kultplätze darstellten.

Es soll hier aber nochmals daran erinnert werden, daß möglicherweise die turmartigen Feuerheiligtümer bei Naqsch-i-Rustam und Pasargadai erst in dieser Epoche errichtet wurden, obwohl diese Erwägung nicht sehr wahrscheinlich anmutet. Ganz gewiß aber in diese Zeit fällt die Erbauung des turmartigen Feuertempels von Nurabad.

Für die freie Religionsausübung jeder Art, die in der arsakidischen Zeit erst gegen Ende mit der unter magischen Einfluß geratenen weiblichen Nebenlinie getrübt wurde, ist Dura-Europos ein Beispiel. Hier fanden sich nebeneinander Tempel der palmyrenischen Götter, des babylonischen Bel, des Zeus Theos und außerdem auch ein Mithra-Heiligtum, eine Synagoge und eine kleine christliche Kapelle. Ähnliche und noch breitere Verhältnisse haben wir uns in den Städten Mesopotamiens vorzustellen, wo jedenfalls im Süden auch die Buddhisten sicherlich schon zu finden waren.

Urfa. Mosaik

Parthische Frauenstatuetten

Shiz

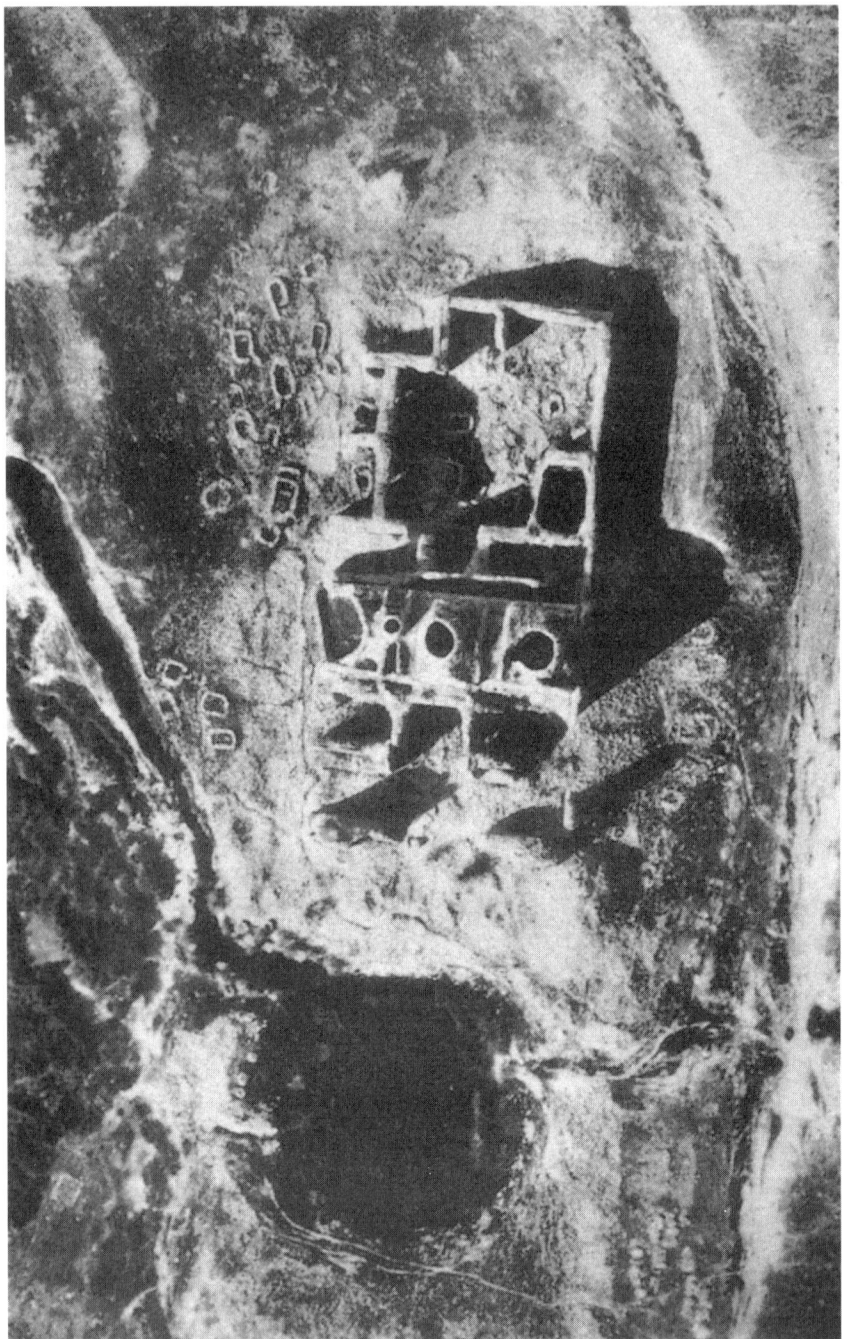

Firuzabad. Ardaschir-Palast

VII

Die Sasaniden

Im sasanidischen Reich ersteht noch einmal die Kultur der altorientalischen Welt in ihrem geheimnisvollen, prunkhaften Glanz und ihrer machtvollen Erhabenheit. Der König der Könige tritt uns in der Tradition als absoluter Despot entgegen, bei dem sich Gerechtigkeit nur allzuoft mit unmenschlicher Grausamkeit paart und – der gleichzeitig das Ideal des indoiranischen Ritters ist, mit seinesgleichen jagte und Reiterspiele pflegte. Von unermeßlichem Reichtum und Pracht umgeben, förderte er an seinem Hofe die Entfaltung der bildenden Künste und Wissenschaften, der Musik und der Dichtung.

Tatsächlich aber war der König oft nichts anderes als ein Spielball der mächtigen Feudalherren, die – im Bunde mit dem herrschsüchtigen Mobad-an-Mobad, dem fanatischen Hüter des alleingültigen Glaubens, nämlich des zur Staatsreligion erhobenen Zoroastrismus – ihn auf den Thron erheben oder ihn absetzen konnten, ihn bisweilen aber auch ermordeten. In der sich mehr und mehr ausbildenden Idee der Legitimität fanden die Herrscher aus dem Hause Sasan jedoch bald eine feste Stütze.

In seinen Einzelheiten liegt der Aufstieg der sasanidischen Dynastie zur Herrschergewalt genau so im Dunkel wie vormals der der medischen, achämenidischen und arsakidischen Fürstenhäuser. Viel mehr noch als bei jenen ist aber die sasanidische Geschichte mit Sagen und Legenden ausgeschmückt worden, die uns in den Werken Tabaris und Masudis, insbesondere aber in Firdusis Schachnameh erhalten geblieben sind.

Während der Zeit des Bruderkrieges zwischen Vologases V. und Artabanos V. stürzte in der Persis ein Feudalherr Papak, Sohn des Sasan, und den in Istakhr residierenden Landesfürsten. Für seinen jüngeren Sohn hatte Papak schon früher die Belehnung mit einer festen Stadt durchgesetzt. Als dieser junge Herr, *Ardaschir*, jedoch begann, die kleineren Barone in der Persis einen nach dem anderen zu unterwerfen, schrieb Papak einen Brief an Artabanos V. und verlangte von ihm, daß er seinen älteren Sohn Schapur als seinen Nachfolger mit der Persis belehne, womit Papak den ehrgeizigen Bestrebungen seines jüngeren Sohnes einen Riegel vorzuschieben gedachte. Aber Artabanos' Antwort bestand darin, daß er ihn samt seinen beiden Söhnen für Rebellen erklärte. Nach dem Tode Papaks übernahm Schapur die Herrschaft in Istakhr, was keineswegs die Billigung seines Bruders Ardaschir fand. Schapur fiel aber bald einem zu sehr gelegener Zeit eintretenden „Unfall" zum Opfer – es soll sich aus der Decke eines alten Palastes (vielleicht von Persepolis?), in dem er Quartier genommen hatte, ein Stein gelöst und Schapur erschlagen haben.

Während Artabanos V. vollauf von der Abwehr der Römer in Anspruch genommen war, machte sich Ardaschir die ganze Persis untertan. Er schlug nacheinander die Aufgebote der Fürsten von Kirman, Isfahan und schließlich der alten Susiana, die gegen ihn auf Befehl Artabanos' V. zu Felde gezogen war. Als sich der König der Könige endlich selbst gegen ihn wenden konnte, war Ardaschir schon zu mächtig geworden. Im Jahre 224 n. Chr. ward Artabanos V. vernichtend geschlagen und fiel.

Der Widerstand der Arsakidenpartei war damit aber nicht gebrochen, obwohl der größere Teil der Feudalität anscheinend zu Ardaschir übergewechselt war. Die Seele des Widerstandes war der armenische König Khosroes, selbst ein Arsakide; so scheint während der ganzen Dauer der Sasanidenherrschaft Armenien überhaupt die Hochburg einer arsakidischen Résistance gewesen zu sein. Ardaschir mußte zehn Jahre in schweren Kämpfen gegen Khosroes angehen, ehe es ihm schließlich gelang, diesen durch Verrat ermorden zu lassen. Welche große Bedeutung die Niederlage Armeniens für Ardaschir hatte, geht auch aus der Tatsache hervor, daß er hier in Armenien ein seinen Sieg verewigendes Felsrelief einschlagen ließ, während alle sonstigen Felsreliefs sowohl von ihm als auch seinen Nachfolgern ausschließlich in der Persis und in Medien zu finden sind. Als er den Nordosten Irans durchzogen und „nachdem er viele Leute getötet und ihre Köpfe nach dem Feuertempel der Anahita geschickt hatte", erreichte ihn auch eine Gesandtschaft des Kuschanenkönigs „mit der Erklärung ihrer Unterwürfigkeit". Erst jetzt konnte Ardaschir an die Sicherung seines Reiches denken und damit beginnen, sein politisches Programm in die Tat umzusetzen.

Im Gegensatz zu den arsakidischen Fürsten hatte nämlich Ardaschir von Anfang an ein festes Ziel, das auch von seinen Nachfolgern bis zum Ende der sasanidischen Herrschaft nicht außer acht gelassen wurde: die Wiederherstellung des achämenidischen „Weltreiches". Politisch gesehen war die Revolte Ardaschirs eine nationalpersische Erhebung gegen die in Südiran niemals restlos anerkannten Arsakiden. Kulturell aber knüpfte Ardaschir nicht nur an die achämenidische Tradition, sondern auch an die der letzten Arsakidenzeit an. Seitdem der weibliche, in Medien ansässige Zweig dieser Fürstenfamilie zur Herrschaft gelangt war, hatte sich eine Art von nationaliranischer Reaktion gegen den hellenistisch-mesopotamischen Einfluß fühlbar gemacht, der in der Sasanidenzeit nahezu völlig überwunden werden sollte. Ardaschir und seine Nachkommen leiteten ihren legitimen Anspruch auf die Herrscherwürde aus der Abstammung von mythischen Urkönigen Irans her.

Ardaschir kannte nur zu gut die Schwächen und Gefahren, die eine rein feudalistische Organisation für ein Reich, wie er es zu schaffen gedachte, in sich barg. Andererseits wußte er aber genau, daß das feudalistische Prinzip bei den Iraniern viel zu fest verankert war, um sich einfach darüber hinwegsetzen zu können. Er bemühte sich daher, einmal diese Gefahr durch eine straff organisierte und zentralisierte Reichsverwaltung auszugleichen und zum anderen, den Zusammenhalt des Reiches auch durch eine Staatsreligion zu stärken.

Der über allem stehende Alleinherrscher ist der König der Könige, dessen Stellung die eines Gottes ist, was z. B. der Beginn der großen Inschrift Schapurs I. zu Naqsch-i-Rustam zum Ausdruck bringt:

„Ich (bin) die Mazda-verehrende Göttlichkeit Schapur, König der Könige der Arier und Nicht-Arier, der von Göttern abstammt, Sohn der Mazda-verehrenden Göttlichkeit Ardaschir, König der Könige der Arier, der von Göttern abstammt, der Enkel der Göttlichkeit Papaks, des Königs."

Dennoch war auch bei den Sasaniden die Versammlung der Feudalität mächtig genug, um eine ausschlaggebende Rolle bei der Thronfolge zu spielen. Innerhalb der gesellschaftlichen Hierarchie versuchten die höchsten priesterlichen Würdenträger ihr den Rang streitig zu machen.

Das sasanidische Königtum hat verschiedentlich Anstrengungen gemacht, um die Macht der einflußreichen Feudalherren einzuschränken. Die mehr oder weniger erblich gewordene Satrapenwürde wurde in steigendem Maße zur Stellung eines beamteten Provinzialgouverneurs, dem lediglich die zivile Administration unterstand, umgewandelt. Wie einst bei den Achämeniden gab es außerdem einen dem Großkönig direkt verantwortlichen Truppenkommandeur sowie einen Obermagier, Mobad-an-Mobad, zur

Überwachung der religiösen Übungen und mit weitgehenden Vollmachten versehen, die sich auch teilweise auf die Rechtsprechung erstreckten. Erst gegen Ende der sasanidischen Herrschaft ward die zivile und militärische Gewalt in den Händen der Provinzialgouverneure oft wieder vereinigt. Eine weitere Schwächung des großfeudalen Einflusses wurde dadurch angestrebt, daß ihnen die höchsten Beamten teilweise sozial gleichgestellt wurden. Die Mitglieder der ersten Feudalfamilien bildeten mit den höchsten Beamten des Reiches, nämlich den Ministern und Verwaltungschefs, die vornehmste soziale Schicht.

Unter ihr standen die „freien Männer", d. h. der niedere Adel und die kleineren Grundbesitzer, die häufig als Dorfvorsteher auftraten und aus denen sich die untere Beamtenschaft, vornehmlich die Steuererheber, rekrutierte.

Es folgte die breite Masse des Volkes, die Bauern, Handwerker und Kaufleute. Obwohl die Bauern theoretisch als Freie galten, waren sie praktisch doch mehr oder minder an die Scholle gebundene Leibeigene, die für ihre Lehnsherren das Land bestellten.

Eine direkte Anknüpfung an die Innenpolitik der Achämeniden bezeugt eine Äußerung, die Ardaschir getan haben soll: „Es gibt keine Macht ohne Heer, kein Heer ohne Geld, kein Geld ohne Landwirtschaft, keine Landwirtschaft ohne Gerechtigkeit."

Die Sasaniden legten stets besonderen Wert auf die Pflege der Rechtsprechung und des Wirtschaftslebens innerhalb ihres Herrschaftsbereiches.

Die Rechtspflege oblag, wie schon gesagt, im allgemeinen der Priesterschaft. Der höchste Richter aber, an den jeder appellieren konnte, war der König der Könige, der zweimal im Jahr eine Audienz befahl, damit jedermann seine Klagen vorzubringen Gelegenheit hatte. Die Gerichtshöfe in den Provinzen wurden mit Männern besetzt, die nach ihrer Redlichkeit und ihrem Wissen ausgesucht waren. In der Zeit der religiösen Verfolgungen wurden königliche Kommissionen mit besonderen Vollmachten ernannt. Es wurden grundsätzlich drei Arten von Verbrechen unterschieden: erstens die Verbrechen gegen die Gottheit, d. h., wenn ein Mann sich von der Religion abkehrte oder religiöse Neuerungen einführen wollte; zweitens die Verbrechen gegen den König, d. h., wenn ein Untertan revoltierte, Verrat übte oder desertierte; und drittens schließlich die Gemeinverbrechen. Auf die beiden ersten Arten stand der Tod, und im letzten Fall wurden je nachdem Tod oder andere Strafen verhängt. Alle Strafen aber waren zumeist schrecklich und grausam.

Der landwirtschaftlichen Entwicklung ward in jeder Beziehung Vorschub geleistet, so entstanden Staudämme und andere Regulierungsanlagen. Schapur I. ließ beispielsweise bei Schustar durch römische Gefangene einen Damm aufführen, der sogar noch heute teilweise seiner Aufgabe genügt. Khosroes I. ordnete die Verteilung von Saatgetreide an und förderte Plantagenanlagen aller Art.

Zur Erleichterung des Handelsverkehrs griff Ardaschir wieder auf die Goldwährung zurück. Der Schutz der Handelswege wurde energisch gewährleistet; mächtige Brücken und andere Kunstbauten wurden angelegt und das ganze Straßennetz in jeder Weise ausgebaut. Der Transithandel mit seinen Abgaben spielte nach wie vor eine große Rolle bei den Staatseinkünften. Städtegründungen führten nicht nur zum Aufschwung des Handwerks, sondern sie wurden gleichzeitig zu Stützen der Zentralverwaltung. Seit Schapur I. kam bei solchen Neugründungen häufig das hippodamische System in Anwendung. Neben dem Metallhandwerk war es damals vor allem die Weberei, die einen gewaltigen Auftrieb erfuhr und durch Ansiedlung von Facharbeitern aus Syrien und anderen Gebieten gefördert wurde. Ein berühmter chinesischer Reisender jener Zeit berichtet: „Das Land (Iran) liefert Gold, Silber, Kupfer, Bergkristall, seltene Perlen und verschiedene andere wertvolle Rohmaterialien. Ihre Handwerker können feinen Seidenbrokat,

Wollstoffe und Teppiche usw. herstellen." Besonders begehrt in China war eine im Iran hergestellte Augenschminke.

Nach wie vor bildete die von der Feudalität gestellte schwere Reiterei den Kern des Heeres. Die sasanidischen Fürsten scheinen aber schon zeitig damit begonnen zu haben, auch ein regelrechtes besoldetes stehendes Heer zu unterhalten, besonders an den beiden gefährdetsten Grenzen, im Westen und Norden. Hier wurden Markgrafen eingesetzt, denen die in festen Lagern stationierten Truppen unterstanden. An den vorwiegend bedrohten Stellen im Norden, dem Derbant zwischen Kaukasus und Kaspischem Meer und vor den Ebenen von Gurgan wurden durch Forts gestützte Befestigungslinien unterhalten. Die leichte Reiterei stellte der niedere Adel mit seinen bäuerlichen Hintersassen, zu denen vielfach noch Hilfskontingente von Steppenstämmen hinzukamen. Im Gegensatz zu den Arsakiden stellten die Sasaniden auch Fußtruppen auf, die bei den häufigen Festungskriegen mit den Römern notwendig waren. Allerdings scheinen diese Fußsoldaten, mit Ausnahme der von der Südwestecke des Kaspischen Meeres stammenden deïlamitischen Truppen, nur recht geringen Kampfwert besessen zu haben. Eine sehr wichtige Waffe des sasanidischen Heeres bildeten die Kriegselefanten, die von den Parthern niemals verwendet worden waren.

Das Oberkommando war den Himmelsrichtungen entsprechend in vier Abschnitte geteilt und wurde erst gegen Ende des Reiches wieder zusammengelegt.

Die eigentlichen Vorgänge bei der Erhebung des Zoroastrismus zur Staatsreligion entgehen uns noch teilweise. Jedenfalls wurde diese zu Lebzeiten Ardaschirs noch nicht streng durchgeführt; daß er aber den Grundstein dieser Religion legte, wird aus einem ihm von Firdusi – der die geschichtliche Tradition des Sasanidenreiches wiedergibt – in den Mund gelegten Ausspruch ersichtlich: „Betrachte Altar und Thron als untrennbar; sie müssen sich gegenseitig stützen."

Es liegen auch Anzeichen dafür vor, daß bereits von Ardaschir die Anregung ausging, die mündlich überlieferten religiösen Traditionen zu sammeln.

Diese als Avesta bezeichnete Sammlung besteht aus einer Zusammenstellung mündlicher Tradition verschiedenen Alters, Ursprungs und Inhalts. Aus den ältesten Teilen lassen sich die religiösen Verhältnisse bei den noch halbnomadischen indoiranischen Stämmen in der Steppe des Ostens erkennen. Sie verehrten alle Ahuramazda, den Weltschöpfer, der jedoch nicht allein, sondern von Naturgottheiten umgeben war, von denen die einzelnen Stämme jeweils die eine oder andere bevorzugten. Größter Beliebtheit erfreute sich Mithra, der lichte Held. Blutige Opfer wurden den Göttern dargebracht, und der Rauschtrank Haoma spielte eine große Rolle bei kultischen Handlungen. Diesen das Lichte, das Gute vertretenden Gottheiten stand Ahriman, das Dunkle, das Böse, mit seinen Helfern, den Daivas, gegenüber.

Die Überlieferung spricht von diesen Gottheiten in einer durchaus realen, menschlichen Weise, aber Bilder in menschlicher Gestalt gab es von ihnen nicht. Als Heroen kämpften sie in Kriegen und schlugen sich in ritterlichem Zweikampf. In vollkommen menschlicher Art erfreuten sie sich an allen guten Gaben und Genüssen, die die Erde zu bieten hatte.

Bei einem dieser Stämme erstand der Prophet Zarathustra, der Zoroaster der klassischen Überlieferung. Er hob die ganze Religionsauffassung in das Abstrakte unter starker Betonung des ethischen Momentes. Ahuramazda wurde der *einzige* Gott, die anderen Götter verloren ihre Autonomie, wurden zu Aspekten des Einen oder zu seinen ersten Geschöpfen, die ihm als Helfer (etwa wie die Erzengel) dienten. Nun waren es keine Einzelkämpfe mehr, die der *eine* Gute oder der *eine* Held mit dem Bösen – oft mit einem

Ktesiphon. Taq-i-Kisra

Gur bei Firuzabad

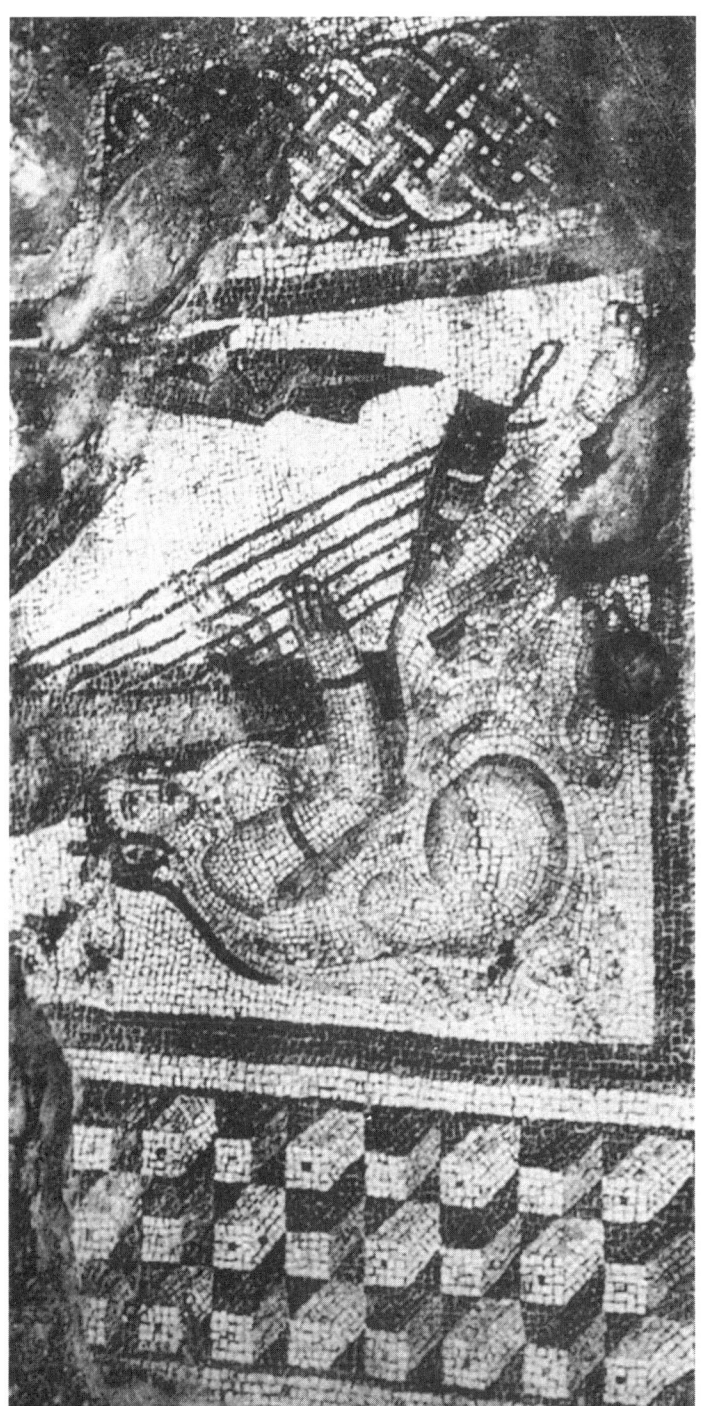

Firuzabad. Schapur als Kronprinz im Kampf mit dem arsakidischen Wesir

Untier, dem Drachen Aždahak – ausfocht, jetzt vollzog sich vielmehr ein einziger großer Kampf des allgemeinen Guten gegen das Böse. Nach ihrem Tod sollen alle Menschen in Feuer gebadet werden, den Guten aber wird dies wie „laue Milch" sein.

Zoroaster trat gegen das Blutopfer auf und gegen den Rauschtrank. In seiner Lehre hat die Verehrung des heiligen Feuers noch keine Rolle gespielt. Das wahre Opfer war die Andacht: der eine Gedanke, das reine Wort, die reine Handlung. Feuer, Wasser und Erde durften nicht verunreinigt werden. Aus diesem Grunde wurden nun auch die Körper der Toten so lange ausgesetzt, bis wilde Tiere die Knochen reingenagt hatten. Erst dann wurden die Gebeine gesammelt und in einer Knochenkiste beigesetzt.

Zoroaster mußte vor dem Stamm, dem er seine Lehre zuerst verkündigt hatte, fliehen, fand aber Aufnahme bei einem anderen und ebenfalls in Ostiran ansässigen. Dort soll sein Beschützer der König Hystaspes gewesen sein. Von hier aus verbreitete sich seine Lehre nach Westen, gegen die armenischen Berge, wo wiederum indoiranische Stammesgruppen, die Meder und Perser, saßen, vor allem auch der medische Zweig der so oft genannten Magier. Das westlichste Missionszentrum der zoroastrischen Reformation war Raghe.

Datenmäßig liegen Leben und Wirken Zoroasters für uns im Unbestimmten, wahrscheinlich aber fielen sie in die Zeit der ersten Achämeniden, wenn nicht schon etwas früher

Wie schon erwähnt, scheint sich in den folgenden Jahrhunderten diese Reformation, deren sich die Magier – die seit den Achämeniden auch bei den Persern die Priesterschaft schlechthin stellten – schon bald bemächtigten, in drei „Schulen", die sich um ein ewig brennendes Feuer sammelten, weiterentwickelt zu haben. In der sasanidischen Zeit kam es dann zu einer Art Rivalität zwischen der in Shiz zentrierten Schule, wo sich unter starker Beeinflussung der eigentlichen magischen Tradition die Priesterschaft der Mobads gebildet hatte, und der in der Persis vorhandenen Schule mit der mächtigen, an die achämenidische Tradition anknüpfenden Priesterschaft der Herbads. In diesen Spannungen hatten die Mobads durch ihren fanatischen Vertreter Karter zur Zeit Bahrams II. die Oberhand gewonnen, ohne jedoch ihre Vormachtstellung gegen die Herbads vollkommen durchdrücken zu können. Im großen ganzen ist aber die Form, in welcher schließlich der Zoroastrismus zur Staatsreligion wurde, als ein Sieg der magischen (medischen) Tradition anzusehen: „Erbauung neuer Feuertempel, Verfolgungen andersdenkender Leute und Zwangsmissionen. Unschwer läßt sich hier der die Magier stets kennzeichnende intolerant-fanatische Geist erkennen. So war durch die Zwangsmaßnahmen in Religionssachen eine Entwicklung eingeleitet worden, die für die nichtzoroastrischen Minoritäten des Sasanidenreiches, besonders unter den Nachfolgern Schapurs I., verhängnisvoll werden sollte." *(G. Widengren.)* Das alles war jedoch nicht mehr die reine Lehre Zoroasters. Die Aussetzung der Toten wurde nun allerdings allgemein von den Anhängern dieser Religion praktiziert; blutige Opfer aber blieben weiterhin üblich, was auch aus der Schapur-Inschrift an der Kaaba-i-Zerduscht hervorgeht, in der König eine Stiftung für die Opferung von Lämmern festsetzt. Im übrigen waren die Religionsübungen strengstens geregelt, mit Reinigungsritualen und komplizierten Liturgien, die ausschließlich von Magiern ausgeführt werden durften, wie überhaupt jede kultische Handlung nur dann Gültigkeit hatte, wenn ein Vertreter der Priesterschaft anwesend war.

Die eindrucksvollsten Monumente der Kunst aus der Sasanidenzeit sind die Felsreliefs, deren besonderer Stil unter Ardaschir I. entstand. Sowohl inhaltlich als auch in ihrer äußeren Gestaltung zeigen sie am besten das Wesen der sasanidischen Kunst auf: es ist dies eine Königskunst, in der sich altiranisches Gedankengut mit indoiranischen Konzeptionen in einer neuen Ausdrucksform zu einer kraftvollen Synthese vereinte.

Sein erstes Relief ließ Ardaschir in der Nähe seiner Hauptstadt Firuzabad in den Felsen einschlagen. Es besteht aus drei einzelnen Szenen, die zeigen, wie Ardaschir den letzten arsakidischen König, sein Sohn Schapur dessen Wesir und ein Leibpage Ardaschirs einen anderen parthischen Gegner vom Pferde stechen. Sowohl in der schweren, aber dennoch aufgelockerten Bewegung der drei Darstellungen als auch in der flachen, eher gezeichneten Relieftechnik wird der enge Zusammenhang mit der parthischen Kunst offensichtlich. Man vergleiche diese drei Reliefszenen nur mit dem Felsrelief des Gotarzes bei Behistun und mit den Wandfresken von Dura-Europos! Aber bereits die nächsten Reliefs des Ardaschirs bringen neue, für die Königskunst charakteristische Formen. Wiederum nah bei Firuzabad hat sich Ardaschir darstellen lassen: man sieht ihn bei der Belehnung mit dem Ring der Macht durch Ormuzd, und ein weiteres Relief in der Nähe von Persepolis hält ihn in einer ähnlichen Szene fest. Die Figuren erscheinen in starrer, majestätischer Pose in den Fels geschlagen. In der eigentlichen Darstellung läßt sich kein großer Unterschied zu dem Mithradates-Relief von Behistun feststellen. Aber die Technik ist nun eine völlig andere: die in hohem Relief aus dem Fels geschlagenen Figuren zeigen volle, gerundete Formen, die ganz offensichtlich die Verwandtschaft mit der griechisch-indisch-ostiranischen Kunst erkennen lassen. Das großartigste Relief Ardaschirs befindet sich an der Felswand von Naqsch-i-Rustam, unmittelbar neben den Grabfassaden der achämenidischen Könige. In streng heraldischem Aufbau stehen sich Ardaschir und Ormuzd (Ahuramazda) hoch zu Roß gegenüber. Der Gott reicht dem Könige den mit breiten Bändern geschmückten Ring als Zeichen der Belehnung. Unter den Pferdehufen liegt Artabanos, der letzte Arsakidenherrscher, bzw. Ahriman, der finstere Gegner Ahuramazdas.

Beide Motive, das des zu Boden gestreckten und unter den Füßen des siegreichen Fürsten liegenden Feindes sowie das der Belehnung des Herrschers durch die Gottheit, fanden wir erstmalig auf iranischem Boden in dem nach altakkadischem Vorbild ausgeführten Relief des Königs Annubanini aus der Mitte des 3. vorchristlichen Jahrtausends. Später treten sie dann auf dem Dareios-Monument am Felsen von Behistun in Erscheinung. In dem Relief des Ardaschir in Naqsch-i-Rustam haben diese beiden Motive ihre letzte monumentale Ausformung erhalten. Es ist die Verewigung der rechtmäßigen, durch die Gottheit dem König übertragenen Macht und zugleich die des Triumphes über das Feindliche, das Böse – sei es nun menschlicher oder überirdischer Art. Noch stärker als bei den Reliefs von Firuzabad kommt hier der ostiranische Einfluß in der Gestaltung zum Ausdruck.

Die meisten Reliefs der sasanidischen Könige vergegenständlichen die zwei soeben beschriebenen Motive in der Art, wie sie unter Ardaschir zuerst ausgeformt wurden. Jenes Relief, das den König Bahram II. auf einer Löwenjagd darstellt, muß ebenfalls als Verewigung des siegreichen Guten gegenüber dem unterworfenen Bösen angesehen werden, und dasselbe traf schon für das achämenidische Relief von Persepolis zu, auf denen der König im Kampf mit einem Ungeheuer dargestellt ist. Von Ardaschirs Sohn Schapur I. haben wir außer zwei Darstellungen mit der Belehnungsszene fünf Bilder, die den Triumph über den römischen Kaiser Valerianus wiedergeben und von denen anläßlich der Schilderung seiner Regierung noch gesprochen werden soll.

Mit Ausnahme des Ardaschir-Reliefs in Armenien sowie einer Gruppe am Taq-i-Bustan im „Tor von Asien" befinden sich alle sasanidischen Königsreliefs in der Persis. Ihre handwerksmäßige Ausführung ist verständlicherweise nicht die gleiche, da sie ja aus verschiedenen Epochen einer vierhundertjährigen Herrschaftszeit stammen, und aus den

Reliefs Schapurs I. sowie denen Khosroes' II. läßt sich deutlich die Arbeit mehrerer Steinmetzen unterscheiden. Der weitaus größte Teil der bislang bekannten 30 Reliefs gehört in die ersten 75 Jahre des sasanidischen Reiches, und zwei von ihnen fallen ungefähr in das Jahr 380 n. Chr. Die Reliefs Khosroes' II. gehören in das beginnende 7. Jahrhundert n. Chr. Die einzige bisher aufgefundene große Rundskulptur stammt aus einer Grotte bei Bischapur und stellt Schapur I. dar. Hier wird der ostiranische Einfluß noch offensichtlicher als bei den Felsenreliefs.

Mit der Errichtung seines Palastes in Firuzabad schuf Ardaschir ebenfalls den Typus der sasanidischen Paläste, wobei es sich eigentlich nur um die Weiterentwicklung des parthischen Palasttyps handelt. Den Hauptbestandteil bildet nach wie vor die Empfangshalle, der hochgewölbte Liwan, um den sich die Wohnräume gruppieren und die meistens mit Kuppeln abgedeckt waren. Der berühmteste sasanidische und wahrscheinlich von Khosroes I. erbaute Palast Taq-i-Kisra in Ktesiphon zeigt noch rein parthische Formen. Der mächtige Liwan inmitten der mit Blindarkaden geschmückten Fassade mißt 24 x 48 Meter bei einer Höhe von 34 Metern. Die Außen- und Innenwände der Paläste waren mit reliefierten, buntbemaltem Stuck überzogen, soweit sie nicht mit kostbaren Geweben behängt waren. Den Boden bedeckten Mosaike oder herrliche Teppiche.

Es finden sich nun öfters Bauten für sakrale Zwecke, nachdem die Könige die Errichtung von Feuertempeln in ihrem ganzen Herrschaftsgebiet befohlen hatten. Das eindrucksvollste bisher gefundene Gebäude dieser Art ist der Feuertempel von Bischapur, der gegenwärtig ausgegraben wird. Die kleineren Feuertempel sind kapellenartige Bauten mit quadratischem Grundriß; vermutlich waren es nach allen vier Seiten offene, von einer Kuppel überdeckte Räume, in denen das heilige Feuer brannte. Außerdem gab es noch die nach altiranischem Brauch auf hohen Bergen oder in deren Flanken eingeschlagenen Terrassen für Kulthandlungen. Eine turmartige Ruine in der Mitte von Firuzabad und das eigentümliche Monument von Paikuli dienten vermutlich ebenfalls kultischen Zwecken. Zwei große, aus dem Felsen herausgeschlagene Feueraltäre bei Naqsch-i-Rustam stammen wahrscheinlich aus der sasanidischen Zeit.

Vor allem blühte aber das Kunsthandwerk unter der sasanidischen Herrschaft. Auch bei diesem ist, vielleicht sogar noch mehr als bei den großen Reliefs und in der Architektur, die Anknüpfung an die Volkskunst der spätarsakidischen Periode zu erkennen. In ihrer Ausgestaltung, der Bevorzugung stark gewölbter und gerundeter Formen, weist das Kunsthandwerk aber auch nach dem Osten. Die unverkennbar auf hellenistische Vorstellungen und Motive zurückleitenden Darstellungen sind sämtlich durch das graeco-baktrische und graeco-indische Medium gegangen. Von den Metallgegenständen sind, abgesehen von Schmuckstücken, vor allem die großen Silberschüsseln hervorzuheben, mit Darstellungen des reitenden Königs auf der Jagd, von Investiturszenen und Banketten. Tiere und Fabelwesen sind sehr gelungen in den Raum hineinkomponiert. Höchstwahrscheinlich handelt es sich bei der Mehrzahl dieser Schüsseln um königliches Tafelgeschirr oder um Ehrengaben für verdiente Hofleute. Eine Schale zeigt eine Flötenspielerin auf einem Greifen. Ein viel behandeltes Motiv sind zwei Widder zu beiden Seiten eines Baumes. Außerdem ist eine ganze Reihe von flaschenartigen Gefäßen aus Silber gefunden worden, die vermutlich zur Aufnahme wohlriechender Essenzen dienten. Auch diese Gefäße sind mit reliefierter Verzierung versehen. Besonders reizvoll sind mehrere solche Gefäße mit der Darstellung von fünf Frauen und ein weiterer Behälter mit heraldisch übereinander angeordneten Löwen. Bei vielen Metallarbeiten ist es schwer, mit Sicherheit festzustellen, ob sie tatsächlich noch der sasanidischen Periode angehören oder nicht schon in die islamische Zeit fallen, in welcher die sasanidische Handwerkstradition noch lange führend blieb. Die strenge, vom Koran vorgeschriebene Bildlosigkeit hatte sich auf persischem Boden nie durchgesetzt, wofür ja auch die schönen persischen Miniaturen, mit denen die Handschriften der persisch-arabischen Dichter ausgeschmückt sind, zeugen. Bei den Schmuckstücken der sasanidischen Periode sind die Anklänge an den Schmuck der Achämenidenzeit unverkennbar. Kleinere Bronze- und Silberstatuetten aus der Sasanidenzeit wurden ebenfalls gefunden.

Für die hervorragende Kunstfertigkeit der sasanidischen Weber zeugen die vielen Stoffreste aus Ägypten und die als Reliquienhüllen im frühen Mittelalter nach Europa gelangten Gewebe. Charakteristisch ist bei diesen Stoffen der sogenannte Medaillonstil. Das eigentliche Motiv, ein Tier, ein Blumenmuster oder recht komplizierte Darstellungen, wie antithetische Gruppen zweier königlicher Reiter oder der auf den Beschauer zustürmende Wagen eines Sonnengottes, ist in einen mehr oder weniger gerundeten Rahmen gesetzt. Auf den Reliefs Khosroes' II. am Taq-i-Bustan ist die Musterung der königlichen Gewänder aus solchem Stoff in flachem Relief oder in sorgfältiger Gravierung angedeutet.

Von besonderem historischem Interesse sind die Münzen der sasanidischen Könige. Zunächst einmal beweisen sie, daß jeder König seine eigene Krone hatte, wodurch uns die Datierung unbeschrifteter Denkmäler, z. B. der meisten Felsreliefs, ermöglicht wird. Die Schauseite gibt die Büste des Herrschers, meistens im Profil, späterhin auch bisweilen *en face*, wieder. Bahram II. ließ eine Münze prägen, die ihn sogar mit seiner Frau und dem Thronfolger darstellt. Die Rückseite der Münzen tragen im allgemeinen den Namen des jeweiligen Königs in Pahlavi um einen Feueraltar herum, dessen Form sich vielfach verändert. Manchmal erscheint rechts und links des Feueraltars je eine Figur, oder über dem Feuer schwebt eine Büste, die vermutlich Ahuramazda darstellen soll.

Apart sind auch die Münzen Ostirans aus dieser Epoche. Bis zur Zeit Bahrams II. (276–293 n. Chr.) wurde gewöhnlich ein königlicher Prinz, mit dem anspruchsvollen Titel „großer Kuschanschah", dort als Statthalter eingesetzt, der das Recht eigener Münzprägung hatte. Peroz, der jüngere Bruder Schapurs I., der auch diese Würde bekleidete, ließ sich auf einer Münze bei der Weihrauchverbrennung vor „Buddha dem Gotte" darstellen.

Aus dieser Periode sind auch zahlreiche und oft sehr schön geschnittene Halbedelsteine bekannt, die – soweit sie vertieft geschnitten sind – wohl als Siegel dienten. Häufig haben sich die Besitzer, Männer und Frauen, in freilich recht idealisierten Büsten darstellen lassen. Die Männer haben als Kopfbedeckung oft hohe, gerundete Helme von einer Art, wie sie durch ein Bronzeoriginal im British Museum bekanntgeworden ist. Auf den Helmen erscheinen heraldische Zeichen, die vermutlich den Rang des Eigentümers andeuten sollen. Andere Steine zeigen Jagd- oder Bankettszenen und mythologische Motive. Ausgesprochen lebendig wirken die Darstellungen von allerlei Tieren und Fabelwesen, bei denen man vor allem Pferde, Löwen, Hirsche, Buckelrinder und Steinböcke, geflügelt oder ungeflügelt, bevorzugte. Meistens tragen die Tiere ein breites, gefälteltes Band um den Hals; es ist dies ein Motiv, das ebenso wie ein Flügelpaar als Abschluß der Büsten kennzeichnend für die sasanidische Kunst ist. Im übrigen wurden auch einige sehr schöne, in Relief geschnittene Steine gefunden, von denen der beste ein Bergkristall ist, mit dem thronenden Khosroes II. (?) in streng frontaler Ansicht.

Die außenpolitische Aufgabe, die sich Ardaschir gestellt hatte und deren Weiterführung von seinen Nachfolgern stets angestrebt wurde, läßt sich in kurzen Zügen folgendermaßen umreißen:

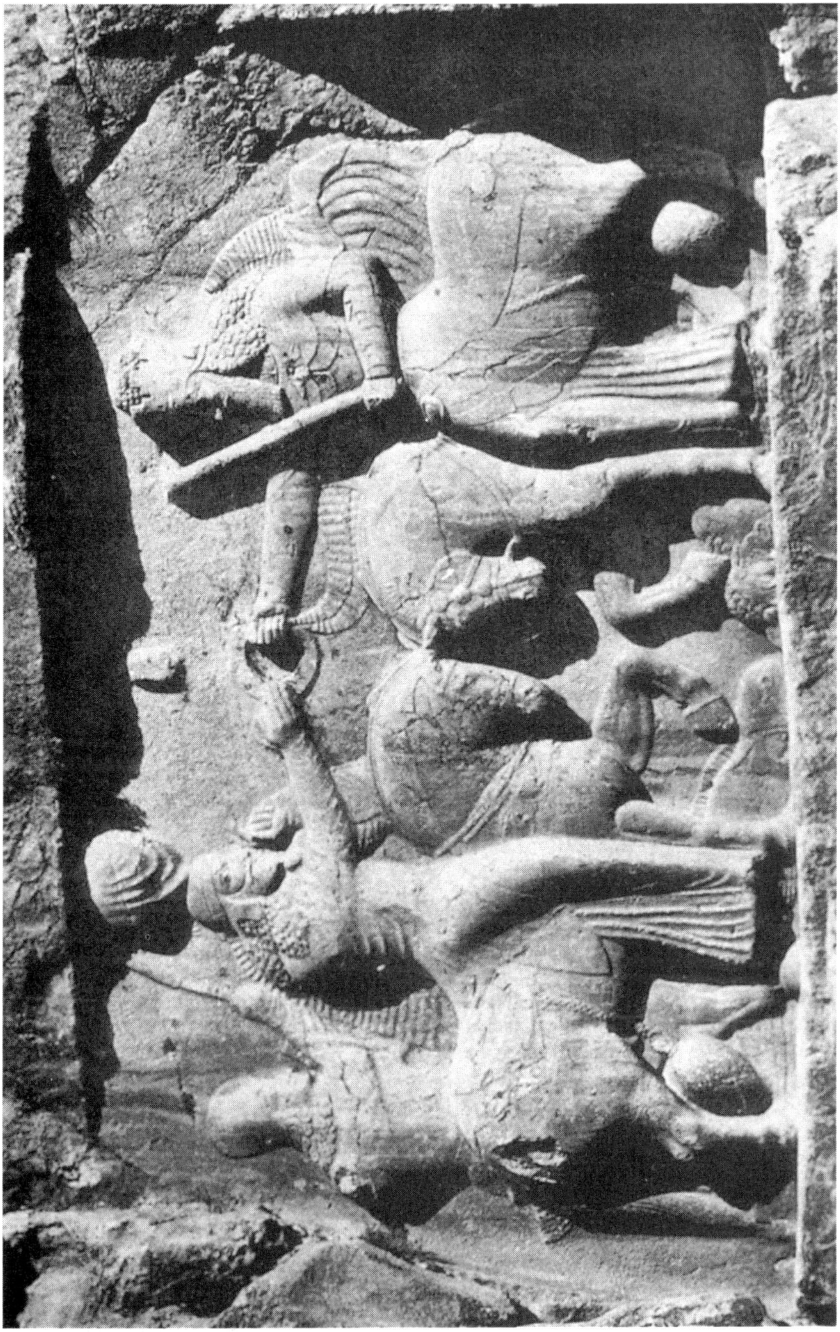

Naqsch-i-Rustam. Investitur Ardaschirs

Bischapur. Der Triumph Schapurs I. über Valerian

Taq-i-Bustan. Die große Grotte mit den Reliefs Khosroes' II.

Taq-i-Bustan. Teilansicht der Saujagd in der großen Grotte

Im Osten: die Wiederbesetzung Ostirans und des Industales. Im Norden: die Abwehr der immer dichter anstürmenden Nomaden, deren Druck sich verstärkte, je mehr die eigentlichen Urheber der Unruhe im eurasischen Steppengürtel, die bereits im 2. vorchristlichen Jahrhundert begonnen hatte und von den Hunnen in der Mongolei ausging, nach Westen vordrangen. Im Westen: der Kampf mit Rom, der einen mehr und mehr offensiven Charakter annahm. Weder Ardaschir noch seine Nachfolger haben je die Monopolstellung Roms als „Weltmacht" anerkannt, obgleich sich im Jahre 289 n. Chr. der Gesandte des Königs Narses nach dem entscheidenden Sieg des Galerius dazu bequemen mußte, zuzugeben, daß die Welt nunmehr „zwei leuchtende Augen" hätte: das Sasanidische und das Römische Reich. Der ständige persische Druck an der römischen Ostgrenze und das unablässige Andrängen der Germanen gegen die Nordwestgrenze führten schließlich zur Teilung des römischen Reiches. Der ewige Zankapfel zwischen Rom und Persien war Armenien. Im Verlauf dieser Kämpfe im Westen wurde auch die Südgrenze des Sasanidenreiches zunehmend in Mitleidenschaft gezogen, wo die arabischen Stämme nun eine immer größere Rolle zu spielen begannen.

Auf dem rechten Ufer des unteren Euphrat hatte sich mit der Hauptstadt Hira das arabische Reich der Lakhmiden gebildet, das, als sasanidischer Vasallenstaat, den Grenzschutz gegen die Beduinenstämme aus der Wüste bildete. Nördlich dieses Staates herrschten seit dem Ende der Selbständigkeit von Palmyra die Ghasaniden, die in einem Abhängigkeitsverhältnis zu Rom und späterhin zu Byzanz standen. In den Kämpfen der beiden Großmächte leisteten diese zwei Kleinstaaten der jeweiligen Obrigkeit oft wertvolle Dienste, doch ihre größte Bedeutung hatten sie für beide Reiche als Pufferstaaten gegen die Beduinenstämme. Als Khosroes II. die lakhmidische Dynastie beseitigte, wurden die Sasaniden die unmittelbaren Grenznachbarn der Wüstenstämme, was sich dann bei dem Ansturm der im Islam geeinigten Araber verhängnisvoll für die sasanidische Herrschaft auswirken sollte; denn von Hira aus griffen die Heerführer der Khalifen Abubakr und Omar die mesopotamischen Provinzen des Sasanidischen Reiches an.

Noch Ardaschir hatte die Kuschanen zur Anerkennung seiner Oberherrschaft zwingen können, und Armenien war von ihm erobert worden. Es war ihm ungeachtet mehrerer Niederlagen im Kampf mit den Römern gelungen, ihnen die wichtigen Festungen Nisibin und Karrhai zu entreißen.

Sein Sohn und Nachfolger *Schapur I.* (241–272 n. Chr.) stand seinem Vater an Energie und Staatsklugheit nur wenig nach. Einen gleich bei seinem Regierungsantritt in Hatra und Armenien ausbrechenden Aufstand schlug er rasch nieder. Gegen die Römer zog Schapur I. zweimal zu Felde, den ersten Vormarsch mußte er anscheinend wegen im Nordosten aufgeflammter Unruhen unterbrechen. Aber im Jahre 260 n. Chr. stand er erneut in Nordmesopotamien, wo der römische Kaiser Valerianus persönlich den Oberbefehl übernommen hatte. Unter den Mauern von Edessa wurde er von Schapur besiegt. Valerianus scheint vergeblich mit den Sasaniden Verhandlungen über den Abzug seiner Truppen aus der Stadt gegen hohe Geldzahlungen geführt zu haben. Die genaueren Umstände sind unbekannt, jedenfalls wurde der römische Kaiser von den Persern gefangengenommen, und sein weiteres Schicksal ist unaufgeklärt. Schapur ließ die römischen Gefangenen unter anderem bei der Errichtung von Kunstbauten, wie z. B. am Damm bei Schustar, arbeiten, und teilweise im fernen Merw ansiedeln.

Schapur I. ließ dieses unerhörte siegreiche Ereignis nicht weniger als fünfmal in Felsreliefs verewigen. In Naqsch-i-Rustam wurde ein solches unterhalb der Grabfassade des großen Dareios eingeschlagen. In dreifacher Lebensgröße ist Schapur zu Pferde dargestellt. Seine Linke umfaßt den Schwertgriff, seine Rechte hält er dem um Gnade flehenden und in die Knie gesunkenen Kaiser verzeihend entgegen.

Die den gleichen Triumph darstellenden Reliefs in Bischapur sind vor allem kunstgeschichtlich interessant. Während die Felsbilder von Naqsch-i-Rustam und Naqsch-i-Radjab mit dieser Szene sich kaum von den späteren Reliefs Ardaschirs unterscheiden, zeugen die Triumphbilder von Bischapur in Stil und Komposition deutlich für die Hand römischer Steinmetzen, die hier vermutlich als Gefangene arbeiten mußten. Vor allem das größte, in einer halbrunden, natürlich gewachsenen Felsennische eingeschlagene Relief zeigt in der Komposition Anklänge an die Trajansäule in Rom. Beiderseits der Hauptszene des zu Pferde sitzenden Königs und des vor ihm auf die Knie gefallenen Valerianus erscheinen vier friesartige, übereinander angeordnete Darstellungen. Hinter dem König ist die sasanidische Reiterei angetreten, vor ihm stehen die besiegten Römer mit allerlei Behältern in den Händen, die wahrscheinlich den Kriegsschatz des gefangenen Kaisers enthalten. Außerdem erscheint das Streitroß des Gefangenen und zudem noch ein Wagen.

Ein zweites, dieselbe Szene wiedergebendes Relief von Bischapur hat eine gewisse Ähnlichkeit mit dem soeben beschriebenen, mit dem Unterschied, daß hier nur zwei friesartige Reihen zu beiden Seiten der Unterwerfungsszene erscheinen sowie ausschließlich Angehörige des persischen Heeres auftreten. Das dritte Relief mit dieser Szene aus Bischapur ist vom gleichen Typus wie die Felsbilder von Naqsch-i-Rustam und Naqsch-i-Radjab.

Auf sämtlichen Reliefs sind noch zwei weitere Darstellungen zu beobachten, die wohl die Bedeutung dieses Triumphes sowie die Größe der Macht Schapurs besonders betonen sollen. Auf allen Felsbildern erscheint eine kleine Nike mit einem Siegeskranz, der hier zum typischen Belehnungsring mit den breiten Bändern geworden ist. Zum anderen tritt auf ihnen allen auch noch die Figur eines anderen Römers auf, den Schapur auf einem der Reliefs an der Hand hält. Es ist dies ein gewisser Cyriades, den Schapur zum römischen Kaiser erhoben hatte, allerdings ohne jedwede praktische Bedeutung.

So sehr sich in der Ausführung westliche Künstler erkennen lassen und, wie erwähnt, obendrein noch die friesartigen Darstellungen an jene der Trajansäule erinnern, so tritt gerade im Vergleich zu den letzten der große inhaltliche Unterschied zwischen der römischen Auffassung und der des Bischapur-Reliefs zutage. Bei der Trajansäule handelt es sich, ebenso wie bei allen ähnlichen westlichen Darstellungen, um eine einmalige historische Begebenheit. In Bischapur aber wird dieses einmalige geschichtliche Ereignis zu einem magischen Ausdruck gleich der Belehnungsszene, den Triumphdarstellungen Ardaschirs und anderer Könige.

Nach dem Sieg von Edessa zogen die persischen Truppen sengend und plündernd durch Syrien und Kleinasien bis nach Kaisareia Mazaka. Auf dem Rückmarsch sollte Schapur I. aber beinahe um alle Früchte seines Sieges gebracht werden. Der palmyrenische Fürst Odenathos überfiel die sorglos zurückgehenden persischen Truppen und jagte ihnen den größten Teil des Beutegutes wieder ab.

Am Fuß des turmartigen Feuertempels von Naqsch-i-Rustam, der heute Kaaba-i-Zerduscht, „das Gefängnis des Zoroaster«, genannt wird, hat Schapur I. in drei Sprachen, nämlich in Parthisch, Sasanidisch und Griechisch, seine *res gestae* anbringen lassen. Die Inschrift berichtet von der Organisation seines Reiches und von seinen Feldzügen. Es tritt auch der Name eines gewissen Karter auf, eines geistlichen Würdenträgers, der jedoch noch keine sehr einflußreiche Stellung einnahm. Überhaupt dürfte Schapur in religiösen Dingen dem toleranten Beispiel der ersten Achämeniden gefolgt sein. Die christlichen, jüdischen und buddhistischen Minderheiten erfreuten sich, ebenso wie die verschiedenen gnostischen Sekten, in Mesopotamien absoluter Gewissensfreiheit und durften unbehelligt missionieren.

Bezeichnend für Schapur war seine Sympathie für Mani, den Begründer der manichäischen Kirche, der ihm vermutlich durch seinen obengenannten Bruder Peroz vorgestellt worden war. Mani war um das Jahr 216 n. Chr. in Babylonien geboren und mütterlicherseits mit dem alten arsakidischen Königsgeschlecht verwandt.

Manis Lehre war eine Universalreligion und weder an ein Land noch ein Volk gebunden. In ihr vereinigten sich die Lehren Zoroasters, Buddhas und Christi auf einer iranischen Basis unter starkem gnostischem Einfluß. Es war eine missionierende Kirche, und die Offenbarungen Manis sowie seine Lehre wurden in schön illustrierten Büchern festgehalten. Auf Schapur hatte diese Lehre offenbar großen Eindruck gemacht, und Mani blieb zu seinen Lebzeiten hochgeehrt, obendrein wurde seiner Missiontätigkeit in jeder Weise Vorschub geleistet. So widmete Mani denn auch eines seiner Hauptwerke dem König und schrieb in seiner Autobiographie: „Ich habe mich vor dem König Schapur eingefunden, und er hat mich mit großen Ehren empfangen. Er erlaubte mir (durch sein Reich) zu wandern und das Wort des Lebens zu predigen.

Grollend sahen die Magier, namentlich Karter, im Manichäismus eine große Gefahr für ihre eigene, formelhaft erstarrte Lehre, dank der sie zur Macht zu gelangen hofften, heranwachsen.

Die nächsten Nachfolger Schapurs I. waren anscheinend schwache Persönlichkeiten. *Bahram I.* untersagte unter dem Einfluß der Mobads Mani vorerst jedes missionierende Wirken und machte ihm dann den Prozeß. Das Fragment einer Handschrift aus Ostturkestan beschreibt die Begegnung Bahrams I. mit dem Propheten:

„… Māni … kam zur Audienz beim König Bahrām (I), nachdem er mich, Nūhzādag, den Dolmetscher, Kuštai, D… und Abzakhyā, den Perser, zusammengerufen hatte. Der König saß beim Festmahle und hatte seine Hände noch nicht gewaschen. Die Höflinge traten herein und sagten: ‚Māni ist gekommen und steht an der Tür.' Der König sandte dem Herrn eine Botschaft: ‚Warte eine Weile, bis ich selbst zu dir kommen kann.' Und der Herr setzte sich wieder zur Seite des Wächters (?) nieder, bis der König seine Hände gewaschen hatte, da (?) er nämlich auf die Jagd gehen wollte. Und er erhob sich vom Gastmahl und legte der Saka-Königin die eine Hand auf und Kerdēr, dem Sohne Ardavān, die andere und trat heran zum Herrn. Und seine ersten Worte an den Herrn waren: ‚Du bist unwillkommen!' Der Herr aber antwortete: ‚Warum, habe ich etwas Böses begangen?' Der König sagte: ‚Ich habe einen Eid geschworen, dich nicht in dies Land hereinzulassen!' Und im Zorne sagte er so zum Herrn: ‚Oh, was wollt *Ihr* hier, da Ihr weder zum Streite taugt noch zur Jagd? Aber vielleicht braucht man Euch um jener Heilkunst willen oder zum Überbringen der Medizin. Aber nicht einmal *das* tut Ihr!' Und der Herr antwortete und sprach: ‚Ich habe Euch nichts Böses getan. Immer habe ich Euch und Eurer Familie Wohltaten erwiesen. Und groß ist die Zahl Eurer Diener, welche ich von Dämonen und Lügengeistern befreit habe. Und groß ist die Zahl derer, die ich von ihrer Krankheit habe auferstehen lassen. Und groß ist die Zahl derer, von denen ich allerlei Fieber und Fieberschauer abgewendet habe. Und groß ist die Zahl derer, die zu Tode gekommen waren und die ich ins Leben zurückgerufen habe.'"

Unter *Bahram II.* konnte der ehrgeizige Mobad Karter dann sein Ziel erreichen. Indem er die höchste geistliche Macht als Mobad-an-Mobad errang, war er der allmächtige

Kultusminister. Aus seinen Inschriften, unter jener von Schapur I. an der Kaaba-i-Zerduscht in Naqsch-i-Rustam, wird seine Karriere unter vier Königen von 242–293 n. Chr. ersichtlich. Abschließend verkündet er hier triumphierend: „Durch mich ist die zoroastrische Religion gefestigt worden, und die weisen Männer wurden erhoben in Würde und Macht im Reiche. Die Häretiker und die Zögernden unter den Magiern, die nicht den Vorschriften folgten, wurden von mir bestraft; sie bekehrten sich und wurden wieder eingesetzt. Durch mich wurden zahlreiche heilige Feuer begründet und Magier für ihre Wartung eingesetzt, und dieses erfolgte auf das Geheiß der Götter, des Königs und meiner selbst. Im ganzen Reich Iran wurden zahlreiche Feuer des Bahram eingerichtet, wurden zahlreiche Heiraten zwischen nahen Verwandten gestiftet; diejenigen, die den Lehren der Dämonen gefolgt waren, gaben sie wegen mir (aus Furcht) auf und erkannten die Götter an; viele Fürstenkronen wurden verteilt, und die Religion wuchs in jeder Beziehung, die göttlichen Werke vervielfältigten sich; wenn man alles das hier niederschreiben wollte, wäre zu viel zu sagen." Weiterhin beschreibt Karter, wie die Vertreter der Juden, der *samana* (der buddhistischen Mönche), der Brahmanen, der Nazarener (der Christen) … und die der *zandiks* (der Manichäer) vertrieben wurden.

Diese Periode schwacher Fürsten, an deren Ende es auch noch zu Thronstreitigkeiten kam, bedeutete außenpolitisch einen schweren Rückschlag an der Westgrenze, gegenüber den Römern. Als erstes versäumten es die Perser, der ehrgeizigen Zenobia – die ihrem Gatten Odenathos in der Herrschaft über die reiche Karawanenstadt Palmyra gefolgt war – Unterstützung zu geben. Zenobia hatte zusammen mit ihrem Sohn die Wirren der damaligen Zeit im Römischen Reich benutzt, um sich sowohl unabhängig zu machen als auch ihr Herrschaftsgebiet auf Kosten römischen Provinziallandes zu vergrößern. Nachdem jedoch Kaiser Aurelianus mit eiserner Hand die Ordnung wiederhergestellt hatte, marschierte er nunmehr gegen Palmyra, eroberte die Stadt, und Zenobia mußte nach Tivoli ins Exil. Im Jahre 286 n. Chr. erkämpfte sich auch der Sohn des ermordeten Khosroes, Tiridates, mit römischer Hilfe den armenischen Thron zurück. Selbst Christ geworden, veranlaßte er auch bald einen großen Teil der Bevölkerung zur Bekehrung.

Unter Diokletian (284–305 n. Chr.), der dem Römischen Reich nochmals ein festes Gerüst gab, andererseits aber auch schon die nunmehr zu einer politischen Notwendigkeit gewordene endgültige Teilung vorbereitete, griff dessen Sohn Cäsar Galerius die Perser an. Sein erster Vorstoß endete mit einer Niederlage. Im nächstfolgenden Jahre (297 n. Chr.) aber schlug er die Perser, und König *Narses* mußte laut Friedensvertrag von 298 n. Chr. fünf seiner mesopotamischen Provinzen an die Römer abtreten.

Im Sasanidenreich hatten die großen Feudalfamilien seit dem Tod Schapurs I. immer mehr an Macht gewonnen. Im Jahre 310 n. Chr. erhoben sie einen kaum dem Säuglingsalter entwachsenen Prinzen auf den Thron in der Hoffnung, daß sie nun mit der Königin-Mutter zusammen wahrhaftig herrschen könnten. Dieses Kind war *Schapur II.*, der 70 Jahre regieren sollte. Aus den ersten 30 Jahren seiner Regierung ist kaum etwas bekanntgeworden; allem Anschein nach hatte er mit der allmächtig gewordenen Feudalität ernste Schwierigkeiten, bis er sich durchsetzen konnte. Nach etlichen geglückten Expeditionen gegen arabische Stämme im südöstlichen Mesopotamien, die überdies auch zur Besetzung der Insel Bahrein geführt hatten, bereitete Schapur II. den Krieg gegen das Römerreich vor. Dort herrschte Konstantin d. Gr. jetzt (325–337 n. Chr.), und er hatte das Christentum zur Staatsreligion erhoben; gleichzeitig hatte er die Hauptstadt des Reiches nach Byzanz verlegt, das den Namen Konstantinopolis erhielt. In nicht allzu diplomatischer Art hatte er sich zum Schutzherrn der Christen gemeinhin erklärt, was somit auch die im Sasanidischen Reich lebenden Christen betraf. Eine unerbittliche Chri-

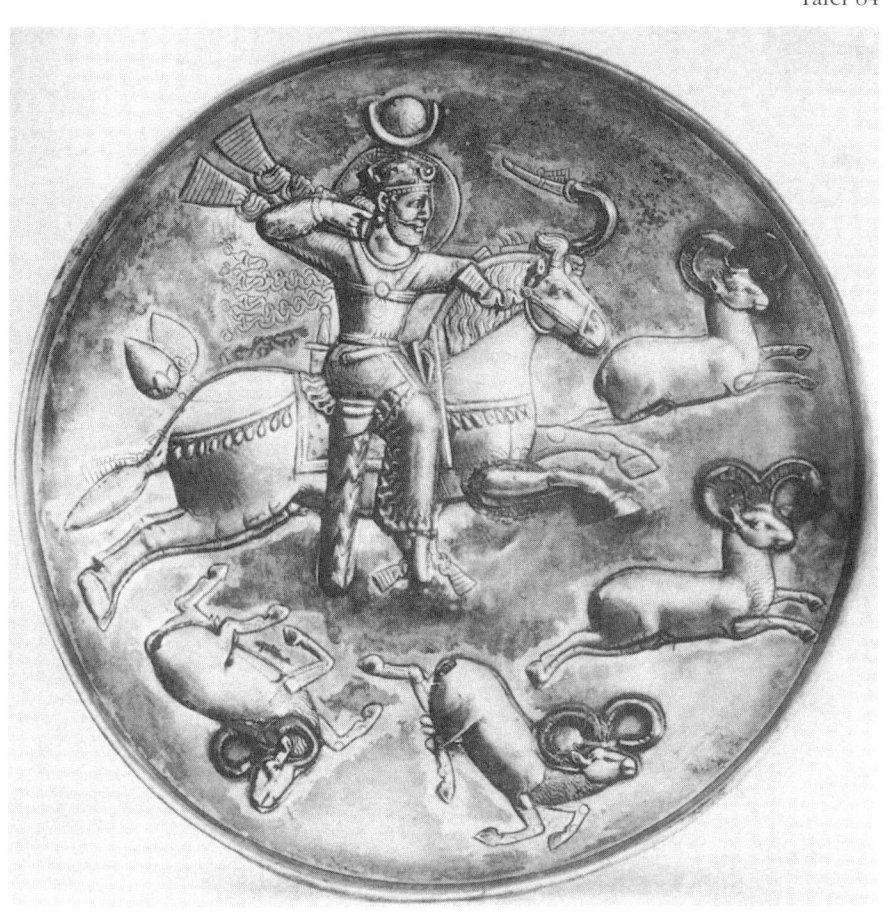

Sassanidische Silberschale mit einer Jagdszene

Sassanidischer Helm. Drei Gemmenabdrücke

Sassanidische Kleinkunst
Zwei geschnittene Steine und ein goldener korbartiger Behälter

Mathura. Kapitell

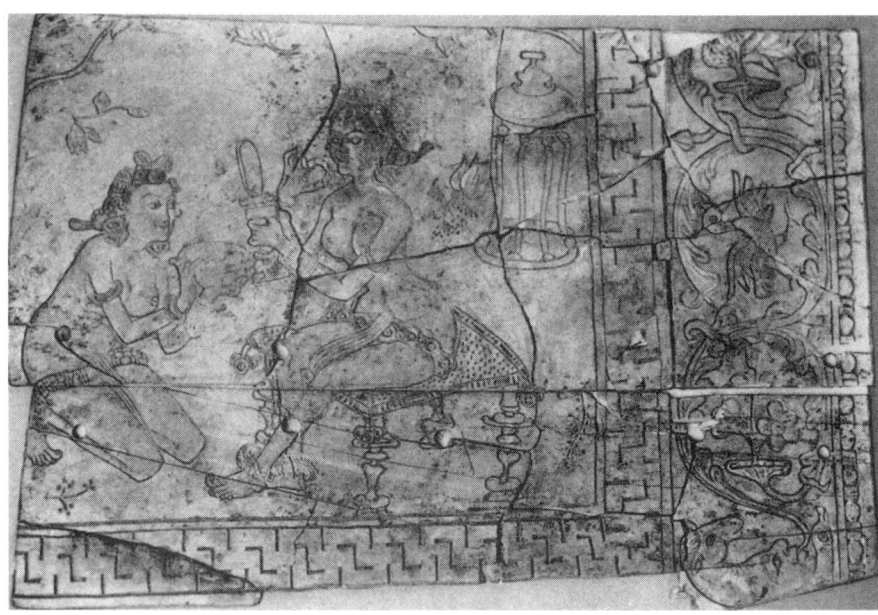

Begram. Elfenbeinschnitzerei

stenverfolgung in den sasanidischen Landen, namentlich in den Grenzgebieten gegen das Römische Reich, war die Folge. In erster Linie waren diese Verfolgungen natürlich politischen Charakters, da diese religiöse Minorität selbstverständlich mehr oder weniger an das nunmehr christliche Römerreich sich anzulehnen versuchte. Auf der anderen Seite setzte nun auf römischem Gebiet eine Verfolgung der Manichäer ein, in denen mit den Persern sympathisierende Leute vermutet wurden. In Susa kam es im Jahre 336 n. Chr. zu einem besonders furchtbaren Blutbad unter der christlichen Bevölkerung, wobei auch Kriegselefanten eingesetzt wurden, um die unglückseligen Einwohner in Grund und Boden zu trampeln. Auch auf Armenien griff Schapur II. über und versuchte dort zuerst mit Milde, dann aber mit Feuer und Schwert, die Einwohnerschaft zum Zoroastrismus zurückzuführen. Über diese Verfolgungen sind zahlreiche Nachrichten in den syrischen Märtyrerakten enthalten.

Da die Christen jetzt als unsichere Elemente betrachtet werden mußten, wurden sie nicht mehr zum Heeresdienst herangezogen, statt dessen wurde aber ihre Kopfsteuer erhöht. In einem Briefe von Schapur II. heißt es:

„Sobald Du von diesem Befehl von Uns anderen Göttern Kenntnis genommen hast, der dieser von Uns geschickten Botschaft beigefügt ist, wirst Du Simon, das Haupt der Nazarener, festnehmen. Du wirst ihn nicht eher freilassen, bis er das Dokument abgezeichnet hat und sich verpflichtet hat, für Uns eine doppelte Kopfsteuer und einen doppelten Tribut von der ganzen Bevölkerung der Nazarener, die im Gebiet Unserer Göttlichkeit wohnen, einzusammeln. Denn Wir anderen Götter haben nichts anderes zu tun, als alle Strapazen des Krieges auf Uns zu nehmen, während sie nichts als Ruhe und Vergnügen haben. Sie wohnen auf Unserem Gebiete und teilen die Gefühle des Caesars, Unseres Feindes."

Die Kämpfe an der Westgrenze wurden auf beiden Seiten mit heftigster Erbitterung geführt; wir haben die Beschreibungen eines Augenzeugen, Ammianus Marcellinus, der im römischen Heer diente. Dramatisch schildert er den Kampf um das feste Amida, das nach heldenhaftem Widerstand im Jahre 359 n. Chr. von Schapur II. eingenommen werden konnte. Vier Jahre darauf unternahm Julianus Apostata einen Feldzug gegen die Perser, der ihn bis vor die Tore von Ktesiphon brachte. Obwohl er hier ein persisches Heer schlagen konnte, entwickelte sich dann die Lage für die Römer ungünstig. Die persische Hauptarmee war mit dem König im Anmarsch, das römische Korps aber, das zu Julian hatte stoßen sollen, war aufgehalten worden. Julian mußte den Rückzug, ständig von persischen Reitern umschwärmt, antreten. Bei einem dieser Gefechte wurde der Kaiser tödlich verwundet.

Sein Nachfolger Jovian schloß sogleich einen Frieden mit dem sasanidischen Großkönig, wobei Jovian auf die fünf Provinzen verzichten mußte, die einst Narses verloren hatte.

In einem späteren Friedensschluß wurde Armenien neutralisiert. Da aber die Bevölkerung des Landes überwiegend christlich war, neigte es verständlicherweise immer eher Byzanz zu, was sich für die Perser nur ungünstig auswirken mußte.

Schapur II. war vermutlich auch der erste Sasanide, der gegen die Chioniten, die weißen Hunnen, kämpfen mußte, die sich in Nordostiran festgesetzt hatten und von dort aus gen Süden drängten.

Im Jahre 379 n. Chr. starb der hochbetagte König. Persönlich mutig hatte er sich in entscheidenden Augenblicken, keine Gefahr scheuend, eingesetzt. So beispielsweise bei Amida: »Denn der persische König selbst, der nicht verpflichtet ist, am Kampfe teilzunehmen … tat etwas bis dahin noch nicht Dagewesenes: er warf sich wie ein gewöhnlicher Soldat in den Nahkampf, dort, wo das Getümmel am dichtesten war. „Er war, von seiner Macht und Würde durchdrungen, jähzornig und strafte äußerst grausam, wenn er seine Hoheit angetastet glaubte. Anläßlich eines vor ihm abgehaltenen Verhörs eines Christen schrie er: „Er soll nicht wie alle Menschen sterben. Weil er meine Majestät verachtet hat und mit mir wie mit einem Gleichgestellten gesprochen hat, so reißt ihm die Zunge von hinten durch den Hals heraus.« Aber es gibt auch Beispiele, die zeigen, daß er ritterlicher und menschlicher Gefühle fähig war. So nahm er einmal gefangene Römerinnen in Schutz, und ein anderes Mal verfügte er, daß junge Christinnen unbelästigt ihren Glaubensverrichtungen nachgehen durften.

Ihm folgte eine Reihe schwächlicher Herrscher, unter denen die Feudalherren wieder viel an Macht gewannen, die ihnen Schapur beschnitten hatte. Von seinen drei ersten Nachfolgern wurde einer seines Thrones enthoben und die beiden anderen umgebracht. Alle drei hatten sich in Felsreliefs am Taq-i-Bustan verewigen lassen, an derselben Stelle, wo später Khosroes II. seine Felsenmonumente anbringen ließ.

Im Jahre 399 n. Chr. gelangte *Yezdegerd I.* auf den Thron. Seine Regierung ist insofern wichtig, als damals die Grundlage einer vom Westen unabhängigen Kirche im Sasanidischen Reich gelegt wurde. Gegen Ende seiner Herrschaft änderte er aber seine wohlwollende Haltung den Christen gegenüber, die ihre privilegierte Stellung dazu ausgenutzt hatten, um Feuertempel zu zerstören. Als Yezdegerd sowohl den Mobads als auch den Feudalen zu unbequem wurde, kam er während eines Aufenthaltes in Gurgan durch einen plötzlichen „Unfall" ums Leben.

Die Nachfolge trat sein Sohn *Bahram V.* (422–439 n. Chr.) an, der bei den verbündeten Arabern in Hira aufgewachsen war. Dieser war nun ein Herrscher ganz nach dem Herzen der Feudalherren: ein leidenschaftlicher Jäger, großer Frauenliebhaber und allen guten Dingen des Lebens zugetan, der sich nicht sonderlich um die Regierungsgeschäfte kümmerte. Nächst Ardaschir und den beiden Khosroes gibt es keinen Sasaniden, um den sich derart viele Geschichten und Legenden gebildet haben. Im Jahre 421 n. Chr. war es zu einem kurzen Krieg mit Byzanz gekommen. In dem 422 n. Chr. geschlossenen Frieden hatte man beiderseits die Religionsfreiheit der religiösen Minoritäten vereinbart; im gleichen Jahr wurde zu Ktesiphon ein Katholikos als Oberhaupt der persischen Christen eingesetzt.

Bahram V. kämpfte ebenfalls, und zwar mit Erfolg, gegen die Chioniten in Nordostiran. Die Sage berichtet, daß er gerade wieder einmal auf Jagd gewesen sei, als die Nachricht von einem Einfall kam. Zum Erstaunen seiner Umgebung habe er sich völlig uninteressiert gezeigt und sei wie gewöhnlich ausgeritten. Tatsächlich aber sei er Tag und Nacht gen Osten galoppiert, auf diesem Wege alles an vorhandenen Aufgeboten an sich ziehend, und sei auf diese Weise völlig überraschend über die Chioniten hergefallen, habe sie geschlagen und in die Steppe zurückgeworfen.

Er sei überdies auch ein großer Freund von Musik gewesen. Aus Indien habe er 12 000 Luri (wahrscheinlich Zigeuner) ins Land gebracht, damit sich das Volk an ihrer Musik erfreue. Eine andere, übrigens auch auf einer Silberschüssel dargestellte Geschichte erzählt: Eine seiner Favoritinnen habe ihn einst neckend gefragt, ob er denn auch eine weibliche Gazelle männlich und einen Bock weiblich machen könne. Daraufhin habe Bahram einer weiblichen Gazelle zwei Pfeile derart in den Kopf geschossen, daß sie wie Gehörn aussahen, und einem Bock mit einem zweispitzigen Pfeil das Gehörn abgeschossen. Die Silberschale zeigt den König auf einem Kamel und hinter ihm, ein wenig kleiner, erscheint die flötenspielende Favoritin.

Nach seinem Tod begannen sich schwerste Unruhen im Reich auszubreiten. Unter seinem Sohn und Nachfolger *Yezdegerd II.* waren die Magier abermals hochgekommen, was sich sogleich in einer erneuten Verfolgung der Christen und Manichäer äußerte. Es wurde wiederum der Versuch unternommen, den Zoroastrismus in Armenien zwangsweise einzuführen. Während der Abwesenheit des Königs im Osten anläßlich eines Chioniteneinfalles empörte sich Armenien gegen das persische Joch, aber die ganze Bewegung ward von Anfang an durch die Unstimmigkeiten der armenischen Feudalherren gehemmt, und Yezdegerd II. konnte gegen einige Zugeständnisse Armenien wieder zurückgewinnen.

Mit Unterstützung der zoroastrischen Priesterschaft kam *Peroz (479–483* n. Chr.), Sohn Yezdegerds II., auf den Thron. Die Chioniten hatten die Zeit der Schwäche der Königsmacht ausgenutzt und ihre Raub- und Plünderungszüge immer weiter in das eigentliche iranische Hochland vorgetragen. König Peroz zog zwar gegen sie zu Felde, wurde aber geschlagen und gefangengenommen und konnte sich nur gegen schweres Lösegeld freikaufen. In einem zweiten Kriegszug fiel er. Bis zur Zeit Khosroes' I. mußte das Sasanidische Reich zur Sicherung seiner Nordgrenze einen jährlichen Tribut an die Chionitenfürsten entrichten. Möglicherweise fiel in diese Periode die Anlage der mächtigen Befestigungslinie von der Südostecke des Kaspischen Meeres bis zur Gegend von Anau, welche die fruchtbaren Ebenen von Gurgan schützen und die dahinterliegende Pforte von Astrabad sperren sollte.

Die eigentliche Macht lag wieder einmal vollkommen in der Hand der Feudalität. Ihr mächtigster Mann war Zarmihr aus der Familie der Karen, eine der sieben großen Familien. Zarmihr setzte schließlich den einen Sohn des Peroz, namens *Khobad,* auf den Thron. Da dieser zwei Jahre als Geisel am Hofe der Chionitenfürsten gelebt hatte und daher über gute Verbindungen verfügte, erhoffte sich Zarmihr eine Verbesserung der Beziehungen zu diesen gefährlichen Nachbarn.

Als aber Khobad einmal auf dem Thron saß, dachte er gar nicht daran, sich als Puppe des mächtigen Mannes behandeln zu lassen. Geschickt die Rivalität zwischen dem Haus Karen und der nicht minder bedeutenden Familie Mihran ausnutzend, beseitigte Khobad mit Hilfe des Schapur Mihran den Zarmihr. Da man von Schapur Mihran in der Folge nichts mehr hört, ist anzunehmen, daß er seinen Rivalen nicht allzu lange überlebte.

Damit hatte Khobad der nach den unglücklichen Kriegen des Peroz im Bunde mit der Priesterschaft allmächtig gewordenen Feudalität den Kampf angesagt.

Im Volke, das wirtschaftlich schwer zu leiden hatte, war ein neuer Prophet, Mazdak, erstanden, dessen religiöse Lehre mit einer sozialen Reform verbunden war, die auf einen Ausgleich des Besitzes hinzielte. Die religiöse Auffassung selbst war eine Weiterführung des bereits von Mani stark betonten Dualismus zwischen Gut und Böse, wobei aber der endgültige Sieg des Guten ebensowenig wie bei Mani in Frage stand.

Khobad, der sich von dieser Bewegung in seinem Kampf gegen die Feudalität vielleicht Hilfe versprach, unterstützte Mazdak. Tabari schreibt: „Als Khobad 10 Jahre regiert hatte, kamen der Mobad-an-Mobad und die Feudalherren überein, ihn abzusetzen, führten es auch aus und sperrten ihn ein und zwar geschah dies, weil er sich einem Manne namens Mazdak und seinen Anhängern angeschlossen hatte, welche erklärten, Gott habe den Menschen ihre Habe gegeben, daß sie sich gleichmäßig darein teilten, aber die Menschen hätten dabei einander schweres Unrecht zugefügt. Sie behaupteten, sie wollten den Reichen nehmen, um den Armen zu geben, und so den Unvermögenden das Ihrige wieder zu verschaffen auf Kosten der Vermögenden. Denn dem, welcher zu viel Geld, Frauen und sonstigen Besitz habe, stehe darum noch kein größeres Recht zu als einem anderen. Der

Pöbel benutzte dies als eine erwünschte Gelegenheit, scharte sich um Mazdak und die Seinigen und fiel ihm zu. So wurden die Leute sehr von den Mazdakiten belästigt, und diese wurden so mächtig, daß sie es wagen konnten, einem ins Haus zu dringen und ihm Wohnung, Frauen und Vermögen abzunehmen, ohne daß er's ihnen wehren mochte ... Nun dauerte es nicht lange, daß der Mann sein Kind, das Kind seinen Vater nicht mehr kannte und niemand etwas besaß, um sich eine Annehmlichkeit zu verschaffen." An Stelle Khobads wurde sein Bruder von den Feudalen auf den Thron erhoben. Dieser weigerte sich indessen, der Hinrichtung des gestürzten Königs zuzustimmen. Dank seiner Frau und einem Getreuen glückte es Khobad, aus seinem Gefängnis zu den Chioniten zu fliehen. Mit ihrer Hilfe konnte er seinen Thron dann zurückgewinnen. Die Mazdakbewegung war inzwischen immer umfangreicher geworden; auch Angehörige der oberen Stände zählten nun zu ihren Anhängern und ebenfalls der älteste Sohn des Königs. Khobad wünschte jedoch seinen jüngeren Sohn Khosroes als Nachfolger. Als die Mazdakisten sich in diese Nachfolgegelegenheit einmischen wollten, schlug Khobad zu. Die Führer der Bewegung wurden zu einer Disputation aufgefordert, zu der außer den Magiern auch die christlichen Bischöfe berufen wurden. Selbstverständlich wurde den Mazdakisten die „Irrlehre" nachgewiesen, und schon bereitgehaltene Soldaten drangen in den Saal und brachten sie um.

Unter Khobad wurde die nestorianische Kirche zur allein zugelassenen christlichen Konfession im Sasanidischen Reich. Bald befand sich in jeder größeren Stadt, vor allem in Mesopotamien, ein nestorianischer Bischof. Ihre Missionstätigkeit dehnte sich rasch weit nach Osten aus über Zentralasien bis nach China. In die Regierungszeit Khobads fällt wiederum die Ankunft einer chinesischen Gesandtschaft.

Im Westen verliefen entgegen den verworrenen Zuständen die Kämpfe mit Byzanz im allgemeinen nicht ungünstig. Dort herrschte damals Justinianus (527–565 n. Chr.). Er wandte seine Aufmerksamkeit in erster Linie der alten Westhälfte des Römischen Reiches zu, wo sich die Ostgoten festgesetzt hatten, und etwas später galt sein Augenmerk den Vandalen in Nordafrika. Der mit vollkommen unzureichenden Truppen ausgerüstete Belisar konnte mit knapper Not die Euphratgrenze halten.

Auf Khobad folgte *Khosroes I. Anuschirvan* (531–579 n. Chr.), unter dem das Sasanidenreich seine höchste Blüte erleben sollte. Khosroes vollendete die von seinem Vater begonnene Wiederherstellung der absoluten Königsgewalt. Ein Thronstreit wurde rasch und radikal unterdrückt, indem er alle seine Brüder samt ihren Nachkommen beseitigen ließ. Die letzten Mazdakisten, unter ihnen Mazdak persönlich, der bislang den Verfolgungen entgangen war, wurden umgebracht. Alsdann wandte sich Khosroes der Reorganisation des schwer leidenden Landes zu. Er nahm sich der Waisen aus den Familien der Feudalität und des niedrigen Adels an und band sie dadurch an sich. Mit aller Tatkraft stellte er die durch die Mazdakisten völlig zerrüttete soziale Ordnung wieder her und sorgte insbesondere für geregelte Familienverhältnisse. Verarmte Grundbesitzer und Bauern erhielten Hilfe, und die Landwirtschaft kam durch Verteilung von Saatgut und Zuchtvieh in die Höhe. Außerdem wurde auf Grund des nunmehr beendeten, von seinem Vater bereits begonnenen Katasters eine neue Steuerordnung eingeführt, wobei Kinder und Frauen wie auch Greise von der Kopfsteuer befreit wurden. Die Bevölkerung wurde zur Arbeit angehalten und Bettelei als ein Verbrechen bestraft. Eine Reorganisation der Armee fand statt, indem sie weitestgehend zu einer besoldeten Truppe umgebildet wurde: Der König sah streng darauf, daß die Effektiven der Armee auch mit der Soldliste übereinstimmten. Unter seiner Regierung erstarkte die nestorianische Kirche außerordentlich, und vor allem im Osten entstanden viele neue Bischofssitze.

Ostturkestan. Links oben: Manichäische Miniatur
links unten: ein in Karoschti geschriebenes Dokument
rechts: Ausschnitt einer Wandmalerei

Gold- und Bronzezierplatten aus Ostsibirien

Goldene Zierplatte und bronzener Schwertgriff aus Ungarn; bronzene Zierplatte aus dem Ordosgebiet (links)

Gürtelschnalle aus Pazyryk und zwei Statuetten aus Khwarism

Khosroes I. schloß vorerst Frieden mit Byzanz, das seine Subventionszahlungen für die Kaukasusburgen weiter entrichten mußte. Im Jahre 540 n. Chr. fühlte er sich dann aber zum Angriff stark genug. Antiocheia wurde eingenommen und seine Bewohner teilweise nach Südmesopotamien deportiert, um dort in einer neugegründeten Stadt „Die Stadt des Khosroes, die besser ist als Antiocheia", angesiedelt zu werden. Khosroes plante anscheinend noch etwas anderes gegen Byzanz, es nämlich zur See anzugreifen; denn er versuchte, sich in Lazistan, an der Ostecke des Schwarzen Meeres, einen Ausgangspunkt zu schaffen. Nach anfänglichen Erfolgen mußte er dieses Gebiet dann doch wieder räumen. Im großen und ganzen blieb aber Khosroes I. der gewinnende Partner in den langen Kämpfen mit Byzanz.

Im Osten focht Khosroes im Bunde mit den Türken gegen die Chioniten und schlug sie dermaßen, daß sie nun keine Gefahr mehr für das Sasanidische Reich bildeten. Allerdings sollte es nicht lange dauern, bis an ihre Stelle die Türken traten. Das Verhältnis Persiens zu diesen trübte sich bald, so daß ihr Fürst durch zwei Gesandtschaften versuchte, mit dem byzantinischen Kaiser in Verbindung zu kommen.

Im Jahre 576 n Chr. ward Khosroes von den Hymarithen in Südarabien um Hilfe gegen die dort gelandeten Äthiopier gebeten. Das Land wurde erobert und blieb bis zur Besitznahme durch den Islam in einem gewissen Abhängigkeitsverhältnis zum Sasanidenreich.

Khosroes I. und ebenso sein Enkel Khosroes II. lebten in der Erinnerung der Iranier sowie der iranisierten Araber als eine Art idealer Despoten fort. Hunderte von Sagen und Geschichten bildeten sich um diese beiden Herrschergestalten, deren Charaktere eine so widerspruchsvolle Verquickung von Grausamkeit und Gerechtigkeit zeigten.

Tabari erzählt, Khosroes I. habe bei einer Sitzung über das neue Steuergesetz die Anwesenden aufgefordert, ihre Meinung zu äußern. Einer sei dieser Aufforderung auch nachgekommen: „Da sprach Khosroes: ‚Du verwünschter Unverschämter, zu was für einer Menschenklasse gehörst du?' ‚Ich bin einer von den Schreibern', erwiderte er. Da gebot Khosroes: ‚Haut ihn mit dem Schreibzeug tot.' Sofort schlugen denn ganz besonders die Schreiber damit auf ihn los, um sich von jeder Gemeinschaft mit seiner Ansicht zu reinigen, bis er tot war. Dann sprachen die Leute: ‚Wir sind, o König, mit dem einverstanden, was du uns an Grundsteuer auferlegst.'" (Milde, ohne Strenge und Tauglichkeit, verachtet der Orientale bei einem Herrscher.)

Zwei weitere Anekdoten über die Gerechtigkeit Khosroes' I. sind uns bei Masudi erhalten geblieben. Die eine erzählt, der König habe an seinem Palast einen Klingelzug anbringen lassen, damit jedermann ihm bei Tag und Nacht seine Klagen vorbringen könne. Einmal sei die Klingel ertönt und vor dem Palasttor hätte ein ausgemergelter Esel gestanden. Sofort habe Khosroes I. den Besitzer des Esels kommen lassen und ihn gezwungen, das Tier zu pflegen.

Die andere Geschichte berichtet, daß sich Gesandte, denen der königliche Palast gezeigt wurde, gewundert hätten, daß der Vorplatz nicht rechteckig sei. Nachdem man ihnen erklärt hatte, daß hier das Häuschen einer alten Frau gestanden habe, die sich geweigert hätte, ihr Grundstück dem König zu verkaufen, soll der byzantinische Gesandte ausgerufen haben: „Gewißlich, diese Unregelmäßigkeit ist herrlicher als die schönste Symmetrie!"

Unter Entfaltung aller erdenklichen Pracht entwickelte sich ein strenges Zeremoniell, das zur Verherrlichung des „Ersten unter den Menschen", „Unserer Göttlichkeit", des Königs der Könige diente. Großartige Jagdveranstaltungen, wie sie die Reliefs in der Grotte Khosroes' II. am Taq-i-Bustan wiedergeben, wurden abgehalten. Umgeben von seinem Hofstaat, bei dem Musikantinnen nicht fehlten – Musiker nahmen auch innerhalb der Hofrangordnung einen sehr hohen Platz ein -, erlegt der König das eingehegte Wild mit Pfeil und Bogen. Elefanten schleppen die getöteten Tiere fort. Das Tafelgeschirr war aus Silber und oft mit edlem Gestein besetzt. Besonders sorgfältig wurde ein Pagenkorps erzogen: Die jungen Leute wurden im Reiten, Bogenschießen und anderen ritterlichen Künsten ausgebildet. Daneben erhielten sie Unterricht in Musik, Literatur, Anstand, Bekleidung, Gastronomie und – Minnedienst. Im königlichen Harem fanden sich die schönsten Frauen, und Khosroes II. wurde der Besitz von 3000 Konkubinen nachgesagt. Da zum glanzvollen Gepräge einer Hofhaltung auch die Pflege der Gelehrsamkeit gehörte, wurden z. B. die durch die Kirche aus Athen vertriebenen Neuplatoniker eingeladen. Alle Erzählungen, die mit der persischen Geschichte in Zusammenhang standen, wurden in einem Buch gesammelt; dieses Werk sollte später dann die Vorlage für Firdusis Schahnameh werden. Außerdem wurden Werke der Dichtkunst aus dem Indischen ins Persische übersetzt; und aus Indien gelangte zu jener Zeit das Schachspiel nach Persien.

In erster Linie wurde aber der Reitsport gepflegt und sowohl Herren als auch Damen des Hofs spielten Polo. „Was für die Griechen das Gymnasium bedeutete, war den Sasaniden die Reitbahn" *(G. Widengren)*.

Ein damaliges Lebensbild vermittelt die Selbstbiographie des Arztes von Khosroes I., Burzoe, die uns in arabischer Übersetzung erhalten geblieben ist. Der Grundton der ganzen Erzählung ist pessimistisch und läßt zudem einen Zweifel an allen Religionen wahrnehmen. Burzoe wählte den Beruf eines Arztes deswegen, „weil alle Menschen von Geist die Medizin loben und sie von keiner religiösen Konfession getadelt wird. Er vergleicht den Menschen in der Welt mit einem Manne, der in einen Brunnen gefallen sei und trotz mancher drohender Gefahren nicht an seine Rettung denke, sondern sich dem Genuß von etwas gefundenem Honig hingebe" *(G. Klinge)*.

Auf Khosroes I. folgte sein Sohn *Ormuzd*. Die Kämpfe an der byzantinischen Grenze gingen unentschieden weiter und führten zu einer Verödung der beiderseitigen Grenzmarken. Die Türken nahmen diese Gelegenheit wahr und fielen in Iran ein, wo sie von Bahram Tschoban, dem reichste Beute zufiel, zurückgeworfen wurden.

Im allgemeinen setzte Ormuzd die Innenpolitik seines Vaters fort, jedoch mit weniger Geschick. Khosroes I. war es gelungen, die Priesterschaft wie auch die Feudalität durch mit Ehrungen verbundene Strenge niederzuhalten. Ormuzd dagegen ließ widerspenstige Männer beider Gruppen ohne weiteres hinrichten. Als er den General Bahram Tschoban nach einer Niederlage mit Schimpf und Schande seines Kommandos enthob, brachen die Revolten gegen Ormuzd aus. Der Bruder der Mutter des designierten Königs drang zusammen mit anderen Verschwörern in den königlichen Palast zu Ktesiphon; sie entsetzten Ormuzd seines Thrones und blendeten ihn. Unmittelbar danach erhoben sie den jungen Khosroes, Sohn des abgesetzten Königs, auf den Thron (590 n. Chr.). Bahram Tschoban aus dem Hause Mihran, das sich auf die Arsakiden zurückführte, strebte jedoch selbst nach der Königskrone und rückte gegen Ktesiphon vor. *Khosroes II.* floh auf byzantinisches Gebiet und erbat von hier aus die Hilfe des byzantinischen Kaisers Mauritius. Bahram Tschoban setzte sich in Ktesiphon aus eigenem Vermessen die Königskrone aufs Haupt. Die Idee der Legitimität, die das Königtum mit dem Geschlecht Sasan verband, war aber sogar bei der stets zu Widersetzlichkeit neigenden Feudalität zu stark, als daß Bahram Tschoban bei ihr die nötige Unterstützung finden konnte, genausowenig wie er die Priesterschaft auf seine Seite zu bringen vermochte. Mit byzantinischen Truppen kehrte Khosroes II. in sein Reich zurück und schlug, verstärkt durch von den Feudalen ihm zugeführte persische Aufgebote, Bahram Tschoban bei Ganzak, dem alten Königsheiligtum der Arsakiden, das wahrscheinlich das heutige Shiz ist, wohin sich Bahram Tschoban zurückgezogen hatte. Ein Roman erzählt, der flüchtige Bahram Tschoban sei hungrig und durstig bei einer alten Frau eingekehrt, die ihn aber nicht erkannt habe. Während er sich labte, habe er die Alte gefragt, was sie von Bahram Tschoban halte, und diese antwortete ihm: „Das ist ein rechter Tor, der König sein will, ohne zum Königshause (zu den Sasaniden) zu gehören ..."

Khosroes II. hielt als König Einzug in Ktesiphon. Kurze Zeit darauf wurde sein Vater ermordet – ohne daß er es verhinderte. Die Pracht seiner Hofhaltung stellte sogar die Khosroes' I. in den Schatten. Unübersehbar waren seine Schätze, die er sich angeeignet und aus dem Lande gepreßt hatte. Unersättlich war er aber auch in seiner Habgier und seinem Geiz. Er wurde allmählich zum grausamen, menschenfeindlichen Gewaltherrscher und konnte jahrelang auf die Gelegenheit warten, um ihm gefährlich erscheinende und unliebsame Personen zu beseitigen. Wegen seiner toleranten Haltung den Christen gegenüber (seine Lieblingsfrau Schirin war eine Christin) hatte er die zoroastrische Priesterschaft gegen sich. Mit zynischem Witz erteilte er seine Befehle. Als einmal ein zu ihm befohlener Gouverneur nicht rasch genug kam, schrieb er: „Wenn es dem Herrn zu beschwerlich ist, im Ganzen zu Uns zu kommen, so werden Wir Uns mit einem Teil von ihm zufriedengeben, und Wir werden es ihm erleichtern: Man bringe seinen Kopf an den Hof und lasse seinen Körper da!"

Doch seltsamerweise lebte dieser König in der Sage und bei den Dichtern als Liebhaber der schönen Schirin und als Besitzer der besten Sänger und des schnellsten Pferdes fort. An der Rückwand der großen Grotte von Taq-i-Bustan ließ er sich unterhalb seiner Belehnungsszene nochmals als schwergepanzerter Ritter auf seinem Lieblingspferd Schabhdez darstellen.

Im Jahre 602 n. Chr. wurde Kaiser Mauritius ermordet und durch Phokas ersetzt. Khosroes II. beschloß, den Mord als Vorwand zu einem Angriff auf das byzantinische Gebiet zu nehmen, indem er sich als „Rächer" seines Wohltäters ausgab. So begann er 603 n. Chr. anzugreifen, und Nordsyrien und Kleinasien fielen in die Hände der Perser. Im Jahre 614 n. Chr. wurde Damaskus eingenommen und kurz darauf auch Jerusalem, aus dem man das Heilige Kreuz als Siegesbeute nach Ktesiphon brachte. Ägypten wurde 616 n. Chr. erobert, und ein Jahr darauf lagen persische Truppen Byzanz gegenüber, nachdem sie Chalkedon genommen hatten. Somit schien der Traum Ardaschirs von der Wiederherstellung der Grenzen des achämenidischen Weltreiches erfüllt zu sein.

Unterdessen war der Sohn des byzantinischen Gouverneurs von Karthago, Heraklius, im Jahre 610 n. Chr. mit einigen Schiffen in Byzanz gelandet. Nachdem er den unfähigen Phokas hatte umbringen lassen, begann er systematisch Ordnung zu schaffen. Im Jahre 622 n. Chr. war er endlich zum Gegenangriff gegen Persien gerüstet und verließ Byzanz zu Schiff, um in Kilikien zu landen. Was sich noch an byzantinischen Truppen in Festungen und Städten gehalten hatte, zog er an sich und störte die Etappenlinie der Perser. Durch geschicktes Hinundhermanövrieren zwang er die Perser zur Aufgabe Kleinasiens. Ein Jahr später fiel er in Armenien ein, wo er die gleiche Taktik anwandte. Noch einmal befahl Khosroes II. im Jahre 627 n. Chr. einen mächtigen Vorstoß mit allen Truppen, die er hatte zusammenraffen können. Der Bosporus wurde erreicht, dennoch führte diese letzte Anstrengung zur Katastrophe. Im gleichen Jahr stand Heraklius in Mesopotamien, und nach einer unentschiedenen Schlacht bei Ninive mußten sich die Perser auf Dastagird zurückziehen, wo Khosroes II. residierte. Der „Sonnenkönig" ward nun zum schreckhaften, bösartigen Tyrannen, der sich ernsthaft mit dem Gedanken trug, alle seine Offiziere und Soldaten, die vor den Byzantinern hatten weichen müssen, umbringen zu lassen. Unter Mitwirkung mehrerer Generäle empörte sich sein Sohn *Scheroes* gegen ihn, und Khosroes II. wurde abgesetzt. Man warf ihn in ein finsteres Burgverlies, nachdem er vorher noch hatte zusehen müssen, wie Scheroes seine Brüder umbrachte. Khosroes II. wurde dann schließlich auch getötet.

Nunmehr befand sich das Reich in einem Zustand der Anarchie, dazu kam noch eine verheerende Naturkatastrophe: Hochwasser des Euphrat und Tigris verwandelte halb Südmesopotamien in einen Morast. König Scheroes hatte noch einen Frieden mit Heraklius schließen können, bei dem die Rückgabe des Heiligen Kreuzes vereinbart worden war. Von einer Zentralmacht konnte im Sasanidischen Reich kaum noch die Rede sein, es bestand vielmehr aus einer Reihe sich gegenseitig befehdender Teilstaaten. Nicht weniger als zwölf „Könige" bestiegen nacheinander den Thron, unter ihnen sogar zwei Töchter Khosroes' II. Die Familie der Sasaniden war nahezu ausgerottet, ganz zuletzt entdeckte man noch einen Prinzen königlichen Geblüts, der nach Istakhr geflohen war. Der mächtigste Mann im Reich war Rustam, Statthalter der Provinz Khorasan. Unter seinem Schutz wurde im Jahre 632 n. Chr. Prinz *Yezdegerd III.* in Istakhr zum König gekrönt. Ehe dieser aber auch nur daran denken konnte, das völlig zerrüttete Staatswesen einigermaßen wieder zu festigen, begann bereits die durch Mohammed ausgelöste arabische Sturmflut die Südgrenze seines Machtbereiches zu bedrohen.

Im Jahre 632 n. Chr. setzte sich der arabische General Khalid in den alten Meerlanden am Persischen Golf fest, und der ihm nachfolgende Mothana übernahm 634 n. Chr. den Oberbefehl. Bevor aber sein Nachfolger, General Sa'ad, mit dem eigentlichen Angriff begann, entsandte er auf Befehl des Khalifen zunächst eine Abordnung an Yezdegerd III. In seiner prunkvollen Thronhalle zu Ktesiphon und umgeben von seinem prächtigen Hofstaat ließ der König die vierzehn hageren Beduinen in ihren einfachen Gewändern vor sich bringen, und Tabari erzählt: „Er (Yezdegerd) ließ sie fragen, was der Zweck ihrer Mission sei. No'mân (einer der Gesandten) antwortete: ‚Wir waren Menschen, die im Irrtum gelebt hatten. Da erbarmte sich Gott unser und schickte uns einen Propheten unserer Rasse ... Jetzt ist er gestorben, aber noch sterbend ermahnte er uns, auf der ganzen Erde alle diese zu bekriegen, die nicht unserer Religion seien: sie müssen sie annehmen oder Tribut zahlen oder mit uns kämpfen. Wir kommen, dir folgende Bedingungen zu stellen: wenn du unseren Glauben anerkennst, lassen wir dir dein Königreich; wenn du aber unseren Glauben nicht annehmen willst, so zahle Tribut. Wenn du aber weder das eine noch das andere willst, dann bereite dich zum Kampf!' Yezdegerd erwiderte: ‚Ich habe auf der Erde viele Völker gesehen, Türken, Deïlamiten ... Ich habe aber nie elendere als euch gesehen; Mäuse und Eidechsen sind eure Nahrung, und für Bekleidung habt ihr nur Kamel- und Schafwolle. Wie seid ihr so stark geworden, um in unser Gebiet einzufallen? Geht jetzt fort und in euer Land zurück, ich werde euch Proviant für eure Bedürfnisse geben und einen Gouverneur aus euren eigenen Leuten ernennen.' Nachdem Yezdegerd geendet hatte, erhob sich Moghîra, Sohn des Loâra, und sprach: ‚Du hast recht. Was der König gesagt hat, ist richtig. Hunger und Nacktheit war unser Los in der Vergangenheit, aber Gott hat uns einen Propheten gegeben, und durch dessen Religion sind wir mächtig geworden. Jetzt hat uns der König der Araber zu dir geschickt, um dich aufzufordern, entweder unsere Religion anzunehmen oder Tribut zu zahlen oder dich zum Krieg zu rüsten.' Yezdegerd sagte: ‚Ihr werdet von mir etwas Erde bekommen, die ihr auf euren Kopf tun sollt, und ich werde euch als Träger dieser Erde zurückschiken.' Und er ließ jeden der vierzehn Boten mit einem Sack Erde beladen und aus der Stadt treiben."

Der Krieg brach nun aus, und nach anfänglichen Mißerfolgen schlug Sa'ad das Heer des Reichsfeldherrn Rustam bei Kadisiya. Drei Tage tobte die Schlacht mit furchtbarer Heftigkeit auf beiden Seiten. Rustam, der das Gefecht von seinem Zelt aus leitete, wurde erschlagen. Das Reichsbanner fiel in arabische Hand und wurde später, in Stücke zerschnitten, auf den Basaren in Mekka verhökert. Der Khalif Omar erteilte den Befehl, zunächst Mesopotamien zu sichern. Im Jahre darauf, 635 n. Chr., erfuhren die persischen Truppen am Eingang zum „Tor von Asien" eine Niederlage, doch erst 642 n. Chr. rückten die Araber weiter vor. Das letzte sich ihnen entgegenstellende persische Heer wurde bei Nihavend vernichtet. Und damit hatte das Sasanidische Reich aufgehört zu existieren.

Die arabischen Heerscharen ergossen sich auf das Hochland, eine Feste nach der anderen wurde nach meistens heldenhaftem Widerstand gebrochen. König Yezdegerd III. floh immer weiter gen Osten, wo er versuchte, neue Truppen zu sammeln. Die Türken versprachen ihm zwar zuerst ihre Hilfe, zogen sie dann aber wieder zurück. Auch ein Hilferuf an das ferne China brachte keinen anderen Erfolg als leere Worte.

Nachdem seine letzten Leibgarden durch Verrat erschlagen worden waren, wurde Yezdegerd im Jahre 651 n. Chr. in der Nähe von Merw, und zwar in einer Mühle, in die er sich geflüchtet hatte, ermordet.

In einer Sturmflut von äußeren Angriffen und inneren Wirren war das Perserreich untergegangen – aber nur als politische Größe. Seine Kultur lebte in vielfachen Ausstrahlungen weiter. Wir sehen die Dinge einseitig vom abendländischen Standpunkt, wenn wir nur den Einfluß des Alexanderreiches und des Römischen Reiches auf die Kultur der westlichen Welt betrachten. Das Persertum muß als dritte Kulturmacht neben sie gestellt werden.

Rom und Byzanz, die in langen und wechselvollen Kämpfen mit Persien rangen, empfingen starke Impulse von Iran. Zum Teil handelte es sich dabei um iranisiertes altorientalisches Kulturgut, wie z. B. beim Kaiserkult. Zum Teil handelte es sich um Neuerungen, die erst von den Persern geschaffen worden waren, wie etwa die Taktik und Strategie schwer gepanzerter Reitertruppen. Auch allerlei persische Waffenformen verbreiteten sich noch lange nach dem Fall der Sasaniden über die Welt (man vergleiche z. B. die Saxe in germanischen Gräbern des 9. und 10. Jahrhunderts). Die lange am Schwarzen Meer, im alten skythischen Gebiet ansässig gewesenen Goten wurden hier stark iranisiert. Ferner ist die Idee der Staatsreligion den Römern in persischer Form bekanntgeworden. Die Umwandlung der Sozialordnung im Römischen Reich in Richtung auf feudale Zustände dürfte auch nicht nur von innen her geschehen sein, sondern hat sich wohl teilweise an persische Vorbilder angeschlossen.

Für Byzanz gilt dasselbe wie für Rom; hinzuzufügen ist aber der vielfältige iranische Einfluß, den die byzantinische Kunst in Motiven und Stilformen von Osten her empfing. Die Steppenvölker, die einst den iranischen Künstlern und Handwerkern viele Motive geliefert hatten (um nur an den „Tierstil" zu erinnern), übernahmen später ihrerseits reiche Anregungen von der sasanidischen Kunst. Das glänzendste Beispiel hierfür ist der „Attila-Schatz", der in Ungarn gefunden wurde.

Noch stärker als Rom und Byzanz und die Steppenvölker erfuhren die Araber die prägende Kraft der iranischen Kultur: sie besaßen ja, als sie die Trümmer des Sasanidenreiches besetzten, keine so ausgebildete Zivilisation wie die griechisch-römischen Erben der Mittelmeerkultur. Sie mußten sich des persischen Verwaltungsapparates bedienen, und als sie die besiegten Iranier gezwungen hatten, Moslems zu werden, strömte der ganze große Reichtum an Dichtung, Wissenschaft und Weltanschauung, den die Perser unter den Sasaniden bewußt und oft in schriftlicher Kodifizierung ausgebildet hatten, auf die arabischen Eroberer zurück. Die Erinnerung an Khosroes den Gerechten und Khosroes den Siegreichen, der sich gerühmt hatte, die schönste Frau und das schnellste Pferd zu besitzen, sagte auch den Arabern zu. Firdusis Schahnameh, das Buch der Könige, das größte Werk der frühislamischen Dichtung, geht auf die Geschichtsbücher der Sasaniden zurück, die hier also in märchenhafter Pracht vor den Augen ihrer arabischen Besieger und Erben dastanden – die entsetzlichen Untaten, die doch auch zur Geschichte der Perser gehört hatten, verschwanden hinter dem Glanz ihrer romantischen Abenteuer.

Nicht nur die Literatur der Perser lebte bei den Arabern weiter, auch ihre (ursprünglich hellenistische) Wissenschaft wurde weiter gepflegt. Ebenso gedieh fernerhin iranisches Kunsthandwerk des Silberschmiedens und der Weberei wie auch die Technik der geschnittenen Edel- und Halbedelsteine.

Bei diesen Dingen handelt es sich um die Kultur der Oberschicht – noch viel folgenschwerer für die Araber und für die ganze islamische Welt war die tief ins Volk hineingreifende religiöse Spaltung in Schia und Sunna; diese Spaltung hätte es nie gegeben, wenn nicht eben iranische Weltanschauung den Islam in der ganzen östlichen Hälfte seines Ausdehnungsbereiches durchtränkt hätte.

Der Manichäismus, diese in Iran entstandene Lehre, war eine in aller Welt verbreitete und kräftig missionierende Religion und dem Christentum lange eine mindestens ebenso ernste Konkurrenz wie seinerzeit der Mithrakult. In Ägypten und Nordafrika hatte der Manichäismus mächtige Gemeinden gewonnen; von Karthago aus kam er nach Westeuropa, wo seine Nachwirkungen erst in den Albigenserkriegen ausgerottet wurden.

Noch wichtiger aber sind Einstrom und Auswirkung iranischen Geistesgutes in Asien. Entlang der Seidenstraße wanderten Manichäismus und Nestorianismus nach China und in die Mongolei. Mani hatte ausdrücklich die Malerei als Werkzeug der Religion empfohlen. Der Einfluß der Miniaturen in den manichäischen Manuskripten auf die islamischen Buchmalereien kann nicht hoch genug bewertet werden. Die Wohnhöhlen und Kapellen manichäischer Mönche in den Felswänden am Südhang des Tiën Schan bei Kutscha und in der Oase von Turfan waren mit prächtigen Fresken ausgeschmückt. Buddhistische Maler folgten diesen Vorbildern; als sie aus Indien vertrieben wurden, verpflanzten sie ihre Kunst längs der alten Wanderstraßen nach dem Fernen Osten, wo die Malerei nach allerlei Verwandlungen eine reiche Entfaltung erlebte.

Aus dem Schriftsystem der manichäischen Bücher entnahmen sowohl Türken wie Mongolen ihre älteste Schrift. Und der Manichäismus ward im 8. Jahrhundert die Staatsreligion des türkischen Uigurenreiches. Der Zoroastrismus lebt auch jetzt noch; unter dem zunehmenden Druck der islamischen Eroberer setzte im 8. nachchr. Jahrhundert eine Auswanderung nach Indien ein, wo Bombay schließlich zum Zentrum dieser Religionsgemeinschaft, der Parsi, wurde und es bis heute geblieben ist.

Die Kultur des abendländischen Mittelalters führte in ihrer Hauptmasse griechisch-römisches Erbgut weiter. Aber in den oft durch Byzanz vermittelten Kulturgütern der Antike waren viele orientalische Elemente enthalten; und diese hatten, ehe sie nach Westen wanderten, ihre definitive Prägung durch die Perser der Sasanidenzeit erhalten. Als die Kreuzritter im 12. Jahrhundert ins Heilige Land zogen, waren ihre Gegner zwar die Sarazenen und Seldschuken, also Moslems arabischer und türkischer Sprache – aber ihre Kultur war wiederum aus iranischen Quellen gespeist.

„Je mehr wir von alter und mittelalterlicher, von mittelmeerischer und orientalischer Geschichte kennenlernen, desto dichter wird vor unseren Augen das Gewebe hin- und widerlaufender Fäden, desto deutlicher sehen wir aber auch, wie aus der Vielfalt dunkler und heller Garne Figuren entstehen, die das Ganze übersichtlich werden lassen: und zu den großen Figuren dieses nie fertig werdenden Teppichs gehören die Perser, die im Lauf von tausend Jahren zweimal, unter den Achämeniden und den Sasaniden, nahe daran waren, ein Weltreich zu errichten" (R. Zeitler).

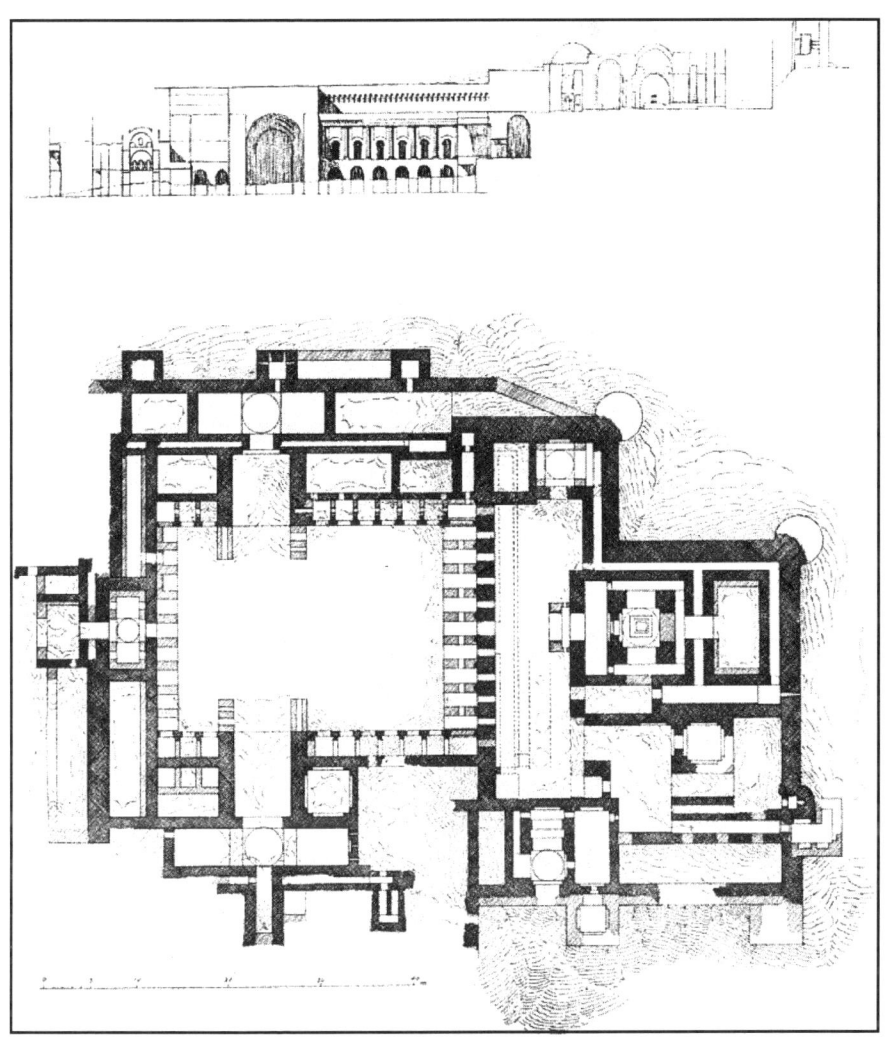

Kuh-i-Kwadja. Plan des Palastes

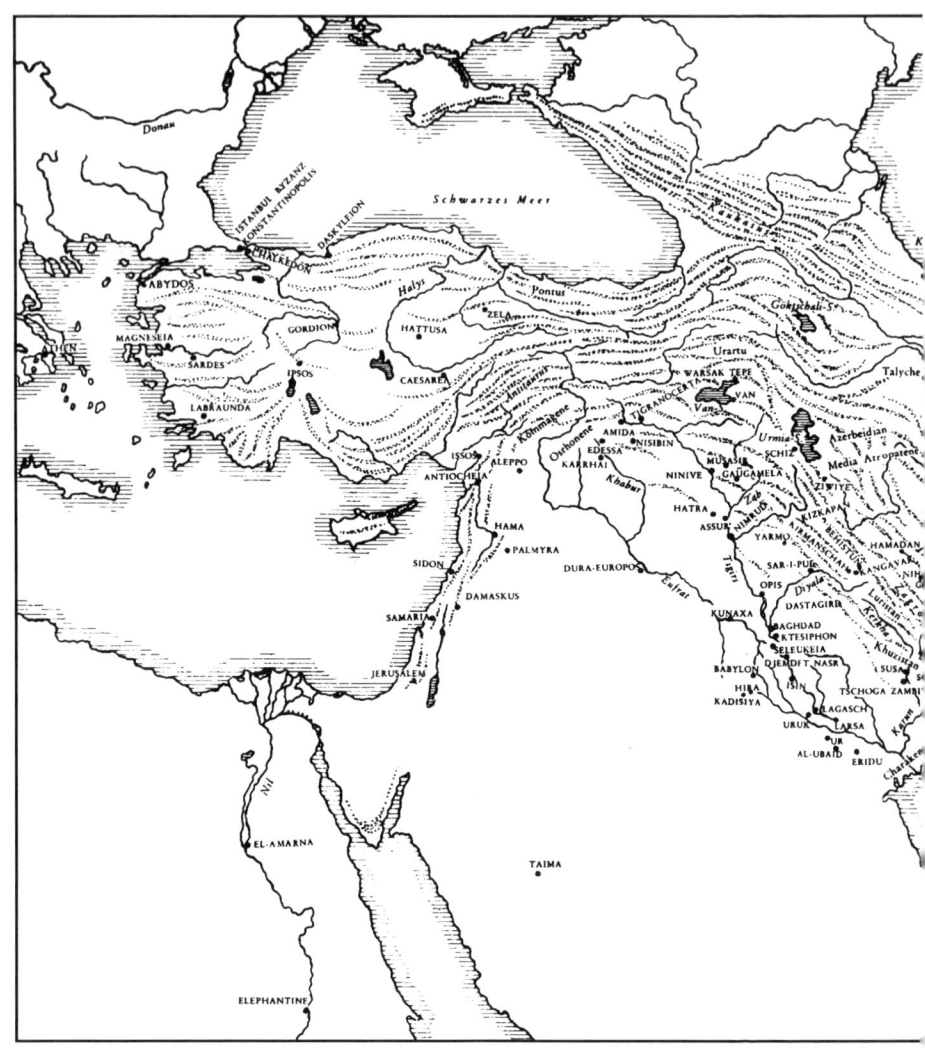

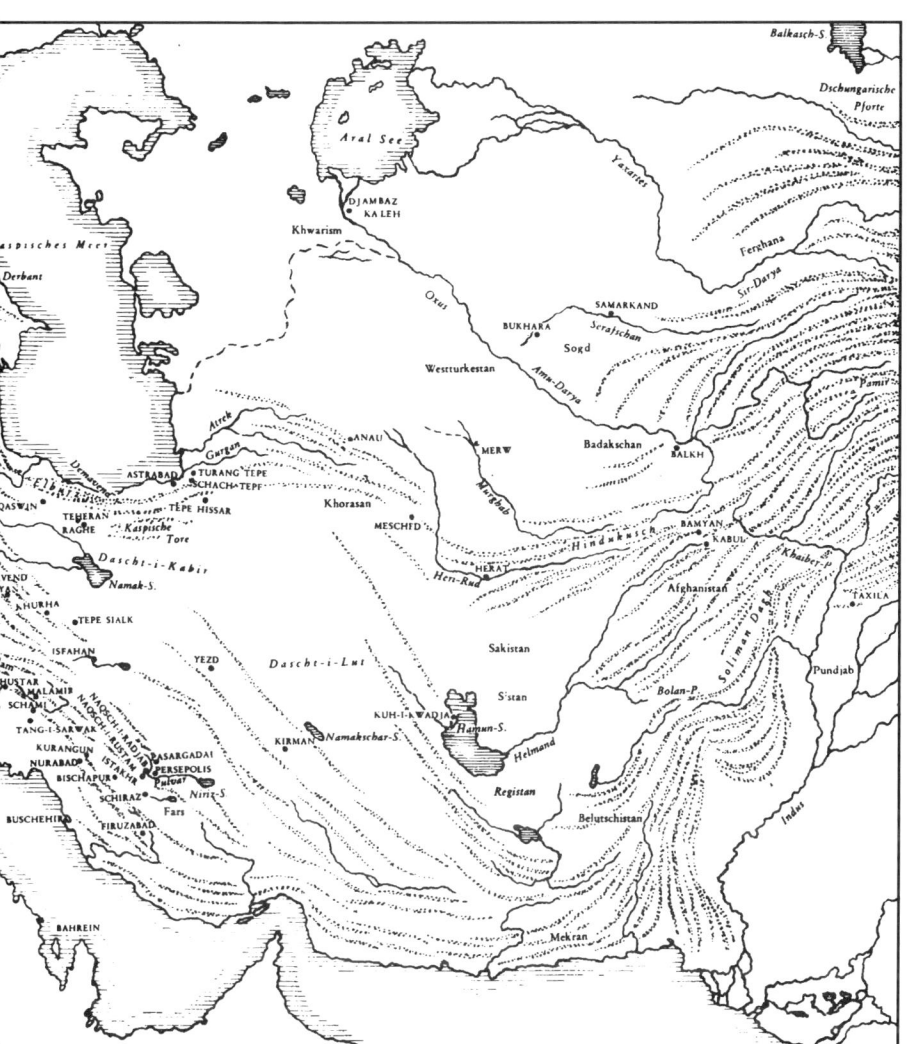

Parthische Gemmen und Münzen

Zeittafel

Vorgeschichte
Yarmo
Hassuna-Zeit Kelteminar-Kultur.
Tell Halaf- Giyan I, Sialk I, Tepe Hissar I,
Zeit Anau, Tall-i-Bakun.
Al Ubaid-Zeit Susa I.
Uruk-Zeit Sialk III, Tepe Hissar II.
ca. 3ooo Susa II (Djemdet Nasr-Zeit).

Ältere Geschichte
ab ca. 2800 Sumerische Stadtstaaten.
ca. 2400 Sargon von Akkad.
Naramsin von Akkad. Sieg
über die Lulubi, Guti und Elamiter.
ca. 2150 Puzur-Schuschinak von Elam,
Guti-Herrschaft.
Tepe Hissar III (?).
ca. 1950 Ibisin von Ur wird von Elamitern gefangengenommen.
Kudur-Mabug von Elam.
1758–1698 Rimsin.
1728–1686 Hammurabi von Babylon.
ca. 1530 Plünderung Babylons durch
Murschili
Beginn der Kassiten-Herr-
schaft.
ca. 1174 Schutruk-Nakhunte I. von
Elam.
1160 Kutir-Nakhunte vertreibt den
letzten Kassitenkönig aus Babylon.
ca. 1100 Sialk, älteres Grabfeld.
ca. 1000 Sialk, jüngeres Grabfeld.
845/44 Erstes Auftreten der Meder
und Perser.
ca. 715 Deiokes von Medien (z. Zt.
Sargons II. von Assur 721 bis
705); Einfall der Kimmerier.
Schutruk-Nahkunte II. von
Elam (Zeitgenosse Senakheribs von Assur 704–681).
ca. 675–653 Phraortes von Medien (Zeitgenosse Assurbanipals von
Assur 668-628).
Skythenherrschaft; Huban-
Haltasch III. von Elam 648-
639; Luristan-Bronzen.
640 Fall von Susa.
625–585 Kyaxares.
612 Fall von Ninive.
585–550 Astyages.

Die Achämeniden
Achämenes.
ca. 675–640 Teispes.
ca.640–600 Kyros I., (ca. 640–625 Ariaramnes).
ca. 600–559 Kambyses I.
559–529 Kyros II., der Große.
550 Revolte gegen Astyages,
546 Sardes, 539 Babylon.
528–522 Kambyses II.
525 Eroberung Ägyptens,
522 Aufstand Gaumatas.
522–486 Dareios I., der Große.
512 Skythenfeldzug,
500 Jonischer Aufstand,
490 Marathon.
486–465 Xerxes I.
480 Salamis, 479 Plataiai.
465–425 Artaxerxes I.
425–405 Dareios II.
405 Abfall von Ägypten.
405–358 Artaxerxes II.
401 Aufstand des Kyros, Kunaxa. Satrapenaufstände
358–338 Artaxerxes III.
345 Wiedereroberung Ägyp-
tens.
336–330 Dareios III.
334 Angriff Alexanders, Granikos,
333 Issos,331 Gaugamela.
(336) 330–323 Alexander der Große.
327 Indienzug,
324 Friedensfest von Opis.

Die Seleukiden und Arsakiden
305–280 Seleukos I.
280–261 Antiochos I.
261–246 Antiochos II.
Einbruch der Parther.
Das baktrische Reich.
248–214 Tiridates.
214–196 Artabanos I.
223–187 Antiochus II.
Ostzug Antiochos' III.
ca. 160–137 Mithradates I.
Gefangennahme Deme-
trios' II.
138–129 Phraates II.
Saka und Yüh-Chi im Nord-
osten. – ca. 130 Ende des baktrischen Reiches.

127

Erläuterungen und Quellennachweise der Tafeln und Abbildungen im Text

Verfasser und Verleger sind für Rat, Auskünfte und freundlichst gewährte Hilfe bei der Beschaffung der Bildunterlagen folgenden Gelehrten zu großem Dank verpflichtet: Miss E. Porada und Mrs. R. M. Riefstahl (New York), T. J. Arne (Stockholm), Exz. R. Bagge (Teheran), R. D. Barnett (London), G. G. Cameron (Ann Arbor), C J. Edmonds (Hawkhurst), G. Eriksson (Uppsala), O. F. Gandert (Berlin), R. Ghirshman (Teheran), O. Hansen (Berlin), L. Kjellberg (Uppsala), L. L. Breton (Paris), H. Lenzen (Bagdad), G. R. Meyer (Berlin), G. C. Miles (New York), G. Montell (Stockholm), G. Richter (Stendal), G. Säflund und W. Schwabacher (Stockholm), S. Tolstov (Moskau), G. Widengren (Uppsala). Folgende Museen und Institute stellten Aufnahmen zur Verfügung: Bagdad, Generaldirektion der Altertümer und Museen; Berlin, Vorderasiatische Abteilung der Staatlichen Museen, Chicago, Orientalisches Institut der Universität, London, British Museum; Moskau, Akademie der Wissenschaften der UdSSR; New York, Metropolitan Museum of Art und American Numismatic Society; Philadelphia, Museum der Pennsylvania-Universität; Stendal, Altmärkisches Museum; Stuttgart, Württembergisches Landesmuseum; Teheran, National-Museum; Uppsala, Institut für klassische Archäologie und alte Geschichte. T. 1–T 76: SVS Archiv 1982.

S. 123   Kuh-i-Khwadja. Plan des befestigten Palastes. Der Feuertempel befindet sich rechts des mit Arkaden umgebenen Hofs. Nach Herzfeld, Iran in the Ancient East, T. XCVII.

S. 124/125   Karte

S. 126   Gemmen und Münzen aus der Zeit der Arsakidenherrschaft. Oben: Gemmen. Mithradates II. (?) H. 4 cm. In diese Gemme aus Hyanzinth, die fraglos von einem griechischen Künstler geschnitten wurde, ist in späterer Zeit der Name des Königs Schapur I. in Pahlavi-Schrift eingraviert worden. Nach Herzfeld, Paikuli, T. 140 1. Die übrigen hier wiedergegebenen Gemmen stammen aus der Gegend von Khotan, Ostturkestan. (v. der Osten, Geschnittene Steine aus Ost-Turkestan). Chionitisches Ehepaar. Chalcedon. L. 1,7 cm. Parther (charakteristische Schneidetechnik der späteren Arsakidenzeit). Nikolo. H. 1,66 cm. Türke. Bräunlicher Chalcedon. H. 1,25 cm. Iranischer Feudalherr. Rötlicher Chalcedon. Dm. 2,15 cm. Kuschane. Rötlicher Chalcedon. H. 1,2 cm. Aufnahmen G. Eriksson. – Unten: Münzen. Mithradates I. Drachme (Vorder- und Rückseite). Dm. 1,9 cm. Phraates II. Tetradrachme (Vorderseite). Dm. 3 cm. Orodes II. Tetradrachme (Vorderseite). Dm. 2,85 cm. Artabanos V. (Vorder- und Rückseite.) Dm. 1,85 cm. Aufnahmen American Numismatic Society, New York.

T. 1   Bogenschützen aus dem Fries mit Bogenschützen des Artaxerxes.

T. 2   Ziegelrelief vom Palast Artaxerxes' II. in Susa. Paris, Louvre. Aufnahmen: Giraudon, Paris

T. 3   Silberner, teilweise vergoldeter Rhyton. Höhe 27,5 cm. Aufnahme: British Museum, London

T. 4   Sassanidischer König auf der Jagd. Flache silberne Trinkschale, teilweise vergoldet. Aufnahme: British Museum, London

T. 5   Metallgegenstände aus Tepe Hissar, 3. Periode. – Oben rechts: Zierstück in Form eines stilisierten Ibex-Kopfes aus Gold. H. 8,6 cm. – Oben links: Morgensternartige Paradewaffe aus Bronze. H. 11,9 cm. – Unten: Schmuck aus Gold, Achat, Karneol und Fritte. Länge der Ohrringe 8,6 cm. (Schmidt, Excavations at Tepe Hissar Damghan, Abb. 111, 116, T. XXXV.) Aufnahme University Museum, Philadelphia.

T. 6   Links und oben: Susa. Becher (H. 29 cm) und Schale (Dm. 19 cm), braunschwarze Bemalung auf hellem Tongrund. (Mémoires de la Délégation Archéo-

129

logique en Perse [MDP] XIII, 1912.) – Unten: Mekran. Bemaltes Gefäß. H. ca. 16 cm. Nach Survey of Persian Art IV, T. 16 S.

T. 7 Weibliches Idol aus Ton. H. 18,3 cm. Aufnahme University Museum, Philadelphia.

T. 8 Oben: Tepe Hissar. Luftbild. Im Bild links Einsteigschächte eines *quannat*. In der Mitte Ruinen eines sasanidischen Palastes. Rechts der vorgeschichtliche Ruinenhügel. Die äußerst sorgfältige Bewässerung des Landes ist deutlich zu erkennen. Aufnahme University Museum, Philadelphia. – Unten: Susa. Flugbild des Stadthügels. Nach MDP XXXVI, 1954, T. III.

T. 9 Darband-i-Gawr. Siegesrelief Naramsins von Akkad. Figur des Königs ungefähr in Lebensgröße. (Edmonds, C. J., Two ancient Monuments in Southern Kurdistan. The Geographical Journal 65, 1925, 63 f.) Nach einer von Major C. J. Edmonds freundlichst zur Verfügung gestellten Aufnahme.

T. 10 Elamische Felsreliefs. Oben: Das Kultrelief von Kurangun. Höhe des inthronisierten Gottes ca. 1,20 m. – Unten: Naqsch-i-Rustam. Ein unfertiges Felsrelief Bahrams II., das an Stelle eines älteren elamischen Kultbildes eingeschlagen wurde. Von dem elamischen Relief ist lediglich noch eine Figur, ganz rechts, vollständig erhalten. Der bärtig dargestellte Mann trägt einen flachen Hut (vgl. dazu T. 13 unten). Unterhalb der beiden Büsten des sasanidischen Reliefs sind ganz rechts noch die Spuren zweier inthronisierter Gottheiten, ähnlich wie auf dem Relief von Kurangun, zu erkennen. Das sasanidische Relief zeigt Bahram II. in der Mitte mit nach links gewandtem Gesicht seinen Familienangehörigen zu. Rechts des Königs drei Würdenträger. Höhe des Königs 2,50 m. Nach Herzfeld, Iran in the Ancient East, Abb. 304 und T. XXXIV. Vgl. dazu auch Herzfeld, Archaeological History of Iran, 4–6, und Sarre-Herzfeld, Iranische Felsreliefs 71–73.

T. 11 Felsrelief bei Sar-i-Pul, wahrscheinlich den Lulubäer-König Annubanini darstellend. Nach Herzfeld, Am Tor von Asien, T. III.

T. 12 Oben: Abrollung eines Siegelzylinders aus glasierter Fritte. H. 4,8 cm. Nach MDB VIII, 1905, T. I. – Unten links: Elamisches Stempelsiegel in Form eines Löwenkopfes. H. 5 cm, und Abdruck: Vier gehörnte Vierfüßler und drei Vögel. Dm. 5 cm. (v. der Osten, Ancient Oriental Seals in the Collection of Mr. E. T. Newell, Chicago 1934). Aufnahme American Numismatic Society, New York. – Unten rechts: Tontäfelchen aus Susa mit protoelamischer Schrift. 6 × 8 cm. Vgl. dazu das bei Schmökel, Ur, Assur und Babylon. Stuttgart 1955, T. 4 oben abgebildete Täfelchen mit archaisch-sumerischer Schrift. Aufnahme Louvre, Paris.

T. 13 Susa. Oben: Elfenbeinstatuette. Die Augen waren mit anderem Material eingelegt. H. 9 cm. – Rechts: Tonidol. H. 16,3 cm. – Unten: Relief des elamischen Fürsten Adda-Hamiti-Inschuschinak. (MDP XI, 1911, Abb. 12.) Aufnahmen Louvre, Paris.

T. 14 Statue der Königin Napirasu von Susa. Massive Bronze. H. 1,20 m. Nach MDP VIII, l 905, T. XVI.

T. 15 Kopf eines Elamiters. Bronze. Aus dem Kunsthandel. H. 34,3 cm. (Metropolitan Museum of Art, New York, Bulletin 1948, Heft 7.) Nach Survey, T. 106.

T. 16 Susa. Reliefbruchstück, die Spinnerin. H. 9,9 cm. (MDP I, 1900, T. XI.) Aufnahme Louvre, Paris.

T. 17 Oben: Malamir. Eines der Felsreliefs des Fürsten Hanni, eine Opferzeremonie darstellend. Nach MDP III, 1901, T. 23. – Unten: Tepe Sialk. Gesamtansicht des aus Lehmziegeln errichteten Unterbaus des Fürstensitzes. Nach Ghirshman, Tepe Sialk II. T. VI 1.

T. 18 Zerstörung der elamischen Bergfeste Hammanu. Alabasterrelief aus dem Palast Assurbanipals in Ninive. Aufnahme British Museum, London.

T. 19	Oben links: Tepe Giyan, 2. Periode. Mittelgroßes Gefäß. H. 38 cm. Dieses Gefäß zeigt die enge Verwandtschaft mit der gleichaltrigen Kultur von Susa I (vgl. T. 6). Nach Contenau-Ghirshman, Tepe Giyan, T. XI. – Oben rechts: Tepe Sialk, 2. Periode. Gefäß in Form eines Hammels (?). H. 18 cm. Nach Ghirshman, Tepe Sialk I, T. XIX 2. – Unten: Tepe Hissar. Alabastergefäß aus der 3. Periode. H.18,8 cm. (Schmidt, Excavations at Tepe Hissar, Damghan, Abb. 126.) Aufnahme University Museum, Philadelphia.
T. 20	Oben: Luristan. Zierstück aus Bronze. H. 7,3 cm. Vgl. dazu das goldene Zierstück aus Tepe Hissar (T. 5 oben rechts). Aufnahme British Museum, London. – Unten links: Tepe Giyan. Tongefäß aus der 3. Periode. H. 12 cm. Nach Contenau-Ghirshman, Tepe Giyan, T. XII. – Unten rechts: Tepe Sialk, älteres Grabfeld. Tongefäß aus grauer Ware. H. 15 cm. Nach Ghirshman, Tepe Sialk II, T. III 1.
T. 21	Luristan. Waffen aus Bronze: Dolch (L. 21 cm), Schwert (L. 40,5 cm), Streitaxt mit dem Bilde eines Bogenschützen (L. 25,8 cm), Streitaxt (L. 16,8 cm). (Godard, Les Bronzes du Luristan.) Nach Survey T. 54 A, C, 48 A, 49 A.
T. 22	Luristan. Standartenkopf aus Bronze. H. 18,3 cm. Aufnahme British Museum, London.
T. 23	Luristan. Rechts: Ziernadelkopf aus Bronze. H. 13,4 cm. Nach Survey T. 40 B. Links: Silberner Dolchgriff. H. 16,7 cm. Aufnahme British Museum, London.
T. 24	Tepe Sialk, jüngeres Grabfeld. Oben: Abdrücke zweier Siegelzylinder in Originalgröße. Auf dem rechten: Reiter im Kampf mit einem Ungeheuer. – Unten: Zwei Bronzetrensen, Bronzeglöckchen mit eisernem Klöppel, kugelförmiges Zierstück, Zaumzeug- und Gürtelbeschlag (L. des letzten 16 cm). Nach Ghirshman, Tepe Sialk II, T. XXX 3,5 und XXV.
T. 25	Schatz von Ziwiye. Goldenes Pektoral (L. 36 cm) und zwei Detailbilder desselben. Nach Godard, Le Trésor de Ziwiyè, Abb. 10, 15, 22.
T. 26	Oben: Medisches Felsgrab. Hauptrelief der Grabfassade von Kizkapan. H. ca. 1,40 m. (Edmonds, C. J., A Tomb in Kurdistan, Iraq 1, 1934, 183 ff.) Nach Herzfeld in the Ancient East, Abb. 313. – Unten: Achämenidisches Felsgrab Dah-i-Dukhtar. Nach Herzfeld, Iran in the Ancient East, T. XXXVIII.
T. 27	Medisches Felsgrab Dukkan-i-Daud bei Sar-i-Pul. Am Fuß der Grabfassade modernes Rasthaus. Nach Herzfeld, Am Tor von Asien, T. V.
T. 28	Pasargadai. Oben: Rekonstruktion der Apadana. Nach Herzfeld, Iran in the Ancient East. T. XLIII. – Unten: Das Grabmal des Kyros. Nach Sarre-Herzfeld, Iranische Felsreliefs, T. 29.
T. 29	Pasargadai. Türleibung des Torgebäudes mit einem vierflügeligen Dämonen. Scheitelhöhe der Figur ca. 2,75 m. Aufnahme Rostamy, National Museum, Teheran.
T. 30	Susa. Ziegelreliefs. Oben: Elamische Tempelfassade des Kutir-Nakhunte. H. 1,35 m. (Unvala, J. M., Three panels from Susa. Revue d'Assyriologie 25, 1938, 179 ff.) Vgl. dazu auch Schmökel, Ur, Assur und Babylon. Kettw. 1985. – Unten: Geflügelter Stier aus glasierten Ziegeln vom Dareios-Palast. H. 1,40 m. (MDP XXX, 1947.) Aufnahmen Louvre, Paris.
T. 31	Susa. Kapitell vom Artaxerxes-Palast. H. ca. 3 m. Aufnahme Louvre, Paris.
T. 32/33	Naqsch-i-Rustam. Links der turmartige Feuertempel Kaaba-i-Zerduscht, rechts das Grab Dareios' des Großen, darunter Felsrelief Bahrams II., und links davon Felsrelief mit dem Triumph Schapurs I. über Valerian. Aufnahme Oriental Institute, Chicago.
T. 34	Behistun. Gesamtansicht des Felsdenkmals Dareios' des Großen. (King-Thompson, The Sculptures and Inscription of Darius the Great on the Rock of Behistun in Persia.) Nach einer von Professor G. G. Cameron freundlichst zur Verfügung gestellten Aufnahme.

T. 35	Behistun. Das Symbol Ahuramazdas. Nach einer von Professor G. G. Cameron freundlichst zur Verfügung gestellten Aufnahme.
T. 36	Persepolis. Luftbild der Palastterrasse. Im Hintergrund der Kuh-i-Rahmat. Ganz links auf der Terrasse das Tor des Xerxes, darunter, schräg nach rechts, die Säulen der Apadana und der Palast des Dareios. Rechts von diesem der Palast des Xerxes. Etwas oberhalb und rechts vom letzten die Ratshalle; oberhalb davon die „Hundert-Säulen"-Halle. Unterhalb und wiederum etwas rechts von dieser der wiederhergestellte Harem des Xerxes (jetzt Expeditionshaus). Rechts an diesen anschließend das Schatzhaus. Aufnahme Oriental Institute, Chicago.
T. 37	Persepolis. Dareios-Palast. Der König im Kampf mit einem Fabelwesen. Nach Dieulafoy, L'art antique de la Perse 3, T. XVII.
T. 38/39	Persepolis. Freitreppe der Apadana. Rechts im Hintergrund das Tor des Xerxes. Die Stirnwand zeigt persische und medische Garden und hinter diesen je ein einen Stier schlagenden Löwen. Darüber das Symbol Ahuramazdas, flankiert von je einer sitzenden Sphinx (vgl. T. 50). Links an der Innenseite der Treppe spalierstehende Garden. An der Fassade selbst links die tributbringenden Völker, rechts die Garden mit dem königlichen Wagen und persische und medische Feudalität. Aufnahme Oriental Institute, Chicago.
T. 40	Persepolis. „Hundert-Säulen"-Halle. Der thronende König. Vor ihm zwei Räucherlampen. Ein Würdenträger in medischer Tracht, wahrscheinlich der Hazarapet, naht sich ihm. Unter dieser Szene, aber als vor dem König spalierstehend gedacht, Garden. Auf der obersten Reihe lediglich Perser, auf den übrigen abwechselnd je ein persischer und ein medischer Gardesoldat. Nach Herzfeld, Iran in the Ancient East, T. LXVII.
T. 41	Persepolis. Dareios-Palast. Inschrift der von Artaxerxes III. angebauten Freitreppe. Nach Schmidt, Persepolis I. T. 154.
T. 42	Persepolis. Apadana. Oben: Die Abordnung der Baktrier, die von einer höheren medischen Charge eingeführt werden. – Unten: Die königlichen Wagen und darunter persische und medische Generalität. Nach Schmidt, Persepolis I, T. 41 B, 52.
T. 43	Persepolis. Ratshalle. Persischer und medischer Gardesoldat. Links der Meder mit dem kombinierten Köcher und Bogenfutteral sowie dem Akinakes am Gürtel; rechts der Perser mit umgehängtem Bogen und Köcher. Aufnahme Oriental Institute, Chicago.
T. 44	Persepolis. Harem des Xerxes. Zwei hinter dem König schreitende Diener. Nach Schmidt, Persepolis I, T. 197.
T. 45	Persepolis. Oben: Der Dareios-Palast. Im Hintergrunde die Säulen der Apadana. – Unten: Der Xerxes-Palast. Nach Schmidt,Persepolis I, T. 126 und 166.
T. 46	Persepolis. Harem des Xerxes. Das untere Bild zeigt die Rekonstruktion des Gebäudes, das jetzt als Expeditionshaus dient. Nach Schmidt, Persepolis I, T. 191.
T. 47	Persepolis. Oben: Schatzhaus. König Dareios I. empfängt den Hazarapeten. Hinter dem thronenden König der Thronfolger Xerxes und hinter diesem ein Magier und ein Waffenträger. Aufnahme Oriental Institute, Chicago. – Unten: Ratshalle. Die Treppe hinansteigende Diener mit Geschenken. Nach Schmidt, Persepolis I, T. 85.
T. 48	Oxusschatz. Goldblech mit der Darstellung eines Meders. H. 15 cm. Nach Dalton, The Treasure of the Oxus, Nr. 48.
T. 49	Oben: Persepolis. Ungefähr lebensgroße Statue eines Hundes aus schwarzem Marmor. Wahrscheinlich Arbeit griechischer Steinmetzen. Aus der Apadana. Aufnahme Rostamy, National Museum, Teheran. – Unten: Bronzegewicht in Form eines liegenden Löwen aus Abydos mit einer aramäischen Inschrift. L.

	35 cm. (Corpus Inscriptionum Semiticarum II, 1, Nr. 108.) Aufnahme British Museum, London.

35 cm. (Corpus Inscriptionum Semiticarum II, 1, Nr. 108.) Aufnahme British Museum, London.

T. 50 Persepolis. Reliefbruchstücke von der Stirnwand einer Palastfreitreppe (des Dareios oder des Xerxes) mit einer sitzenden bärtigen Sphinx. Vgl. dazu die Stirnwand der Apadana T. 38/39. Aufnahme British Museum, London.

T. 51 Achämenidische Kleinkunst. Oben: Tetradrachme des Tisaphernes. H. 2,8 cm. – Mitte: Dareikos. Dm. ca. 1,6 cm. Tetradrachme des Bagates I., Fürst der Persis, Rückseite. Dm. 2,85 cm. Abdruck eines Stempelsiegels aus Achat. Dm. 2,4 cm. Aufnahmen British Museum, London. – Unten: Persepolis. Fragment eines Schuhs des einen Königsreliefs aus der Tatchara des Dareios mit Ritzzeichnungen zweier menschlicher Köpfe und von Teilen zweier Löwen. Griechischer Stil des ausgehenden 6. vorchristlichen Jahrhunderts. L. 15 cm. Nach Richter, Gisela M. A., Greeks in Persia. American Journal of Archaeology 50, 1946, 15 ff., Abb. 26.

T. 52 Gefäßhenkel aus teilweise vergoldeter Bronze. H. 27,5 cm. Aufnahme Staatliche Museen zu Berlin.

T. 53 Oben: Achämenidische Silberdose. Dm. 12,7 cm. (Dalton, The Treasure of the Oxus, Nr. 179.) Aufnahme British Museum. – Unten: Vorachämenidischer goldener Becher aus Kalar-Ducht. H. 10 cm. Nach einer von Professor R. Ghirshman freundlichst zur Verfügung gestellten Aufnahme.

T. 54 Oben: Vierspänniger Wagen mit dem Großkönig und dem Rosselenker aus Gold. H. 18,8 cm. Nach Dalton, The Treasure of the Oxus, Nr. 7. – Unten: Goldenes Schmuckplättchen in Form eines Kamels (aus Hamadan?). L. ca. 9 cm. Nach MDP XXXVI, T. XXI. Silberne, teilweise vergoldete Statuette eines Königs. H. 14,8 cm. (Dalton, The Treasure of the Oxus, Nr. 1.) Aufnahme British Museum, London. Silberne Statuette eines Persers mit über die Schultern gelegtem Mantel. H. 12 cm. Aufnahme Staatliche Museen zu Berlin.

T. 55 Links: Goldener Beschlag einer Akinakesscheide aus dem sog. Melgunov-Kurgan bei Elizavetgrad. L. ca. 47 cm. Vgl. die Darstellungen mit denen auf den Stücken des Schatzes von Ziwiye T. 25. (Pridik, E.: Melgunovskij klad 1763 goda. Materiali po Archeologii Rossii 31, 1911, T. III 1 .) Aufnahme Photoarchiv der Akademie der Wissenschaften der UdSSR, Moskau. – Rechts: Teilansicht des Audienzreliefs aus dem Schatzhaus zu Persepolis (T. 47 oben). L. der ganzen Waffe ca. 49 cm, der Scheide ca. 37 cm. Nach Schmidt, Persepolis I, T. 120.

T. 56 Der Artemis-Anahita-Tempel zu Kangavar. Ansicht der Ruine und Grundriß. Die mächtige Terrasse, auf der sich die Säulenhalle des Temenos sowie der Tempel selbst erhebt, erinnert an die Anlage der Palastterrasse von Persepolis. Nach Flandin-Coste, Voyage en Perse, T. 20-23.

T. 57 Oben: Rekonstruktion des Palast- und Tempelplatzes von Hatra. Nach Andrae, Die Ruinen von Harra II, T. IV. – Unten: Rekonstruktion der Palastfassade von Assur im Vorderasiatischen Museum, Berlin. Aufnahme Staatliche Museen zu Berlin.

T. 58 Kopf eines Parthers aus Susa. Kalkstein. H. 26 cm. Nach MDP XXIX, 1943, T. VIII.

T. 59 Bronzestatue aus Schami. H. 1,94 cm. (Seyrig, Henri, Antiquités syriennes. 26. La grande statue parthe de Shami et la sculpture palmyrénienne. Syria 20, 1939, 177 ff. T. XXV.) Aufnahme Rostamy, National Museum, Teheran.

T. 60 Oben: Bronzestatuette eines Reiters. Spätachämenidisch oder parthisch. H. ca. 9 cm. Aufnahme British Museum, London. – Unten: Zeichnung nach einem Wandbild der Synagoge von Dura mit einer Schlachtdarstellung. Nach Mesnil du Buisson, Les peintures de la synagoge de Doura-Europos, T. XXXII. Abdruck eines Stempelsiegels mit Darstellung eines Reiters mit zwei Lanzen. Dm.

1,6 cm. (v. der Osten, The Ancient Seals from the Near East in the Metropolitan Museum. The Art Bulletin 13, 1931, 2. Heft, Nr. 14.) Nach einer von Dr. E. Porada freundlichst zur Verfügung gestellten Aufnahme.

T. 61 Urfa. Mosaik mit der Darstellung einer Familie. H. ca. 2,40 m. Nach Illustrated London News, 21. Februar 1953, T. IV.

T. 62 Parthische Statuetten liegender Frauen, die die fortschreitende Erstarrung der Formen zeigen. Oben: Alabaster. L. 17,4 cm. Nach einer von Mrs. R. M. Riefstahl freundlichst zur Verfügung gestellten Aufnahme. – Mitte: Alabaster. Die Haare sind gleich einer Perücke aus Asphalt aufgesetzt, die Augen waren mit einem andersartigen Material eingelegt. L. 16 cm. Aus Babylon. Aufnahme Staatliche Museen zu Berlin – Unten: Terrakotta. Nach v. der Osten, Seven Parthian Statuettes. The Art Bulletin 8, 1927, Fig.7.

T. 63 Oben: Shiz, Flugbild. Möglicherweise geht die Beschreibung der Gralsburg auf dieses Heiligtum zurück. (Ringbom, Lars-Ivar, Gralstempel und Paradies. Stockholm 1951.) – Unten: Der Palast Ardaschirs bei Firuzabad, Flugbild. Aufnahme Aerial Survey, Oriental Institute, Chicago.

T. 64 Oben: Ktesiphon, der Taq-i-Kisra. Der rechte Fassadenteil ist jetzt eingestürzt. Nach Dieulafoy: L'art antique de la Perse 5, T. III. – Unten: Die Stadt Gur bei Firuzabad, der Residenz Ardaschirs I. Im Gegensatz zum hippodamischen System der hellenistischen Periode, auf das Schapur I. wieder zurückgriff, geht die kreisrunde Stadtanlage auf altorientalische Art zurück. Aufnahme Aerial Survey, Oriental Institute, Chicago.

T. 65 Oben: Bischapur. Mosaik aus dem Schapur-Palast mit der Darstellung einer Harfenspielerin. Der starke hellenistische Einfluß hier wie auch bei vielen anderen Monumenten Schapurs I. geht wohl auf die römischen Gefangenen nach der Niederlage Valerians bei Edessa zurück. Nach einer von Professor R. Ghirshman freundlichst zur Verfügung gestellten Aufnahme. – Unten: Felsbild Ardaschirs I. bei Firuzabad. Das hier wiedergegebene Felsbild zeigt Schapur als Thronfolger, den Wesir des letzten Arsakidenkönigs vom Pferde stechend. Nach Herzfeld, Iran in the Ancient East, T. CLX.

T. 66 Oben: Die Investitur Ardaschirs I. (links) durch Ormuzd in Naqsch-i-Rustam. Ungefähr dreifache Lebensgröße. Nach Survey, T. 154 A. – Unten: Mittelstück des einen Triumphreliefs Schapurs I. über Valerian bei Bischapur. Hinter dem von Schapur I. bei der Hand gehaltenen Cyriades ist noch ein Pferd der sasanidischen Reiterei zu sehen. Nach Herzfeld, Iran in the Ancient East, T. CXVI.

T. 67 Taq-i-Bustan. Die Reliefs der großen Grotte. Zu oberst eine Investiturszene. In der Mitte der König, links Anahita, rechts Ormuzd. Darunter Kolossalfigur (ungefähr dreifache Lebensgröße), nochmal der König als Kataphrakt. Es ist noch nicht als gesichert anzunehmen, daß diese Reliefs Khosroes II. Parvez zuzuschreiben sind (Erdmann, Die Kunst Irans zur Sasanidenzeit.) Nach Herzfeld, Am Tor von Asien, T. XLII.

T. 68 Taq-i-Bustan. Teilansicht des einen Reliefs auf der Seitenwand der großen Grotte (Saujagd). Nach Herzfeld, Am Tor von Asien, T. XLVIII.

T. 69 Silberschale mit der Darstellung eines jagenden Sasanidenkönigs, Peroz' oder Khosroes' I. Dm. 22 cm. (Erdmann, Kurt, Die sasanidischen Jagdschalen, Untersuchung zur Entwicklungsgeschichte der iranischen Edelmetall-Kunst unter den Sasaniden. Jahrbuch der preußischen Kunstsammlungen 1936, 212 ff.) Aufnahme Metropolitan Museum of Art, New York.

T. 70 Oben: Sasanidischer Bronzehelm. H. ca. 23 cm. Aufnahme British Museum, London. – Unten: Sasanidische Gemmen. Die beiden links (H. 4,1 cm und 3 cm) Aufnahme Museum of Fine Arts, Boston; die Gemme rechts (H. 3,2 cm) Aufnahme Metropolitan Museum of Art, New York.

T. 71 Oben: Zwei sasanidische Kameen. Links sog. Khosroes 11. Dm. 7,5 cm. Bergkristall. Die Kamee bildet das Mittelstück einer mit Glaspasten und Halbedelsteinen besetzten Goldschale. Rechts Khosroes II. (?). H. 3,1 cm. Kornalin. Nach Cotteveille-Giraudet, R., Coupes et camée sasanides du Cabinet de France. Revue des Arts Asiatiques 12, 1938, 52 ff., T. XXX 2, 4. – Unten: Korbartiger Behälter aus Gold, einst cloisoné-artig eingelegt, L. 41,5 cm. (Odobescu, A., Le trésor de Pébrosa. Paris 1889, 1900.) Nach Survey, T. 250.

T. 72   Oben: Kapitell aus Mathura. H. 50 cm. Nach Vogel, op. cit., T. XXIV a. – Unten: Elfenbeinschnitzerei aus Begram. H. 29 cm. Die eigentliche Darstellung ist in reinem graeco-indischen Stil, der rechts erhaltene Teil des Rahmens zeigt den Einfluß sasanidischer Kunstformen. Nach Mémoires de la délégation archéologique française en Afghanistan IX, 1939, T. LVII.

T. 73   Ostturkestan. Links: Fragment einer manichäischen Miniatur. Nach v. Le Coq: Die buddhistische Spätantike 2, T. 86 b. Auf Holz in Karoschti geschriebenes Dokument. Diese, wie auch die sog. sogdische Schrift, geht ebenfalls auf die durch Manichäer entwickelte Schrift zurück. (Henning, B. W., The date of the Sogdian Ancient Letters. Bulletin, School of Oriental and African Studies. 12, 1948, 60 ff.) Nach Stein, Serindia, T. XXII. – Rechts: Maler in der Tracht eines iranischen Feudalherrn aus der sog. Stifterhöhle. Nach einer von Professor O. Hansen freundlichst zur Verfügung gestellten Aufnahme.

T. 74   Zierplatten aus Ostsibirien. Oben: Bronze. H. 11,8 cm. Nach Dalton, The Treasure of the Oxus, Nr. 191. – Mitte und unten: Gold. L. ca. 17 cm und ca. 20 cm. Nach Rostovtzeff, M. I., Le centre de l'Asie, la Russie, la Chine et le style animal. SKYΘIKA I (1929) 31 ff., Abb. 2 und 15.

T. 75   Oben: Goldene Zierplatte, vielleicht ein Schildbelag, aus Zöldhalompuszta. L. ca. 23 cm. Nach Fettich, Nandor, Der skythische Fund von Gartschinowo. Archaeologia Hungarica XV. Budapest 1934, T. V. – Unten rechts Schwertgriff aus Bronze aus Aldoboly. Länge der Griffstange 10,8 cm. Nach Fettich, op. cit., T. VII 1a. Unten links: Bronzezierplatte aus dem Ordosgebiet. H. 10 cm. Nach Rostovtzeff, op. cit., Abb. 21.

T. 76   Oben: Goldene Gürtelschnalle aus Pazyryk. L. 4,7 cm. (Rudenko, S. J., Kultura naselenija Gornogo Altaja ve skifskos vremja. Moskau 1953, T. XXVII 1.) – Unten links: Terrakottastatuette aus Khwarism. Achämenidische Periode. H. 10,2 cm. Unten rechts: Terrakottastatuette aus Djambaz-Kaleh. 2. vorchristliches Jahrhundert (?). H. 8,4 cm. (Tolstov, op. cit. T. 72, 8, 74.) Aufnahmen Photoarchiv der Akademie der Wissenschaften der UdSSR, Moskau.

Literaturhinweise

ALLGEMEINE ÜBERSICHTEN

Ghirshman, Roman: Iran. The story of Persia from earliest times until its unique Iranian civilization was transformed by the Islamic Conquest. A Pelican Book A 239. Harmondsworth 1954.

Huart, Clément; und *Delaporte*, Louis: L'Iran antique. Élam et Perse et la civilisation iranienne. L'évolution de l'humanité XXIV. Paris 1952.

La civilisation iranienne (Perse, Afghanistan, Iran extérieur). Bibliothèque historique Paris 1952.

Archäologische und historische Geographie

Curzon, George N.: Persia and the Persian Question. London 1872.

Flandin, Eugène, und *Coste*, Pascal: Voyage en Perse pendant 1840 et 1841. Paris 1843–1854.

Grote, Hugo: Wanderungen in Persien. Berlin 1910.

Herrmann, Albert: Alte Geographie des unteren Oxus-Gebietes. Berlin 1914.

Jackson, A. V. Williams: Persia Past and Present. New York 1906.

Le Strange, Guy: The Lands of the Eastern Caliphate. London 1905.

Minorski, Vladimir: Les études historiques et géographiques sur la Perse depuis 1900. Acta Orientalia XI (1932) 140 ff.

Morgan, Jacques de: Mission scientifique en Perse. Bd. IV, Archéologie. Paris 1896.

Ritter, Carl: Die Erdkunde im Verhältnis zur Natur und zur Geschichte des Menschen. Bd. IX, 2. Aufl. Berlin 1856.

Schmidt, Erich F.: Flights over Ancient Cities of Īran. Oriental Institute Special Publications. Chicago 1940.

Stein, Sir Aurel: Old Routes of Western Irān. Narrative of an archaeological Journey carried out and recorded by... London 1940.

Täubler, Eugen: Tyche. Historische Studien. Kap. IV. Leipzig 1926.

Archäologie und Kulturgeschichte

A Survey of Persian Art from Prehistoric Times to the Present. A. U. *Pope*, Editor; P. *Ackerman*, Assistent Editor. Bd. I, IV. Oxford 1938.

Archaeologica Orientalia in memoriam Ernst Herzfeld. New York 1952.

Archäologische Mitteilungen aus Iran, 1–9. Berlin 1929–1938.

Āthār-é-Irān, Annales du service archéologique de l'Iran. 1 (1936)-laufend.

Christensen, Arthur: Die Iranier. Handbuch der Altertumswissenschaft. Kulturgeschichte des Alten Orients III: 1. München 1933.

Grousset, René: Orient und Okzident im geistigen Austausch. Stuttgart 1955.

Grundriß der iranischen Philologie, hrsg. von W. *Geiger* und E. *Kuhn*. Straßburg 1895–1901.

Herzfeld, Ernst: Archaeological History of Iran. The Schweich Lectures of the British Academy, 1934. London 1935.

– Iran in the Ancient East. London 1941.

Kramer, J. H.: Analecta Orientalia. Posthumous writings and selected minor works. Bd. I. Leyden 1954.

Marquart, Josef: Untersuchungen zur Geschichte von Eran. Philologus 54 (1895), 55 (1896); Suppl. Bd. 10 (1905-l907).

Spiegel, Friedrich: Erânische Alterthumskunde. Leipzig 1871–1878.

Susa. – Die fortlaufenden Berichte der französischen Grabungen mit Funden aus vorgeschichtlicher bis frühislamischer Zeit: France. Délégation en Perse. Mémoires I–XIII. Paris 1900 bis 1912; Mission archéologique de Susiane. Mémoires XIV. Paris 1913; Mission archéologique de Perse. Publications XV. Paris 1914; Mémoires XVI–XXVIII. Paris 1921–1939; Mission archéologique en Iran. Mémoires XXIX–XXXVI. Paris 1943–1954.

Van der Berghe, L.: Irān. De stand van de archaeologische onderzoekingen in Irān. „Ex Oriente Lux", Jaarbericht 13 (1953–l954) 347 ff.

Widengren, Geo: Feudalismus im alten Iran.

Religion

Benveniste, Emile: The Persian Religion according to the chief Greek Texts. Université de Paris, Ratanbai Katrak lectures I. Paris 1929.

Bidez, Joseph, und Cumont, Franz: Les mages hellénisés. Paris 1938.

Cumont, Franz: Textes et monuments figurés relatifs aux mystères de Mithra. Brüssel 1896 bis 1899.

– Die Mysterien des Mithra. 3. Aufl. Leipzig 1923.

– Die orientalischen Religionen im römischen Heidentum. 3. Aufl. Leipzig 1931.

Dumézil, Georges: Naissance d'Archanges. Jupiter Mars Quirinus, 3.) Essai sur la formation de la théologie zoroastrienne. Paris 1945.

– Les dieux des indo-européens. Paris 1952.

Erdmann, Kurt: Das iranische Feuerheiligtum. Sendschrift 11 der Deutschen Orient-Gesellschaft. Leipzig 1941.

Hopkins, Clark: The Parthian Temple. Berytus 7 (1942) 1 ff.

Nyberg, Henrik Samuel: Questions de cosmogonie et de cosmologie mazdéennes. Paris 1931.

– Die Religionen des alten Iran. Mitteilungen der Vorderasiatisch-ägyptischen Gesellschaft 43. Leipzig 1938.

Puech, Henry-Charles: Le Manichéisme, son fondateur – sa doctrine. Musée Guimet. Bibliothèque de diffusion LVI. Paris 1949.

Säve-Söderbergh, Torgny: Studies in the Coptic Manichaean Psalm Book. Uppsala 1949.

Saxl, Fritz: Mithras. Typengeschichtliche Untersuchungen. Berlin 1931.

Schlumberger, Daniel: Surkh Kotal. Un sanctuaire du feu d'époque Kouchane en Bactriane. Arts Asiatiques 1 (1954) 132 ff.

Widengren, Geo: Hochgottglaube im alten Iran. Eine reliogionsphänomenologische Untersuchung. Uppsala 1938.

– Stand und Aufgaben der iranischen Religionsgeschichte, Numen 1 (1954) 16 ff., 2 (1955) 47 ff.

Wikander, Stig: Der arische Männerbund. Studien zur indo-iranischen Sprach- und Religionsgeschichte. Lund 1938.

– Feuerpriester in Kleinasien und in Iran. Lund 1946.

Wolff, Fritz: Avesta-Übersetzung auf der Grundlage von Chr. Bartholomae's Wörterbuch, Berlin 1924.

VORGESCHICHTLICHE ZEIT

Arne, Ture J.: Excavations at Shah Tepé, Iran. Reports from the Scientific Expedition to the North-Western Provinces of China under the Leadership of Dr. Sven Hedin. VII. Archaeology 5. Stockholm 1945.

Braidwood, Robert J.: Jarmo: A Village of the Early Farmers in Iraq. Antiquity 24 (1950) 189 ff.

Burton Brown, Theodore: Excavations in Azerbaijan, 1948. London 1951.

Contenau, Georges, und Ghirshman, Roman: Fouilles du Tépé-Giyan, près de Nèhavand, 1931 et 1932. Musée du Louvre. Département des antiquités orientales. Série archéologique III. Paris 1935.

Coon, Carleton S.: Cave Explorations in Iran, 1949. Philadelphia, Pa. 1951.

Ghirshman, Roman: Fouilles de Sialk, près de Kashan, 1933,1934,1937. Musée du Louvre. Département des antiquités orientales. Série archéologique IV, V. Paris 1938–1939.

Heine-Geldern, Robert von: China, die ostkaspische Kultur und die Herkunft der Schrift. Paideuma 4 (1950) 51 ff.

Herzfeld, Ernst: Iranische Denkmäler I. Berlin 1932–1933.

Langsdorff, Alexander, und McCown, Donald E.: Tall-i-Bakun A. Season of 1932. Oriental Institute Publications LIX. Chicago 1942.

McCown, Donald E.: The Comparative Stratigraphy of Early Iran. Studies in Ancient Oriental Civilization 23. Chicago 1942.

Morgan, Jacques de: La préhistoire orientale. Bd. III, L'Asie Antérieure. Paris 1927.

Pumpelly, Raphael: Explorations in Turkestan, Expedition of 1904. Prehistoric Civilizations of Anau. Carnegie Institution of Washington. Publication 73. Washington, D. C. 1908.

Schmidt, Erich F.: Excavations at Tepe Hissar, Damghan. Philadelphia, Pa. 1937.

FRÜHGESCHICHTLICHE ZEIT

Cameron, George G.: History of Early Iran. Chicago 1936.

Debevoise, Neilson C.: The Rock Reliefs of Ancient Iran. Journal of Near Eastern Studies 1 (1942) 78 ff.

Ghirshman, Roman: Notes iraniennes IV; le trésor de Sakkez, les origines de l'art mède et les bronzes du Luristan. Artibus Asiae 13 (1950) 181 ff.

Godard, André: Les Bronzes du Luristan. Ars Asiatica XVII. Paris 1931.

– Le Trésor de Ziwiyè (Kurdistan). Haarlem 1950.

Husing, Georg: Der Zagros und seine Völker. Eine archäologisch-ethnographische Skizze. Der Alte Orient 9: 3/4. Leipzig 1908.

– Die einheimischen Quellen zur Geschichte Elams. Assyriologische Bibliothek 24: 1. Leipzig 1916.

König, F. W.: Geschichte Elams. Der Alte Orient 29: 4. Leipzig 1931.

Morgan, Jacques de: Mission scientifique au Caucase. Études archéologiques et historiques. Paris 1889.

GESCHICHTLICHE ZEIT

Allgemein

Dieulafoy, Marcel: L'art antique de la Perse, Achéménides, Parthes, Sassanides. Paris 1884–1889.

Herzfeld, Ernst: Am Tor von Asien. Felsdenkmale aus Irans Heldenzeit. Berlin 1920.

Justi, Ferdinand: Geschichte des Alten Persiens. Allgemeine Geschichte in Einzeldarstellungen, hrsg. von W. *Oncken*. Berlin 1879.

Nöldeke, Theodor: Aufsätze zur persischen Geschichte. Leipzig 1887.

Sarre, Friedrich, und *Herzfeld*, Ernst: Iranische Felsreliefs. Aufnahmen und Untersuchungen von Denkmälern aus alt- und mittelpersischer Zeit. Berlin 1910.

– Die Kunst des Alten Persien. Die Kunst des Ostens V. Berlin 1923.

Sykes, Sir Percy: A History of Persia. 2. Aufl. London 1921.

Achämeniden

Arrian: Griechische Prosaiker in neuen Übersetzungen. Hrsg. von C. N. *Osiander*. Stuttgart.

Babelon, Ernest: Les Perses achéménides, les satrapes et les dynasties tributaires

de leur empire: Chypre et Phénicie. Catalogue des monnaies grecques de la Bibliothèque Nationale. Paris 1893.

Berve, Helmut: Das Alexanderreich auf prosographischer Grundlage. München 1926.

Bittel, Kurt: Ein persischer Feueraltar aus Kappadokien. Satura 1952, 15 ff.

Cameron, George G.: Persepolis Treasury tablets. Oriental Institute Publications LXV. Chicago 1948.

Dalton, Ormonde M.: The Treasure of the Oxus wich other Objects from Ancient Persia and India. 2. Aufl. London 1926.

Dieulafoy, Marcel: L'Acropole de Suse d'après les fouilles exécutées en 1884, 1885, 1886 sous les auspices du Musée du Louvre. Paris 1893.

Furumark, Arne: The Alexander History of Callisthenes. (Im Druck).

Herodot: Neun Bücher der Geschichte, Kettwig, 1984.

Hill, George F.: Catalogue of Coins from Arabia, Mesopotamia and Persia. Catalogue of the Greek Coins in the British Museum. London 1922.

Hoffmeister, Eduard von: Durch Armenien. Eine Wanderung und der Zug Xenophons bis zum Schwarzen Meere. Eine militär-geographische Studie. Leipzig 1911.

Junge, Julius: Dareios I., König der Perser. Leipzig 1944.

Kaerst, Julius: Geschichte des Hellenismus. 3. Aufl. Leipzig 1926–1927.

King, Leonard W., und Thompson, Reginald C.: The Sculptures and Inscription of Darius the Great on the Rock of Behistûn in Persia. London 1907.

Maximowa, M. E.: Griechisch-persische Kleinkunst in Kleinasien nach den Perserkriegen. Archäologischer Anzeiger 1928, Sp. 648 ff.

Meyer, Eduard: Geschichte des Altertums, Bd. I–VIII. 4. Aufl. Kettwig, 1984.

Moortgat, Anton: Hellas und die Kunst der Achaemeniden. Mitteilungen der Alt-Orientalischen Gesellschaft 2: 1. Berlin 1926.

Nyberg, Henrik Samuel: Das Reich der Achämeniden. Historia Mundi, Bd. III. München 1955.

Olmstead, Albert T. E.: History of the Persian Empire. Chicago 1948.

Posener, G.: La première domination Perse en Égypte. Bibliothèque d'étude XI. Kairo 1936.

Richter, Gisela M. A.: Greek Subjects on „Graeco-Persian" Seal Stones. Archaeologica Orientalia. New York 1952, 189 ff.

Schmidt, Erich F.: The Treasury of Persepolis and other Discoveries in the homeland of the Achaemenians. Oriental Institute Communications 21. Chicago 1939.

– Persepolis I (II im Druck). Oriental Institute Publications LXVIII. Chicago 1953.

Schwabacher, Willy: Satrapenbildnisse. Zum neuen Münzporträt des Tisaphernes. Festschrift Ernst Langlotz (im Druck).

Seyrig, Henri: Cachets achéménides. Archaeologica Orientalia. New York 1952, 195 ff.

Tarn, William W.: Alexander the Great. 2. Aufl. Cambridge 1951.

Weißbach, Franz H.: Die Keilinschriften der Achämeniden. Vorderasiatische Bibliothek 3. Leipzig 1911.

Xenophon. Griechische Prosaiker in neuen Übersetzungen. Hrsg. von C. N. Osiander, Stuttgart.

Seleukiden und Arsakiden

Andrae, Walter: Hatra nach Aufnahmen von Mitgliedern der Assur-Expedition der Deutschen Orient-Gesellschaft, I, II. Wissenschaftliche Veröffentlichungen der Deutschen Orient-Gesellschaft 9, 21. Leipzig 1908, 1912.

Andrae, Walter, und Lenzen, Heinz: Die Partherstadt Assur. Wissenschaftliche Veröffentlichungen der Deutschen Orient-Gesellschaft 57. Leipzig 1933.

Debevoise, Neilson C.: A Political History of Parthia. Chicago 1938.

Dura-Europos. – Die Berichte der amerikanisch-Dura-Europos. Conducted by Yale University französischen Grabungen: The Excavations at and the French Academy of Inscriptions and Letters. Preliminary Reports of the first – ninth Season of Work. New Haven, Conn. 1929–1952.

Gutschmid, Alfred von: Geschichte Irans und seiner Nachbarländer von Alexander d. Gr. bis zum Untergang der Arsaciden. Tübingen 1888.

– Geschichte Persiens zur Zeit der Seleuciden und Arsaciden. Kleine Schriften Bd. III. Leipzig 1894.

Henning, Walter B.: The Monuments and Inscriptions of Tang-i-Sarvak. Asia Major 2 (1951–1952) 151 ff.

Hopkins, Clark: Aspects of Parthian Art in the Light of Discoveries from Dura-Europos. Berytus 3 (1936) 1 ff.

Humann, Karl, und Puchstein, Otto: Reisen in Kleinasien und Nordsyrien. Ausgeführt im Auftrag der Kgl. Preußischen Akademie der Wissenschaften. Berlin 1890.

Ingholt, Harald: Parthian Sculptures from Hatra. Orient and Hellas in Art and Religion. Memoirs of the Connecticut Academy of Arts and Sciences XII. New Haven, Conn. 1954.

Karstedt, Ulrich: Artabanos III. und seine Erben. Bern 1952.

McDowell, Robert H.: Stamped and inscribed Objects from Seleucia on the Tigris. University of Michigan Studies. Humanistic Series 36. Ann Arbor, Mich. 1935.

Mesnil du Buisson, René Comte du: Les

peintures de la synagogue de Doura-Europos. Istituto pontifico biblico. Scripta 86. Rom 1939.

Rawlinson, George: The sixth great oriental monarchy or the geography, history and antiquities of Parthia. London.

Rostovtzeff, Michael I.: Dura and the Problem of Parthian Art. Yale Classical Studies V (1935) 155 ff.

– Dura-Europos and its Art. Oxford 1938.

– L'art gréco-iranien. Revue des Arts Asiatiques. 7 (1931) 202 ff.

Tarn, Sir William, and *Griffith*, Guy T.: Hellenistic Civilisation. London 1953.

Wroth, Warwick: Catalogue of the Coins of Parthia. Catalogue of the Greek Coins in the British Museum. London 1903.

Sasaniden

Altheim, Franz: Die Krise der Alten Welt im 3. Jahrhundert n. Zw. und ihre Ursachen. Berlin 1943.

Ammianus Marcellinus. Römische Prosaiker in neuen Ubersetzungen. Hrsg. von C. N. *Osiander*, Stuttgart.

Braun, Oskar: Ausgewählte Akten persischer Märtyrer. Mit einem Anhang: Ostsyrisches Mönchsleben. Bibliothek der Kirchenväter. 2. Aufl. Kempten 1915.

Burzoe – siehe *Nöldeke*, Theodor.

Christensen, Arthur: Les Gestes des Rois dans les traditions de l'Iran antique. Université de Paris. Conférances Ratanbai Katrak III. Paris 1936.

– L'Iran sous les Sassanides. 2. Aufl. Kopenhagen 1944.

Diez, Ernst, und *Glück*, Heinrich: Der Übergang vom alten zum islamischen Orient. Handbuch der Kunstwissenschaft. Neubabelsberg 1915.

Dorn, B.: Collections de monnaies sassanides de feu le Lieut.-Gén. J. de Barttholomaei. St. Petersburg 1875.

Erdmann, Kurt: Die Kunst Irans zur Zeit der Sasaniden. Berlin 1943.

– Wie sind die Kronen der sasanidischen Münzen zu lesen? Zeitschrift der Deutschen Morgenländischen Gesellschaft 99 (1945–1949) 206 ff.

Falke, Otto von: Kunstgeschichte der Seidenweberei. Berlin 1913.

Firdausi, Le livre des Rois, traduit par J. *Mohl*. Paris 1876.

Firdosi's Königsbuch . . . übersetzt von Friedrich *Rückert*. Aus dem Nachlaß hrsg. von E. A. *Bayer*. Berlin 1890–1895.

Firdusi – siehe auch *Schack*, Adolf Friedrich von.

Ghirshman, Roman: Les fouilles de Châpour (Iran). Deuxième campagne 1936–37. Revue des Arts Asiatiques 12 (1938) 12 ff.

Göbl, Robert: Aufbau der Münzprägung, in *Altheim*, Franz: Ein asiatischer Staat. Bd. I. Wiesbaden 1954.

Herzfeld, Ernst: Paikuli, Monument and Inscriptions of the Early History of the Sasanian Empire. Forschungen zur Islamischen Kunst III. Berlin 1924.

Honigmann, Ernest: Die Ostgrenze des byzantinischen Reiches von 363–1071 nach griechischen, syrischen und armenischen Quellen. *Vasiliev*, A. A.: Byzance et les Arabes, Bd. III. Brüssel 1935.

– und *Maricq*, André: Recherches sur les Res Gestae Divi Saporis. Brüssel. Académie royale de Belgique. Mémoires. Classe des lettres et des sciences morales et politiques. 47 :4. Brüssel 1953.

Horn, Paul, und *Steindorff*, Georg: Sasanidische Siegelsteine. Kgl. Museen zu Berlin. Mittheilungen aus den orientalischen Sammlungen IV. Berlin 1891.

Kühnel, Ernst, und *Wachsmuth*, Friedrich: Die Ktesiphon-Expedition 1931–1932. Berlin 1933.

Macdermot, B. C.: Roman Emperors in the Sassanian reliefs. Journal of Roman Studies 44 (1954) 76 ff.

Nöldeke, Theodor: Geschichte der Perser und Araber zur Zeit der Sasaniden. Aus der arabischen Chronik des *Tabari*. Leyden 1879.

– Burzões Einleitung zu dem Buche Kalīla wa Dimna. Schriften der Wissenschaftlichen Gesellschaft 12. Straßburg 1914.

– Das iranische Nationalepos. 2. Aufl. Berlin 1920.

Orbelli, J., und *Trever*, C.: Orfévrerie sasanide. Musée de l'Ermitage. Moskau 1935.

Prokop. Goten u. Vandalenkrieg. Kettwig, 1985.

Rawlinson, George: The seventh great oriental monarchy or the geography, history and antiquities of the Sassanian or new Persian Empire. London 1882.

Salles, Georges, et *Ghirshman*, Roman: Châpour. Rapport préliminaire de la premiére campagne de fouilles (automne 1935, printemps 1936). Revue des Arts Asiatiques 10 (1936). 117 ff.
– Nouveaux documents sur les fouilles de Châpour. Revue des Arts Asiatiques 13 (1939–1942) 93 ff.

Schack, Adolf Friedrich von: Heldensagen von Firdusi. Zum ersten Male metrisch aus dem Persischen übersetzt nebst einer Einleitung über das Iranische Epos. Kettwig, 1985.

Sprengling, Martin: Third Century Iran Sapor and Kartir. Chicago 1953.

Smirnoff, J.: Argenterie orientale. St. Petersburg 1909.

Tabari- siehe *Nöldeke*, Theodor.

Ostiran

Afghanistan. – Die fortlaufenden Berichte der französischen Grabungen und Forschungen. Mémoires de la délégation archéologique française en Afghanistan I (1942) – XIV (1953).

Foucher, Alfred: L'Art gréco-bouddhique de Gandhāra. Paris 1918–1922.

Gardener, Percy: The Coins of the Greck and Scythic Kings of Bactria and India in the British Museum. Catalogue of Indian Coins. London 1896.

Geiger, Wilhelm: Ostiranische Kultur im Altertum. Erlangen 1882.

Grünwedel's Buddhistische Kunst in Indien. Unter Mitarbeit von R. L. *Waldschmidt*, völlig neugestaltet von Ernst *Waldschmidt*. Staatl. Museen. Handbücher 4. Berlin 1932.

Herzfeld, Ernst: Kushano-Sasanian Coins. Archaeological Survey of India. Memoirs 68. Kalkutta 1930.

Junge, Julius: Saka-Studien. Klio Beiheft 41 (1939).

Marshall, Sir John: Taxila. An illustrated Account of Archaeological Excavations carried out at Taxila under the Orders of the Government of India between the years 1913 and 1934. Cambridge 1951.

Stein, Sir Aurel: An archaeological Tour in Gedrosia. Archaeological Survey of India. Memoirs 43. Kalkutta 1931.
– Archaeological Reconnaissances in North-Western India and South-Eastern Iran. London 1937.

Tarn, William W.: The Greeks in Bactria and India. Cambridge 1951.

Vogel, Jean Philippe: La sculpture de Mathurâ. Ars Asiatica XV. Paris 1930.

Ostturkestan

Grünwedel, Albert: Altbuddhistische Kultstätten in Chinesisch-Turkestan. Bericht über archäologische Arbeiten von 1906 bis 1907 bei Kuča, Zarašahr und in der Oase Turfan. Kgl. Preußische Turfan-Expedition. Berlin 1912.

Le Coq, Albert von: Bilderatlas zur Kunst und Kulturgeschichte Mittel-Asiens. Berlin 1925.
– Die buddhistische Spätantike in Mittel-Asien. 7 Bde. Berlin 1922–1933.
– Auf Hellas Spuren in Ostturkestan. Berichte und Abenteuer der II. und III. Deutschen Turfan-Expedition. Leipzig 1951.

Osten, Hans Henning von der: Geschnittene Steine aus Ost-Turkestan im Ethnographischen Museum zu Stockholm. Ethnos 17 (1952) 158 ff.

Stein, Sir Aurel: Ancient Khotan; detailed Report of Archaeological Explorations in Chinese Turkestan. Oxford 1907.
– Serindia; detailed Report of Explorations in Central Asia and Westernmost China. Oxford 1921.
– Innermost Asia; detailed Report of Explorations in Central Asia, Kan-Su and Eastern Īrān. Oxford 1928.

Die Steppe

Andersson, Johan Gunnar: Selected Ordos Bronzes. The Bulletin of the Museum of Far Eastern Antiquities 5. Stockholm 1933.

Ebert, Max: Südrußland im Altertum. Bücherei der Kultur und Geschichte. Bonn 1921.

Ghirshman, Roman: *Kisselev*, Histoire ancienne de la Sibérie du Sud. Matériaux et recherches archéologiques en U.R.S.S. Artibus Asiae 14 (1951) 169 ff.
- *Tolstov*, S. P. Drevniye Choresm (La Chorasmie antique). Essai de recherche historico-archéologique. Artibus Asiae 16 (1953) 209 ff., 292 ff.

Hančar, Franz: The Eurasian Animal Style and the Altai Compley (Cultural historical interpretation with a consideration of the newest Pazyryk discoveries of 1946– 1949). Artibus Asiae 15 (1952) 171 ff.

Kisselev – siehe *Ghirshman*, Roman.

Minns, Ellis H.: Greeks and Scythians. Cambridge 1913.
- The Art of the Northern Nomads. Annual Lecture on aspects of Art of the British Academy 1942. The British Academy. Proceedings XXVIII (1943).

Rostovtzeff, Michael I.: Iranians and Greeks in South Russia. Oxford 1922.
- Skythien und der Bosporus I. Berlin 1931.

Salmony, Alfred: Sino-Siberian Art in the Collection of C. T. Loo. Paris 1933.

ΣΚΥΘΙΚΑ. Seminarium Kondakovianum. Prag 1929–1931.

Strzygowski, Josef: Altai-Iran und Völkerwanderung. Ziergeschichtliche Untersuchungen über den Eintritt der Wander- und Nordvölker in die Treibhäuser geistigen Lebens. Leipzig 1917.

Tolstov – siehe *Ghirshman*, Roman.

Yetts, W. Perceval: Discoveries of the Kozlóv Expedition. The Burlington Magazin 48 (1926) 168 ff.

Register

(in alphabetischer Folge)

143

Lexikalischer Anhang

Namens-/Ortsregister
Geographischer Index
in
alphabetischer Folge

Aachen (röm Aquae Grani, nach Grannus, keltisch-germ. Gott), röm. Badeort, Pfalzkapelle Karls d. Gr., Höhepunkt als Reichsstadt im Mittelalter

Aargau, Kanton der Schweiz, Hptst. Aarau, röm. Vindonissa (Windisch), ab Mitte 5. Jhdt. Besiedelung durch die Alemannen, Erstnennung 763 n. Chr.

Aaron, Bruder des Moses; erster Hoherpriester des Alten Bundes

Abalish (Abdallah?), Zoroastrier

Abbaros (6. Jh. v.Chr.), Herrscher von Tyros

Abbas I. der Große (1587 bis 1629), Herrscher der Saffawiden

Abbās-i Merwī (um 800), persischer Dichter

Abbeville/Frankr.: paläolith. Fundort

Abbevillien, Altsteinzeit-Kultur

Abdallah: siehe Abalish

Abd al-Malik (um 700), Kalif

Abdashtart, s. Straton

Abdastratos (918–910 v. Chr.), König von Tyros

Abdera, Stadt an der thrakischen Küste

Abdeshmun (1. Hälfte des 2. Jh. v. Chr.), punischer Suffet auf Sardinien

Abdeshmun (2. Jh. v. Chr.), Priester auf Ibiza, Sohn des Azarbaal

Abdi-Anati (14. Jh. v. Chr.), König von Siannu

Abdi-bi'ti (um 700 v. Chr.), König von Arados

Abdi-Milkutti (um 650 v. Chr.), König von Sidon

Abessinien → Äthiopien

Abgarus, Scheich (um 100 v.–100 n. Chr.)

Abhayagiri/Ceylon: buddhist. Hptkloster

Abibaal (um 940 v. Chr.), Herrscher von Byblos

Abī-Ešuḫ (1711–1684 v. Chr.), babylonischer König, I. Dynastie von Babylon

Abodriten, slaw. Vstm.

Abraham, alttestamentarischer Patriarch, Stammvater der Israeliten und Araber

Abraham, erster der drei Erzväter des Alten Testaments (2000 v. Chr.)

Abrittus/Moesien (heutiges Bulgarien): Schlacht b. (251)

Absalom (um 950 v. Chr.), dritter Sohn König Davids

Abud al-Daulah (10. Jahrhundert), Bujidenfürst

Abu Ishaq Ibrahim b. Shahriyar al-Kazeruni (gest. 1034), Begründer eines Sufi-Ordens

Abukir/Algerien: prähist. Fundort

Abul Fazl, Philosoph des Akbar-Kults

Abu Moslem (8. Jahrhundert), Führer einer religiösen Sekte

Abū Hafs-i Sughdī (um 720), Dichter

Abydos/Kleinasien: griech. Kol.

Abydos, Stadt am Hellespont, Sestos gegenüber

Acamapichtli (um 1376), erster Oberster Sprecher der Azteken

Acestes, Herrscher von Sizilien

Achab (875–854 v. Chr.), israelischer König

Achäer → Achaier

Achämenes, Begründer der Achämenidendynastie

Achaia/Peloppones, Achaischer Bund (280 v. Chr.) → Peloponnes

Achaia, das phthiotische, Landschaft in Thessalien, vom Spercheios bis zum Enipeus

Achaier (Achäer, Aioler), griech. Vstm.

Achaimeniden (Achämeniden), persisches Königsgeschlecht (um 700 bis um 400 v. Chr.)

Acharnä, einer der größten Demen in Attika, nördl. von Athen

Achates, Gefährte des Äneas

Acheloos, Grenzfluß zwischen Akarnanien und Ätolien

Achenaten (Amenophis IV.), König (18. Dyn.)

Achenaten (1367–1350 v. Chr.), ägyptischer König

Acherbas (9. Jh. v. Chr.), Melqart-Priester und Gemahl der Königin Elissa (Dido)

Acheron, Fluß in Epirus, durchfließt den acherusischen See

Achet-Aton/Ägypten (Name d.: = Tel el-Amarna): altägypt. Kgs.-St.

Achethotep, hoher Beamter des Alten Reiches

Acheul/Frankr.: paläolith. Fundort (→ Acheuléen)

Acheuléen (Isidrense), paläolith. Faustkeilkultur

Achilleus, Sohn der Thetis und des Peleus; größter Held der Griechen im Kampf um Troja

Achill, Held der griechischen Mythologie

Achtoi, ägypt. Beamter (11. Dyn.)

Achtoi, ägypt. König (10. Dyn.)

Achtoi, ägypt. Schriftsteller des Neuen Reiches

Acrisius: siehe Akrisios

Actium/NW-Griechenland: Schlacht b. (31 v. Chr.)

Adad-apal-iddinam (1067 bis 1046 v. Chr.), König von Babylonien, aramäischer Usurpator des babylonischen Throns

Adad, babylonisch-assyrischer Wettergott

Adad, babylonisch-assyrisch-syrischer Wettergott

Adad-idri (9. Jh. v. Chr.), König von Damaskus

Adadnirari III. (809 bis 782 v. Chr.), assyrischer König

Adad-nirari I. (1307 bis 1275 v. Chr.), assyrischer König

Adad-nirari II. (911 bis 891 v. Chr.), assyrischer König, Begründer der assyrischen Reichsverwaltung

Adad-šum-usur (um 1200 v. Chr.), babylonischer König

Adadu, s. Adad

Adam, nach 1 Moses Stammvater des Menschengeschlechts

Adana/S-Kleinasien: byzant. Erob. (964)

Adapa, Held des Adapa-Mythos

Aden ('Adan)/S-Arabien: venezian. Reisen über (14. Jh.) portug. (1524–1538), osman. (1538)

Adiabene/N-Mesopotamien: parth. Erob. (141 v. Chr.) Skythen-Hptst. röm. Erob. (116) – jüd. Kgr. (35–11 n. Chr.)

Adlerberg-Kultur, Kultur d. Bronzezeit

Admesu (7. Jh. v. Chr.), König von Tamassos

Admetos, König von Thessalien

Adoni-Baal (um 852 v. Chr.), phönikischer Herrscher von Siannu

Adonis, eine der drei höchsten phönikischen Gottheiten

Adonis, Sohn des Kinyras und der Myrrha; Geliebter der Aphrodite

Adžaren, georg. Vstm.

Aeneis, nach Aeneas benanntes Heldenepos des Vergil

Aerarium militare, römische Beh. zur Versorgung der Veteranen

Aerope, Gemahlin des Atreus

Aesculapius, s. Asklepios

Äduer, kelt. Vstm. Galliens

Ägaleos,. Berg zwischen Athen und Eleusis, Salamis gegenüber

Ägatische Inseln: Schlacht b. d. (242 v. Chr.)

Ägeus (Aigeus), Vater des Theseus; König von Athen

Ägition, Stadt im südöstl. Ätolien

Ägypten/NO-Afrika: Vorzeit Altägypten (2850 bis 332 v. Chr.)

Äneas (Aeneas), Sohn des Anchises und der Aphrodite, in der griechischen Sage Held des Trojanischen Krieges

Äneolithikum, s. Chalkolithikum

Änianen, Völkerschaft am Spercheios im südwestl. Thessalien

Änos, Stadt an der thrak. Küste

Äolos-Inseln, häufiger die Liparischen genannt, im N Siziliens

Äolus: siehe Aiolos

Äquer, Urvolk Italiens

Äthäa, Stadt in Lakonika

Äthiopien (Abessinien): Vorzeit

Ätolien/griech. Lsch.: Ätol. Städtebund (290 v. Chr.)

Af'alu Bū Rammāl (Afalu-Bu-Rummel)/Algerien: prähist. Fundort

Afanasjeva-Kultur, Kultur d. zentralasiatischen Bronzezeit

Afghanistan/Lsch. i. NO d. iran. Hochld.: Vorzeit

Afontova-Gora/b. Krasnojarsk, O-Sibirien: späteiszeitl. Renjägerlager

Africa/röm. Prov. (Tunis u. Tripolis)

Africanus, Geschichtsschreiber (3. Jh. n. Chr.)

Agamemnon, Sohn des Atreus und der Aerope, Lönig von Mykene und Oberbefehlshaber im Kampf um Troja

Agatharchides (2. Jh. v. Chr.), griechischer Geschichtsschreiber und Geograph

Agathis (6. Jahrhundert), Jurist aus Kleinasien

Agathokles (316 bis 289/288) v. Chr., Tyrann von Syrakus

Agaue, Mutter des Königs Pentheus von Theben

Agenor, König von Phönikien

Ager Pontinus/Italien: prähist. Fundplatz

Agga, König von Kiš

Aghori, hinduistische Sekte
Aǧnādayn/Syrien: Schlacht b. (634)
Agni, indischer Gott des Feuers
Agra/Indien: Hptst. (1526 bis Mitte 17. Jh.),
Prov. d. Großmogul-Reiches
Agräer, Barbaren im N von Ätolien
Agrianer, päonische Völkerschaft im äußer-
sten N von Makedonien, im Quellgebiet
des Strymon
Agricola, Gnaeus Iulius (40–93), römischer
Feldherr und Statthalter in Britannien
Agri decumantes, röm. Gebiet zw. Rhein u.
Donau
Agrigento (griech. Akragas)/Sizilien: griech.
Kol. (580 v. Chr.)
Agrippa, Marcus Vipsanius (63–12 v. Chr.),
Freund, Feldherr und später Mitregent
von Kaiser Augustus
Agrius (Agrios), Sohn der Kirke und des
Odysseus
Agum II. (16. Jh. v. Chr.), König von Baby-
lonien, Kassiten-Dynastie
Agum III. (15. Jh. v. Chr.), König von Baby-
lonien, Kassiten-Dynastie
Ahaggar (Hoggar)/Gebirge, Sahara: neolith.
Besied.
Ah Ceh, mayanischer Jagdgott
Ahhazu, sumerischer Dämon
Ahhotep, ägypt. Königin (17. Dyn.)
Ahi (Achi), türk. Städtebund
Ahimram-Inschriften, erstmaliges Auftre-
ten d. phön. Alphabetes
Ahimsa, indisches Verbot d. Lebensschädi-
gung
Ahiram (um 1000 v. Chr.), Herrscher von
Byblos
Ahmadābād/W-Indien: Ğämi'-Moschee
Ahmose, Königin, Gemahlin Tuthmosis' I.
(18. Dyn.)
Ahmose-Nofretete, Schwester und Gemah-
lin des Königs Amosis (18. Dyn.)
Ahom, Thai-Volk
Ahuitzotl, Oberster Sprecher der Azteken
(1486–1502)
Ah Ulil (um 1200), Oberhaupt von Izamal
Ahura-Mazda, indo-iranische Gottheit
Ahura Mazda, mazdäische Gottheit
Ah Xupan (15. Jh.), Mitglied der berühmten
Familie Tutul Xiu aus Tula
Aḥab (874–853 v. Chr.), König von Israel
Aḥaziāhū, israelischer König
Aḥaz (736–716 v. Chr.), König von Juda
Aiakos, Sohn des Zeus und der Nymphe Ai-
gina
Aides: siehe Hades

Aietes, König von Kolchos; Vater Medeas
Aigestes: siehe Acestes
Aigeus: siehe Ägeus
Aigina/Ägäis-Insel, St: Fundort der Bronze-
zeit, Griech. Kol., Erob. durch Athen
(456 v. Chr.)
Aigina, Tochter des Flußgottes Asopos und
der Metope
Aigisthos, Sohn des Thyestes und der Pe-
lopeia; Geliebter Klytämnestras
Aigospotamoi/Fl. a. d. Halbinsel Cherso-
nes: Schlacht a. (405 v. Chr.)
Aimara, peruan. Bergvolk
Ainel (um 335 v. Chr.), König von Sidon
Ainu, N-asiat. Urvolk
Aioler → Achaier
Aiolos, Sohn des Poseidon; Herrscher der
Winde
Aischylos (525–456 v. Chr.), griechischer
Tragiker
Aitolos, Sohn des Endymion; Gründer von
Aitolia
Aix-en-Provence (Aquae Sextiae)/Frankr.:
Schlacht b. (102 v. Chr.)
Aïn Metherchem/Tunis: prähist. Fundort
Aïn Rhilan/Algerien: prähist. Fundort
Aja, Göttin
Ajatashatru (493–461 v. Chr.), König von
Magadha und Sozn Bimbisaras
Ajax, Sohn des Telamon, Königs von Sala-
mis, und der Eriboia, Führer der Salami-
nier im Kampf um Troja
Ajmer/Indien: Prov. d. Großmogulreiches
(Ende 16. Jh.)
A-kalam-dug, Name auf einer Grabinschrift
Akan, im Alten Testament Nachkomme
Esaus
Akanthos, Stadt auf Chalkidike am strymo-
nischen Meerbusen
Akastos, Bruder der Alkestis
Akerblåd, schwedischer Forscher (18. Jh.)
Akesines, kleiner Küstenfluß unweit Naxos
auf Sizilien
Akis, Liebhaber der Galatea
Akkader, semit. Vstm.
Akkad (sumer. Agade)/Mesopotamien: N-
mesopotam. Lsch., Hptst. d. akkad. Rei-
ches
Akki, Name in einer Legende um Sargon
von Agade
Akko (Ace)/Syrien: phönik. St.
Akkon/Palästina: Gründung durch d. Dt.
Ritterorden (1189), Erob. im 3. Kreuz-
zug (1191), Erob. durch d. Mamluken
(1291)

149

Akrä, Stadt im S von Sizilien, unweit Syrakus u. Kamarina

Akragas, 1) Stadt an der SW-Küste Siziliens (Agrigent). 2) Fluß ebendaselbst

Akrisios (Acrisius), Vater der Danae; König von Argos

Akritai, byzant. Berufskrieger

Akropolis, Tempel und Festberg Athens

Akrothooi, Stadt am Berge Athos auf Chalkidike

Aksum/Äthiopien: altäthiop. Hptst.

Akšad (akkad. Opis)/Mesopotamien: akkad. St.-Staat

Aktaion, Sohn des Aristaios und der Autonoe, Tochter des Kadmos

Akte, Landschaft, die nordöstlichste von den drei Spitzen der Halbinsel Chalkidike

Aktion, Stadt in Akarnanien, am Eingang des amprak. Meerbusens

Al-´Aliyya/Tanger: paläolith. Fundort

Alachan/Grenzgeb. zwischen China u. d. Inneren Mongolei: Teil d. Hsi-Hsia-Reiches (11. Jh.)

Alalgar, mythischer Herrscher in Eridu

Alamannen, W-german. Stm. (2.–8. Jh.)

Al-Amrah/Ägypten: prähist. Fundort

Alamūt/a. Kaspischen Meer: Burg, Assassinen-Stützpunkt

Alanen, sarmat. Vstm.

Alaska/NW-USA: Erstbesied. i. d. Eiszeit, prähist. Fischerkulturen

Alban/alter Name Schottl.

Albaner, Balkan-Volk

Albanerberge/Gebirge, Italien: prähist. Kultur d.

Al-Biruni (973–1048), Gelehrter

Alcántara/Spanien: Ordensrittersitz

Alces-Kult, Hirsch-Kult

Alecto (Alekto), Furie

Alekseevskoe a. Tobol/W.-Sibirien: prähist. Fundort

Alemannen → Alamannen

Aleppo (Chaleb, Halab, Halpa)/Syrien: Mitanni-Festung am Euphrat

Alessandria (Caesarea)/Italien: Feste d. Lombard. Bundes (1167)

Alexander der Große, makedonischer König (356–323)

Alexander, griechischer Seefahrer und Entdecker zur Zeit Kaiser Hadrians (76 bis 138)

Alexander (um 264 v. Chr), König von Epeiros

Alexander, Vizekommandant einer Elefantenfang-Expedition unter Ptolemaios IV. (um 211–205 v. Chr.)

Alexander von Abonutichus, Scharlatan von Kleinasien

Alexander von Ephesos (um 60 v. Chr.), griechischer Dichter

Alexandria/Ägypten: Gründung (332 v. Chr.) – Ptolomäer-Hptst. (305–30 v. Chr.) – hellenist. Kulturzm, Museion, Einzug Caesars (48 v. Chr.), Triumph d. Antonins (34 v. Chr.), Zm d. jüd. Hellenismus, Philosophenschule, byzant. Wirtschafts-Zm

Alfedena-Kultur, i. d. Frühgesch.

Alfen, Götterschicht der Germanen

Alfred der Große (um 848 bis 899), König von England (871–899)

Algonkin, subarktische Indianerstämme

Algonkium (Vorkambrium), geolog. Formation, Erdzeitalter

Alitum, Name in einer Urkunde

Alkaios (um 600 v. Chr.), griechischer Lyriker

Alkestis, Tochter des Pelias und Anaxibias; Gemahlin Admetos', Königs von Thessalien

Alkinoos, König der Phaiaken

Alkmene, Gattin des Amphitryon; Geliebte des Zeus und Mutter des Herakles

Alkyon (Alkyoneus), Gigant

Allah, Gott der Mohammedaner

Allāhābād/Indien: Prov. d. Großmogulreiches – „Palast d. 40 Pfeiler"

All-Cannings-Cross/Engl.: kelt. Ansied.

Allia/Italien: Schlacht a. d. (387 v. Chr.)

Alluvium, geologische Formation, Erdzeitalter

Al-Ma'mun (9. Jahrhundert), Kalif

Al-Maqdisi (10. Jahrhundert), Biograph und Geograph

Almeria/Spanien: neolith. Fundort

Almogavaren, aragon. Söldnertruppe auf Sizilien

Almopien, Almoper Land u. Volk in Makedonien

Alope, Stadt im Epiknemidischen Lokris

Alpen: Marsch Hannibals ü. d. (219 v. Chr.)

Alpera-Stil, steinzeitliche Kunst

Alphaios, Flußgott

Alphrodisia, Stadt in Lakonika

Altai-Kulturen, Bronzezeit

Altaku (Elteke)/Palästina: Schlacht b. (701 v. Chr.)

Altamira/Spanien: eiszeitl. Wohnhöhle v.

Altdorf/Hptort d. schweiz. Kt Uri: Erste

Kapuzinerniederlassung diesseits d. Alpen (1581) Schauplatz d. Tell-Sage
Altgrabenkultur, Kultur der Steinzeit
Althaia, Mutter des Meleager
Altheim/Bayern: Fundort neolith. Kultur
Altnigriter, Urbevölkerung d. Sudan
Altpaläolithikum, Stufe der menschl. Urzeit
Altsteinzeit s. Paläolithikum
Altzeit, s. Paläozoikum
Alulim, mythischer Herrscher von Eridu
Alva Istlilxóchitl, Fernando de (1568–1648), mexikanischer Historiker
Alvarado, Pedro de (1486 bis 1541), spanischer Konquistador, Eroberer von Guatemala (1525)
Alyzia, Stadt an der NW-Küste von Akarnanien
Aman-kutan b. Samarkand/russ. Zentralasien: paläolith. Wohnhöhle
Amarna-Stil, Kunstepoche des Neuen Reiches in Ägypten
Amar-Suen (2047 bis 2039 v. Chr.), Herrscher der III. Dynastie von Ur
Amasis, ägypt. König (26. Dyn.)
Amasis (Ah-mose) II. (568–424 v. Chr.), ägyptischer König
Amata, Gemahlin des Latinus, Königs von Latium
Amathaon, britannischer Sagenheld
Ameghino, Florentino (1854 bis 1911), argentinischer Anthropologe
Amel-Marduk (562 bis 560 v. Chr.), babylonischer König
Amenemhet, General unter Thutmosis III. (um 1470 v. Chr.)
Amenemhêt I., ägypt. König (12. Dyn.)
Amenemhêt II., ägypt. König (12. Dyn.)
Amenemhêt III. (Ni Mâat Rê), ägypt. König (12. Dyn.)
Amenemhêt IV., ägypt. König (12. Dyn.)
Amenhotep, Sohn des Hapu, Ratgeber, Beamter und Architekt Amenophis' III. (18. Dyn.)
Amenophis (Amenhoten) I. (um 1580 v. Chr.), ägyptischer König der 18. Dynastie
Amenophis II. (1427–1402 v. Chr.), ägyptischer König der 18. Dynastie
Amenophis III. (1405–1367 v. Chr.), ägyptischer König, 18. Dyn.
Amenophis IV., von 1353 bis 1336 v. Chr. ägyptischer König
Amestris, Mutter des Arsames
Amir Khusrav (um 1300), persischer Dichter

Amîda (Amitâbha) Buddha, einer der am meisten verehrten Buddhas des Mahâyâna
Ammianus Marcellinus (um 330 bis 400), römischer Geschichtsschreiber
Ammiditana, s. Ammī-ditana
Ammī-ditana (1683 bis 1647 v. Chr.), babylonischer König, I. Dynastie von Babylon
Ammī-ṣaduqa (1646 bis 1626 v. Chr.), babylonischer König, I. Dynastie von Babylon
Ammon (Amun), ägyptischer Gott, Stadtgott von Theben
Ammoniter, semit. Volk
Ammon, libyscher (Wasser?-)Gott der Oase Siwa
Amogha (chin. Pu K'ung, gest. 774), singhalesischer Buddhist und Begründer des Tantrismus in China
Amoghavarsha (814 bis 880), Rashtrakuta-König
Amonrasonthêr (= Amun-Rê, König der Götter)
Amon Re, altägyptischer Sonnengott, König der Götter und Erzeuger der Pharaonen
Amorgos/Griechenl.: Schlacht b. (322 v. Chr.)
Amorion/Kleinasien: byzant.
Amoriter, semit. Vstm.
Amor, Sohn des Marx und der Venus: Gott der Liebe
Amosis, ägypt. König (18. Dyn.)
Amphilocher, Barbaren im N von Akarnanien (Amphilochia)
Amphion, Sohn des Zeus und der Antiope
Amphipolis/Thrakien: Erob. durch Sparta (424 v. Chr.), Schlacht b. (422 v. Chr.), makedon. Erob. (357 v. Chr.)
Amphipolis, Stadt in Makedonien, nahe an der Mündung des Strymon
Amphissa, Stadt im Ozol. Lokris, unweit der östl. Grenze
Amphitrite, Tochter des Nereus und der Doris; Gemahlin des Poseidon
Amphitryon, Sohn des Alkaios und der Astydameia; Enkel des Peleus, Gemahl der Alkmene
Amprakia, Stadt im südl. Eporus am fl. Arachtos
Ampsicora (um 215), sardinischer Heerführer
Amtiyoga, s. Antiochos II. Theos
Amu-Darja (Oxus)Fl, Innerasien: prähist. Kultur a.
Ammun, Gott von Theben
Amun-Rê: siehe Amun

151

Amut-pi-El (18. Jh. v. Chr.), König von Qatanum

Amyklä, Städtchen, wenig südl. von Sparta

Amykos, König der Bebryker

Amyntas, veröffentlichte die Vermessungsergebnisse Alexanders des Großen

An, höchster Gott des babylonisch-assyrischen Pantheons

Anäa, Stadt an der Küste von Ionien, Samos gegenüber

Anakreon von Teos (um 580 v. Chr.), griechischer Lyriker

Anaktorion, Stadt in Akarnanien am amprak. Meerb.

Anapos, Fluß 1) in Akarnanien; 2) in Sizilien bei Syrakus

Anasazi-Komplex, prähistorische Kulturenabfolge

Anat-bait-ili, phönikische Gottheit

Anat, kanaanitische Göttin

Anat, syrische Gottheit

Anau/Transkaspien: prähist. St.

Anaximander (611 bis um 546 v. Chr.), Philosoph und Naturforscher aus Milet

Anaximenes von Lampsakos, Geschichtsschreiber Alexanders des Großen

Anchhaf, ägypt. Prinz (4. Dyn.)

Anchises, Sohn des Kapys und der Themis; König von Dardanos bei Troja; Vater des Äneas

Anchtifi, Gouverneur von Hierakonpolis

Ancona/Italien: Keltenansied.

Ancus Marcius, 4. König von Rom

Andalusien (Baetica)/span. Lsch: röm. Prov.

Andal (7./8. Jh.), indische Hymnendichterin

Anden/südamerik. Gebirge: prähist. Kulturen

Andernach/Dtschl.: Schlacht b. (876)

Andrae, Walter (geb. 1875), deutscher Archäologe

Andramelek (um 350 v. Chr.), König von Sidon

Andromache, Gemahlin des Trojanerprinzen und Heerführers Hektor

Andromeda, Tochter des Cepheus, Königs von Äthiopien; Gemahlin des Perseus

Andronovo-Kultur, Kultur d. zentralasiatischen Bronzezeit

Andros, Insel nahe der S-Spitze von Euböa

Androsthenes, Seeoffizier unter Alexander dem Großen

Anedjti, Gott von Busiris

Angara/Fl., Rußl.: neolith. Kulturen a. d.

Angelion (Mitte 6. Jh. v. Chr.), griechischer Bildhauer

Anghelu Ruju-Kultur, Kultur der Urzeit

An-hui/Prov. O-Chinas: Lung-shan-Kultur i. (ab 2000 v. Chr.), Wirtschafts-Zm d. Han-Zeit

Anirudha Brahmadhiraja, Brahmane aus der Anbil-Schenkungsurkunde

Ani, Verfasser einer Weisheitslehre (21. Dyn.)

Anjotef, König (mehrere Könige des Mittleren Reiches)

Ankaios, Steuermann der „Argo"

Ankara/Anatolien: pers. Bes. (603–628) – mongol. (seit 1307) – osman. (seit 1361)

Annamiten, hinterind. Volk

Anna, Schwester der Dido

Anoscharvan: siehe Chosrau I.

An, s. Anû

Anšar, babylonische Proto-Gottheit, das obere Universum. Mit Kišar (das untere Universum) repräsentiert sie den gesamten Kosmos

Antandros, Stadt in Äolis in Kl. Asien am atramytteïschen Meerb.

Anteia, Gemahlin des Proitos von Argos

Antenor, trojanischer Held

Anten, slaw. (?) Vstm.

Anthemus, Landschaft in Makedonien zw. Strymon und Axios

Anthene, Stadt im kynurischen Gebiete, dem Grenzlande zw. Lakonika u. Argolis

Anthropozoikum, s. Quartär

Antialkidas (um 140 bis 130 v. Chr.), griechischer König in Nordindien

Antigone, Tochter Ödipus' und der Jokaste

Antigonos, der Einäugige, Nachfolger Alexanders, König im Jahr 306 (gefallen 301)

Antigonos Gonatas (276–239 v. Chr.), König von Makedonien

Anti, Gott (Falkengott)

Antilochos, Sohn des Nestor

Antimachos I. (2. Jahrhundert v. Chr.), griechisch-baktrischer König

Antinoos, Freier um Penelope

Antiochia/Syrien: griech., Hptst. d. Seleukidenreiches – Hptst. d. röm. (byzant.) Prov. Syria (bis 540), altchristl. Theol.-Schule u. monophysit. Patriarchat, geistiges u. kulturelles Zm, Handelszm.

Antiochos I. Soter (281–261 v. Chr.), makedonischer König von Syrien, Seleukiden-Dynastie

Antiochos II. Theos (261–246 v. Chr.), makedonischer König von Syrien, Seleukiden-Dynastie

Antiochos III. der Große (223 bis 187 v.

Chr.), makedonischer König von Syrien, Seleukiden-Dynastie

Antiochos IV. Épiphanes (175 bis 163 v. Chr.), makedonischer König von Syrien, Seleukiden-Dynastie

Antiochos (kurz vor Christi Geburt), Sohn des Mithridates Kalinikos von Kommagene

Antiochos VII. (138–129), Seleukidenkönig

Antiope, Tochter des Nykteus, Königs von Theben, und der Polyxo, Geliebte des Zeus

Antipater, Lucius Caelius (um 120 v. Chr.), römischer Historiker

Antissa, Stadt auf Lesbos

Antonius der Große (um 250–356), Heiliger und Eremit in Ägypten

Antonius, Marcus (82 bis 30 v. Chr.), römischer Staatsmann und Feldherr

Antonius Pius (138–161), römischer Kaiser

Antoniuswall, röm. Befestigungsanl. in England

Antum, göttliche Gemahlin des Anû

Antun, chinesischer Name für Marcus Aurelius

An Tun, s. Marcus Aurelius Antonius

Anubanini, König der Lullubäer

Anubis, ägyptischer Totengott

Anubis, Totengott (Schakal)

Anu, Himmelsgottheit der Hurriter

Anukis, Göttin vom I. Katarakt

Anum-bani, Name in einer Rechtsurkunde

Anunna-Götter

Anunnaki, babylonisch-assyrische Göttergruppe der Erdgötter

Anunnaki-Richter, in der sumerischen Mythologie waren die Anunnaki Richter der Unterwelt

Anû, höchster und ältester Gott des babylonisch-assyrischen Pantheons, bildet mit Enlil und Ea die oberste Göttertrias

An-yang (Yin)/N-Honan, China: Hptst. d. Shang Dyn (etwa 1300–1000 v. Chr.)

Anysis, bei Herodot als König erwähnt

Aṅga/Bengalen, Indien: Kgr. (6. Jh. v. Chr.)

Apatschen, N-amerikan. Indianerstamm

Apenninische Kultur, Kultur der Urzeit

Aphek/Palästina: Schlacht b. (854 v. Chr.)

Aphrodite → parakyptousa

Aphrodite, Tochter des Zeus und der Dione; Göttin der Liebe und der Schönheit

Aphytis, Stadt auf der Halbins. Pallene in Chalkidike

Apidanos, Zufluß des Enipleus, bei Pharsalos in Thessalien

Apion (um 38), griechischer Grammatiker, Homer-Kommentator

Apis, heiliger Stier und Gott von Memphis

Aplaḫanda (18. Jh. v. Chr.), König von Karkemiš

Apoasis, Teilnehmer an der von Charimortos geleiteten Elefantenfang-Expedition unter Ptolemaios IV. (um 211–205 v. Chr.)

Apodoter, Volk in Ätolien

Apollodoros (um 180 – um 120 v. Chr.), griechischer Gelehrter

Apollodotos (um 165 v. Chr.), Feldherr des Demetrios und baktrischer König

Apollon Alasiotas, Beiname des Apollon nach seinem Heiligtum in Alasia auf Zypern

Apollon, griechischer Gott der Heilkunde, des Todes, der Weissagungen und der Künste, Sohn des Zeus und der Leto

Apollon Heleitas, Beiname des Apollon nach seinem Heiligtum Helos auf Zypern

Apollonia, Küstenstadt in Illyrien am Fl.

Aoos

Apollonios Rhodios (um 295 bis 215 v. Chr.). griechischer Dichter und Gelehrter

Apophis, Hyksos (17. Dyn.)

Appar (um 600–630), shivaitischer Heiliger

Appian aus Alexandrien (2. Jh.), griechischer Geschichtsschreiber

Apries (Haebrê; 588–568 v. Chr.), ägyptischer König der 26. Dynastie

Apssû, in der babylonischen Kosmologie Urwesen und Urtiefe. Vater aller Götter

Apsu, babylon. Wassergottheit

Apsyrtos, Sohn König Aietes' und Bruder Medeas

Apuja, Vater des Wesirs Ramose (18. Dyn.)

Apuleius, Lucius (um 124 – und 180), römischer Schriftsteller

Apuler → Daunier

Apursam, „Ruhm des Ardaschîr", parthische Feudalfamilie

Aquileia/St. a. d. nördl. Adria: röm. Kol. – germ. Vwg.-Zeit – Zerst. durch d. Hunnen (452)

Aquilonia/Italien: Schlacht b. (293 v. Chr.)

Aquitaner, kelt. Vstm.

Aquitanien/SW-franz. Geb. zwischen Loire u. Garonne: röm. Prov., tolosan. Reich d. W-Goten (418–507), fränk. Reich, Arabereinbruch (711), fränk. Rückerob. (759)

Arabia/röm. Prov. (Sinai u. Transjordanien)

Arachosien/Lsch., Afghanistan: Satrapie d.

Perserreiches, Saken-Ansied., Erob. durch Alexander d. Gr. (330 v. Chr.), Teil d. Mauryareiches (305 v. Chr.), Teil d. griech.-baktr. Reiches (2./1. Jh. v. Chr.)
Arad-Nanna, Name in einem Dokument
Arad-Zugal, Name in einem Dokument
Aramäer (Chaldäer), semit. Vstm. in Vorderasien
Aranda, austrl. Stm.
Arapaho, N-amerikan. Urvolk
Arausio (Orange)/Frankr.: Schlacht b. (105 v. Chr.)
Archäozoikum (Urzeit), Erdzeitalt.
Archagetas, griechische Bez. für die griech. Heerkönige
Archelaos (34 v. Chr.–14 n. Chr.), König von Kappadokien
Archias, Seeoffizier unter Alexander dem Großen
Archilochos (um 700 v. Chr.), griechischer Lyriker
Archimedes, griechischer Mathematiker und Physiker (um 287 bis 212)
Arcidava/Banat: Geten-Hptst.
Ardaschîr (um 220–240), Sassanidenkönig
Ardennen/W-Teil d. rhein. Schiefergebirges
Areia/Iran: persische Satrapie, Erob. durch Alexander d. Gr. (330 v.Chr.)
Arene Candide/Italien: paläolith. Wohnhöhle
Ares, Sohn des Zeus und der Hera; griechischer Gott des Krieges
Arete, Gemahlin des Phaiakenkönigs Alkinoos
Arethusa, Nymphe
Arevaker, kelt.-iber. Vstm.
Arganthonios (um 600 v. Chr.), König von Tartessos
Argilos, Stadt in Bisaltia in Makedonien, nahe beim Amphipolis
Arginon, Vorgebirge bei Erythrä in Ionien
Arginusen, kleine Inseln vor dem kleinasiat. Festland gegenüber von Lesbos
Arginusische Inseln/Iselgr. d. östl. Ägäis: Schlacht b. (406 v. Chr.)
Argirope, Sagengestalt bei Hermesianax (3. Jh.)
Argischti (8. Jahrhundert v. Chr.), König von Urartu
Argisti II. (713 bis etwa 685 v. Chr.), König von Urartu
Argolis/östlichste Halbinsel d. Peloponnes: bronzezeitl. Besied.
Argonauten, Helden der griechischen Sage vom Goldenen Vlies

Argos/Peloponnes: dorischer St.-Staat/ Plünderung durch d. Heruler (267 n. Chr.)
Argos, das amphilochische, am amprak. Meerb. in Akarnanien
Argos, Wächter der Io
Ariadne, Tochter des Minos, Königs von Kreta, und der Pasiphae; Geliebte des Theseus und des Dionysos
Arianismus, bei den Germanen stark verbreitete Lehre des Arius über des Wesen Christi
Ariano Irpino: prähist. Fundort
Ariaramnes (Ariyaramna)
Arier, O. indogerman. Völkergr.
Arik-den-ilu (1319 bis 1308 v. Chr.), assyrischer König
Arinna, hittische Gottheit
Arion von Methymna (um 600 v. Chr.), griechischer Lyriker
Aristagos (gest. 469 v. Chr.), Tyrann von Milet
Aristaios (Aristaeus), Sohn des Apollon und der Cyrene
Aristeas von Prokonnesos (6. Jh. v. Chr.), griechischer Wundermann bei Herodot; phantastische Romanfigur und zugleich Autor des Arimaspenepos
Aristodemos (um 524 v. Chr.), Führer der griechischen Niederlassung in Cumae
Aristogeiton (6. Jh. v. Chr.), athenischer Adeliger und Tyrannenmörder
Aristokreon, griechischer Geograph zur Zeit Ptolemaios' II. (285 bis 247 v. Chr.)
Ariston, Zeitgenosse Ptolemaios' II. (285–247 v. Chr.)
Aristoteles (384–322) v. Chr.. griechischer Philosoph
Aristotelismus, Lehre des Aristot., bes. in d. mittelalt. u. neueren Phil.
Arizona/USA: Prähist. Kultur
Arjuna, einer der fünf Pandava-Brüder
Arkadien/Ltsch. d. Peloponnes: Staat (369 v. Chr.)
Arkesilas (um 565 v. Chr.), König von Kyrene
Arktis/N-Polargeb.; prähist. Kulturen
Arles (Arelate)/Frankr.: röm. Neubesied. (1. Jh. v. Chr.)
Armagh/Irland: Hptkloster, Ebm.
Armawir/türk. Armenien: vorchristl. Bauten v.
Armenien/vorderasiat. Hochld.: Vorzeit
Armenier, kleinasiat. Volk
Arminius (Armin), Cherusker, 9–21 n. Chr.,

Führer der Abwehr der Römer, Teutoburger-Wald-Schlacht, s. a. Varus
Arnä, Stadt in Chalkidike
Arne, Stadt in Thessalien, wahrsch. zw. dem Enipeus u. Apidanos
Arnisa, Stadt in Makedonien
Arnobius von Sikka, griechischer Gelehrter
Aromunen, Balkanrumänen
Arpad/N-Syrien: aramäische Festung, Hethiter-Fsm.
Arrhiani, Stadt im thrakischen Chersones
Arrianus Flavius aus Nikomedeia (Arrian, -os) (95–175), griechischer Schriftsteller
Arruns, Sohn des Taruqinius Superbus
Arsakes (247 v. Chr.–?), Begründer des Geschlechts der Arsakiden
Arsames (6. Jhdt. v. Chr.), achämenidischer Prinz, Statthalter von Ägypten
Arslan Tepe/SO-Anatolien: d. Hethiter-St. Melidda
Arta/Epiros: Mosaike v.
Artabanos II. (um 128 bis 123 v. Chr.), Partherkönig
Artabanos III. (um 12 bis 38 n. Chr.)
Artabanos V. (207 bis um 228 n. Chr.), Partherkönig
Artatama (14. Jh. v. Chr.), König des Mitannireichs
Artavasdes (um 227/28), Partherkönig
Artavasdes (1. Jahrhundert v. Chr.), König von Groß-Armenien
Artaxata/Armenien: Hpst., Schlacht b., röm. Einn. (58 v. Chr.), röm. Einn. (163 n. Chr.)
Artaxerxes I. Longimanus (465 bis 425 v. Chr.), Achämenidenkönig
Artaxerxes II. Mnemon (405–359 v. Chr.), Sohn Dareios' II. und König von Persien, Achaimeniden-Dynastie
Artaxerxes III. Ochos (359–338 v. Chr.), Achämenidenkönig
Artaxias, König oder Satrap unter Antiochos III.
Artemidoros von Ephesos (um 100 v. Chr.), griechischer Geograph und Naturforscher
Artemision/Griechenl.: Schlacht b. (480 v. Chr.)
Artemision, Vorgebirge im N von Euböa
Artemis Orthia, Beiname der Artemis die Helle, Aufrichtige?
Artemis, Tochter des Zeus und der Leto, Zwillingsschwester Apollons; griechische Göttin der Jagd und der Fruchtbarkeit

Aruru, sumerische Schöpfungsgöttin
Arvener, kelt. Vstm.
Arwad (griech. Arados)/Syrien: phönik. St.-Staat
Aryabhata (um 499), indischer Astronom
Arzaschkun/Armenien: Hptst. Urartus
Asalluhi, s. Marduk
Asarhaddon (680–669 v. Chr.), assyrischer König
Asari, s. Marduk
Asar-lu-hi, s. Marduk
Ascanius, Sohn des Äneas
Aschanti, Negervolk
Asch, Hauptgott der Libyer
Asdingen, vandal. Stm.
Asdod/S-Palästina: Philisterst., ägypt. Erob.
Asen, dritte Götterschicht der Germanen nach Wanen und Alfen
Ashoka (268–um 231 v. Chr.), indischer König
Ashoka (272–232 v. Chr.), Kaiser von Magadha
Ashtoret, biblische Bezeichnung für Astarte
Ashvaghosha (um 100), buddhistischer Sanskritdichter und Theologe
Asia/N-Kleinasien: röm. Prov.
Asine, Stadt an der Spitze von Messenien
Askalon/S-Palästina: Philisterst. – Schlacht b. (1099), Erob. i. 2. Kreuzzug (1153)
Asklepios, Sohn des Apollon und der Koronis; Gott der Heilkunde
Asklepios von Berytos, phönikische Gottheit von Beirut
Asopos, Fluß in Böotien
Asopos, Sohn des Poseidon und der Pero; böotischer Flußgott
Asosi, ägypt. König (5. Dyn.)
Aspendos, Küstenstadt in Pamphylien
Assam (Kāmarūpa)/Indien: archäische Fruchtbaumkultur i., austroasiat. Einwohner, Kleinstaat
Assarakus (Assarakos), Sohn des Tros von Assyrien
Assarhaddon (680 bis 669 v. Chr.), König von Assyrien
Asselar/Franz. Sudan: prähist. Fundort
Assinaros, Küstenfluß in Sizilien, südl. von Syrakus
Assur (Aschschur, arab. Qal´at Šarqāt)/Mesopotamien: Teil d. akkad., sumer. u. babylon. Reiche, Hptst. d. assyr. Reiches, Erob. u. Zerst. durch d. Meder (614 v. Chr.), parth. Palast
Assur, assyrische Gottheit
Assurbanipal (Sardanapal: 669 bis 626 v. Chr.), assyrischer König

Assurnasirpal II. (883 bis 859 v. Chr.), assyrischer König
Assyrer, semit. Volk i. Vorderasien
Assyrien/Ld. a. mittleren Tigris (24.–7. Jh. v. Chr.)
Astakos, Stadt im SW von Akarnanien
Astarte, asiatische Fruchtbarkeitsgöttin
Astarte Erycina, Beiname der Göttin Astarte nach dem Berg Eryx auf Sizilien
Astarte, Fruchtbarkeits- und Kriegsgöttin von Palästina und Ägypten
Asteria-Aphrodite, Göttin, im Mychos Mutter des Melqart
Asteria, s. Astarte
Asterius (Asterios), König von Kreta
Astharymos (897–889), König von Tyros
Astourien, Kultur der Altsteinzeit
Astraios, Vater der Winde
Asturer, Vstm. Spaniens
Astyages (um 580–550 v. Chr.), letzter König der Meder, Sohn und Nachfolger des Kyaxares
Astyanax, Sohn Hektors und Andromaches
Asuras, indogerm. Gottheiten
Asychis, bei Herodot als König erwähnt
Ašoka (274–232 v. Chr.), Kaiser von Indien
Ašippa, Verfasser eines Briefs
Aškenasim, mittel- u. osteuropäische Juden
Ašoka (um 272–231 v. Chr.), Kaiser von Indien
Aššarid-apal-Ekur II. (1076 bis 1075 v. Chr.), assyrischer König
Aššur-ban-apli, s. Assurbānipal
Aššur-bēl-kala (1074 bis 1057 v. Chr.), assyrischer König
Aššur-dan I. (1179–etwa 1134 v. Chr.), assyrischer König
Aššur-dan II. (933 bis 912 v. Chr.), assyrischer König
Aššur-dan III. (77I bis 754 v. Chr.), assyrischer König
Aššur-danin-apli, Sohn Šalmanassars III.
Aššur-etillu-ili (625 – etwa 623 v. Chr.), assyrischer König
Aššur-matha-gur, Name in einem Brief
Aššur-nadin-apil (1207–1204 v. Chr.), assyrischer König
Aššur-nadin-šum (699 bis 694 v. Chr.), assyrischer Statthalter Babyloniens, Sohn des Assyrerkönigs Sanherib
Aššur-nasir-pal II (883–859 v. Chr.), assyrischer König
Aššur, Nationalgott von Assyrien
Aššur-nirari V. (753 bis 746 v. Chr.), assyrischer König

Aššur-rabi II. (1010 bis 970 v. Chr.), assyrischer Konig, Begründer der neuen Dynastie von Assyrien
Aššur-rēš-iši (1133 bis 1116 v. Chr.), assyrischer König
Aššur-uballit I. (1365 bis 1330 v. Chr.), assyrischer König
Aššur-uballiṭ (611–606 v. Chr.), letzter assyrischer König, nach dem Fall Ninives (612) in Harran zum König ausgerufen. Ende des Assyrer-Reichs
Atahuallpa, dreizehnter Inka-Herrscher (1532–1533)
Atalanta, Tochter des böotischen Königs Schöneus und der Klymene; berühmte Jägerin
Atalante, 1) Insel bei dem Opunt. Lokris. 2) Stadt in Makedonien im oberen Axiostal
Aten, Sonnengott von Amarna
Ateti, Beamter (6. Dyn.)
Ate, Tochter des Zeus; Göttin des Unheils
Atérien, Kultur der Altsteinzeit in Afrika
Athalja (gest. 840/839 v. Chr.), Königin von Juda, Gemahlin des Joram, Tochter von Achab und Isebel
Athamas, Vater des Phrixos und der Helle
Atharvaveda, 4. Teil d. Veda, Lieder u. Spruchsammlung
Athen/Griechenl.: neolith. Sied., griech. St.-Staat, Akropolis – Dionysostheater – Dipylonstil, Platon-Akad., Kulturzm., pers. Zerst. (480 v. Chr.), Kapit. (404 v. Chr.), Unterwerfung durch Alexander d. Gr. (335 v. Chr.), makedon. (bis 197 v. Chr.)
Athena, griechische Göttin
Athenaios von Naukratis (um 200), griechischer Schriftsteller aus Ägypten
Athene, griechische Göttin der Weisheit; Tochter des Zeus
Athlit/Palästina: prähist. Fundort
Athos, Berg auf der Akte von Chalkidike
Atilius, s. Regulus
Atintaner, Volk im äußersten NO von Epirus
Atlas, Sohn des Titanen Japetos und der Klymene
Atossa, Schwester des Kambyses und Gattin des Gaumata
Atraḫsis, Held des babylonisch-assyrischen Atraḫsis-Epos
Atramhasis, altbabylonischer Weiser
Atramyttion, Stadt in Äolis in Kl. Asien
Atreus, Sohn des Pelops und der Hippodameia; König von Mykene; Schatzhaus des → Mykene

156

Atropates, Satrap von Medien
Atropos, Schicksalsgöttin; eine der drei Moiren
Attika/griech. Lsch.: prähist. Kultur, Ionisches Kerngeb., attisch-delischer Seebund (478/77 v. Chr.), Attischer Seebund, zweiter (378/77 v. Chr.)
Attila, auch Etzel, König der Hunnen (434–453)
Attis, phrygische Gottheit; Geliebte der Großen Mutter Kybele
Atum, Gott von Heliopolis, Weltschöpfer
Audjila/Oase, N-Libyen: Ausgangspunkt v. Karawanenstraßen
Augias, König von Elis
Augsburg (lat. Augusta Vindelicorum)/Bayern: Hptst. d. röm. Prov. Raetia (15 v. Chr.), Schlacht b. (910), Dom (vor 1065), Reichstag zu (1282)
Augures, röm. Interpreten des Vogelfluges
Augusta Vindelicorum → Augsburg
Augustin (gest. 604), Apostel der Angelsachsen, erster Bischof von Canterbury (seit 601)
Augustinus, Aurelius (354 bis 430), Bischof von Hippo Regius und römischer Kirchenlehrer
Augustus, Gaius Julius Cäsar Oktavian (63 v. Chr. bis 14 n. Chr.), römischer Kaiser seit 31 v. Chr.
Auker/Lsch., Mauretanien, franz. NW-Afrika: paläolith. Funde
Aulon, Ort am See Bolbe in Chalkidike
Aunjetzitzer Kultur, Kultur der Bronzezeit
Aurangābād/Indien: Prov. d. Großmogulreiches
Aurelian, Lucius Domitius (270 bis 275), römischer Kaiser
Aurelianum → Orléans
Aurignac/Frankr.: paläolith. Fundort
Aurignacien, jungpaläolithische Kulturstufe: Charakteristik, Afrika und Westeuropa
Aurunker (griech. Ausoner), Urbevölkerungsstm. Italiens
Ausculum (Asculum, ital. Ascoli)/Italien: Schlacht b. (279 v. Chr.), Erob. v. (268 v. Chr.)
Ausoner → Aurunker
Ausonische Kultur, Kultur d. Urzeit
Australiden, Urvolk Austr.
Austrasien/Zentralgeb. d. fränk. Reiches (Mosel-Maas-Niederrhein)
Austroasiat. Völker Hinterindiens
Autonoe, Tochter des Kadmos, Schwester

der Augaue, der Gemahlin Pentheus' von Theben
Avanti/Zentralindien: Königreich (seit d. 6. Jh. v. Chr.)
Avaren, mongol. Volk Asiens
Avaris (Tanis, bibl. Ramses)/Ägypten: Hyksoshptst., ägypt. Kgs.-St.
Avatara Krsna, ind. Bezeichnung für die Inkarnation Gottes
Avdeevo b. Kursk/Rußl.: Fundort paläolith. Kultur
Avendaño, Andrés de (um 1696), Franziskanermissionar
Avienus, Festus Rufus (4. Jh.), römischer Dichter
Aviz/Port.: Ordensrittersitz
Awesta, Sammlung der heiligen Texte der Anhänger Zoroasters
Axayacatl, Oberster Sprecher der Azteken (1469–1481)
Axios, Fluß in Makedonien
Ay, ägypt. König (18. Dyn.)
Aya-rammu (um 700 v. Chr.), König von Edom
Ayar Auca (um 1200), Bruder des legendären ersten Inka-Herrschers Manco Capac
Ayar Cachi (um 1200), Bruder des legendären ersten Inka-Herrschers Manco Capac
Ayar Manco s. Manco Capac
Ayar Uchu (um 1200), Bruder des legendären ersten Inka-Herrschers Manco Capac
Ayn Tayya/Algerien: paläolith. Fundort
Azarbaal, Vater des Priesters Abdeshmun auf Ibiza
Azarjā (766–740 v. Chr.), König von Juda
Azarmidukht, Prinzessin
Azemilkos (um 330 v. Chr.), König von Tyros
Azes (1. Jh. v. Chr.), indischer Shaka-König
Azi-Baal (7. Jh. v. Chr.), König von Arados
Azilien, Kultur der Mittelsteinzeit in Süd/Mitteleuropa
Aziru, König von Amurru
Azoros (um 1190 v. Chr.), angeblicher Gründer von Karthago
Azteken, indian. Volk
Āranyakas, Teil der Veden-Liter.
Āśramas, ind. System d. Lebensstufen
Ātman-brahman, hinduistischer Gottesbegr.
Ātman, ind. Gottesbegriff

Baal, nordwestsemitischer Gott
Baal, semitischer Wetter- und Himmelsgott
Baal Addir, phönikische Gottheit

Baalat, eine der drei höchsten phönikischen Göttinnen

Baalat von Beryto, phönikische Gottheit von Beirut

Baal Hammon, punischer Gott von Karthago, der dem phönikischen El, dem griechischen Kronos und dem römischen Saturn entspricht

Baal Libanon, „Herr des Libanon", phönikische Gottheit

Baal-malage, „Herr der Seeleute", phönikische Gottheit

Baalmilk (um 450 v. Chr.), König von Kition und Idalion

Baalram (4. Jh. v. Chr.), König von Kition und Idalion, Vater des Milkyaton: 203

Baal Rosh, „Herr des Vorgebirges", phönikische Gottheit

Baal-Saphon, „Herr des Berges Saphon", ugaritische Gottheit

Baal-Sapuna: siehe Baal

Baal-sapuni, phönikische Gottheit

Baal Shamim, „Herr des Himmels", phönikische Gottheit

Baalshillek (4. Jh. v. Chr.), karthagischer Rab-Beamter

Baals Name, Beiname der weiblichen Gottheit Astarte

Baal (574–564 v. Chr.), König von Tyros

Baaša (um 914–890 v. Chr.), Usurpator des Throns von Israel

Babur (1483–1530), Kaiser von Indien

Babylon/Festung b. Memphis, Ägypten: arab. Erob. (641)

Babylon (akkad. Bab-ili, hebr. Babel, kassit. Karduniasch, pers.-arab. al-Hilla [Hilleh])/Mesopotamien: Hptst. d. altbabylon. Reiches, hethit. Erob. (1530 v. Chr.), Plünderung d. Elamiter, assyr., Hptst. d. neubabylon. Reiches

Bacab, vier Götter, die den Himmel tragen

Bacchus, römischer Gott des Weines; mit Dionysos gleichgesetzt

Bacsonien, Kultur der Steinzeit

Badari/Ägypten: prähist. Fundort

Baden b. Wien/österr.: neolith. Kultur

Badener-Kultur, Kult. d. Steinzeit.

Badui, hinduist. Bewohner S-Javas

Bagdad (Baġdād)/Iraq: Gründung (762), Hptst. d. abbasid. Kalifen

Bagirmi, hamit. Volk i. NW-Afrika

Bahram III. (293 n. Chr.), Sassanidenkönig

Bahram I. (273–276), Sassanidenkönig

Bahram II. (276–293), Sassanidenkönig

Bahram V. Gor (421–438), Sassanidenkönig

Baiern, W-german. Stm. (6.–8. Jh.) → Bayern

Baikalgeb./russ. Innerasien: prähist. Kulturen

Bairam Khan, Vormund Akbars

Bait-ili (Baitylos), phönikische Gottheit

Baiton, Landvermesser unter Alexander dem Großen

Bakchos: siehe Dionysos

Bakchylides von Keos (um 505 bis um 440 v. Chr.), griechischer Chorlyriker

Bakenchons, Hoherpriester des Amun, Bauleiter unter Ramses II. (19. Dyn.)

Baker, Sir Samuel White (1821 bis 1893), englischer Entdecker

Baktrien (Baktria)/Geb. zwischen Hindukusch-Amu-Darja, N-Afghanistan: pers. Satrapie, Erob. durch Alexander d. Gr. (329 v. Chr.), Satrapie d. Seleukidenreiches, hellenist. Kgr. (247–40 v. Chr.), Erob. durch d. Yüeh-chih (126 v. Chr.)

Baku/russ. Azerbaidschan: Schlacht v. (914)

Balanğar/S-Rußl. (genaue Lage unbekannt) Chazaren-Hptst.

Balasu, Name in einem Gebet

Balatoros (6. Jh. v. Chr.), König von Tyros

Balban, Ghiyas-ud-din (1266 bis 1287), Sultan

Balbus, Lucius Cornelius (Minor), Statthalter von Tunesien unter Kaiser Augustus (29 v. Chr.–14. n. Chr.)

Balcazar (935–919 v. Chr.), König von Tyros

Balch (Balh, Baktra/St., N-Afghanistan: Handelsst. a. d. Seidenstraße

Balearen/Inselgr. i. westl. Mittelmeer: Anschluß a. d. fränk. Reich

Baleokuros, s. Vilivayakura

Balezoros (855 bis 850 v. Chr.), König von Tyros

Ba'limanzer (9. Jh. v. Chr.), König von Tyros

Balinesen, malaiischer Vstm.

Ba'li (9. Jh. v. Chr.), phönikischer König

Balkengräber, Bronzezeit, Reitergr.

Ballala II. (12. Jh.), Hoysala-König und Enkel Vishnuvardhanas

Ba'lu (um 670 v. Chr.), König von Tyros

Balzi Rossi/Italien: paläolith. Wohnhöhle, 130

Bamako a. Niger/franz. W-Afrika: prähist. Fundort

Bamberg/Dtschl.: Dom (1219 bis 1237)

Bamyan/Afghanistan: Fresken v. (3. Jh)

Banat/SO-europ. Lsch.: dakisches Sied.-Geb., Teil d. röm. Prov. Dacia (107 n. Chr.)

Bana (7. Jh.), indischer Dichter und Biograph-Harshas
Bandkeramischer (od. donauländ.) Kulturkreis, 3400 bis 2100 v. Chr.
Banebded, Gott (Widder)
Banjata/Bulg.: neolith. Fundort
Banlu, S-afrik. Negerstme.
Bañolas/Spanien: Hominidenfundort
Barakshemesh (4. Jh. v. Chr.), König von Lapethos und Sohn Königs Demonikos
Barani, indischer Chronist
Barcelona (Barcina)/Spanien: Erob. durch die Franken (801)
Barcina → Barcelona
Bardija-Smerdis (522 v. Chr.), Achämenidenkönig
Bar Hadad III. (9. Jh. v. Chr.), König von Damaskus und Sohn des Hazael
Bari/S-Italien: Ebm. sarazen. Erob. (840), byzant. Erob. (876)
Barnabas, christlicher Levit aus Zypern
Baruch, apokryphe Schrift d. 2. Jh. n. Chr.
Basavaraja (12. Jh.), Begründer der Lingayata- oder Virashaiva-Sekte
Basileus, Bezeichnung der griech. Heerkönige, Tilel griech. Heerkönige, Titel des byz. Kaisers
Basilika, byzantin. Gesetzbuch
Basilika, Kirchenbau, byzantinisch
Basilis (2. Jh.), griechischer Äthiopien-Berichterstatter
Basken, Volk N-Spaniens
Basket Maker-Kultur, präh. Kultur
Bassām-i Kurd (10. Jahrhundert), persischer Dichter
Bastarner, O-german. Vstm.
Bastet, Göttin von Bubastis (Katze)
Bata, Stiergott von Sako
Bataver, german. Vstm.
Batnoam (um 340 v. Chr.), Königin von Byblos und Mutter des Königs Ozbaal
Baucis, Gemahlin des Philemon
Bawa (Baba), Göttin in Lagaš, göttliche Gemahlin Ningirsus
Bawerdjed, Siegler, Beamter unter König Asosi
Bayern/Dtschl.: neolith. Kultur, Stm.-Hzm. (bis 787)
Bedriacum/Italien: Schlacht b. (69 n. Chr.)
Beduinen, arab. Nomaden
Beirut (phönik. Beruta, griech. Berytos)/Syrien: phönik. St-Staat, byzant. Rechtsschule v. (bis 551) – byzant. Erob. (976), – Erob. durch d. Kreuzf. (1197)
Bel, Bēl, babylonischer Gott

Belgier (Belgev), kelt. Vstm.
Belgrad (Singidunum)/Serbien: Keltenfestung, (448)
Belit („Herrin"), Titel der Ištar
Beller, kelt.-iber. Vstm.
Bellerophon, Sohn des Glaukos
Bell, Gertrude (1868 bis 1926), englische Archäologin
Belmonte-Kultur, Kultur der Frühzeit
Bel-na'id-šu, Name in einem Brief
Beloch, Karl Julius (1854 bis 1929), deutscher Geschichtsforscher
Belos, griechischer Name für Baal
Bel-šar-uşşur (6. Jh. v. Chr.), Sohn des Nâbû-na'id
Beludschistan (Balūčistān]/ Lsch., W-Pakistan: prähist. Kultur
Belus (9. Jh. v. Chr.), König von Tyros und Vater der Dido
Belzoni, Ausgräber (um 1820)
Benares (Kāśi)/Indien: Pilgerreise Hsüantsangs nach (7. Jh.)
Benevent (Beneventum)/Italien: Schlacht bei (275 v. Chr.), langobard. (6. Jh.), Erob. durch Karl d. Gr.
Bengalen (Gauda)/Prov., Indien: Teil d. Gupta-Reiches (3.–6. Jh.), ind. Teilreiche (6.–12. Jh.)
Benin, sudan. Negervolk
Beowulf, angelsächs. Heldensage
Beowulf, Fürst der Gauten
Berenike, ptolemäische Königin (3. Jh. v. Chr.)
Beringstraße/Meeresstraße zwischen Kap Dešnev (Asien) u. Kap Prince of Wales (N-Amerika): neolith. Landbrücke, prähist. Wanderungsweg, Eskimokultur a. d.
Berôa, Stadt in Makedonien, nahe am Thermaischen Meerb.
Berossos (etwa 340–275), babylonischer Priester, Verfasser der Babylonika, (Kanon des …)
Berossos, Gelehrter in Alexandria
Berrhoia/Thrakien: Mission d. Paulus, 786 – Schlacht b. (1122), – Schlacht b. (1190)
Berut, phönikische Gottheit
Bes, ägyptischer Gott in Zwerggestalt
Besançon/Frankr.: Reichstag zu (1157/1320)
Beshapur/Iran: Gründung u. Anlage, 758 – Felsbilder
Besik-tepe/W-Kleinasien: neolith. Fundort
Bessos, Satrap unter Dareios III. (336–330 v. Chr.)
Bethel/Palästina: Kultstätte

159

Bethlehem/Palästina: Geburtsort Jesu Christi

Betschuana-Ld./S-Afrika: prähist. Kultur

Bēl-ibni (702 bis 700 v. Chr.), König in Nordbabylonien, Statthalter Sanheribs

Bérard/Algerien: paläolith. Fundort

Bhagavadgita, hind. heilige Schrift

Bhakti, hind. Gottesliebe

Bharata, angeblicher Gründer der indischen Schauspielkunst

Bharata, ind. Stm.

Bharavi (6. Jh.), indischer Dichter

Bharhut/Indien: Reliquienhügel v.

Bhartrihari (7. Jh.), buddhistischer Mönch und Lyriker

Bhasa (3./4. Jh.), indischer Dramatiker

Bhavabhuti (8. Jh.), indischer Dramatiker

Bhoja Adivaraha (836–893), König der Pratihara-Dynastie

Bhuvaneśvar/Orissa, Indien: hinduist. Turmtempel v.

Bias (Hyphasis, Vipāśā)/FI, N-Indien: Alexanderzug bis zum (325 v. Chr.)

Bibel, Altes und Neues Testament, Heilige Schrift d. Christentums

Bibija, Name in einem Brief

Bibracte/Frank.: Schlacht b. (58 v. Chr.)

Bihafrid (8. Jahrhundert n. Chr.), religiöser Aufstandsführer

Bilalama (20. Jh. v. Chr.), König von Ešnunna

Bilhana (11. Jh.), Biograph des Chalukya-Konigs Vikramaditya

Bimbisara (gest. 493 v. Chr.), König von Magadha und Vater Ajatashatrus

Bindusara (297–272 v. Chr.), indischer König und Sohn Chandraguptas

Bine, Gott, Pförtner der Unterwelt

Bint-Anat, Tochter und Gemahlin König Ramses' II. (19. Dyn.)

Bion (2. Jh.), griechischer Äthiopien-Berichterstatter

Bir el-Ater (Bi'r al-ʿaṭir)/Algerien: paläolith. Fundort

Birmanen = Burmanen

Birs Nimrud (akkad. Barsip, Borsippa) Mesopotamien: akkad. St.-Staat

Bisaltia, Landschaft in Makedonien zw. Strymon u. Axios

Biserta (Hippo)/N-Afrika: phönik. Kol. Erob. durch d. Vandalen (430)

Bithynien/NW-kleinasiat. Lsch: phryg., lyd., kelt. Kgr. (279 v. Chr.), röm. (63 v. Chr.), Goteneinbruch (264 n. Chr.)

Bithynische Thraker, in Kl. Asien

Bīsutūn (Behistūn, altpers. Bagistâna)/i.W-Iran: altpers. Kultstätte

Blemyer, numid. Vstm.

Boadicea (um 62), Königin der Ikener

Bocchus (Bogos; um 100 v. Chr.), König von Mauretanien

Bobashtart (5. Jh. v. Chr.), König von Sidon

Bodhidharma (6. Jh.), indischer Mönch und buddhistischer Patriarch

Bodhisattva Avalokitesvara, s. Kuan Yin

Bodhisattva, = ein „Wesen hingerichtet auf Erleuchtung"

Bo(d)milk(ar) (um 215 v. Chr.), karthagischer Flottenführer, Vater des Hannibal

Bodotria (Firth of Forth)/Engl.: Schlacht b. (83 n. Chr.)

Bodrog-Keresztur/Ungarn: prähist. Fundort

Bodrog-Keresztúr-Kultur, Kultur d. Steinzeit

Böon, Stadt in Doris

Böotien/mittelgriech. Landschaft: neolith. Kultur, thrak., griech.

Boghazköy/Anatolien: prähist. Fundort

Boghazköy-Tafeln, hethitische Keilschrifttexte

Bogos, s. Bocchus

Bohus Län./Lsch., W-Schweden: prähist. Fundort

Boier, Keltenstm.

Bolbe-See, in Chalkidike

Bolissos, Städtchen auf Chios

Bologna (etrusk. Felsina, latein. Bononia)/Italien: Veneter-Kultur (8. bis 5. Jh. v. Chr.), Etrusker-St. (5. Jh. v. Chr.), 2. Triumvirat v. (43 v. Chr.)

Bolon Yocte, Maya-Gottheit

Bomieer, Volk in Ätolien im Quellgebiet des Euenos

Bomilkar (gest. 308 v. Chr.), Herrscher von Karthago und Neffe Hamilkars

Bon-po, Anhänger der Bon-Religion

Bon-Religion, urspr. Relig. Tibets

Borah, Woodrow Wilson (geb. 1902), amerikanischer Historiker

Boran, Prinzessin (629–630)

Borchardt, Ludwig, deutscher Ägyptologe und Bauforscher

Borobudur/Java: buddhistischer Tempelkomplex

Boskop/Transvaal: prähistorische Funde v.

Bosnien/Ld., Jugosl.: prähist. Kulturen, S-slaw. Besied. (7. Jh,)

Bostar (gest. 240 v. Chr.), karthagischer General auf Sardinien

Bostra/S-Syrien: St. d. röm. Prov. Arabia, arab. Erob. (634)
Botokuden, S-amerik. Indianerstm.
Bottia, Landschaft in Makedonien, alter Wohnsitz der Bottiäer
Bottike, Grenzland von Chalkidike, späterer Wohnsitz der Bottiäer
Bourges (latein. Avaricum)/Frankreich: röm. Erob. (52 v. Chr.)
Boxer (I-ho-t'uan), politische Gesellschaft in China, Aufstand
Brahamanas, Teil der Veden-Liter.
Brahma, indische Hauptgottheit
Brahmanen, ind. Priesterklasse
Brahman, indische Bezeichnung für die magische Kraft der Götter o. des Opfers
Brassempouy/Frankr.: eiszeitl. Wohnhöhle v.
Braunschweig/Dtschl.: Löwe v. (1. Freiplastik d. Mittelalters, 1166)
Breasted, James Henry (1865 bis 1935), nordamerikanischer Historiker und Orientalist
Bretagne/Lsch., Frankr.: neolith. Kultur, Nennung d. Veneter, röm. Erob. (56 v. Chr.), Bretonen-Einwanderung (5. Jh. n. Chr.) Brindisi (Brundisium)/Italien: röm. Hafenst.
Briareus, Sohn des Uranos und der Gaia; Gigant
Brihaspati, indischer Gesetzeslehrer
Brikinniä, Feste bei Leontini in Sizilien
Brilessos, Berg in Attika, in der Quellgegend des Kephisos
Briseis, Lieblingssklavin des Achilleus im Lager von Troja
Briten, Keltenvolk i. Britannien British-Columbia/Canada: prähist. Kultur
Brocken Hill/Rhodesien, Hominiden-Fundort
Bromiskos, Ort am Bolbe-See in Chalkidike
Brünn/Mähren: Hominidenfunde i.
Brukterer, german. Vstm.
Brunton, Ausgräber in Mittelägypten
Brutus, Lucius Junius, I. römischer Konsul zusammen mit Lucius Tarquinius Collatinus
Bubanj/Serbien: neolith. Fundort
Buchara (Buḫārā)/St. russ. Mittelasiens (Lsch. → Transoxanien): Erob. durch Alexander d. Gr. (327 v. Chr.), arab. Erob. (709), türk. Erob. (999), Zerst. durch Dschingis-Chan (1220), mongol. Plünderung (um 1277), Besuch d. Gebr. Polo

Buch der Leiter Mohammeds, Erz. ü. Mohammeds Himmelfahrt, heiliger Text der Muslims
Buch der Lieder, s. Catullus G. V.
Buch der Lieder, s. Shi-ching
Buch der Urkunden, s. Shuching
Budapest (bis 1872 Ofen; ung. Buda u. Pest)/Ungarn: neolith. Kultur b.
Buddha, Gautama (um 560 – um 480), indischer Religionsstifter
Buddha, Siddhartha Gautama (um 566–480 v. Chr.), Gründer des Buddhismus
Budh-Gayā/O-Indien: Ort d. Erleuchtung Buddhas, buddhist. Hlm.
Budoron, Feste auf Salamis
Budu-ili (um 700 v. Chr.), König von Bet-Ammon
Buginesen, Vstm. a. Celebes
Bujuwawa, Stammesfürst der Tehenu
Bukephalia/Pandschab: Gründung Alexanders d. Gr. (325 v. Chr.)
Bukolion, in Arkadien zw. Mantinea u. Laodikion
Bulgarophygon/Thrakien: Schlacht b. (896)
Bulta, Name eines königlichen Beamten in einem Brief
Bundahishn, rel. Schrift in der mittelpersischen Sprache
Buphras, Ort bei Pylos in Messenien
Buren, europ. Bevölkerung S-Afrikas
Buret b. Irkutsk/Sibirien: paläolith. Fundort
Burgund/Frankr.: selbständ. Reich (443–534), Teil d. fränk. Reiches, ostfränk., Sonderstellung i. Reich
Burgunder, O-german. Stm.
Burnaburiaš II. (1375–1347 v. Chr.), babylonischer König
Bursa (griech. Prusa, Brussa)/W-Kleinasien: byzant., osman. Erob. (1326)
Bur-Sin, Name in einem Dokument
Buschmänner, S-afrik. Urvolk
Bushido, japanische Thik
Busiris/Ägypten: ägypt. Kultstätte
Butmir/Bosnien: prähist. Fundort
Byblos (phönik. Gūbla)/Syrien: phönik. St.-Staat
Byzanz/O-röm. Reich (4.–15. Jh.)
Byzanz (Byzantion)/St. Thrakien: thrak.-griech. Gründung (um 660 v. Chr.), röm. (seit 46 v. Chr.), offiz. Weihe als Hptst. d. oström. (byzant.) Reiches (333)

Caca, Schwester des Cacus
Cacus, legendärer Herrscher; bei Vergil Riese und Sohn des Vulcanus

Caere/Italien: Etrusker-St.
Caesarea/Palästina: Sitz d. röm. Landpfleger (seit 6 n. Chr.), pers. Erob. (614), arab. Erob. (639)
Caesar, Gaius Iulius (100–44 v. Chr.), römischer Staatsmann, Feldherr und Schriftsteller
Caesar, Gaius (20 v.–4 n. Chr.), Sohn des Agrippa und römischer Konsul
Calatrava/Spanien: Ordensrittersitz
California/USA: prähist. Kulturen
Cambal, Juan (16. Jh.), heidnischer Maya-Priester in Yaxcaba
Campagna/ital. Lsch.: prähist. Kultur, etrusk. Wanderung
Campaner, italischer Vstm.
Campignien, Kultur der Mittelsteinzelt
Canada/N-Amerika: prähist. Kulturen
Candia (Heraklion)/Kreta: Bezeichnung f. → Kreta
Cannae/Italien: Schlacht b. (216 v. Chr.)
Cannefaten, german. Vstm.
Cantabrer, kelt. Vstm. Spaniens
Cantongula/Angola: paläolith. Fundort
Capac Yupanqui (15. Jh.), Bruder des Inka-Herrschers Pachacutec
Capsien, Kulturen der N-afrikan. Altsteinzeit
Capua/Italien: Gründung (8. Jh. v. Chr.), Hptort d. etrusk. Campagne, röm. Erob. (211 v. Chr.), röm. Kol. (2. Jh. v. Chr.), langobard. Hzm. (9. Jh.)
Caracalla, Marcus Aurelius Antonius (211–217), römischer Kaiser
Carnarvon, Lord (Earl of C.), Entdecker des Tutanchamun-Grabes
Carnuntum/Niederösterr.: röm. Grenzfestung, Zivilsiedlung
Cartagena (Carthago Nova)/Spanien: karthag. Kol., röm. Erob. (209 v. Chr.)
Carter, Howard, englischer Ägyptologe (1873–1939)
Carthago/N-Afrika: Gründung (824/13 v. Chr.), phönik. Kol., Mittelmeerstaat, röm. Erob. (146 v. Chr.), röm. Neugründung (Iunonia), Erob. durch d. Vandalen (439), Vandalenpfalz (5. u. 6. Jh.), byzant. (seit 533), arab. Erob. (696)
Cassiope (Kassiopeia), Gemahlin des Cepheus; Mutter Andromedas
Castelluccio-Kultur, Kultur der Frühbronzezeit auf Sizilien
Castillo/Spanien: Hominiden-Fundort
Catania (griech. Katania)/Sizilien: griech. Gründung (728 v. Chr.)

Cato Censorius, Marcus Porcius (234–149 v. Chr.), römischer Staatsmann und Schriftsteller
Catullus, Gajus Valerius (um 84 bis um 54 v. Chr.), römischer Lyriker (Buch der Lieder)
Cauac, mayanischer Tagesgott
Caudinische Pässe/Italien: Schlacht i. d. (321 v. Chr.)
Cavtat (Epidaurum)/Dalmatien: Zerst. durch d. Avaren
Cālukya-Stil, hinduist. Tempelstil d. Dekhan
Cádiz (phönik. Gades, röm. Cadix)/Spanien: phönik. Kol.
Cenomanen, Keltenstm.
Cenyautl (um 1521), aztekischer Krieger
Cepheus (Kepheus), König von Äthiopien; Vater der Andromeda
Cephisus (Kephisios), Flußgott; Vater des Narzissus
Ceres, römische Göttin des Ackerbaus und Erdmutter; s. a. Demeter
Ceterni, Gattin des legendären Herrschers Naymlap
Chababasch, ägypt. König (31. Dyn.)
Chacheperrêsonb, Verfasser einer Lehrschrift im Mittleren Reich
Chac, mayanischer Regengott, er trat, den vier Himmelsrichtungen entsprechend, in vierfacher Gestalt auf: als Roter Chac im Osten, als Weißer Chac im Norden, als Schwarzer Chac im Westen, als Gelber Chac im Süden
Chac Xib Chac (um 1200), Herrscher von Chichén Itzá
Chaemhêt, thebanischer Beamter (18. Dyn.)
Chaemwese, ägypt. Prinz, Sohn Ramses' II. (19. Dyn.)
Chäronea, Stadt an der W-Seite von Böotien
Chaironeia/Griechenl.: Schlacht bei (338 v. Chr.)
Chaläon, Stadt in Ozol. Lokris
Chalcha, Mongolen-Klan Innerasiens
Chalchiuhnenetzin (15. Jh.), Frau des Netzahualpilli
Chalkedon/Kleinasien: griech. Gründung (um 660 v. Chr.), got. Zerst. (263 n. Chr.), ökumen. Konzil (451)
Chalkedon, am Bosporus in Kl.-Asien
Chalke, kleine Insel zw. Kos und Rhodos
Chalkideer, Bew. 1) der Stadt Chalkis am Euripos auf Euböa; 2) der Halbinsel Chalkidike

Chalkidike/Balkan-Halbinsel: griech. Kolonisation, Slaweneinwanderung (seit 675)
Chalkis/Euboia: griech. St.-Staat, Festung
Chalkolithikum, Steinkupferzeit
Challcuchima (16. Jh.), Inka-General unter Huayna Capac und Atahuallpa
Cham, hinterind. Mischwolk
Champlain, Samuel de (um 1570–1635), französischer Forschungsreisender und Kolonisator
Champollion, Jean-François (1790–1833), Entzifferer der ägyptischen Hieroglyphen, Begründer der Ägyptologie
Chancelade/Frankr. prähist. Fundort
Chandak, s. Sandanes
Chand Bardai (um 1192), indischer Dichter und Verfasser des Prithvirajaraso
Chandidasa (um 1400), indischer Dichter
Chandi, Gattin Shivas
Chandi Jago/O-Java: buddhist. Tempelkomplex
Chandi Sari/Java: buddhist. Tempelkomplex
Chandi Sewu.-Jawa: buddhist. Tempelkomplex
Chandragupta I. (319–335), indischer König
Chandragupta II. (375–415), indischer König
Chandragupta Maurya (Sandrokottos; 322–298 v. Chr.), indischer König und Gründer des Maurya-Reichs
Chandra (um 357), jüngerer Bruder des Königs Ramagupta
Ch'ang-an/China: Hptst. d. Han-Dyn., hunn. Erob. (312), Hptst. d. T'ang-Dyn. (618 bis um 700), Erob. d. Aufständ. (756/57), Plünderung durch d. Uighuren (757), tibet. Erob. (763), Erob. d. Aufständ. (883)
Chang Ch'ien (2. Jh. v. Chr.), Führer einer chinesischen Gesandtschaft nach Westen
Chang Chüeh (2. Jh.), wandernder Magier; Anführer des Aufstandes der → Gelbturbane
Chang Liang (3./2. Jh. v. Chr.), Heerführer
Ch'ang-sha/Hunan, China: Kulturzm. d. Han-Zeit, mongol. Erob. (1276)
Chang Tao-ling (34–l56), taoistischer Priesterkönig
Chanhu-Daro/Indien: prähist. Fundort
Chao, Hunnenstm.
Chao Kao (gest. 207 v. Chr.), Eunuch im Dienst des Shih Huang Ti
Chao K'uang-yin, Begründer der Sung-Dynastie und 1. Kaiser der Sung (960–976)
Chaoner, Volk in Epirus

Chaos, der klaffende, leere Raum: bei Hesiod personifiziert
Chao Ti, 7. Kaiser der frühen Han-Dynastie (86–73)
Charadros, Bach bei Argos
Charante/Frankr.: german. Turmkirche (1137)
Chariklo, Nymphe; Gemahlin des Kentauren Cheiron, Mutter des Teiresias
Charimortos, Leiter einer Elefantenfang-Expedition unter Ptolemaios IV.
Charon, Fährmann der Unterwelt
Charroux/Frankr.: german. Turmkirche (1050)
Charybdis, Strudel zw. Rhegion und Messina
Chasechemui, ägypt. König (2. Dyn.)
Chastana (Tiastames; 2. Jh. v. Chr.), Sakhakönig
Chatten, german. Vstm.
Chatti/Kleinasien: Reich d. → Hethiter
Chattuscha/Kleinasien: Hptst. d. vorhethit. Bevölkerung, Zerst. durch d. Hethiter, Hethiter-Hptst.
Chavin/Peru: Aimara-Sied
Chebka el Djedian (Habkat al-Ğidiān)/Algerien: prähist. Fundort
Cheiron (Chiron), Sohn des Kronos und der Philyra; weiser Kentaur, Erzieher des Achilleus
Chelbes (6. Jh. v. Chr.), Herrscher von Tyros
Chelles/Frankr.: paläolith. Fundort
Chelléen, altsteinzeitliche Kultur in Afrika
Chendjer, ägypt. König (13. Dyn.)
Chenti-Irti, Falkengott von Pharbaithos
Cheops, ägypt. König (4. Dyn.)
Chephren, ägypt. König (4. Dyn.)
Cheriuf, hoher ägypt. Staatsbeamter unter Amenophis III. (18. Dyn.)
Cherusker, german. Vstm.
Chê-chiang/Prov. O-China: Lung-shan Kultur i. (ab 2000 v. Chr.), Prov. d. Han-Zeit, Aufstand i. (860–885)
Chêng Hua, Ming-Kaiser, s. Hsien Tsung
Chêng K'ang-ch'êng (eigentlich Chêng Hsüan, 127–200 n. Chr.), berühmter Gelehrter der Han-Dynastie
Chêng Tê, Ming-Kaiser, s. Wu Tsung
Chêng Tsu, 3. Kaiser der Ming-Dynastie (1402–1424)
Ch'êng-tu/Ssu-chu'an, China: Hptst. d. Teilfsm. Shu
Chêng T'ung, Ming-Kaiser, s. Ying Tsung
Ch'êng-tzu-yai/N-China: Fundort d. neolith. Lungshan-Kultur

Ch'ên Shê (Shêng, gest. 209 v. Chr.), Führer eines Aufstandes
Chê Tsung, 8. Sung-Kaiser (1086–1100)
Chên Tsung, 3. Sung-Kaiser (998–1022)
Chia Ch'ing, Mandschu-Kaiser, s. Jên Tsung
Chia Ching, Ming-Kaiser, s. Shih Tsung
Chia I (198–165 v. Chr.), Han-Gelehrter und Verfasser des Kuo Ch'in Lun
Chiang-su (postamtl. Kiangsu)/Prov. O-China: Luangshan-Kultur i., Funde d. mittleren Chou-Stils (950 bis 600 v. Chr.)
Chicchan, bei den Chorti-Maya Himmels-ungeheuer und Gottheiten des Regens, wahrscheinlich lokale Varianten der Chac
Chicchan, Schlangengott
Chichen-Itza/Yukatan: Maya-St.
Ch'i-chia-p'ing/N-China: prähist. Fundort (Fundort d. Yang-shao-Kultur)
Chicomecoatl („Sieben Schlangen"), mayanische Maisgöttin
Chieh, letzter Herrscher der Hsia-Dynastie (1818–1766 v. Chr.)
Ch'ien Lung, Mandschu-Kaiser, s. Kao Tsung
Chimalman, Frau des legendären Toltekenführers Mixtcoatl
Chim, Gaspar (16. Jh.), heidnischer Maya-Priester in Yaxcaba
Chimu, altperuan. Indianerstm.
Chimu Capac, legendärer peruanischer Herrscher
Ch'i, mythischer Herrscher; Ahnherr der Chou-Familie
China/Asien: Vorzeit, archaische Hochkultur (1800 v. Chr.–220 n. Chr.), ind.-buddh. Ökumene (220–1911 n. Chr.)
Chinesen, Hptvolk d. chin. Reiches
Chinesische Mauer, Befestigungsanlage (auch Große Mauer)
Ch'in Kuei (1090–1155), Erster Minister des Kao Tsu
Ch'in Shih Huang Ti, s. Shih Huang Ti
Chios/Ägäis-Insel: griech. Ansied., pers. Erob. (333 v. Chr.), byzant. Bes. (1124), byzant. Erob. (1329)
Chiozza/Italien: palaolith. Höhlenzeichnungen v.
Chitrao (14. Jh.), Konig von Vijavanagara
Chittaraja (II. Jh.), Herrscher von Shilahara
Chiusi/Italien: Etrusker-St.
Chnonsemhab, Held einer ägypt. Erzählung
Chnumet, Prinzessin (12. Dyn.)
Chnumhotep, ägypt. Fürst von Beni Hasan
Chnum, Schöpfergott (Widder)
Chöraden-Inseln im Meerbusen von Tarent

Chons, thebanischer Mondgott
Chontamenti, Totengott von Abydos
Chorezm (Hwārizm, Chorasmien)/Lsch a. Amu-Darja, russ. Zentralasien: Teil d. pers. Achämeniden-Reiches (6.–4. Jh. v. Chr.), Reich d. einheimischen Chorezmier (2.–7. Jh.)
Chorsabad (Hursābād, assyr. Dur Scharrukin)/NO-Assyrien: assyr. St., neuassyr. Hpstd., Zerst. durch d. Meder
Chosrau I. (531–579), Sassanidenkönig
Chosrau II. (590–628), Sassanidenkönig
Chou Hsin, letzter Shang-Herrscher (1154 bis 1122 v. Chr.)
Chou-k'ou-tien bei Peking/China: Fundort d. Sinanthropus pekinensis
Chou Tun-i (1017–1073), frühester konfuzianischer Philosoph der Sung-Schule
Chryseis, Tochter des Apollonpriesters Chryses. Lieblingssklavin des Agamemnon während der Belagerung Trojas
Chryses, Priester des Apollon in Chrysa
Chthonia, Tochter des Erechtheus, König von Athen, und der Praxithea
Chu, alter Gott des Getreides
Chnang Tzŭ (3. Jh. v. Chr.), berühmter taoistischer Philosoph
Chuan Hsiu (2513 bis 2435 v. Chr.), einer der „Fünf Kaiser"
Chudeira/Palästina: prahist. Gräberfeld v.
Chu Hsi (1130–1200), konfuzianischer Philosoph der Sung-Zeit
Chui, Beamter des Alten Reiches
Chuit, Göttin von Athribis
Chuit-jotes, Königin der Tehenu
Chumayel, Chilam Balam de (16. Jh.), Maya-Priester und Chronist
Ch'un-ch'iu, ältestes chinesisches Geschichtswerk
Chung Tsung, 4. T'ang-Kaiser (683–710)
Chuquisuso, Frauengestalt in dem Schöpfungsmythos Pariaca
Chusor, phönikischer Gott des Eisens
Chu Wên (854–914), Rebellengeneral und Begründer der Späteren Liang-Dynastie
Chu Yüan-chang (1328–1398), Begründer der Ming-Dynastie und I. Ming-Kaiser
Ch'u Yüan (332–295 v. Chr.), berühmter Dichter und Minister des Prinzen Huai
Chvalynsker-Kultur, Kultur der S-russ. Bronzezeit
Cicero, Marcus Tullius (106 bis 43 v. Chr.), römischer Staatsmann und Schriftsteller
Cimi, mayanischer Tagesgott und der gefürchtete Todesgott

Cisin, Todesgott der Maya
Cîteaux (Zisterz)/Burgund: Mutterkloster d. Zisterzienser-Ordens
Clactonien, paläolithische Klingenkultur
Classe b. Ravenna/Italien: byzant. Basilika v.
Clastidium/Italien: Schlacht b. (223 v. Chr.)
Claudianus, Claudius (um 375 bis nach 404), lateinischer Dichter und Satiriker
Claudius, Appius Crassus (um 431 v. Chr.), römischer Dezemvirator
Claudius, Marcus Aurelius (um 220–270), seit 268 römischer Kaiser
Claudius, Tiberius Claudius Cäsar Augustus Germanicus (10 v. Chr. bis 54 n. Chr.), römischer Kaiser
Clientes, Gefolgsch. d. röm. Geschl.
Cluny/Burgund: Benediktinerabtei, Ausgangspunkt d. Cluniaz. Reformbewegung
Cochachi, Curak von Orondo
Cochise-Kultur, N-amer. präh. Kult.
Cocom, Nachkommen des Hunac Ceel, von 1200–1450 an der Macht
Codex Argenteus, Handschrift der Wulfila Bibelübersetzung (Uppsala)
Codex Euricianus, westgotische Gesetzessammlung
Codex iuris canonici, katholisches Kirchenrecht, Sammlung
Codex Justinianus, Sammlung der Kaiseredikte seit Hadrian
Codex Theodosianus, byzantinische Gesetzessammlung
Coeus (Koios), Sohn des Vranos und der Gaia; Titan
Colchester (lat. Camulodunum)/Engl.: röm. Erob. (43 v. Chr.)
Collatinus, Luicus Tarquinius. 1. römischer Konsul zusammen mit Lucius Junius Brutus; Gemahl der Lucretia
Colonia Ulpia Traiana → Xanten a. Rhein
Colosseum (Amphitreatrum Flavium), größtes Amphitheater Roms und der Antike
Columella, L. Iunius Moderatus (um 60), römischer Landwirt und Schriftsteller aus Cádiz
Comati, Klasse des gemeinen Volkes der Thraker
Combarelles/Frankr.: eiszeitl. Wohnhöhle
Combe Capelle/Frankr.: prähistor. Fundort
Confessio Augustana, Augsburger Bekenntnis
Confessio Belgica, Bekenntnisschr. der niederl. Staatskirche

Confessio fidei orthodoxae, Bekenntnisbuch d. orthodox. Kirche
Consensus doctorum, Übereinstimmg., eine der vier Glaubensgrundlagen des Islam
Constantine (röm. Cirta)/Algerien: prähist. Kultur, röm. Kol. (46 v. Chr.), Zerst. d. Maxentius (310)
Constitio Antoniniana, römisches Reichsbürgergesetz (212 n. Chr.)
Cook, James (1728–1779), englischer Kapitän und Weltumsegler
Copan/Guatemala: Maya-St.
Corbulo, Gnaeus Domitius (gest. 67), röm. Feldherr und General unter Claudius und Nero
Corlaillod-Kultur, Schweizer Unt.-gruppe der neolith. Kultur W-Eur.
Corpus iuris civilis, grundlegend. Werk d. röm. Rechts, Justitian I.
Cortes, span. Ständeversammlung
Cortez, Hernando, Marques del Valle de Oaxaca (1485–1547), spanischer Konquistador und Eroberer von Mexiko
Cosentia/S-Italien: sagenhafte Grabstätte Alarichs
Covilhã, Pedro da (um 1447 bis um 1521), portugiesischer Indien- und Ostafrikafahrer
Coxcoxtli (14. Jh.), Herrscher von Culhuacan
Coyote, der hungrige, s. Netzahualcoyotl
Cozmatzin, Oberhaupt der Kaufleute von Tlatelolco unter Tlahcateotl
Córdoba (Corduba)/Spanien: Hptst. d. röm. Prov. Baetica, westgot., arab. Erob. (711), Ermirat v. (seit 756), Kalifat v. (seit 929)
Crassus Dives, Publius Licinius (gest. 87 v. Chr.), Vater des Triumvir. Crassus und römischer Feldherr
Crassus Dives, Marcus Licinius (um 114–53 v. Chr.), römischer Staatsmann, Triumvirator und Feldherr
Crassus, Marcus Licinius (um 30 v. Chr.), Enkel des Triumvir. Crassus, römischer Konsul und Feldherr
Cremona/Italien: röm. Kol. (um 220 v. Chr.)
Creusa, Gemahlin des Äneas
Crô-Magnon/Frankr.: prähist. Fundort, Crô-Magnon-Mensch
Cuatlazol (gest. 1520), junger Aztekenhäuptling
Cuauhtemoc (gest. 1521), Neffe Cuitla-

huacs, letzter Führer der Azteken im Kampf gegen die Spanier
Cuicuilco/Mexiko: Aztekensied.
Cuitlahuac (gest. 1521), Bruder Moctezumas II., Oberster Sprecher der Azteken (1520 bis 1521)
Cumae (Kyme)/Italien: griech. Gründung (um 750 v. Chr.), St.-Staat, Seeschlacht v. (474 v. Chr.)
Cunil, Jacinto (gest. 1964), Maya aus Socotz im westlichen Britisch-Honduras
Cupido, römischer Liebesgott; dem griechischen Amor gleichgesetzt (siehe auch Eros)
Curtius, Quintus Curtius Rufus, römischer Geschichtsschreiber (1. Jh. n. Chr.)
Cusi-Coyllur, Inka-Prinzessin aus dem Theaterstück Ollantay
Cuzeo/Peru: Inka-Hptst.
Cybele: siehe Kybele
Cyklodron/Rußl.: neolith. Fundort
Cynthia, Geliebte des Dichters Properz
Cypern/Mittelmeer-Insel: assyr. Einflußsphäre, ägypt. Vasallenstaat, phönik. Kol., Ansied. d. Griechen, röm., orthod. Landeskirche (seit 451), arab. Erob. (641), byzant. Rückerob. (963), fränk. Kgr. (1192), venezian., osman. Erob. (1571)
Cyrene (Kyrene), Nymphe; Mutter des Aristaeus, Geliebte Apollons
Čenomanen, Keltenstm.
Červenen (poln. Czerwenen), slaw. Vstm.
Čulatovo/Rußl.: paläolith. Jägerlager v.

Dädalus (Daedalus, Daidalos), Sohn des Metion, eines Sohnes des athenischen Königs Erechtheus und der Iphinoe; Baumeister; gilt als „Erfinder" des Kunsthandwerks
Dagon, phönikischer Gott des Weizens
Dahn, Felix (1834–1912), Historiker und Schriftsteller
Dahšūr/Ägypten: Pyramide v. Dailamiten, Söldnerführer, persisch
Dai-Nihon-Shi, 240 Bände umfass. größtes japanisches Geschichtsw.
Daivaputra Shahanushahi (4. Jh.), Kushana-König; Zeitgenosse Samudraguptas
Dajaukku I. (Dejokes), 717 v. Chr. von Sargon II. deportiert
Dajaukku II. Dejokes (7. Jahrhundert v. Chr.), Begründer der medischen Einheit
Dakien (Dacia)/Geb. links d. unteren Donau (heutiges Banat, Siebenbürgen,

Walachei): Kgr. (bis 106), röm. Prof. (107–275 n. Chr.), Goteneinbruch (257), W.-Gotenansied. (um 380)
Dakiki (10. Jahrhundert), Dichter am Hofe der Samaniden zu Buchara
Dalai-Lama, geistl. und weltliches Oberhaupt Tibets
Dalion, Seefahrer und Geograph zur Zeit Ptolemaios' II. (285 bis 247 v. Chr.)
Dalmatien/Jugosl.: prähist. Kultur, röm. Unterwerfung (34/33 v. Chr.), röm. (seit 285), ostgot. (489 bis um 550), Slaweneinwanderung (6./7. Jh.), fränk.
Dalminium/Dalmatien: Zerst. durch d. Avaren
Damaskios (geb. 458), griechischer Philosoph
Damaskus/Syrien: aramäisch. St.-Staat, israel. Erob., assyr. Zerst. (732 v. Chr.), pers., Alexanderzug (331 v. Chr.), arab. Erob. (635/36)
Damastes, Kundschafter und Zeitgenosse Herodots (5. Jh. v. Chr.)
Damasu (7. Jh. v. Chr.), König von Kurion
Damkina, babylonische Göttin und Gemahlin von Enki/Ea
Damusu (7. Jh. v. Chr.), König von Qarthadasht
Dan/Palästina: Kultstätte
Dan/Palästina: Kultstätte
Danae, Tochter des Akrisios, Königs von Argos, und der Eurydike; Geliebte des Zeus, Mutter des Perseus
Danaos, mythischer König und Stammvater der Danaer
Dandin (um 700), indischer Dichter
Daniel, einer der vier großen Propheten des Alten Testaments
Danishmand Khan („Omrah"), Mogul-Herrscher
Dantidurga (8. Jh.), Vasall der Chalukyas
Daphne, Tochter des Flußgottes Peneios
Daphnus, Ort bei Klazomenä in Ionien
Dara/SO-Türkei (nahe d. syr. Grenze): byzant. Erob. (530), pers. (seit 573), byzant. Erob. (943)
Darah Shikoh, Kronprinz Shah Jahans
Dardanos, Stadt an der asiat. Seite des Hellespont
Dareios I. der Große (521–486 v. Chr.), persischer König, Achaimeniden-Dynastie
Dareios II. (425–404 v. Chr.), persischer König
Dareios III. Kodamannos (336 bis 330), Achämenidenkönig

Dar es-Soltan (Dār as-Sulṭān)/Marokko: pa-
läolith. Fundort
Daskon, Ort bei Syrakus
Daskylitische Satrapie, den nördl. Teil von
Kl. Asien umfassend
Daulia, Stadt in Phokis
Daunus, Vater des Turnu
David (um 1000–961), König von Juda und
Israel
Dāgān, altakkadischer besonders bei den
Westsemiten beliebter Gott, National-
gott von Mari
Dārābgird/Iran: sassanid. Felsbilder
Dedumose, ägypt. König (13. Dyn.)
Dedwen, Gott von Nubien:
Deia, Gemahlin des Ixion
Deianeira, Gemahlin des Herakles
Deimachos, seleukidischer Gesandter unter
dem Maurya-König Vindusara (296–264
v. Chr.)
Dekeleia, Demos in Attika
Dekeleischer Krieg, Phase des Peleponnesi-
schen Krieges (s. auch Thukydides, 413–
404 v. Chr.)
Dekhan/Indien (südl. d. Linie Cambay-
Ganges-Brahmaputra-Delta): Eingeboren-
nen-Reiche (1. Jh. v. Chr.–17. n. Chr.),
Cālukya-Stil i., Srīvaisnava-Sekte i.
Delila, Figur des Alten Testaments, von
Samson geliebte Philisterin
Delion/Griechenl.: Schlacht b. (424 v.
Chr.)
Delos, Insel etwa in der Mitte der Kykladen
Delphi/Griechenl.: griech. Hlm., Kelteinein-
bruch (279 v. Chr.)
Delphinion, Feste auf Chios
Delphi, Stadt in Phokis, Orakel v.
Demaratos, laut Livius Vater des Tarquinius
Priscus
Demaratos (5. Jahrhundert v. Chr.), Sparta-
nerkönig
Demeter (Ceres), Tochter des Kronos und
der Rhea; griechische Göttin der Erde
und der Fruchtbarkeit; Geliebte des
Zeus, Mutter der Persephone
Demetria/Iran: griech. Gründung
Demetrios (gest. 167 v. Chr.), baktrischer
Herrscher und Eroberer
Demetrios II. Nikator (145 bis 130 v. Chr.),
Seleukidenkönig
Demetrios (um 300 v. Chr.), Sohn des Anti-
gonos
Demodamas, Kundschafter Seleukos' I.
(305–281 v. Chr.)
Demodamas, seleukidischer Heerführer

Demodokos, blinder Sänger am Hofe des
Phaiakenkönigs Alkinoos
Demokedes, griechischer Arzt unter Poly-
krates und Dareios I. (521 bis 486 v.
Chr.)
Demokritos von Abdera (um 460 bis um 370
v. Chr.), griechischer Philosoph und Na-
turforscher
Demonikos (4. Jh. v. Chr.), König von Lape-
thos
Demophon, Sohn des Königs Keleos von
Eleusis und der Metaneira
Denkart, relig. Sammelwerk der mittelpersi-
schen Sprache
Der/Mesopotamien: Schlacht b. (717 v.
Chr.)
Dersäer, thrakisches Volk am linken Ufer
des Strymon
Derwischorden, isl. Mönchsorden
Deukalion (Deucalion), Sohn des Promet-
heus; Gemahl der Pyrrha
Deutero-Jesaja (griech. „Zweiter Jesaja"),
anonymer israelitischer Prophet, Verfas-
ser von Jesaja;
Deval Rani, Hindu-Prinzessin
Deas, personifizierte Erscheinung der iran.
ind. Religion
Devon, Erdzeitalter
Dharma, Begriff vom daseinsbedingt: Kräfte
i. d. buddh. Philosophie
Dharmapala (8. Jh.), König der Pala-Dyna-
stie, Sohn Gopalas
Dharmasutras, hinduist. hl. Rechtsb.
Dhritrashtra, Sohn Vyasas
Dhruvadevi (um 375), Gattin des indischen
Königs Ramagupta
Dhuti, hoher Beamter und Aufseher bei
Bauarbeiten (18. Dyn.)
Dhutihtep, ägypt. Gaufürst
(12. Dyn.)
Dhutmose, ägypt. Bildhauer in Amarna
Dhyna, s. Zen
Diadochenkriege, 322 bis 281 v. Chr.
Diadochenstaaten (323 bis 30 v. Chr.)
Diana, römische Göttin der Jagd und der
Tiere; der griechischen Artemis entspre-
chend
Diaz del Castillo, Bernal (um 1498 bis um
1582), spanischer Eroberer Mexikos
Didache, Zwölfapostellehre
Didda (950–1003), Königin von Kashmir
Dido (9. Jh. v. Chr.), phönikisch Elissa, Kö-
nigin von Tyros und legendäre Gründerin
von Karthago, Geliebte des Äueas
Didyma/Kleinasien: Apollotempel v.

Didyme, eine der Liparischen Inseln bei Sizilien

Dieng/Hochebene Javas: javan. Tempelbauten a. d.

Dier, thrakischer Stamm im Rhodope-Gebirge

Digorien, Kultur der südrussisch. Bronzezeit

Dikaiarchos (um 320 v. Chr.), griechischer Philosoph und Geograph; Schüler des Aristoteles

Dike, Göttin der Gerechtigkeit; Tochter des Zeus und der Themis, eine der Horen

Dilbat, Göttin, entspricht der römischen Venus

Diluvium, Eiszeit

Dimini/Griechenl.: prähist. Fundort

Dinika (um 42), Vater des Ushavadatta

Dio, Cassius Cocceianus (um 155 bis 235), griechischer Geschichtsschreiber

Diodor(os) Siculus von Agyrion auf Sizilien (um 36 v. Chr.), griechischer Geschichtsschreiber

Diodor von Tarsos (4. Jh.), griechischer Dialektiker und Philologe

Diodotos I. (um 240 v. Chr.), Satrap und später König von Baktria-Sogdiana unter Antiochos I. und Antiochos II.

Diogenes der Stoiker, Gelehrter in Alexandria

Diogenes Laertios (3.Jh.), griechischer Schriftsteller

Diogenes (1. Jh.), griechischer Kaufmann und Seefahrer

Diognetos, Landvermesser unter Alexander dem Großen (336–323 v. Chr.)

Diomedes, Sohn des Tydeus; einer der berühmtesten griechischen Helden vor Troja

Dion, Stadt 1) am Berge Athos; 2) im S. von Makedonien

Dion Cassius (um 155–229), griechischer Historiker

Dione, Mutter der Aphrodite

Dionysios, Gesandter Ptolemaios' II., Philadelphos (285–246 v. Chr.).

Dionysios Periegetes, griechischer Schriftsteller zur Zeit Hadrians (117–138)

Dionysios von Halikarnaß (1. Jh. v. Chr.), griechischer Rhetor und Geschichtsschreiber

Dionysios von Syrakus, der Ältere (430–367 v. Chr.), Tyrann von Syrakus

Dionysodoros von Melos, griechischer Mathematiker um Christi Geburt

Dionysos, griechischer Gott und sagenhafter Eroberer Indiens und Kleinasiens

Dionysos, Sohn des Zeus und der Semele; griechischer Gott des Weines und der Vegetation

Dios Hieron, Stadt im kleinasiatischen Ionien

Dioskoros (2. Jh.), griechischer Kaufmann und Seefahrer

Dioskurides, Pedanios (1. Jh.), griechischer Arzt und Botaniker aus Anazarbos

Diotimos (5. Jh. v. Chr.), athenischer Diplomat

Dirke, Gemahlin des Lykos, Königs von Theben

Dis: siehe Hades

Diyārbakir (pers. Amida, arab. Āmid, türk. Diyārbekr)/Kurdistan, O-Türkei: pers. Bes. (Mitte 4. Jh.), pers. Erob. (Ende 5. Jh.), pers. Bes. (603–620), arab., byzant. Erob. (943)

Djau, Fürst, Schwager König Phiops' I. (6. Dyn.)

Djedefrê, ägypt. König (4. Dyn.)

Djedhor, ägypt. Weiser, der nach seinem Tode göttlich verehrt wurde

Djefaihapi, ägypt. Fürst

Djer, ägypt. König (1. Dyn.)

Djeser-ka-re-seneb, Beamter unter Tuthmosis IV.

Djoser, ägypt. König (3. Dyn.)

Djuf el-Djemel (Gawf al-Gamal/Algerien: paläolith. Fundort

Doberos, päonische Stadt in Makedonien

Dohrudscha (bulg. Dohrudža, rum. Dobrogea)/Lsch. zwischen d. Schwarzen Meer u. d. Unterlauf d. Donau: Skythenwand (3. Jh. v. Chr.), getisch (55–50 v. Chr.), Teil d. röm. Prov. Moesia (29 v. Chr. bis 678), bulg. (678 bis 972), byzant. (972 bis 1188)

Dolmen, neolithische Grabbauten

Dolomiten/Teil d. O-Alpen, Italien: mesozoische Meeresablagerungen

Dolon, trojanischer Kundschafter

Doloper, Bewohner der Landschaft im SO von Epirus

Domitian, Titus Flavius (51 bis 96), römischer Kaiser seit 81

Domitilla, Heilige; Gemahlin des Konsuls Titus Flavius

Don/Fl., Rußl.: prähist. Kulturen a.

Donar, Donnergott der Germanen

Donatisten, christl. Sekte

Donau/europ. Strom: 1) neolith. D.-Kultur,

röm. Grenze (seit 28 v. Chr.), röm. Brük-
kenbau (b. Drobretae)
Donauländ. Kulturkreis, s. Bandkeram. Kul-
turkreis
Donezbecken/S-Rußl.: prähist. Kulturen a.
Dordogne/Lsch. Frankr.: urgeschichtliche
Höhen i. d.
Dorieus (um 510 v. Chr.), spartanischer
Feldherr, Bruder des Königs Leonidas,
Leiter einer Afrika-Expedition, Gründer
von Herakleia auf Sizilien
Drabeskos, edonische Stadt in Makedonien
Drachenloch i. Taminatal/Schweiz: prähist.
Fundort
Dreibrüdergrotte → Trois Frères/Frankr.
Drepanon/Sizilien: karthag. Stützpunkt,
Schlacht b. (249 v. Chr.)
Drioton, Étienne (Abbée), französischer
Ägyptologe
Droër, thrak. Volk am linken Ufer des Stry-
mon
Druiden, keltische Priester
Drusus, Marcus Livius (um 120 bis 91 v.
Chr.), römischer Volkstribun
Druviden, s. Druiden
Drymussa, kleine Insel bei Klazomenä
Dryoper, alter Volksstamm, ursprünglich
zwischen Parnass und Öta
Dryoskephalä, enger Gebirgspaß des Kithä-
ron in Böotien
Dschingis Khan (um 1155 bis 1227), Be-
gründer des mongolischen Großreiches
Dürnberg b. Hallein/Österr.: prähist. Fund-
ort
Dumuzi, sumerischer Gott der Vegetation
Dura-Europos (jetzt aṣ-ṢāliÓiyya)/Meso-
potamien: hellenist. St., pers. Erob. (258)
Dur-Aššur, Name eines Beamten in einem
Brief
Durazzo (griech. Epidamnos, Dyrrhachion,
alban. Durrës)/N-Albanien: griech. Kol,
Civitas foederata Roms, byzant., bulg.
(989)
Durga, eine der Manifestationen von Shivas
Gattin
Dur Kurigalzu/Svrien: Hptst. d. babylon.
Kassitenkge.
Durrow/Engl.: angelsächs. Kloster, Evange-
liar v. (8. Jh.)
Dutthagamini (2. Jh. v. Chr.) singhalesischer
König
Dyaus, indischer Gott des Himmels; ent-
spricht dem griechischen Zeus
Dyme, Stadt im W. von Achaira
Dynatoi, Klasse der Reichen i. Byz.

Dzungarei/zentralasiat. Lsch., NW-China:
Vasallengeb. d. W-Türken (6. Jh.)

Ea, assyrisch-babylonisch-sumerische Gott-
heit, Gott der Wasser, der Weisheit und
der Magie, höchster Gott von Eridu, ge-
hört mit Anû und Enlil zum obersten
Göttertrias, identisch mit Enki
Eannatum (um 2500 v. Chr.), dritter Herr-
scher der Dynastie von Lagaš
Ebers, Georg, deutscher Ägyptologe (1837–
1898)
Echinaden, Inseln vor der Mündung des
Acheloos
Echnaton: siehe Amenophis IV.
Echo, Nymphe, die den Narzissus liebte
Eckmühl/Algerien: prähist. Fundort
Edda, altisländ. Liedersammlung
Edictum Theoderici, ostgotische Gesetzes-
sammlung
Edirne (Hadrianopolis, Adrianopel)/Thra-
kien: Gründung (126 n. Chr.)
Edjô, Schlangen- und Schutzgöttin der un-
terägypt. Krone
Edoner, thrakisches Volk
Eetioneia, Platz am Piräus
Egeria, römische Göttin der Quellen und der
Geburt
Egesta, Stadt im W von Sizilien
Ehringsdorf/Dtschl.: Hominiden-Fundort
Eidomene, Stadt in Makedonien im obern
Axiostale
Eidothea, Tochter des Proteus
Eid zu Straßburg, ältestes franz.-deut.
Sprachdenkmal
Eileithyia: siehe Ilythia
Eioneus, Schwiegervater des Königs Ixion
von Thessalien
Eisenzeit. Stufe der menschl. Urzeit
Eiszeit, s. Diluvium
Ek Chuah, Hauptgott der Kaufleute
Eknibalos (6. Jh. v. Chr.), Herrscher von
Tyros
Eknomos/Sizilien: Schlacht b. (256 v. Chr.)
Eläatis, ein Teil von Thesprotis in Epirus
Eläus, Stadt in der thrak. Chersones
Elat, punische Gottheit auf Sardinien
Elbasan/Albanien: osmanische Zwingburg
El, einer der drei höchsten phönikischen
Gottheiten; entspricht dem griechischen
Kronos
Elektra, Tochter Agamemnons und Klytä-
mnestras
Elephanta/Insel, SW-Indien: buddhist.

Höhlentempel u. Siva-Statue
Eleusis/Griechenl.: Theater v. – westgot.
Plünderung (Ende d. Mysterien, 395 n.
Chr.)
Eleusis, Demos in Attika
Elias (9. Jh. v. Chr.), israelitischer Prophet
Elibaal (um 900 v. Chr.), König von Byblos,
Vater des Shipitbaal, Sohn des Yehimilk
Elimioter, makedonische Völkerschaft am
Haliakmon
Elis/Peloponnes: griech. St.-Staat
Eliseeviči b. Brjansk/Rußl.: paläolith. Fundort
Elista/S-Rußl.: prähist. Fundort
Eliun, phönikische Gottheit
Ellomenon, Ort auf Leukadia
Ellora/Haidarābād, Indien: Höhlentempel v.
Elmenteitan. Kultur der Urzeit
Elorinische Straße von Eloros nach Syrakus
Elpaal (um 360 v. Chr.), König von Sidon
Elsaß/Lsch. a. Oberrhein: Ansied. d. Sueben
(um 70 v. Chr.), röm. Erob. (58 v. Chr.),
Ursprungsland d. Habsburger
El, ugaritische Gottheit
Elymer, Volk im W von Sizilien
Emathion, Sohn des Tithonos und der Eos
Embaton, Ort im Gebiet von Erythrä in Ionien
Emilia/ital. Lsch.: prähist. Kultur, Kelteneinwanderung
Empedokles (um 492–um 432 v. Chr.), griechischer Philosoph
Endymion, Gestalt aus der griechischen Mythologie; Sohn des Aethlios und der Kalyke; Geliebter der Selene
Enene, ägypt. Vornehmer (18. Dyn.)
Engelsburg, Rom, Bauwerk Hadrians
Enipeus, Nebenfluß des Peneios in Thessalien
Enki, assyrisch-babylonisch-sumerische Gottheit, identisch mit Ea
Enkidu, Geschöpf der Göttin Aruru, Freund des Gilgameš (Uruk)
Enlil, sumerischer Nationalgott, Stadtgott von Nippur, gehört zum obersten Göttertrias des babylonischen Pantheons
Enlil-kudur-usur (1197–1193 v. Chr.), assyrischer König
Enlil-nirari (1329 bis 1320 v. Chr.), assyrischer König
Enmerkar, halblegendärer Herrscher von Uruk, halbgöttlicher Held der Epen
Enneakrunos, Quelle in Athen
Ennius, Quintus (239 bis 169 v. Chr.), römischer Dichter

Enryakuji b. Kyōtō/Japan: buddhist. Hpt.kloster Japans
Entemena (25. Jh. v. Chr.), Herrscher der Dynastie von Lagaš
Eordia, Landschaft in Makedonien
Eos (Eo), Göttin der Morgendämmerung
Eozän, Erdzeitalter
Epanagoge, byzant. Gesetzbuch
Epeos, Grieche im Lager vor Troja; der Erbauer des hölzernen Pferdes
Ephesos/Kleinasien: griech. Küsten-St., Artemistempel, lyd. Erob., got. Zerst. (263 n. Chr.), ökumen. Konzil (431), Räubersynode (449)
Ephialtes, Sohn des Aloeus (oder des Poseidon) und der Iphimedia; Riese
Ephoros (um 404–330 v. Chr.), griechischer Geschichtsschreiber
Ephyre, Stadt in Thesprotis in Epirus
Epidamnos, Küstenstadt in Illyrien
Epidauros/Peloponnes: Rundtheater
Epidauros, 1) Stadt an der Oküste von Argolis; 2) an der Oküste von Lakonika
Epimetheus, Bruder des Prometheus; Gemahl der Pandora
Epipaläolithikum, Kulturstufe zw. Alt- und Jungsteinzeit
Epipolä, Anhöhen im N u. W von Syrakus
Epirus, Epeiros/NW-Griechenl.: illyr. Kgr., röm. (seit 229 v. Chr.), Einbruch eines normann. Kreuzheeres (1107)
Era, babylonischer Pestgott
Erä, Stadt in Ionien unweit Teos
Eratosthenes von Kyrene (um 280 bis 200 v. Chr.), griechischer Gelehrter und Schriftsteller
Erbil (assyr. Arbailu, Arbela)/NO-Mesopotamien: assyr. St., Erob. d. Alexander d. Gr. (331 v. Chr.), röm. Erob. (216 n. Chr.)
Erebos: siehe Tartaros
Erechtheion, Tempel an der Akropolis
Eresos, Stadt auf Lesbos
Ereškigal, in der babylonischen Mythologie Herrin der Unterwelt und des Todes
Eretrea/Euboia: griech. St.-Staat, pers. Zerst. (490 v. Chr.)
Erg Admer/Sahara: prähist. Fundort
Ergamenes (um 230 v. Chr.), König von Meroe
Ergotimos (um 570 v. Chr.), griechischer Vasenmaler
Erg Tihodain (Tihodaïn)/Sahara: prähist. Fundort

Eriba-Adad I. (1392–1366 v. Chr.), assyrischer König
Erichthonios (Erechtheus), Sohn der Gaia und des Hephästos; legendärer König von Athen
Eridu (jetzt Abū Šahrayn)/Mesopotamien, sumer. St.-Staat
Eriksson, Leif (um 1000), norwegischer Seefahrer und „Entdecker Amerikas"
Erineos, 1) Stadt in Doris, 2) Stadt in Achaia, 3) Fluß in Sizilien südlich von Syrakus
Erinna (4. Jh. v. Chr.), griechische Dichterin
Eris, griechische Göttin der Zwietracht
Erman, Adolf, deutscher Ägyptologe (um 1855–1937)
Ernûte, Erntegöttin (Schlange)
Eros, Gott der Liebe (siehe auch Cupido und Amor)
Er Shih Huang Ti, letzter Herrscher der Ch'in (209 bis 207 v. Chr.)
Erytheia, Tochter des Geryones
Erythrä, Stadt 1) in Böotien unweit Platää; 2) in Ionien
Erythras, persischer König
Eryx, Stadt im W von Sizilien
Erzurum (Arzan ar-Rūm, Arz ar-Rām; Theodosiupolis)/türk. Armenien: byzant. Erob.
Esau (Edom), Sohn Isaaks und der Rebekka; legendärer Stammvater der Edomiter
Eschnunnak/Mesopotamien = Tel Asmar): sumper. St.-Staat
Eshmunazar ben Ashto (7. Jh. v. Chr.)
Eshmunazar I. (5. Jh. v. Chr.), König von Sidon
Eshmunazar II. (5. Jh. v. Chr.), König von Sidon
Eshmun, phönikische und karthagische Gottheit; entspricht dem griechischen Asklepios
Eshmun-Melqart, phönikische Gottheit
Eshmun-Merreh, phönikischer Gott
Es-ôes, Göttin von Heliopolis
Esra (5. Jh. v. Chr.), jüdischer Priester und Schriftgelehrter
Esra IV, spätjüdische Apokalyptik
Essäer, extremer Flügel d. Pharisäer
Essener, s. Essäer
Estete, Miguel de (geb. 1510), spanischer Konquistador
Etana, nach der Sumerischen Königsliste postdiluvialer König von Kiš; Held eines gleichnamigen Mythos
Etemenanki, Turm zu Babel

Eteokles, Sohn des Ödipus und der Jokaste
Etrurien → Toscana
Euager, Sarrap von Persien
Euagoras I. von Salamis (411 bis 374 v. Chr.), griechischer Herrscher
Euander (Euandros), arkadischer Held, später nach Rom ausgewandert
Euan, Pedro (16. Jh.), Vorsteher von Yaxcaba
Euboia/griech. Insel: Ionisches Kerngeb.
Eucheir von Korinth (um 650 v. Chr.), griechischer Bildhauer
Eudoxos von Knidos (408–355 v. Chr.), griechischer Astronom und Mathematiker
Eudoxos von Kyzikos, griechischer Seefahrer und Entdecker unter Ptolemaios VII. (um 145 v. Chr.)
Euenos, Fluß in Ätolien
Euergetes, Beiname Ptolemaios' III. und VII.
Euergetes II. Physkon, s. Ptolemaios VIII.
Euergetes I., s. Ptolemaios III.
Euesperiten, Einw. einer Stadt an der Nküste von Afrika unweit Barka
Eugrammos (6. Jh. v. Chr.), griechischer Bildhauer
Euhemeros (um 300 v. Chr.), griechischer Philosoph
Euhemeros von Messene (4./3. Jh. v. Chr.), griechischer Mythograph
Euklid (um 300 v. Chr.), griechischer Mathematiker
Eukratides (um 160 v. Chr.), griechischbaktrischer König
Eukratides, Usurpator des Maurya-Reichs nach dessen Zerfall 225 v. Chr.
Eukratides (2. Jh. v. Chr.), baktrischer König
Eumaios (Eumäus), Schweinehirte des Odysseus; Gestalt aus der Odyssee
Eumedes, Elefantenfänger unter Ptolemaios II. (285–247 v. Chr.)
Eupalion, Stadt im Ozol. Likris
Eupeithes, Vater des Antinoos
Euphemos von Karia, Fantasiegestalt bei Pausanias und angeblicher Entdecker Amerikas
Euripides (um 480 bis 406 v. Chr.), griechischer Tragiker
Euripos, Meerenge zw. Euböa und Böotien
Europa, Tochter des Agenor, Königs aus Phönikien, und der Telephassa; Geliebte des Zeus
Europos, Stadt in Makedonien am Fl. Axios

Euros, der Ost- oder Südostwind
Euryale, Schwester der Medusa
Euryalos (Euryalus), phaiakischer Edler
Eurydike, Gemahlin des Kreon
Eurydike, Gemahlin des Orpheus
Euryelos, Berg u. Feste bei Syrakus
Eurykleia, Amme des Odysseus
Eurymedon, König; Sagengestalt der „Odyssee"
Eurynome, Mutter der Grazien
Eurystheus, König von Tiryns
Eurytaner, Volk in Ätolien
Eusebios von Caesarea (um 260 bis um 340), griechischer Kirchenschriftsteller
Euthydemos (gest. um 190 v. Chr.), Usurpator und König von Baktrien-Sogdiana
Euthymenes (6. Jh. v. Chr.), massalischer Seefahrer
Eva, nach dem Alten Testament Weib Adams, Stammutter des Menschengeschlechts
Evans, Sir Arthur (1851–1941), englischer Archäologe
Externsteine/Westfalen: german. Hlm.
Eyassi/Tanganjika: prähist. Fundort
Ezechiel (6. Jh. v. Chr.), einer der großen jüdischen Propheten

Färöer-Inseln (dän. Faerøerne)/ dän. Inseln zwischen Schottl. u. Island: Bes. durch d. Norweger (8. Jh.)
Fa Hsien (4./5. Jh.), chinesischer Mönch und Indienreisender
Faijûm (al-Fayyūm)/Ägypten: prähist. Fundort
Fama, Göttin der Nachrede und der Gerechtigkeit
Fanarioten, griechische Aristokraten im türkischen Reich
Fara (sumer. Schuruppak)/Mesopotamien: sumer. St.-Staat
Farsman, auch Pharasmanes (30 bis 60), König von Georgien (Iberia)
Fatma-Koba/Krim: mesolith. Höhlenstation
Faunus (Faun), altlatinischer Gott der freien Natur; Beschützer der Hirten und Bauern
Fauresmith-Kultur, altsteinzeitl. Kultur in Südafrika
Faustkeilkulturen, paläolithisch
Faustulus, Hirt; Ziehvater von Romulus und Remus
Fârs (Persis, Pârs)/S-Persien: pers. Kernprov., Alexanderzug (330 v. Chr.)

Fels-Bilder, jungpaläolithisch., pers.
Felsengräber, pers., Archämiden, Sassaniden
Fempellec, legendärer peruanischer Herrscher
Ferghāna (Farġāna)/Lsch., russ. Turkestan: Chinesen-Vorstoß n., Seidenstraße durch F., arab. Erob (712)
Feronia, römische Fruchtbarkeitsgöttin
Fetiales, röm. Priesterkollegium d. Jupiter
Feuerland/Inselgr. a. d. S-Spitze S-Amerikas: prähist. Kulturen
Fez (franz. Fès, arab. Fās)/Marokko: arab. Gründung (7. Jh.)
Fezzan (Fazzān)/Lsch. d. N-Sahara, Kgr. Libyen: prähist. Kultur
Fiesole/Italien: Schlacht b. (406)
Fillottrano/Italien: prähist. Fundort
Finnland (Suomi)/N-europ. Staat: neolith. Kultur
Firdausi (939–1020), Dichter des Schahnameh (pers. Heldensagen)
Firishta, Mohammed Kasim Hindushah (um 1552–1623), persischer Geschichtsschreiber
Firth, Cecil, englischer Ausgräber
Firuz Shah (1351–1388)
Fish-Hook/b. Kapstadt, S-Afrika: prähist. Fundort
Fīrūzābād (Gūr, Ardashîr-Churra)/Iran: Felsbilder
Flaccus, Septimius (um 70), römischer Prokonsul
Flamen Dialis, röm. Priesterkollegium
Flamen Martialis, röm. Priesterkollg.
Flamen Quirinalis, rom. Priesterkoll.
Florida/USA: prähist. Kultur, span. Entd. (1513)
Förstemann, Ernst W. (1822 bis 1906) deutscher Germanist und Bibliothekar in Dresden. Mava-Forscher
Folsom-Kultur, Altamerika
Fontéchevade/Höhle, Frankr.: Hominidenfundort
Formosa (chin. Tai-wan)/Insel v. d. südchin. Küste: Teil d. Sung-Reiches
Fossa-Kultur, Kultur der Urzeit
Frankfort, Henri (1897–1954), amerikanischer Archäologe
Frankfurt a. M./Dtschl.: Reichs-Konzil v. (794), Reichs-St.
Franko-kantabrische Kultur, Kultur der Urzeit
Franziskus von Assisi (1182 bis 1226) katholischer Heiliger und Stifter des Franziskanerordens

Friaul/Lsch. a. d. nördl. Adria: langobard. Grenzhzm. (6. Jh.), Avareneinfälle (bis 788), Slaweneinwanderung (6. Jh.), fränk. Mark

Fu Hsi (2953–2838 v. Chr.), einer der „Drei Herrscher"

Fu Shêng (3./2. Jh. v. Chr.), Gelehrter

Futhark, germanisches Runenalphabet

Fuyü/Mandschurei: Staat (2. Jh. v. Chr.)

Gabiene/SW-Persien: Schlacht v. (316 v. Chr.)

Gad, in Spanien verehrte punische Glücksgottheit

Gagarino/Rußl.: paläolith. Fundort

Gaga, Wesir von Anšar

Gaia (Gaea), die Mutter Erde

Galatea (Galateia), Nymphe

Galatia (Galatien)/Lsch. Kleinasiens: hethit., Keltenansied., Vasallenkgr. Roms, röm. Prov., Goteneinbruch (264 n. Chr.)

Galepsos, Küstenstadt westl. von der Mündung des Strymon

Galerius, Gaius Valerius Maximus (gest. 311 n. Chr.), i. römischer Kaiser

Galiläa/Palästina: Hominiden-Fundgeb.

Gallus, Gaius Cornelius (um 69 bis 26 v. Chr.), römischer Dichter

Gallus, Marcus Aelius, Freund Strabons und Präfekt von Ägypten unter Augustus (29 v.–14. n. Chr.)

Gama, Vasco da (1469–1524), portugiesischer Seefahrer

Gamble-Cave/Höhle, Kenya: paläolith. Fundort

Gamblien, letzte Pluvialzeit

Gamio, Manuel (1883–1960), mexikanischer Archäologe

Gandhāra/hist. Grenzlsch. NW-Indien/Afghanistan: Erob. d. Alexander d. Gr. (327), indoiran.-griech. Sammelkunst, v. (2. Jh. v. Chr. – 5. Jh. n. Chr.), Bes. durch d. Saka (1. Jh. v. Chr.), Erob. durch d. Hunnen (um 450)

Ganesha, elefantenköpfiger Gott, Sohn Shivas und Parvatis

Gann, Thomas (geb. 1867), englischer Altamerikanist

Ganymed (Ganymedes), Sohn des Tros, Königs von Ilion; Mundschenk des Jupiter

Garcilaso de la Vega, s. Vega, Garcilaso de la

García y Bellido, A. (20. Jh.), spanischer Althistoriker und Archäologe

Gardiner, Sir Alan, englischer Ägyptologe (1879–1964)

Garibay, Angel Maria (geb. 1892), mexikanischer Geistlicher und Linguist

Gath/S-Palästina: Philister-St.

Gauckler, Paul (1866–1911), französischer Archäologe

Gaudo-Kultur, Kultur der Urzeit

Gaugamela/Mesopotamien: Schlacht b. (311 v. Chr.)

Gaumata (gest. 521 v. Chr.), Magier

Gautamiputra Satakarni (2. Jh.), Satavahana-König

Gaza (arab. Gazza)/S-Palästina: Besied. durch d. Philister, assyr. Erob., Belag. d. Alexander d. Gr. (332 v. Chr.), Schlacht b. (312 v. Chr.), pers. Erob. (615)

Geb, ägyptische Erdgottheit

Gedalja, jüdischer Edelmann, von Nebukadnezar zum Statthalter von Jerusalem ernannt

Geierstele, sumerisch, Lagasch

Gela/Sizilien: griech. Kol. (um 680 v. Chr.)

Gela, 1) Stadt an der S-Küste von Sizilien. 2) Fluß ebendort

Gelbe Turbane, altchin. Aufstandsbeweg.

Gelon (490–478 v. Chr.), Tyrann von Gela und Syrakus

Genf (Geneva, Genève)/ Schweiz: Hptst. d. Burgunder-Reiches (443–534)

Gentes, röm. Geschlechtsverband

Genua/Italien: langobard. Erob. (670)

Georg, Heiliger, Märtyrer aus Kappadokien; unter Diokletian hingerichtet

Georgia/USA: prähist. Kultur

Georgien/transkaukasischer Staat (4.–19. Jh.)

Gerästos, Vorgeb. auf der S-Küste von Euböa

Geraneia, Gebirge zw. Megara und Korinth

Gerastratos (6. Jh. v. Chr.), Herrscher von Tyros

Germanicus, römischer Feldherr (15. v. Chr.–19 n. Chr.)

Geryones, Sohn des Chrysaor und der Kallirrhoe; dreileibiger Riese auf der Insel Erythea bei Gades und Besitzer großer Rinderherden

Geten, Volk zw. Hämos und Donau

Ghana (Goldküste)/W-Afrika: Ful-Reich (4.–11. Jh.)

Ghazel wichtg. pers. Gedichtsform

Ghomari-Höhle/Marokko: prähist. Fundort

Ghorasharman, Vollzieher einer Schenkung

Gibil, babylonischer Feuergott

Gibraltar/Meerenge zwischen d. Iberischen

Halbinsel u. W-Afrika: Hominiden-Fundort, neolith. Kulturwanderung ü., arab. Erob. (711)

Gigantia/Malta: Megalithbauten v.

Gigonos, Stadt in Makedonien unweit Potidäa

Gihad, islam. hl. Krieg g. d. Ungläub.

Gilgamesch, Sagengestalt und legendärer König von Uruk

Gilgameš, halblegendärer Herrscher von Uruk, Held des Gilgameš-Epos

Gingu, Erstgeborener der Tiamat

Gira, babylonischer Feuergott

Gisa (Gīza, Gise, Gīze)/Ägypten: Pyramiden

Giscon (3. Jh. v. Chr.), karthagischer Feldherr auf Malta und Vater des Hamilkar

Giscon (5. Jh. v. Chr.), Sohn des Hamilkar, Vater des Hannibal

Giurgiu (türk. Jerkökö)/Rum.: osman. Donaufestung

Gizzida, Gott

Gjerstad, Einar (geb. 1897), schwedischer Althistoriker

Gladwin, Harold Sterlin (geb. 1883), amerikanischer Mayxa-Forscher

Glagolica, älteste Form d. kirchenslawischen Schrift

Glauke, Ort am Vorgeb. Mykale in Ionien

Glaukos, hilfreicher niederer Meergott

Glockenbecherkultur, Kultur der Jstz.

Gobi/Wüste, Mongolei: prähist. Kulturen i. d.

Golasecca-Kultur, Kultur der Jungsteinzeit

Goliath, biblische Gestalt und Gegner Davids

Goliath, Riese im „Alten Testament", den David mit einer Schleuder tötete

Gomara, Francisco López de (1511 bis 1566), spanischer Historiker

Gondophares (Gondophernes; um 50), König von Pandschab

Gonia/Peloponnes: neolith. Fundort

Goodman, J. T (1838–1917), amerikanischer Archäologe

Goodwin, Charles, englischer Ägyptologe

Gopala (um 750), Gründer der Pala-Dynastie

Gordian III., römischer Kaiser von 238–244

Gordion/Kleinasien: bronzezeitl. Sied., phryg. Hptst.

Gorgo, schlangenhaariges Ungeheuer

Gorgo: siehe Medusa

Gortynia, Stadt in Makedonien im obern Axiostale

Goslar/Dtschl.: Kspfalz, Reichs-St.

Gosselin, Pasqual François Joseph (1751–1830), französischer Archäologe und Geograph

Gotik, abendl. Stil, 12. b. 15. Jh.

Govardhana (13. Jh.), indischer Dichter

Gozzo/Mittelmeer-Insel: prähist. Kulturen

Graäer, Volk am oberen Strymon

Graïke, die Gegend um Oropos in Attika

Graupius (Firth of Clide)/Engl.: Schlacht b. (83 n. Chr.)

Gravettien, Kultur d. Altsteinzeit

Grazien oder Chariten, Töchter des Zeus und der Eurynome: Aglaia (Glanz), Euphrosyne (Frohsinn) und Thaleia (Blüte)

Grădişte/Siebenbürgen: get. Gipfelburg v.

Grestonia, Landschaft in Makedonien zw. Strymon und Axios

Griffith, Francis Lloyd, englischer Ägyptologe

Grijalva, Juan de (um 1517), spanischer Seefahrer

Grimaldien, Kultur d. Altsteinzeit

Grimaldi-Grotten/N-Italien: prähist. Fundort

Grönland (Grønland)/Arktisinsel: Eskimokultur (seit um 900 n. Chr.), Besied. d. Isländer (ab 984), dän. (seit d. 13. Jh.)

Grotta Romanelli/Italien: paläolith. Wohnhöhle

Gsell, Stéphane (1864–1932), französischer Archäologe

Guayana (engl. Guiana, franz. Guyana)/Lsch., S-Amerika: prähist. Kultur

Gubaru (6. Jahrhundert v. Chr.), Statthalter von Babylonien

Gudea (um 2120 v. Chr.), Herrscher von Lagaš

Guerreiro, Don Bartolomäo Lobo (1560–1642), Erzbischof von Lima

Gugalanna, erster Gatte von Ereškigal

Guinea/W-afrikan. Küstengeb. v. Senegal bis z. Kunene: paläolith. Besied.

Gula, babylonische Göttin der Heilkunst

Gunakamadeva (11. Jh.). Herrscher von Nepal

Gungunum (1932 bis 1906 v. Chr.), König von Larsa

Gupta-Stil, Stilepoche des Hindu

Gurdi-Aššur-lamur, königlicher Beamter, Verfasser von Briefen

Gurney, O. R. (20. Jh.), englischer Assyriologe

Gurnia/Kreta: minoisches Kulturzm.

Guru Gobind (17. Jh.), indischer Theologe

Guru Tegh Bahadur (gest. 1675), indischer Theologe

Gwalior/Eingeborenenstaat, Indien: Angriff d. Weißen Hunnen (um 460)

Gyes, Sohn des Uranos und der Gaia; Gigant

Gyges (um 680 bis um 648 v. Chr.), König von Lydien

Gyptis (um 600 v. Chr.), Tochter des Königs Nanus von Massalia

Gyrtone, Stadt in Pelasgiotis in Thessalien

Ǧemdet-Naṣr/Mesopotamien: prähist. Fundort

Hadad, Gegner König Davids (10. Jh. v. Chr.)

Hades (Pluto, Dis), Sohn des Kronos und der Rhea; Gott der Unterwelt, Gemahl der Persephone

Hadrian, Publius Aelius (117 bis 138), römischer Kaiser

Hadrianswall, röm. Befestigung in Schottland

Häckerberga/Schweden: Wandmalerei v.

Hämos, Balkangebirge

Hagfet-et-Tera/Höhle, Cyrenaika: Hominiden-Fundort

Hagiar-Kim/Malta: Megalithbauten v.

Hagia Triada/Kreta: minoisches Kulturzm.

Hagios Kosmas/Griechenl.: bronzezeitl. Sied.

Ha, Gott des Westens

Haidar Ali (18. Jh.), mohammedanischer General

Haiku, japan. Gedichtsform

Haimon, Sohn des Kreon und der Eurydike; Verlobter der Antigone

Halacha, Teil der jüd. Gesetze der Religion, später Talmud

Haldar, A. (20. Jh.), Skandinavischer Gelehrter

Haldi, Nationalgott von Urartu

Halex, Fluß zw. Rhegion und Lokri

Haliartos/Griechenl.: Schlacht b. (395 v. Chr.)

Halieis an der Küste von Argolis

Halikarnassos, Stadt in Doris in Kl. Asien

Halikya, Stadt in Sizilien

Halland/Lsch, S-Schweden: dän. (seit d. 9. Jh.)

Hallstatt/Österr.: Kultur d. Eisenzeit

Hallstattkultur, Kultur d. Eisenz.

Halys, Fluß in Kl. Asien

Halys, Stromgott

Hamadān (med. Hangmatana, pers. Ekbatana, griech. Hierapolis)/Iran: Meder-

Hptst., Einzug Alexanders d. Gr. (330 v. Chr.), Schlacht b. (127 v. Chr.)

Hamath/Syrien: Aramäer-Fsm, assyr. Prov., pers. Satrapie-Hptst.

Hamaxitos, Stadt in Äolis in Kl. Asien

Hamburg/Dtschl.: paläolith. Funde, normann. Zerst. (845), dän. Erob. (1201)

Hamburger Stufe, Kultur d. Altstz.

Hami/Oasenst., O-Sinkiang China: Handelsst. a. d. Seidenstraße

Hamilkar Barkas (gest. 229/228 v. Chr.), karthagischer Feldherr und Vater Hannibals

Hamilkar Giscon (um 308 v. Chr.), karthagischer Feldherr und Vater Hamilkars

Hamilkar (gest. 480 v. Chr.), karthagischer Feldherr; Sohn des Mago, Bruder des Hasdrubal

Hamilkar, punischer Verfasser einer Schrift über Landwirtschaft

Hamilkar (um 218 v. Chr.), karthagischer Kommandant auf Malta und Sohn des Giscon

Hamilkar (um 330 v. Chr.), karthagischer Gesandter bei Alexander dem Großen

Hamira, letzter Chauhan-König

Hamir (1759/60), mohammedanischer General und Gründer von Mevar

Hammurabi (1792 bis 1750 v. Chr.), babylonischer König der I. Dynastie von Babylon

Hammurabi-Stele, babylonische Gesetzestafeln

Hanbi, Gott

Han Chang Ti, 3. Kaiser der Späteren Han-Dynastie (76 bis 89)

Han Ch'eng Ti, 10. Han-Kaiser (32–5 v. Chr.)

Han-Dynastie (um 202 v.–220 n. Chr.), chinesisches Herrscherhaus

Han Fei Tzü (gest. 233 v. Chr.), Staatsmann und Philosoph

Hang-chou/O-China: Hptst. d. Späten Liang-Dyn (502 bis 556), Hptst:. d. südl. Sung-Dyn (1135–1279)

Han Hsien Ti, letzter Han-Kaiser (190–220)

Han Hsüan Ti, Kaiser der frühen Han (73–49 v. Chr.)

Han Huan Ti, Kaiser der Späten Han-Dynastie (146–167)

Han Kao Tsu (der Erhabene Ahne), s. Liu Pang

Han Ling Ti, Kaiser der Späteren Han-Dynastie (168–189)

Han Ming Ti, Kaiser der Späteren Han-Dynastie (58–76)

Hannibal (um 409 v. Chr.), karthagischer Feldherr und Enkel Hamilkars, der in der Schlacht von Himera (480) fiel

Hannibal (247/246 bis 182 v. Chr.), Sohn des Hamilkar Barka und karthagischer Feldherr

Hanno (gest. 259/258 v. Chr.), karthagischer Feldherr aus Olbia

Hanno (um 425 v. Chr.), karthagischer Feldherr und Seefahrer

Han Shun Ti, Kaiser der Späteren Han-Dynastie (126–144)

Hantili I. (1590–1560 v. Chr.), König der Hethiter

Han T'ou-chou (gest. 1207), Minister der Süd-Sung

Hanuman, Affenführer

Han Yüan Ti, Kaiser der frühen Han (49–33 v. Chr.)

Han Yü (768–824), konfuzianischer Gelehrter und Schriftsteller

Hao/N-China: Hptst. der westl. Chou (1000 bis 770 v. Chr.)

Hapay Can („saugende Schlange"), Maya-Gottheit

Hapi, Nilgott

Hapusonbe, Hoherpriester des Amun und Leiter königlicher Bauarbeiten (18. Dyn.)

Hapu, Vater Amenhoteps, des Ratgebers Amenophis' III. (18. Dyn.)

Harachte, falkengestaltiger Sonnengott

Harappā/Pandschab, W-Pakistan: Siedl. d. frühhist. Induskultur

Harchuef, Expeditionsleiter (6. Dyn.)

Harchuef, s. Harkhuf

Harden, D. B. (20. Jh.), englischer Archäologe

Hardjedef, Sohn des Cheops und Verfasser einer Weisheitslehre (4. Dyn.)

Haremhab, ägypt. König (18. Dyn.)

Hargeisa-Kultur, Kultur d. Urzeit

Hari, Gottheit

Harihari (14. Jh.), Prinz und 1336 König von Hastinavati

Harkhuf (Harchuef), Kundschafter zur Zeit des Merenrê und Phiop II. (3. Jahrtausend v. Chr.)

Harmodios (6. Jh. v. Chr.), athenischer Adeliger und Tyrannenmörder

Harmonia, Gemahlin des Kadmos, Mutter der Semele

Harnachte, Sohn König Osorkons II. (22. Dyn.)

Harpagion, Stadt an der Propontis unweit Kyzikos

Harpine, Stadt oberhalb von Olympia

Harpokrates, vgl. Horus, der im spätägyptischen Mythos als Sohn des Osiris und der Isis Harpokrates = Horus das Kind genannt wird

Harran/N-Mesopotamien: assyr. St.

Harsha-vardhana (606 bis um 647), Pushyabhuti-König

Harsha von Thanesar (um 600 bis 630), indischer König

Haršinana, Name in einem Gerichtsdokument

Harthor, Göttin der Freude

Harwerrê, Beamter und Leiler einer Expedition nach dem Sinai (12. Dyn.)

Hasdrubal (6. Jh. v. Chr.), karthagischer Feldherr; Sohn des Mago und Hamilkars Bruder

Hasdrubal der Kahle (gest. 221 v. Chr.), karthagischer Feldherr und Schwiegersohn des Hamilkar Barkas, Gründer Neu-Karthagos (Cartagena)

Hasidanum, Name in einem Brief an Jasmah-Adad von Mari

Hastimalla, indischer Dramatiker

Hathor, ägyptische Göttin der Freude

Hathor, ägyptische Himmels- und Liebesgöttin

Hatra (al-Hadr)/Mesopotamien: parth. Kgs.-Palast

Hatria/Italien: röm. Militärkol.

Hatschepsut (1479 bis 1457 v. Chr.), ägyptische Königin der 18. Dynastie

Hattušili I. (17. Jh. v. Chr.), König der Hethiter

Hattušili III. (1275 bis 1250 v. Chr.), König der Hethiter

Hawaii-Inseln (Sandwich Islands)/Inselgr. i. Stillen Ozean: polynes. Kultur

Hazael (9. Jh. v. Chr.), König von Damaskus

Hazāra/S-Indien: Tempel v.

Hebe, Tochter des Zeus und der Hera; Göttin der Jugend, Mundschenkin der olympischen Götter

Hebriden/Inselgr. a. d. W-Küste Schottls.: nordweg. Erob. (seit 800)

Heiliges Mahl, Opfermahl bei den Semiten

Heimin, japan. Klasse des gem. Vol.

Heine-Geldern, Robert (geb. 1885), Wiener Ethnologe

Heinrich der Seefahrer (1394 bis 1460), Prinz von Portugal

Hekataios von Milet (um 550 bis 479 v.

Chr.), griechischer Geograph und Historiker
Hekate, griechische Göttin der Unterwelt
Hekatompylos/antike St. a. d. Seidenstraße (genaue Lage unbekannt)
Heket, Göttin der Geburt
Hektor, trojanischer Prinz, ältester Sohn des Priamos und der Hekuba; tapferster Held auf seiten Trojas
Hekuba (Hekabe), Gemahlin König Priamos' von Troja
Helena, in der griechischen Sage Gattin des Menelaos, ihre Entführung durch Paris löste den Trojanischen Krieg aus
Helenus (Helenos), Sohn der Hekuba und des Priamos; trojanischer Prinz
Heliant, altsächs. Heldenepos, freie Nachbildung der Bibel
Heliodoros (um 140 bis 130 v. Chr.), Gesandter des Königs Antialkides von Taxila
Heliodoros (3. Jh.), griechischer Romanschriftsteller
Heliogabalos (Elagabal; 218 bis 222), römischer Kaiser
Heliokles (um 190 v. Chr.), Sohn und Nachfolger des Euthydemos
Heliopolis/Ägypten: Gau-Hptst. u. Kultzm., arab. Erob. (640)
Helios, Sohn des Titanen Hyperion und der Titanin Theia; Sonnengott
Helladische Periode, Kultur der Vorzeit
Helle, Schwester des Phrixos
Helos, Küstenstadt in Lakonika
Heloten, griech. Stand d. Hörigen
Hemachandra (1088–1172), indischer Kirchenlehrer
Hemadri, Kommentator der Dharmashastras
Hemen, Gott von Juphion
Hem-On, ägypt. Prinz (5. Dyn.)
Henotikon, byzant. theologische Einheitsformel (482 n. Chr.)
Henu, Siegler des Königs Mentehotep (11. Dyn.)
Hephästos (Hephaistos), Sohn des Zeus und der Hera; griechischer Gott des Feuers, der Schmiede und Handwerker
Hephaistion (um 356 bis 324 v. Chr.), Kommandeur und Freund Alexanders des Großen
Heräa, Staat an der W.=Seite v. Arkadien, am Fl. Alpheios
Heräon, Anhöhe bei Epidauros in Argolis
Hera, griechische Göttin, Schwester und Gemahlin des Zeus

Herakleia/S-Italien: Schlacht b. (280 v. Chr.)
Herakleides von Kyme (4. Jh. v. Chr.), griechischer Geschichtsschreiber in Diensten Alexanders des Großen
Herakleios (575–641), oströmischer Kaiser seit 610 n. Chr.
Herakleopolis/Ägypten: Gau-Hptst.
Herakleotis, das Gebiet von Herakleia in Bithynien
Herakles Gaditanus, Beiname des Herakles nach seinem Heiligtum in Gades (Cadiz)
Herakles, Sohn des Zeus und der Alkmene; stärkster Heros des Altertums
Heraklit (um 500 v. Chr.), griechischer Philosoph
Herat (Harāt, Alexandria Ariorum)/Afghanistan: Gründung Alexanders d. Gr., arab. Erob., mongol. Erob. (1232)
Hera, Tochter des Kronos und der Rhea, Schwester und Gemahlin des Zeus
Herculanum a. Vesuv/S-Italien: Zerst (79 n. Chr.)
Hercules: siehe Herakles
Herihor, thebanischer Hoherpriester (21. Dyn.)
Herischef, widdergestaltige Gottheit
Hermaios (chin. Yin Mo Fu), letzter griechischer König in Nordwestindien (32–48)
Hermaphroditos, Sohn des Hermes und der Aphrodite
Hermes, Sohn des Zeus; griechischer Götterbote, Gott der Hirten und der Diebe
Hermesianax (3. Jh.), alexandrinischer Schriftsteller
Hermes von Xuthos, Gemahl der Kreusa
Hermetismus, hellenistische Theologie in Ägypten
Hermias, Vizekönig unter Antiochos III.
Herminius, Titus, früher römischer Konsul; Gefährte des Horatius Cocles
Hermionen, Kultgr. der Germanen
Hermione, Stadt an der S.-Küste von Argolis
Hermupolis/Ägypten: Gau-Hptst.
Herodot, griechischer Geschichtsschreiber (um 484 bis 425), „Vater der Geschichte"
Hero, Priesterin der Aphrodite; Geliebte Leanders
Herrmann, Wolfram (20. Jh.), deutscher Ägyptologe
Herzegovina/Jugosl.: serb. Einwanderung (7. Jh.)
Hesekiel, althebräischer Prophet
Hesiod, griechischer Dichter (um 700 v. Chr.)

Hesione, Tochter des Laomedon, Königs von Troja
Hesirê, hoher Beamter (3. Dyn.)
Hesperiden, Töchter des Hesperus; Hüterinnen der goldenen Äpfel, die Gaia dem Zeus und der Hera als Hochzeitsgabe gebracht hatte
Hessos, Stadt im Ozol. Lokris
Hestiäa, Stadt auf Euböa, später Oreos
Hestia, Tochter des Kronos und der Rhea; griechische Göttin des Herdes und des Herdfeuers
Hetep-heres, ägypt. Königin (18. Dyn.)
Het, Sohn des Kanaan
Heyerdahl, Thor (geb. 1914), norwegischer Zoologe (Râ)
Hiarbas (9. Jh. v. Chr.), König von Karthago
Hideyoshi (1535–1598), japanischer Heerführer und Shôgun
Hiera, eine der Liparischen Inseln
Hierakonpolis/Ägypten: Gau-Hptst.
Hiereer, ein Teil der Melieer am melieïschen Merb.
Hieron, Admiral Alexanders des Großen (336 bis 323 v. Chr.)
Hieronymus (347–419/420), lateinischer Kirchenlehrer
Hieron (5. Jh. v. Chr.), attischer Vasenmaler
Higra, Auswanderung Mohammeds n. Medina, Beginn der islamischen Zeitrechnung
Hiketas (um 288 v. Chr.), syrakusanischer Stratege und späterer Tyrann
Hiketas (um 339 v. Chr.), Tyrann von Leontinoi
Hildebrandslied, althochdtsch. Heldenepos
Hillalum, Name in einer Urkunde
Himera/Sizilien: griech. Kol., Schlacht b. (480 v. Chr.)
Himeräon, Ort bei Amphipolis
Himera, Stadt an der N.küste von Sizilien
Himilkat (1. Hälfte des 2. Jh. v. Chr.), punischer Suffet auf Sardinien
Himilko (um 406 v. Chr.), karthagischer Feldherr und Zeitgenosse Hannibals
Himilko (um 450 v. Chr.), karthagischer Seefahrer
Himilk (1. Hälfte des 2. Jh. v. Chr.), Vater der punischen Suffeten Himilkat und Abdeshmun auf Sardinien
Himjar, heroischer Stammvater der arabischen Völkerschaften gleichen Namens
Hiob, frommer Dulder des „Alten Testaments"
Hippalos (1. Jh. v. Chr.), griechischer Kaufmann und Erforscher der Monsunwinde
Hipparchos von Nikaia (um 190 bis 125 v. Chr.), griechischer Astronom
Hipparchos (6. Jh. v. Chr.), Tyrann von Athen; Sohn des Tyrannen Peisistratos
Hippodameia, Gemahlin des Peisithoos
Hippokrates, griechischer Arzt (460 bis 377)
Hippolyte (Hippolyta), Königin der Amazonen; Gemahlin des Theseus
Hippolytos, Sohn des Theseus und der Amazone Hippolyte
Hippomenes, Freier der Atalanta; Sohn des Megareus
Hipponier, Pflanzvolk d. Epizephyr. Lokrer in Unteritalien
Hippon (um 340 v. Chr.), Herrscher von Messana
Hippostratos (1. Jh. v. Chr.), griechischer König in Nordindien
Hiram I. (um 969–936 v. Chr.), Konig von Tyros
Hiram II. (8. Jh. v. Chr.), König von Tyros
Hiram (552–532 v. Chr.), König von Tyros und Bruder des Merbalos
Hissar → Tepe Hissar
Hiuen-Tsang, s. Hsuan-Tsang
Hochlandkultur, präh. klass. Kult
Ho Ch'ü-p'ing (gest. 117 v. Chr.), Kavallerriegeneral des Kaisers Wu Ti
Ho-ling (Kaliṅga)/Java: buddhist. Kgr. (7. Jh.)
Holzzeit, menschl. Entwicklgsst.
Homer, griechischer Dichter (um 800 v. Chr.), (Ilias, Odyssee)
Homo modjokertensis, frühmenschl. Form, ebenso: – neandertaliensis, – heidelbergensis, – habilis, u. a.
Ho-nan/Prov., Zentralchina: Yang-shao-Kultur i. (ab 2500 v. Chr.), Lung-shan-Kultur i. N-H. (ab 2000 v. Chr.), Geb. ältester chin. Staatsbildung, Chou- u. Han-Kunst i., Wirtschafts-Zm. d. Han-Zeit, mongol. Ero. (1232)
Ho-pei/Prov. N-China: neolith. Kultur i. N-H., Hunnenkunst i., Prov. seit d. ältesten chin. Staatsbildung
Hopewell-Kultur, präh. Kultur
Ho Po („Graf des Gelben Flusses"), Flußgottheit
Hor, ägypt. König (13. Dyn.)
Horapollon, griechischer Schriftsteller (5. Jh.)
Horatins Cocles, römischer Soldat

Horaz, eigentl. Quintus Horatius Flaccus (65–8 v. Chr.), römischer Lyriker
Horen, Töchter des Zeus und der Themis; Göttinnen der Jahreszeiten
Hori, ägypt. Architekt
Hormidz I. Ardaschîr (272/273), Sassanidenkönig
Horôn, Gott
Horus, ägypt. Königs- und Himmelsgott (Falke)
Hoschang (Haoschyanha), mythischer König des Awesta
Hosea (8. Jh. v. Chr.), Prophet in Israel
Hošea (730–722 v. Chr.), israelischer König
Hou Chi („Beherrscher der Hirse"), Getreidegottheit
Hou T'u („der die Erde beherrscht"), einer der Minister des Gelben Kaisers; deifiziert als Gottheit des Bodens
Hōryūji b. Nara/Japan: buddhist. Tempel
Hpparchos (190–125 v. Chr.), griechischer Sternforscher, Begründer der wissenschaftlichen Astronomie
Hsiang Yü (3./2. Jh. v. Chr.), Führer der Rebellenkonföderation und Hegemoniekönig
Hsi-an (postamtl. Sian)/NW-China: Wildganspagode b.
Hsiao Ching, Kaiser der frühen Han (157–141 v. Chr.)
Hsiao Tsung, Ming-Kaiser (1488–1505)
Hsiao Wên, Kaiser der frühen Han (180–157 v. Chr.)
Hsiao Wu, 10. Herrscher der nördlichen Wei (532–534)
Hsien Tsung, Ming-Kaiser (1464 bis 1487)
Hsien Tsung, T'ang-Kaiser (806 bis 821)
Hsin-tien/Ho-nan, China, prähist. Fundort: Fundort d. Yang-shao-Kultur
Hsiu Hsin (um 100), Gelehrter der Späteren Han-Zeit
Hsi Wang Mu („Königliche Mutter des Westens"), göttliche Herrscherin des fernen Westens
Hsuan-Tsang (7. Jh.), chinesischer Buddhistenpilger
Hsüan Tê, Ming-Kaiser, s. Hsüan Tsung
Hsüan Tsung, Kaiser der Mandschu-Dynastie (1820 bis 1850)
Hsüan Tsung, Ming-Kaiser (1426–1436)
Hsüan Tsung, s. Ming Huang Hsü Kuangch'i (1562–1634), berühmter Staatsmann der Ming-Zeit
Hsün Tzǔ (298–238 v. Chr.), Philosoph
Huaca Prieta/Peru: prähist. Fundort

Huai Nan Tzǔ, s. Liu An
Huang-ho/FI, China: neolith. Besied.-Lükke d. H.-Geb., Kerngeb. chin. Staatsbildung a.
Huang Ti („der Gelbe Kaiser"), 1. der „Fünf Kaiser" (2698–2598 v. Chr.)
Huang Tsao (gest. 884), Rebellenführer
Hu An-kuo (1074–1138), Philosoph, Gründer der Hu-Schule
Huan-ti (um 170), chinesischer Kaiser
Huascar, zwölfter Inka-Herrscher (1525–1532)
Huayna Capac, elfter Inka-Herrscher (1493–1525)
Huemac, letzter weltlicher Herrscher der Tolteken
Hui, König von Wei (370–335 v. Chr.)
Hui, Maler unter König Ramses III. (20. Dyn.)
Hui Ssǔ (370–319 v. Chr.), neomohistischer Philosoph
Hui Ti, 2. Han-Kaiser (194 bis 187 v. Chr.)
Hui Ti, 2. Kaiser der Ming-Dynastie (1398–1402)
Hui Tsung, Sung-Kaiser (1100 bis 1125)
Huitzilihuitl (14./15. Jh.), Oberster Sprecher der Azteken
Humayun (1508–1556), Großmogul
Humboldt, Alexander von (1769 bis 1859), deutscher Naturforscher und Weltreisender
Hunac Ceel, genannt Cauich (um 1200), Herrscher von Mayapán
Hung Chih, Ming-Kaiser, s. Hsiao Tsung
Hung Hsi, Ming-Kaiser, s. Jên Tsung
Hung Wu, s. Chu Yüan-chang
Huni, ägypt. König (3. Dyn.)
Hu-pei/Prov., China: Chou-Kunst i. (950–600 v. Chr.)
Hurriya, sagenhafte Prinzessin von Udum, Gestalt aus dem ugaritischen „Keret"
Hushang Shah (15. Jh.), Sultan von Malva
Huvischka (2. Jahrhundert n. Chr.), Kuschanenherrscher
Huwakhschtra: siehe Kyaxares H.
Huwawa, Ungeheuer und Wächter des Zedernwaldes
Huy, Gouverneur von Nubien unter König Tutanchamum (18. Dyn.)
Hvar/Dalmatien: prähist. Kultur v.
Hyäa, Stadt im Ozol. Lokris
Hybla das geleatische, an der O.küste von Sizilien
Hydarnes (5. Jahrhundert), Satrap von Anatolien

Hydrakes, von Nearchos angeheuerter indischer Führer aus Mosarna
Hykkara, Stadt an der Nküste von Sizilien
Hylas, Gefährte des Herakles
Hylias, Küstenfluß in Unteritalien unweit Kroton
Hylläischer Hafen in Kerkyra
Hyperion, Sohn der Gaia und des Uranos; Titan
Hypsikrates (1. Jh. v. Chr.), griechischer Geschichtsschreiber
Hypsipyle, Tochter des Thoas, Königs von Lemnos; Herrscherin von Lemnos
Hypsistos = der Höchste, den Griechen geläufiger Beiname des Zeus
Hypsuranios, Bruder des Usoos
Hysiä 1) Stadt in Böotien unweit Platäa, 2) Ort im Gebiet von Argos
Hyspaosines (2. Jahrhundert v. Chr.), Herrscher von Charakene
Hyspasines, baktrischer Kaufmann und Seefahrer auf Delos
Hystaspes, Vater des Dareios, Satrap in der Provinz Fars
Hazael (9. Jh. v. Chr.), Usurpator des Throns von Damaskus
Hiram (um 969–936 v. Chr.), König von Tyrus
Hizkijjā (715–686 v. Chr.), König von Juda
L'Hôte, Nestor, französischer Forscher (1. Hälfte des 19. Jh.)

Iambulos, Fantasiegestalt im Werke des griechischen Geschichtsschreibers Diodor von Agyrion in Sizilien (um 36 v. Chr.)
Iapyger, Volk in Unteritalien
Iason, Held der griechischen Argonautensage
Iasos, Stadt in Ionien, davon der Iasische Meerb.
Ia'u-bi'di (8. Jh. v. Chr.), König von Hama
Iaztachimal (um 1521), aztekischer Leibdiener Cuauhtemocs
Ibal-pi-El, König von Ešnunna
Ibbi-Suen (2029–2006 v. Chr.), letzter Herrscher der III. Dynastie von Ur
Iberien und Iberer, Land und Volk viell. zw. Pyrenäen und Rhone
Ibero-Maurusien, Kultur d. Urzeit
Iberus/Spanien: Schlacht a. (216 v. Chr.)
Ibi, ägypt. König (8. Dyn.)
Ibi, thebanischer Stadtgouverneur
Ibn Baithar, Heilkundiger
Ibn Batutah (1304–1377), arabischer Welt-

reisender, 1333 bis 1346 in Indien
Ibrahim (1517–1526), Lodi-Sultan
Ibykos (6. Jh.), griechischer Lyriker
Ica/Peru: Chimu-Sied.
Icarus (Ikaros), Sohn des Daedalus
Ichernofret, hoher ägypt. Beamter
I-ching, chin. korean. hl. Buch
Ichthys, Vorgeb. im hohlen Elis
Ida, Berg bei Troia
Idakos, Stadt in der thrak. Chersones
Idmon, griechischer Seher
Idnibaal, Vater des punischen Suffeten Himilkat auf Sardinien
Idomene, Hügel in Amphilochia in Akarnanien
Idomeneus, Sohn des Deukalion. Enkel König Minos' von Kreta; kämpfte vor Troja auf griechischer Seite
Idrimi (um 1450 v. Chr.), König von Alalah
Ielysos, Stadt auf Rhodos
Iempsales II. (1. Jh. v. Chr.). König von Numidien, Schriftsteller
Ierez, Francisco de (1504 bis 1560), spanischer Konquistador und Chronist
Ietä, Festung der Sikeler
Igigi, babylonisch-assyrische Göttergruppe
Igmās, Consensus doctorum
I-ho-t'uan, s. Boxer
Ihukar/Indien: prähist. Fundort
Ikaros, Insel westlich von Samos
Iku, Krokodilgott
Ila, ältester Sohn des Manu; Hermaphrodit
Ilias, s. Homer
Iliazzu, s. Ilisaros
Ilion (Ilium) → Troia
Ilisaros (Elisar, Iliazzu; um 25 v. Chr.), König der Rhamaniten
Illyrien/Geb. d. westl. Balkanhalbinsel: Wohngb. d. → Illyrer, röm. Prov., illyr. Aufstand (6–9 n. Chr.), Germanenu. Sarmateneinbruch (166–175), röm. Präfektur, illyr. Prov. (W-Kärnten), Krain, Görz, Triest, Istrien, Fiume, Dalmatien)
Iltutmish (1211–1227), Schwiegersohn Qutb-ud-dins
Ilušuma (um 1900 v. Chr.), assyrischer Herrscher
Ilythia (Eileithyia), Tochter des Zeus und der Hera; griechische Göttin des Wochenbettes
Imbros/Ägäis-Insel: thrak., athen., byzant.
Imdugud, frühsumerische Gottheit
Im, hittitischer Gott des Sturms
Imhotep, ägypt. Baumeister unter König

Djoser (3. Dyn.), in der Spätzeit als Heilgott verehrt

Imix, Erdengott, Ausgangspunkt des 260-Tage-Almanachs

Inachos, Sohn des Okeanos und der Thetis; Gründer und König von Argos

Inanna, sumerische Fruchtbarkeitsgöttin

Indra, indischer Gott der Stärke, des Donners und des Regens

Induskultur, prähist. Kultur

Inessa, Stadt der Sikeler

Ini-Tešub, König von Karkemiš

Inmutef, Gott

Innin, Inanna, sumerische Liebes-, Fruchtbarkeits- und Kriegsgöttin, höchste Gottheit von Uruk, entspricht der babylonisch-assyrischen Ištar

Ino, Tochter des Kadmos und der Harmonia; wurde nach ihrem Tod in eine Nymphe verwandelt, hieß von da an Leukothea

Io, Tochter des Inachos, Königs von Argos; Priesterin der Hera und Geliebte Zeus'

Iolaos-Eshmun, phöniko-griechische Gottheit

Iolaos, Sohn des Iphikles, Neffe und Gefährte des Herakles

Ionien/Lsch. d. westkleinasiat. Griechenstädte: griech. Kolonisation, lyd. Erob. (6. Jh. v. Chr.), pers. Erob. (546 v. Chr.), ion. Aufstand (499–493 v. Chr.) pers. (386–334 v. Chr.), Erob. durch Alexander d. Gr (334 v. Chr.), röm. (seit 129 v. Chr.)

Ion, Sohn des Apollon und Kreusas einer Tochter des Königs Erechtheus von Athen

Iosephos Flavius (um 37–um 100), griechischer Geschichtsschreiber jüdischer Herkunft

Iozza-Kultur, Kultur d. Urzeit

Iphigenie, Tochter des Agamemnon und der Klytämnestra; Priesterin der Artemis in Tauris

Ipkhur-kiš, Name eines Königs in einem Text aus der Agade-Periode

Ipnos, Dorf im Ozol. Lokris

Ipsos/Kleinasien: Schlacht v. (301 v. Chr.)

Ipuie, thebanischer Bildhauer

Ipuwer, Verfasser einer politischen Klageschrift (6. Dyn.)

Iragal, Gott der Unterwelt

Iraq/mesopot. Lsch.: arab. Erob., Schwerpunkt d. Abbasidenreiches

Ire → Irland

Iremibef, Gott von Tjebu

Iris, geflügelte Götterbotin

Irišum I. (19. Jh. v. Chr.), assyrischer König

Irland (bis 1171/72): Wikingerzüge

Iros, Bettler

Irsu, asiatischer Usurpator (19. Dyn.)

Ischia/ital. Mittelmeer-Insel: bronzezeitl. Kultur

Ischtar, asiatische Muttergottheit

Ischtschali/Mesopotamien: altbabylon. St.

Ise/Japan: Shintō-Kultstätte i.

Isebel (9. Jh. v. Chr.), Tochter des sidonischen Königs Etbaal und Gemahlin Achabs

Ishtar, babylonisch-assyrische Göttin der Liebe und des Kampfes

Isidor von Charax, Landvermesser zur Zeit des Augustus (29 v. bis 14 n. Chr.)

Isin/Mesopomamien: sumer. St.-Staat

Isis, Muttergottheit der Ägypter

Islam Shah, Sohn Sher Shahs

Island: (Christianisierung), (Edda)

Ismail (um 900 n. Chr.), Begründer des Samanidenreichs

Ismene, Tochter des Ödipus und der Jokaste

Isokrates (436–338 v. Chr.), griechischer Redner und Lehrer der Beredsamkeit

Issos/Kleinasien: Schlacht a. (333 v. Chr.)

Istachri (10. Jahrhundert), Geograph

Istanbul (bis 333 → Byzanz, bis 1453 → Konstantinopel/ Türkei

Istone, Berg auf Kerkyra

Istrien/Halbinsel d. N-Adria: byzant. (seit 539), Slaweneinwanderung (6. Jh.), fränk. (seit 788)

Istros, die untere Donau

Istwäonen, Kultgr. der Germanen

Išbi-Erra (2017–1985 v. Chr.), König von Isin, Begründer der Dynastie von Isin

Iškur, sumerischer Wettergott

Išme-Dagan (1781 bis 1742 v. Chr.), assyrischer König

Išme-Dagan (1953 bis 1935 v. Chr.), König von Isin

Ištar, babylonisch-assyrische Mutter- und Liebesgottheit, Göttin des Kriegs, entspricht der sumerischen Inanna

Ištup-Il (19. Jh. v. Chr.), Begründer der Dynastie von Mari

Ita, ägypt. Prinzessin (12. Dyn.)

Italioten, die Griechen in Italien

Ithome/griech. Bergfestung: Erob. v. (710 v. Chr.)

I Tsing (634–713), chinesischer Buddhist in Indien

I Tsung, T'ang-Kaiser (860 bis 874)
Itti-Shamash-balatu (7. Jh. v. Chr.), assyrischer Statthalter
Ittobaal (um 980 v. Chr.), Herrscher von Byblos
Ittobaal I. (887–856 v. Chr.), König von Tyros, Vater der Isebel, Priester der Astarte
Ittobaal II. (um 700 v. Chr.), König von Sidon
Itur-Lim, Name eines Königs in einem Dokument
Itys, Sohn der Prokne
Itzamna (itzam bedeutet auf yukatekisch „Eidechse", Himmelsgott, oberster Gott des Maya-Pantheons
Itzcoatl, Oberster Sprecher der Azteken (1427–1440)
Itzconatzin, Oberhaupt der Kaufleute von Tlatelolco unter Quaquanhpitzaua
Iuba II., numidischer König
Iuba (um 25 v. bis 25 n. Chr.), Geograph und König von Marokko
Iugurthinischer Krieg, 111–105 v. Chr.
Iuno, altitalische Gottheit; in den meisten Zügen identisch mit Hera
Iuno Caelestis (= die Himmlische)
Iupiter Valens, römische, von afrikanischen Truppen verehrte Gottheit
Iustinus, M. Iunianus (3. Jh.), römischer Geschichtsschreiber
Ivan, Wölbesaal der Parther, sassanidisches Tonnengewölbe, Bauelemente iran. und osmanischer Medresen, mit Einfluß auf die europäische Kunst
Ixchel oder Acna („unsere Mutter"), Mondgöttin
Ixion, König der Lapithen (2. Jh.), griechischer Romanschriftsteller syrischer Abkunft
Ix, Tagesgott; im Yukatekischen Tag des Jaguar
Ixtlilxochitl (15. Jh.), Herrscher von Tetzcoco
Izates (1. Jahrhundert n. Chr.), König von Adiabene
Izates II., Enkel von Izates I.
Izmīr (griech. Smyrna)/Kleinasien: bronzezeitl. Sied., griech. Küstenst., Zerst. durch d. Lyder (575 v. Chr.)

Jacobsen, Th. (20. Jh.), amerikanischer Assyriologe
Jaggid-Lim (19. Jh. v. Chr.), Amurriterkönig von Mari
Jahanara, Mogul-Frau

Jahangir (1569–1627), Sohn Akhars und Großmogul
Jahdu-Lim, Jahdun-Lim (um 1820 v. Chr.), König von Mari
Jahwe, Gott Israels
Jai Singh (1699–1743), Gründer von Jaipur
Jakob I. (1566–1625), König von England (seit 1603) und Schottland als Jakob VI. (seit 1567)
Jakob, Patriarch des Alten Testaments
Jamaica/Insel d. Großen Antillen: Entd. d. Kolumbus (1493)
Janabai (um 1270–1350), Hymnenschreiberin und Dienerin Namdevs
Janitscharen, türk. Infanterie
Japetos (Iapetos), Sohn des Uranos und der Gaia; Titan
Jaqub, Begründer der Saffawidendynastie
Jara, Victoria de la (20. Jh.), peruanische Archäologin
Jarim-Lim (18. Jh. v. Chr.), König von Jamhad
Jasa, Gesetzbuch Dschingis Khans
Jasion (Iasion), kretischer Geliebter der Demeter; Vater des Plutus
Jasmah-Adad (1796 bis 1780 v. Chr.), Unterkönig von Mari
Jason (Iason), Held der griechischen Argonautensage
Jason, König von Thessalien
Jataka, ind. Märchensammlung
Jati, Milchgott
Jayadeva (12. Jh.), Dichter und Verfasser der Gita-Govinda
Jayangondur, schrieb eine neue Fassung des Ramayana
Jayapala (11. Jh.), König der Hindu-Shahiya-Dynastie
Jehn (842–815 v. Chr.), israelitischer König; Begründer der 5. Dynastie
Jehol/Prov., SW-Mandschurei: neolith. Kultur
Jehova, Name Gottes im „Alten Testament"
Jeremia (7. Jh. v. Chr.), judäischer Prophet
Jehōjākim (607–597 v. Chr.), König von Juda
Jehu, jüdischer Prophet
Jehu (841–814 v. Chr.), König von Israel
Jenissei (Enisej)/Fl., Sibirien: prähist. Kultur a.
Jequt (13. Jahrhundert n. Chr.), Geograph
Jeremias (um 650 v. Chr.), Prophet im Alten Testament, verkündete den Untergang Jerusalems

Jericho/Palästina: neolith. Siedl. (um 4500 v. Chr.), Fund d. Bibelhandschriften v. Toten Meer
Jerobeam, Gegner Salomons, später König von Israel (um 925 v. Chr.)
Jeroboam I. (929–909 v. Chr.), König von Israel und Vater Nadabs
Jeroboam II. (931–910 v. Chr.), König von Israel
Jerusalem (griech. Hierosolyma)/Palästina: Kanaaniter-Fsm., polit. u. sakral. Hptst. Judas, Salomon-Tempel, ägypt. Plünderung (922/21 v. Chr.), assyr. Erob. (701 v. Chr.), babylon. Zerst. (587 v. Chr.), Wiederaufbau v. St. u. Tempel, Hptst. Judäas röm. Bes.
Jesaias (6. Jh. v. Chr.), Prophet
Jesaja (8. Jh. v. Chr.), Prophet
Jesdegerd I. (399–421)
Jesdegerd II. (438/39–457), Sassanidenkönig
Jesdegerd III. (632 bis 652), Sassanidenkönig
Jesreel/Palästina: Schlacht b. (um 1000 v. Chr.)
Jesuiten, Mönchsorden
Jesus Christus, Stifter der christlichen Weltreligion
Jên Tsung, Kaiser der Mandschu-Dynastie (1795–1820)
Jên Tsung, Kaiser der Sung-Dynastie (1023–1063)
Jên Tsung, Ming-Kaiser (1424 bis 1425)
Jñandeva, Maharashtra-Heiliger
Joaš, König von Israel
Jobates (Iobates), Vater der Anteia
Job, Buch des Alten Testamentes
Jodha, Urenkel Ravals
Jo, Figur der griechischen Mythologie, Geliebte des Zeus
Jogassien, prähist. Kulturstufe der Kelten
Johannes der Taufer, spätjüdischer Bußprediger
Johanniter, Ritterorden, auch Hospitalier, Rhodiser, Malteser
Jokaste (Iokaste), Gemahlin des Ödipus
Jonathan, Sohn Sauls und Freund Davids
Jones, Sir William (1746–1794), englischer Rechtsgelehrter und Orientalist
Joram (849–842 v. Chr.), König von Juda
Joseph, Gestalt des Alten Testaments, Sohn Jakobs
Joseph, Sohn des Patriarchen Jakob
Josephus Flavius, jüdischer Geschichtsschreiber (37 oder 38 bis 100)

Jošijā (637–608 v. Chr.), König von Juda
Jošua, Führer der Israeliten nach dem Tod des Moses
Juda (Judäa)/Palästina: israel. Kgr. unter assyr. bzw. babylon. Oberherrschaft, pers. Prov., jüd. Kirchenstaat (seit um 435 v. Chr.), Teil d. Seleukiden-Reiches, Makkabäeraufstand (168–163 v. Chr.), Vasallen-Kgr. Roms (70 v. Chr.–6 n. Chr.)
Judas Ischariot, Apostel; Verräter Christi
Jütland/Halbinsel, Dänemark: neolith. Kultur
Juiu, Vater der Königin Teje (18. Dyn.)
Julianus, Flavius Claudius, gen. Apostata (332–363), römischer Kaiser
Jungsteinzeit, s. Neolithikum
Juno, altitalische Gottheit; in den meisten Zügen identisch mit Hera
Jupiter, römischer Gott; in den meisten Zügen identisch mit Zeus
Jura, Erdzeitalter
Justin, römischer Historiker
Justin (um 100–um 167), christlicher Philosoph
Juturna (Iuturna), Nymphe, Schwester des Turnus, Königs der Rutuler
Juvenal, römischer Satiriker (um 47–130)

Kabbala' jüd. Mystik
Kabira/NO-Kleinasien: Schlacht b. (73 v. Chr.)
Kabir (1440–1518), Führer der Bhakti-Bewegung und religiöser Dichter
Kacha, indischer Fürst, Zeitgenosse Samudraguptas
Kadadipottan Shivakkuri Rajamallamangalapriyan (10. Jh.), Schiedsrichter und Verfasser der Inschrift von Uttaramerur
Kadmeïs, Böotien
Kadmos, Gestalt aus der griechischen Mythologie; Sohn Agenors, des Königs der Phoiniker, und der Telephassa; Bruder der Europa; Gründer von Theben
Kadmos, Sohn Agenors, des Königs der Phöniker, und der Telephassa; Bruder der Europa und Gründer von Theben
Käadas, Schlund, in welchen die Verbrecher in Sparta geworfen wurden
Käkinos, Fluß bei Lokri in Unteritalien
Känozoikum, Erdzeitalter, Neuzeit
Kafila/Fl., Belgisch-Kongo: prähist. Besied. a.
Kafu/Fl./Uganda: prähist. Besied. a.
Kagemni, Wesir unter den Königen Huni und Snofru (3./4. Dyn.)

Kagera/Quellfl. d. Nils, O-Afrika: prähist. Besied. a.

K'ai-fêng/N-China: Hptst. d. Sung-Dyn. (960 bis 1126), Ziegelpagode (977), Hptst. d. Chin-Reiches (1126 bis 1233)

Kairo (al-Fusṭāt)/Ägypten: Gründung als arab. Lagerst.

Kaïres, Verfasser einer Lehrschrift

Kakyparis, Fluß südl. von Syrakus

Kalach (arab. Nimrūd)/a. Tigris: assyr. St.

Kalahari/Lsch., S-Afrika: Buschmann-Ansied.

Kalais, Sohn des Boreas

Kalasan/Zentraljava: Tempel v. (778)

Kalasaniter, Mönchsorden

Kalchas, griechischer Seher und Priester

Kalex, Fluß bei Herakleia in Bithynien

Kalhana (12. Jh.), indischer Historiker, Verfasser der Rajatarangini

Kalidasa (4. Jh.), indischer Dichter

Kali, eine der Manifestationen von Shivas Gattin

Kalila wa-Dimna, orient. Fabelsammlg.

Kalinien, präh. Kultur in Afrika

Kaliṅga/Lsch., O-Küste Indiens: Erob. d. Aśoka (251 v. Chr.), Pilgerreise d. Hsüan-tsung d. (7. Jh.)

Kalka/S-Rußl.: prähist. Kurgane a. d.

Kalkin, die zehnte Inkarnation Vishnus

Kalladanar, schrieb eine neue Fassung des Ramayana

Kallieer, Volk in Ätolien

Kallimachos (um 310 – um 240 v. Chr.), griechischer Dichter

Kallirrhoë, Quelle in Athen

Kalyāni/Dekhan, Indien: Hptst. eines Cālukya-Reiches (6. bis Ende 12. Jh.)

Kalydon, Stadt in Ätolien

Kalypso, Gestalt aus der griechischen Mythologie; Tochter des Atlas, Nymphe auf der Insel Ogygia; Geliebte des Odysseus

Kamal, Ahmed, ägypt. Ägyptologe (um 1900)

Kamallianer, Mönchsorden

Kamarina, Stadt an der S-Küste von Sizilien

Kamasia/Lsch., Britisch O-Afrika: urzeitl. See

Kamasien, Kultur der Urzeit

Kamban (12. Jh.), schrieb eine neue Fassung des Ramayana

Kamboja/Kgr. Hinterindien (6.–20. Jh.)

Kambrirum, Erdzeitalter

Kambyses I. (600–559 v. Chr.), persischer König

Kambyses II., Perserkönig (529 bis 522 v. Chr.)

Kambyses, Vater des Kyros II

Kambyses (529–522 v. Chr.), König der Perser und Meder; Sohn Kyros' II.

Kameiros, Stadt auf Rhodos

Kamose, ägypt. König (17. Dyn.)

Kamosh, Gott der Moabiter

Kamosh-nadbi (um 700 v. Chr.), König von Moab

Kamran, Bruder des Humayun

Kanaan/Wohngeb. d. vorisrael. Bevölkerung

Kanam/Kenya: Hominiden-Fundort

Kanasträon, Vorgeb. auf Pallene in Chalkidike

Kanauj (Kanyākubja)/a. Ganges, Indien: Hptst. d. Hindu-Kgr. K.

Kan-chou/China: St. a. d. Seidenstr.

Kandake (um 25 v. Chr.), Königin von Aithiopien

Kandalanu (647–626 v. Chr.), Unterkönig in Babylonien

Kandāhār (Alexandria Arachosiorum, Qandahār)/Afghanistan: Gründung (327 v. Chr.)

Kanesch/b. Kayseri, Kleinasien (→ Kültepe): altassyr. Handelskol.

K'ang Hsi, Mandschu-Kaiser, s. Shêng Tsu

Kanischka (2. Jahrhundert n. Chr.), Kuschanenherrscher

Kanishka (78–150), König von Baktrien

Kanjera/Kenya: Hominiden-Fundort

Kano/Sudan: Haussa-Staat

Kan-su/N-chin. Lsch.: prähist. Kulturen, chin. Prov., Tocharengeb. (W-Kansu), hunn. Erob. tibet. Einflußsphäre (8. Jh.)

Kan, Tag unter dem Aspekt des Maisgottes und der gütige Maisgott

Kanton (chin. Kuang-chou, postamtl. Kwang chou)/S-China: chin. Ansied., K. b., Erob. u. Zerst. d. Aufstandes (879), mongol. Erob. (1277)

Kanufer, Aufseher der Arbeiten, Vater Imhoteps (2./3. Dyn.)

Kan Ying (um 97 v. Chr.), chinesischer Gesandter in Antiocheia

Kao (gest. 1093), Sung-Regentin, Witwe Shên Tsungs

Kao Tsung, Kaiser der Mandschu-Dynastie (1735–1795)

Kao Tsung, 3. T'ang-Kaiser (649 bis 683)

Kao Tsu, Sung-Kaiser (1127 bis 1162)

Kapland (Kapkolonie)/Südafrikan. Union: prähist. Besied.

Kappadokien/kleinasiat. Lsch.: assyr. Handelskolonien, churr. Einwanderung, heth., lyd., Teilung i. hellenistischer Zeit, Vasallenkgr. Roms, röm. Prov. (17. n. Chr.), Goteneinfall, (264 n. Chr.), Persereinbruch (575), byzant. Vordringen (878/79)

Kapur, libyscher Häuptling

Kara-indaš (16. Jh. v. Chr.), babylonischer König der Kassitendynastie

Kara-indaš II. (14. Jh. v. Chr.), babylonischer König der Kassitendynastie

Karar-See/Algerien: prähist. Besied.

Karbon, Erdzeitalter, Steinkohlenz.

Karchedon, angeblicher Gründer von Karthago

Kardamyle, Ort auf Chios

Karew, parth. Feudalfamilie. Kartir (3. Jahrhundert n. Chr.), Zoroastrier

Karien/SW-Kleinasien: lyd. Erob. v., Erob. d. Alexander d. Gr. (334 v. Chr.), ägypt. Karikala (1. Jh.), Chola-König

Karkemisch/Syrien: hethit. Festung u. Fsm., Mitanni-Reich, assyr. Erob. (717 v. Chr.)

Karl der Große (724–814), König der Franken (seit 768) und römischer Kaiser (seit 800)

Karman, Dogma der ind. Religionen

Karmel, Palästina: Hominiden-Fundort, paläolith. Sied. a., Philistergeb.

Karnak/Ägypten → Theben

Karomama, ägypt. Königin (22. Dyn.)

Kartäuser, Mönchsorden

Karteria, Ort bei Phokäa in Äolis in Kl. Asien

Karthago → Carthago

Karuba/Algerien: paläolith. Fundort

Karyä, Stadt in Lakonia, nördl. von Sparta

Karystos, Stadt auf der S-Spitze von Euböa

Kasachstan/Geb. v. d. unteren Wolga b. z. Altai, UdSSR: prähist. Kulturen

Kasai/Nebenfl. d. Kongo, Angola: paläolith. Besied. a.

Kaschtaritu-Phraortes (um 670 v. Chr.), medischer Fürst

Kashmir/Staat i. nordwestl. Himalaya: Kgr. (7.– 14. Jh.)

Kasikien, präh. Kultur in Afrika

Kasmenä, Stadt im S. von Sizilien

Kasr-i-Shirin (Qaṣr'i Šīrīn)/Iran: sassanid. Kgs.-Palast v.

Kassandra, Tochter des Königs Priamos von Troja und der Hekuba; Seherin

Kassiopeia: siehe Cassiope

Kastor, Sohn des Zeus und der Leda, Zwillingsbruder des Polydeukes und Bruder Helenas und Klytämnestras

Kaštiliaš III. (15. Jh. v. Chr.), babylonischer König der Kassitendynastie

Kaštiliaš IV. (1242 bis 1235 v. Chr.), babylonischer König der Kassitendynastie

Katalaunische Felder, Schlacht a. → Troyes, Völker-Schlacht b.

Katane, Stadt an der O-Küste von Sizilien

Katyayana (3./2. Jh. v. Chr.), indischer Gesetzeslehrer

Kaukasus/Gebirge zwischen d. Schwarzen Meer u. d. Kaspisee: prähist. Kultur

Kaulonia, in Unteritalien

Kaundinya, indischer Brahmane

Kaunos, Küstenstadt in Karien

Kautalya (3. Jh. v. Chr.), Hauptberater Chandraguptas

Kavad I. (488–531), Sassanidenkönig

Kavad II. (628 n. Chr.), Sassanidenkönig

Kayseri (Qayṣariyya; röm. Caesarea Cappadociae; griech. Eusebia; Mazaka)/ Kleinasien: pers. Erob (260 n. Chr.)

Kāñcī/S-Indien: hinduist. Tempelbau i., Hptst. d. Pallava-Dyn

Kārli/SW-Indien: Höhlentempel v.

Kāšgar(ien) (chin. Shu-fu)/St., Geb., C-Turkestan, China: Śakageb, zeitweise chin. (7. u. 8. Jh.), Nestorianer-Bm. (8.–10. Jh.), Qarachaniden-Chanat, Islamisierung (um 950–1130)

Kebesi, ägypt. Stadtgouverneur (Zweite Zwischenzeit)

Kebriones, Sohn des Priamos

Keilschrift, sumerisch, babylonisch und assyrisch, elamitisch sowie persisch (Frühformen)

Kekrops, ältester König Attikas

Kekryphaleia, Insel an der O-Küste von Argolis bei Epidauros

Keleos, König von Eleusis

Kel-teminarische Kultur, Kultur d. Steinzeit

Kenäon, nordwestl. Vorgebirge auf Euböa

Kenamun, ägypt. Beamter (18. Dyn.)

Kenchreia, oder -eiä, Hafen auf der O-Seite von Korinth

Kentoripa, Stadt der Sikeler

Kentucky/USA: prähist. Kultur

Kentumsprachen, indogerm. Sprachen, Guturralsprache, s. Keltisch, Griechisch, Venetisch, Illyrisch, Hethitisch, Tocharisch; s. Satemsprachen

Keos, Insel südöstl. nahe bei Attika

Kephallenia, Insel im Ion. Meere

Kephallenia (Kephalonia)/Ionische Insel: byzant. (395)
Kephalos, Sohn des Hermes und der Herse
Kepheus: siehe Cepheus
Kephisios: siehe Cephisus
Kerameikos, ein äußerer u. ein innerer, Stadtteile von Athen
Keramikum, Kulturperiode d. Urzeit
Kerdylion, Ort auf einer Anhöhe bei Amphipolis
Keret, König von Ugarit
Kerkine, Gebirge in Makedonien
Keßlerloch b. Thayngen/Schweiz: paläolith. Fundort d. Avarenkunst
Kestrine, Landschaft an der Ostküste von Epirus
Khajurao/Zentralindien: hinduist. Turmtempel v.
Kharavela (1. Jh. v. Chr.), König von Kalinga
Khargha/ägypt. Oase d. Libyschen Wüste: prähist. Besied.
Khartum (Chartum)/Sudan: prähist. Besied.
Khizr Khan (14. Jh.), indischer Prinz und Statthalter
Khnum, ägyptische Gottheit
Khonsu, ägyptische Gottheit
Khorschid, Statthalter von Kazerun
Khusrau, Sohn des Jahangir
Khūzistān (Hūzistān; elamit. Haltamti, pers. Elam, arab. al-Ahwāz) Lsch. u. Reich (3. Jahrtausend–639 v. Chr.), Zerst. durch d. Assyrer
Kibri-Dagan (18. Jh. v. Chr.), Statthalter der Stadt Tirqa zur Zeit des Königs Zimrī-Lim
Kidara, Herrschername auf Münzen
Kiik-Koba/Krim: paläolith. Wohnhöhle
Kikkuli, Schreiber im Mitannireich
Kilikien/kleinasiat. Lsch., Sitz d. Luwier, Erob. d. Alexander d. Gr. (333 v. Chr.), ägypt., Teil d. Seleukidenreiches, röm. (63 v. Chr.), byzant. Vordringen (878/79)
Kinaethon, spartanischer Dichter
Kingsborough, Lord Edward King (1795–1837), englischer Altamerikanist
Kinichkakmo, Sonnengott
Kircher, Althanasius, Jesuit, Wissenschaftler (1601–1680)
Kirke, Gestalt aus der griechischen Mythologie; Tochter des Helios und der Perse, der Schwester König Aietes' von Kolchis; Zauberin auf der Insel Aia
Kisch/Mesopotamien (Name d. ... = el-Oheimir: al-Uḥaymir): sumer. St.-Staat

Kišar, in der babylonischen Mythologie das untere Universum
Kiš-nunnu, Name in einem Brief
Kithäron, Grenzgebirge zw. Attika u. Böotien
Kition/Cypern: phönik. Kol.
Kition, Stadt an der Ostküste von Kypros
Klaros, Hain des Apollon vor Kolophon in Ionien
Klazomenä, Stadt in Ionien
Kleanthes von Assos (um 331 bis 232 v. Chr.), stoischer Philosoph
Klearchois (um 430 v. Chr.), spartanischer Flottenführer im Peloponnesischen Krieg; Verräter und Überläufer zu Kyros (423–401 v. Chr.)
Kleisthenes (6. Jh. v. Chr.), athenischer Staatsmann
Kleite, Gemahlin des Königs Kyzikos
Kleitias (um 570 v. Chr.), griechischer Vasenmaler
Kleomenes I. Euristenides (519–489 v. Chr.), König von Sparta
Kleonä, Stadt 1) auf der Akte in Chalkidike 2) in Argolis an der Grenze von Korinth
Kleon (um 180 v. Chr.), Sklave einer Gesellschaft von Salinenpächtern auf Sardinien
Kleopatra, ptolemäische Königin (51–30 v. Chr.)
Kleopatra, Tochter des Boreas und Gemahlin des Thrakerkönigs Phineus
Kleopatra (69 bis 30 v. Chr.), ägyptische Königin
Klingenkulturen, prähistorisch
Klip/Fl., Südafrikan. Union: prähist. Sied. a.
Klotho, Schicksalsgöttin, eine der drei Moiren
Klymene, Tochter des Uranos und der Gaia; Titanin
Klytämnestra (Klytaimestra), Gemahlin Königin Agamemnons
Knidos, Stadt in Doris in Kl. Asien
Knochenzeit, menschl. Kulturstufe
Knom-Ombo-Ebene/Ägypten: neolith. Besied.
Knossos/Kreta: jungsteinzeitl. Sied., bronzezeitl. Kultur, kret. Kg-St.
Köln/Dtschl.: röm., kirchl. u. kultur. Zm., Apostelkirche, Dom (seit 1248)
Kofun-Phase, Kultur der Vorzeit
Koios: siehe Coeus
Kojiki, ältestes jap. Geschichtsw.
Kolaios (um 630 v. Chr.), griechischer Kaufmann und Entdecker der Straße von Gibraltar

Kolchis/Lsch. a. d. O-Küste d. Schwarzen Meeres: Reiterkulturgeb. (2. Jahrtausend v. Chr.), georg. Staat (1. Jh. v. Chr.)

Kolomijščina/Ukraine: neolith. Sied.

Kolonä, Städtchen in Troas

Kolonos Hügel bei Athen

Kolophon/Kleinasien: griech. Küstenst., lyd. Erob.

Kolophon, Stadt in Ionien

Kolumbus, Christoph (1451 bis 1506), italienischer Seefahrer in spanischen Diensten, Entdecker Amerikas

Kommagene (Kummuh)/vorderasiat. Lsch.: hethit., urartäisch.-assyr. Kampf um (743 v. Chr.), röm. Bes. (69 v. Chr.), röm. Prov. (17. n. Chr.)

Konfuzius (551–479 v. Chr.), Staats- und Sittenlehrer

Kongo-Geb./Zentralafrika: paläolith. u. neolith. Besied.

Konorak/Orissa, Indien: hinduist. Turmtempel

Konstans II., byzantinischer Kaiser (641–668)

Konstantin I., der Große (um 280–337), römischer Kaiser seit 306

Konstantinopel (bis 333 → Byzanz): Hptst. d. oström. byzant. Reiches (333–1453), Haghia Sophia u. andere Kirchen, Nika-Aufstand (532), Hunnengefahr (559), Bedrohung durch d. Perser (615), Belag durch d. Avaren (626),1. arab. Belag. (667 bis 673)

Kopä, Stadt am Kopaïs-See in Böotien

Kopenhagen/Dänemark: Burg

Kophos, Hafen bei Torone auf der Halbinsel Sithonia in Chalkidike

Kore: siehe Persephone

Korfu (griech. Kerkyra)/ionische Insel: griech. St.-Staat (5. Jh. v. Chr.)

Korinth/Peloponnes: prähist. Kultur, griech. St.-Staat. korinth. Krieg (395–387 v. Chr.), Mitglied d. Achaischen Bundes, röm. Erob. (146 v. Chr.), röm. Neubesied. (1. Jh. v. Chr.), Besuch Neros (68 n. Chr.), Plünderung durch d. Heruler (267)

Korobios, Purpurfischer und Kundschafter in Herodots Bericht über die Erschließung Kyrenes

Koronea/Griechenl.: Schlacht b. (447 v. Chr.)

Koroneia, Stadt in Böotien

Koronis, Tochter des Phlegyas, Schwester des Ixion; Geliebte des Apollon

Koronta, Stadt in Akarnanien

Korykos, Vorgeb. bei Erythrä in Ionien

Koryphasion = Pylos in Messenien

Kos/Sporaden-Insel: thrak., griech.

Kosok, Paul (geb. 1896), amerikanischer Archäologe

Kostenki a. Don/Rußl.: paläolith. Jägerlager v.

Kostromskaja/Kubangeb: Goldhirschgrab. v.

Kottus, Sohn des Uranos und der Gaia; Gigant

Kotyrta, Stadt in Lakonika

Kovalan, Gestalt aus dem Shilappadigaram

Krain/Lsch. Jugoslawien: prähist. Kultur

Kramer, S. N. (20. Jh.), amerikanischer Sumerologe

Kranii, Stadt auf Kephallenia

Krannon/Griechenl.: Schlacht b. (322 v. Chr.)

Krapina/Kroatien: Hominiden-Fundort

Krasnojarsk/O-Sibirien: Funde d. Mesolithikums b.

Krateros (gest. 321 v. Chr.), Heerführer Alexanders des Großen

Krates Mallotes (gest. 145 v. Chr.), griechischer Philologe und Grammatiker

Kremikovci/Bulg.: neolith. Fundort

Krenä, Ort in Amphilochia

Kreon, König von Theben; nicht der spätere gleichnamige Bruder der Jokaste

Kreta (ital. Candia)/Mittelmeer-Insel: minoische Kultur, griech. Einwanderung, Handels-Zm. d. Altertums röm. Erob. (68 v. Chr.), byzant., arab. Erob. (823, 828), byzant. Rückerob. (961), venezian. (1204)

Kreusa, Mutter des Ion; Geliebte des Apollon

Krim (Taurien)/Halbinsel, S-Rußl.: steinzeitl. Kulturen, Thrakereinwanderung, Kimmerergeb., Skytheneinwanderung (3. Jh. v. Chr.), griech. Kolonien, Erob. durch d. Kgr. Pontus, Avareneinfälle (576–590), Chazaren, mongol. (Goldene Horde), genues. Handelsz.

Krisäischer Meerb., Teil des korinthischen

Krishna Deva Raya (1509 bis 1530), König von Vijayanagara

Krishna, mythischer indischer Gott und achte Inkarnation Vishnus

Kritias (gest. 403 v. Chr.), athenischer Politiker und Sophist

Kroisos (560–546 v. Chr.), König von Lydien

Krokyleion, Städtchen in Ätolien
Kromdraai/Südafrikan. Union: paläolith. Fundort
Krommyon, Dorf im Korinthischen
Kronos, jüngster Sohn des Uranos und der Gaia. Vater des Zeus; Urgott
Kropeia, Demos in Attika, nördl. von Athen
Kroton/S.-Italien: griech. Kol.
Krusis, Landstrich in Slakedonien unweit Potidäa
Kshemeshvara (um 900), indischer Dramatiker
Ktesias von Knidos (um 400 v. Chr.), griechischer Arzt und Geschichtsschreiber
Ktesiphon (bis 226 → Seleukia; arab. al-Madā'in)/Mesopotamien: pers. Erob. (226) Sassaniden-Hptst. (226 bis 638), Nestorianer-Katholikat, arab. Erob (638)
Kuang-hsi/Prov., S-China: paläolith. Grottenfunde
Kuang Wu Ti, Begründer und 1. Kaiser der Späteren Han-Dynastie (25–28)
Kuan (Shih) Yin, Gottheit der Barmherzigkeit
Kuan Ti, s. Kuan Yü
Kuan Yü (um 162), General aus der Zeit der Drei Reiche; kanonisiert als Kriegsgott Kuan Ti
Kubangebiet/S-Rußl.: prähist. Kultur
Kublai Khan (1215–1294), Mongolenherrscher und Begründer der mongolischen Yüan-Dynastie in China, Enkel Dschingis-Khans
Kubu, Gott
Kučā (chin. Ku-ch'é)/Oasen-St., Sinkiang, China: indoeurop. Sprachinsel
Kudurmabuk (19. Jh. v. Chr.), Fürst von Jamutbal
Kudurru, babylon. Marktsteine
K'u, einer der „Fünf Kaiser" (2435 bis 2365 v. Chr.)
Kül Tekin-Inschrift, alttürkisches Sprachdenkmal
Kültepe/b. Kayseri, Kleinasien: Hügel v.
Ku, Juan (16. Jh.), Kazike von Yaxcaba
Kujula Kadphises (1. Jh. n. Chr.), Kuschanenherrscher
Kujula Khadphises (1. Jh.), Häuptling der Yueh-chi
Ku K'ai-chih (um 344 – um 406), Maler; einer der „Vier Meister der Kunst"
Kukulcan (um 1000), auch Quetzalcoatl genannt, mexikanischer Führer, wurde später als Gott des Planeten Venus und der Fruchtbarkeit verehrt

Kulluka (13. Jh.), indischer Gelehrter
Kulottunga I. (1070–1118), Chola-König
Kultur der Hügelgräber, Ende der Bronzezeit (1200–1100)
Kumaragupta (um 415–454), indischer König
Kumarajiva (4. Jh.), indischer Buddhisten-Philosoph aus Kuchi in Zentralasien
Kumarbi, Held eines hurritischen Epos; Sagengestalt
Kumbad, iranischer Grabbau
Kum-tepe/W.-Kleinasien: neolith. Fundort
Kunaxa/Mesopotamien: Schlacht b. (401 v. Chr.)
K'ung An-kuo (2. Jh. v. Chr.), Nachkomme des Konfuzius
Kununu, Name in einem Dokument
Kuo Tzŭ-i (697–781), kaiserlicher Oberbefehlshaber unter dem T'ang-Kaiser Su Tsung
Kupferzeit, Stufe d. menschl. Urzeit
Kurigalzu I. (14. Jh. v. Chr.), babylonischer König der Kassitendynastie
Kurigalzu II. (1345 bis 1324 v. Chr.), babylonischer König
Kutaiba (7./8. Jh.), arabischer Heerführer
Kutha/Mesopotamien: akkad. St.-Staat
Kuttan, schrieb eine neue Fassung des Ramayana
Kwoth, sudanesische Gottheit
Kyaxares Huwakhschtra (625 bis 585 v. Chr.), Begründer der medischen Macht
Kyaxares (625–585 v. Chr.), König der Meder
Kybele, phrygische Muttergottheit, Vegetationsgöttin
Kydonia, Stadt im W von Kreta, an der Nordküste
Kykladen/Mittelmeer-Insel: Bronzezeit
Kykladische Kultur, präh. Kultur
Kyklopen, Gestalten aus der griechischen Mythologie; Söhne des Uranos und der Gaia; einäugige Riesen der Insel Trinakria
Kyllene, Hafenstadt und Schiffswerft der Eleier
Kyme, Stadt 1) in Äolis in Kl.-Asien; 2) im Lande der Opiker
Kynaethos (6. Jh. v. Chr.), griechischer Dichter aus Chios
Kynoskephalai/Griechenl.: Schlacht b. v 197 v. Chr.)
Kynossema, Vorgeb. an der thrak. Chersones
Kynuria, südöstlichste Landschaft von Argolis

Kyongtju/Korea: Pagode d. Pun-huang-sa b. (7. Jh.), Kg.-Gräber d. Silla-Reiches b.
Kyōtō (Heian)/Japan: Hptst. u. Ks.-Res. (794 bis 1868)
Kypsela, Stadt in Arkadien am Aipheios
Kyrenaika (arab. Barqa, röm. Prov. arab. Erob. (645)
Kyrene/N-Afrika: griech. Gründung (630 v. Chr.), griech. Kulturzm., pers. Erob. (512 v. Chr.), ägypt. (248 v. Chr.)
Kyrene, Mutter des Aristaios; Gemahlin Apollos
Kyrene; siehe Cyrene
Kyros der Jüngere (423–401 v. Chr.), persischer Prinz; Achaimeniden-Dynastie
Kyros I., Achamenidenkollig
Kyros II. (559–529 v. Chr.), persischer König. Gründer des altpersischen Weltreichs
Kyrrhos, Stadt in Makedonien
Kythera, Insel südl. von Lakoniah
Kytinion, Stadt in Doris
Kyzikos/Kleinasien: griech. Kol., Schlacht b. (410 v. Chr.), Schlacht b. (194 n. Chr.), arab. Flottenbasis
Kyzikos, Herrscher des Hellespont
Kyzikos, Stadt an der Propontis

Laban, ein Aramäer, in der biblischen Genealogie, Bruder der Rebekka, Vater der Lea und der Rachel
Labarna (17. Jh. v. Chr.), hethitischer König, Gründer des Hethiterreichs
Labaši-Marduk (556 v. Chr.), babylonischer König
Labat, René (geb. 1904), französischer Assyriologe
Labbu, Ungeheuer in der babylonisch-assyrischen Mythologie
Labdalon, Bergfeste bei Syrakus
Lacau, Pierre, französischer Ägyptologe
La Chapelle-aux-Saints/ Frankr.: Hominiden-Fundort
Lachesis, Schicksalsgöttin; eine der drei Moiren
Lade/Sporaden-Insel: Schlacht b. (494 v. Chr.)
Lade, Insel vor Milet
Ladoga (Aldajgjuborg)/Rußl.: Wikingerfestung (9. Jh.)
Ladoga-See/Rußl.: neolith. Kultur
Laertes, Vater des Odysseus
Lääer, päonisches Volk in Makedonien
Lästrygonen, mythisches Volk in Sizilien

La Farge, Oliver (20. Jh.), amerikanischer Maya-Forscher
La Ferrassie/Frankr.: Hominiden-Fundort
Lagasch (arab. Tellō)/Mesopotamien: sumer. St.-Staat
Lagoa Santa/Bras.: prähist. Fundort
Lagozza-Kultur, Kultur d. Urzeit
Lahamu, Ur-Ungeheuer in der babylon. Mythologie
Lahmu, Ur-Ungeheuer in der babylonischen Mythologie
Lahore/Pandschab, Pakistan: Prov.-Hptst. d. Ghaznawiden u. Ghoriden (12. Jh.)
Lahra, Gott
Laibach (latein. Emona, slowen. Ljubljana)/ Slowenien: Schlacht b. (388)
Laios, König von Theben; Vater des Ödipus
Lakschmi, indische Glücks- und Fruchtbarkeitsgöttin
Lakshmi, indische Göttin und Gattin des Vishnu
Lalitaditya (8. Jh.), König von Kashmir
Lalla, Lal Ded (14. Jh.), indische Dichterin
Lamaštu, sumerischer weiblicher Dämon
Lamia/Thessalien: St, Lamischer Krieg (323/22 v. Chr.)
Lampedusa/ital. Insel westl. Malta: prähist. Kulturen
Lamphûn (Haripuñjaya/Siam: Mon-St u. Kgr (7. Jh.– 1292)
Lampsakos, Stadt am Hellespont
La Naulette/Belgien; Hominiden-Fundort
Landa, Diego de (um 1524 bis 1579), erster Bischof von Yucatán
Lanning, Edward P. (geb. 1930), amerikanischer Archäologe
Laodikion, Stadt in Arkadien
Laokoon, spätgriech. Kunstwerk
Laokoon, troischer Priester des Apollon; Sohn des Boreas
Laomedon, König von Troja
Lao Tzŭ (um 300 v. Chr.), Begründer des Taoismus
Lappenbogen, islam. Architekturform
La Quina/Frankr.: Hominiden-Fundort
Larco Hoyle, Rafael (20. Jh.), peruanischer Archäologe
Larentia, Ziehmutter von Romulus und Remus
Larisa, Stadt in Thessalien nahe am Peneios
Larissa/Bras.: Stadt in Äolis in Kl. Asien
Larsa (arab. Senkere, Sankara)/Mesopotamien; sumer. St-Staat, Erob. durch d. Elamiter
Lars Porsenna: siehe Porsenna

Lartius, Spurius, Gefährte des Horatius Cocles, römischer Soldat
Las Casas, Fray Bartolomé de (1474 bis 1566, spanischer Geistlicher und Geschichtsschreiber
Lascaux/Frankr.: eiszeitliche Wohnhöhle v.
Las, Küstenstädtchen in Lakonika
Later Stone Age, Kultur d. Urzeit
La Tène-Zeit, Jungeisenzeit
Lathyros, s. Ptolemaios IX. Soter II.
Latinus (Latinos), Sohn der Kirke und des Odysseus (oder des Telemachos); König von Latium
Latium/ital. Lsch.: prähist. Kultur, etrusk. Wanderung, lateinischer Bund
Larronico/Italien: prähist. Fundort
Laugerie Basse/Frankr.: paläolith. Fundort
Lauretian, präh. Kultur
Laurion, Berg in Attika
Lausitz/sächs.-schles. Grenzlsch.: Urnenfelderkultur
Lausitzer Kultur, Kultur d. Bronzezeit
La Venta/Mexiko: Sakralanlage v.
Lavinia, Tochter des Latinus, Gemahlin des Äneas
Lavô (Lophburi)/S-Siam: Hptst. v. Dvāravatī (7.–14. Jh.), Tempelbau d. Mon i.
Layard, Sir Austen Henry (1817 bis 1894), englischer Archäologe und Diplomat
Laz, göttliche Gemahlin Nergals
Leander (Leandros), Geliebter der Hero
Lebedos, Stadt in Ionien zw. Teos u. Kolophon
Leda, Tochter des Thestios, Königs von Ätolien; Gemahlin des Tyndareos; Geliebte des Zeus
Leemans, holländischer Ägyptologe (19. Jh.)
Legrain, G., französischer Ägyptologe
Lektos, Stadt in Äolis in Kl. Asien
Lekythos, Castell vor Torone
Lemnos/Ägäis-Insel: etrusk. Urbevölkerung, ionische Ansied.
Le Moustier/Frankr.: Hominiden-Fundort
Lena/Fl, O-Sibirien: paläolith. u. neolith. Besied. a. d. oberen L.
Lengyel/Ungarn: prähist. Fundort
Leninabad (Chodžent, Alexandria Eschate)/russ. Zentralasien: Gründung (327 v. Chr.), Erob. d. Dschingis-Khan
Lenzen, Heinrich J. (geb. 1900), deutscher Archäologe
Leon, Kundschafter unter Ptolemaios III. (246 bis 221 v. Chr.)

Leonnatos, Offizier unter Alexander dem Großen
Leon, Ort bei Syrakus
Leontini, Stadt an der Ostseite von Sizilien
Leontinoi/Sizilien: griech. Kol.
Le Plongeon, August (1826 bis 1908), französischer Maya-Forscher
Lepreon, Stadt im südl. Elis
Lepsius, Richard, deutscher Ägyptologe (19. Jh.)
Leros, Insel in der Nähe von Doris u. Ionien
Lesbos/Ägäis-Insel: Bronzezeit, griech. Ansied., byzant. Bes. (1124)
Les Jogasses a. d. Marne/ Frankr.: prähist. Fundort
Lespugue/Frankr.: jungpaläolith. Fundort
Leto, Tochter des Titanen Koios und der Phoibe, Geliebte des Zeus, Mutter Apollons und der Artemis
Leukas, Insel bei Akarnanien
Leukimme, Vorgeb. von Kerkyra
Leukippos, Geliebter der Daphne
Leukonion, Ort auf Chios
Leuktra/Griechenl.: Schlacht b. (371 v. Chr.)
Leuktra, Stadt in Lakonika an der Grenze von Arkadien
Levalloisien, paläolith. Klingenkultur
Levanzo/ital. Insel: paläolith. Besied.
Levey, Martin (20. Jh.), englischer Archäologe
Lex Salica, fränk. Rechtssammlung
Leydener Platte, Maya Denkmal
Liang Wu Ti, Kaiser der Liang-Dynastie in Südchina (502 bis 549)
Libanon (Lubnān)/Gebirge u. Rep. a. d. O-Küste d. Mittelmeeres
Liber pater, altitalischer Gott der Befruchtung und später auch des Weines, dem griechischen Bacchus gleichgesetzt
Licchāvi/NO-Indien: Rep. (6. Jh. v. Chr.)
Lichas, Kundschafter und Elefantenjäger unter Ptolemaios III. und Ptolemaios IV. (221–204 v. Chr.)
Ligyer, Volk wahrsch. zw. Pyrenäen u. Rhone
Li Kao (gest. 417), Fürst von West-Liang
Li Kuang-li (gest. 94 v. Chr.), General des Han-Kaisers Wu Ti
Lilītu, sumerisch-babylonischer Dämon, weiblicher Sukkubus
Lilliu, G. (20. Jh.), italienischer Archäologe
Lilu, babylonischer Dämon, männliche Entsprechung der Lilitu
Lilybaion/Sizilien: phönik. Kol.

Limes, römische Grenzbefestigung
Limnäa, Dorf bei dem amphilochischen Argos in Akarnanien
Limnä, Platz in Athen
Limoges/Frankr.: altfranz. Dichtung
Lindii, früherer Name von Gela in Sizilien
Lindisfarne/Northumberland, angelsächs. Kloster: Zerst. durch d. Wikinger (793)
Lindos, Stadt auf Rhodos
Lipara/Sizilien: röm. Erob. (252 v. Chr.) die größte der Liparischen oder Äolos-Inseln bei Sizilien
Liparische Inseln/Mittelmeer: bronzezeitl. Kultur
Lipit-Ištar (1934–1924 v. Chr.), König von Isin
Li Po (701–761), größter Dichter der T'ang-Zeit
Liriope (Leiriope), Nymphe, Mutter des Narzissus
Li Shih-min, s. (T'ang) T'ai Tsung
Li Ssŭ (gest. 208 v. Chr.), Minister des Shih Huang Ti und Organisator der Bücherverbrennung
Lithikum, Kulturperiode d. Urzeit
Li Tsung, Kaiser der Süd-Sung (1225–1265)
Liu An (gest. 122 v. Chr.), König von Huai Nan; Taoist
Liu Chin (gest. 1510), Eunuch des Kaisers Wu Tsung
Liu Hsiang (80–9 v. Chr.), Gelehrter der Han-Zeit
Liu Hsin (1. Jh. v. und n. Chr.), Gelehrter der Han-Zeit
Liu Pang, Begründer und 1. Kaiser der Han-Dynastie (206–194 v. Chr.)
Liu Pei (162–223), Gründer der Shu-Dynastie in Szechuan
Liu Yüan (gest. 310), Führer der Hsiung Nu (Hunnen)
Livingstone, David (1813 bis 1873), englischer Forschungsreisender und Missionar
Livius Andronicus (um 284 um 204 v. Chr.), römischer Dichter
Livius, Titus (59 v. Chr. – 17 n. Chr.), römischer Geschichtsschreiber
Livre des Merveilles, Reisebericht Marco Polos über Asien
Lilīt, entspricht in der hebräischen Mythologie der sumerisch-babylonischen Lilîtu
Löwen/Brabant: Schlacht b. (891)
Loftus, W. K. (19. Jh.), englischer Vermessungsingenieur und Archäologe
Lokri, Stadt in Unteritalien

Lo Kuang-chung (12. Jh.), Verfasser des San Kuo
Lo-lang (japan. Rakuro)/NW-Korea: chin. Verwaltungs-Zm. (2. Jh. v. Chr.), Zusammenbruch d. chin. Grenzmark (313 n. Chr.)
Lombardei/Lsch., N-Italien: Golasecca-Kultur d., Langobarden-Reich (seit 568), Erob. d. Karl d. Gr. (774)
London (Londinium)/Engl.: röm., Plünderung durch d. Dänen, Hptst. (seit 885), normann. Erob. (1066), Westminster AbLey (seit 1245)
Longinus, Cassius (um 213 bis 273 n. Chr.), griechischer Rhetor und Schriftsteller
Lorenzo der Prächtige (1449 bis 1492), Statthalter von Florenz
Loret, Victor, französischer Ägyptologe
Loryma, Stadt in Doris in Kl. Asien
Lourdes/Frankr.: eiszeitliche Wohnhöhle v.
Lo-yang/Honan, China: Hptst. d. Chou-Dyn. (seit 770 v. Chr.), Kulturzm d. Chou-Zeit, buddhist.-religios. Zm. (seit d. 2. Jh. n. Chr.), Hptst. d. Wei-Reiches (220–265), huun. Erob. (311), Erob. durch d. Toba (423), Hptst. d. Toba-Reiches (493–550) 1200
Lucan, Marcus Aenneus Lucanus (39–65), römischer Dichter
Lucretia, edle Römerin, Gemahlin des Collatinus (Borgia)
Lucullus, Lucius Licinius (um 117 bis um 57 v. Chr.), sehr reicher römischer Feldherr
Ludwigslied, althochdt. Gedicht auf den Sieg bei Saucourt
Luembe/Fl, Belg. Kongo: paläolith. Sied a.
Lübeck/N-Dtschl.: Dom, dän. Erob. (1201), freie Reichsst. (1226), Marienkirche (seit 1260)
Lugalbanda, sumerischer Schutzgott der Könige von Uruk
Lugalbanda (zwischen 2500 und 2350 v. Chr.), König von Lagas
Lugaldmirankia, s. Marduk
Lugalzagesi (um 2350 v. Chr.), König von Umma
Lukas, Apostel
Luka-Vrubleveckaja/Ukraine: neolith. Sied.
Lukian (um 120–180), griechischer Schriftsteller und Satiriker
Lukrez, Lucretius Carus (99/96–55 v. Chr.), lateinischer Dichter
Luli I. (um 725 v. Chr.), König von Tyros und Sidon
Lullu, Geschöpf der Göttin Mami

Lumbreras, Luis G. (20. Jh.), peruanischer Archäologe
Lu-Mešlam-ta-e, Name in einem Dokument
Lung-mên/N-China: Höhlentempel v. (5. Jh.)
Lung-shan/Shantung, China: Ausgrabungsort d. neolith. Kultur Chinas (etwa 2000 v. Chr.)
Lung-shan-Kultur, Meolithikum Nord-Chinas
Lun (Leon; um 230 v. Chr.), griechischer Kundschafter in Cochinchina
Lupembien, Kultur der Urzeit
Luristān/W.-Iran: prähist. Kultur
Luvua/Fl, Belg. Kongo: prähist. Besied. a.
Luxor/Ägypten → Theben
Lydiat/Rhodesien: prähist. Besied.
Lykaion, Gebirge im S. von Arkadien
Lykaon, Sohn des Pelasgos und der Okeanide Meliboia, König von Arkadien
Lykien/SW-Kleinasien: röm. (43 n. Chr,)
Lykos, König von Theben
Lykurgos, Sohn des Dryas, König der thrakischen Edonier
Lynkos oder Lynkestis, Landschaft in Makedonien
Lyon (Lugdunum)/Frankr.: Hptst. d. röm. Prov. Gallien, ksl. Erob. (197 n. Chr.)
Lysimeleïscher Sumpf bei Syrakus

Maat, ägyptische Göttin der Wahrheit und des Rechts
Mabinogion, mittelalterl. Sagensammlung v. Wales
Macaulay, Thomas Babington (1800 bis 1859), Lord of Rothley, englischer Politiker und Historiker; Gouverneur von Agra
Ma-chang/NO-China: Fundort d. Yangshao-Kultur
Machaon, Sohn des Asklepios, berühmter griechischer Arzt im Lager vor Troja
Machiavelli, Niccolo (1469 bis 1527), italienischer Politiker und Geschichtsschreiber
MacNeish, Richard (20. Jh.), kanadischer Archäologe
MacNutt, Francis Augustus (1863–1927), englischer Altamerikanist
Macridy-Bey,Th. (19./20. Jh.), Archäologe
Macrinus, Marcus Opellius (217–218), römischer Kaiser
Madhu Rao Sindia (18. Jh.), General und Mogul-Statthalter
Madhva (13. Jh.), indischer Philosoph

Madura/indones. Insel: Teil d. Mojopahit-Reiches
Madura/S-Indien: dravid. Turmtempel v.
Maes, s. Titianus
Mäandros, Fluß in Kl. Asien
Mäder, päonisches Volk in Makedonien
Mänalia, Gegend in Arkadien
Magalhães-(Magellan-) Straße/Meeresstr. zwischen S-Amerika u. Feuerld.: prähist. Kulturen a.d.
Magas (280–258 v. Chr.), König von Kyrene
Magdalénien, jungpaläolith. Kulturstufe: Charakterstil
Magellan (Magelhães, Fernão de; um 1480–1521), portugiesischer Seefahrer
Magna Charta (1215), wichtigstes altengl. Grundgesetz
Magnesia/Kleinasien: Apollo-Kult i., 278 – Schlacht b. (190 v. Chr.)
Magnesia, Stadt am Fluß Mäander
Magneten, Volk am Ostrande von Thessalien
Mago (gest. 203 v. Chr.), karthagischer Flottenadmiral und jüngster Sohn des Hamilkar Barkas; Hannibals Bruder
Magon, karthagischer Karawanenaufseher
Magosi/NO-Uganda: paläolith. Fundort
Magosien, Kultur Afrikas
Mago (um 396 v. Chr.), Kommandant eines punischen Geschwaders
Mago (um 550 v. Chr.), karthagischer Feldherr und Stammvater der Magoniden
Mago (3./2. Jh. v. Chr.), punischer Schriftsteller über Landwirtschaft
Magupatân, iran. Priesterklasse
Mahapadma Nanda (4. Jh. . Chr.), König von Magadha
Mahavira (geb. um 680 v. Chr.), Begründer des Jainismus
Mahāballipuram/Dekhan, Indien: hinduist. Tempelbau v. (7. Jh.)
Mahābhārata, ind. Nationalepos
Mahāvihāra/Ceylon: buddhist. Hptkloster
Mahāyāna (Großes Fahrzeug)
Mahendravarman I. (600–630), Pallava-Herrscher
Maherprê, hoher Beamter (18. Dyn.)
Mahinda (3. Jh. v. Chr.), buddhistischer Missionar und Sohn Ashokas
Mahipala (um 1014–1042), König der Pala-Dynastie
Mahmud Begarha (1458 bis 1511), Sultan von Gujarat
Mahmud Gavan (1466–1481), Minister der Bahmanis

Mahmud von Ghazni (998 bis 1030), Fürst von Afghanistan

Mailand (etrusk. Melpum, latein. Mediolanum, ital. Milano)/Italien: Etruskerst. Insubrer-Hptst., röm. Erob. (223 v. Chr.), Goteneinbruch (256), Basilika San Lorenzo, Goten-Belag (401), Hunneneinfall (452)

Mainz (Moguntiacum)/ Dtschl.: röm. Legionslager, älteste Rheinbrücke b. (9. Jh.), Normanneneinfall (883), Dom

Maitreya Buddha, Beiname des Buddha und Bezeichnung fur seine fünfte Inkarnation

Maitreya (chin. Mi Lo Fo), der „lächelnde Buddha"

Makarê ägypt. Priester und Geschichtsschreiber (3. Jh. v. Chr.)

Makedonien/Lsch. i. N-Griechenl.: Neolithikum, Bronzezeit, patriarch. Kgr. (500–338 v. Chr.), Kämpfe gegen Athen, Hegemonie über Griechenl., Makedon. Kriege (1.–4.), röm. Prov. (seit 148 v. Chr.), Goteneinbrüche (256, 395/96), byzant. (seit 1014)

Makeris (Beiname: Herakles),Vater des Sardo(s)

Makkabäer, jüd. Aufständische gegen d. Seleukiden

Malatia (Malatya, Maladija, Melitene, Melidda)/SO-Anatolien: Hethiter-Hptst. (... Arslan Tepe), Schlacht v. (2. Hälfte d. 6. Jhs.), byzant. Erob. (934)

Malayālam, dravid. Sprache

Malco (um 550 v. Chr.), karthagischer General

Malea, Vorgeb. 1) an der südöstl. Spitze von Lakonika; 2) an der südöstl. Spitze von Lesbos. 3) ein Ort im Norden von Mytilene auf Lesbos

Maler, Teobert (1842–1919), deutscher Archäologe und Reisender

Malki-rammu (8. Jh. v. Chr.), König von Edom

Mallia/N-Kreta: minoische Sied.

Mallowan, Max Edgar Lucien (geb. 1904), englischer Archäologe

Mallowan, M. E. L. (geb. 1904), englischer Archäologe

Malta/Mittelmeer-Insel: prähist. Kulturen, phönik. Kol., Sitz d. Johanniterordens (1530–1798)

Malta b. Irkutsk/Sibirien: paläolith. Fundort

Maltan-Baal (um 670 v. Chr.), König von Arados

Malteser → Johanniter

Mamerkus (um 340 v. Chr.), Herrscher von Katana

Mamertiner, Söldnertruppe d. Agathokles v. Syrakus

Mami, babylonische Schöpfungsgottheit und Muttergöttin

Ma'mun (9. Jh. n. Chr.), Kalif

Mana: Begriff d. magischen Weltbildes

Manching, b. Ingolstadt, Keltenstadt

Manco Inka, fünfzehnter Inka-Herrscher (1534–1563)

Mandalay/Birma: Tempel u. Palast v.

Mandane, Tochter des Astyages

Mandschurei/Geb, nordöstl. Teil Chinas: prähist. Kulturen, chin. Okkupation d. S-M. (2. Jh. v. Chr.), Teil d. Ch'i-tan-Reiches (907 bis 1123), mongol. Kerngeb.

Manetho, ägyptischer Priester und Geschichtsschreiber unter Ptolemaios I. und Ptolemaios II. (285–246 v. Chr.)

Mangalia (Kallatis)/Dobrudscha: Thrakerfestung

Mangop/Krim, letzter byzant. Teilstaat

Manikkavasagar (6./7. Jh.), shivaitischer Heiliger

Manik, mayanischer Tagesgott und Jagdgott

Maništūsu (2306–2292 v. Chr.), Herrscher der Agade-Dynastie

Mani (um 215–274 n. Chr.), Begründer des Manichäismus

Mani (23. Jh. v. Chr.), Fürst von Magan

Man (latein. Mona)/engl. Insel: röm. Erob. (59 n. Chr.), wiking. Erob. (9. Jh.), Kgr. (12. Jh.), schott. (1266)

Mantineia/Peloponnes: Schlacht b. (418 v. Chr.), Schlacht b. (362 v. Chr.)

Mantua (ital. Mantova)/Italien: Etrusker-St.

Manu Svayambhu, erster König von Indien und Sohn des Brahma

Manu (X.), Sohn des Manu Svayambhu

Manyč/Fl., RuBl.: prähist. Kulturen a.

Mao Ch'ang (2. Jh. v. Chr.), Han-Gelehrter und Herausgeber des Shih Ching

Mar-Amurrim, Name in einer Rechtsurkunde

Mar'aš (Marquasi, neutürk. Maraş)/S-Anatolien: Hethiter-St.

Marathon/Griechenl.: Schlacht v. (490 v. Chr.)

Marathussa, kleine Insel bei Klazomenä

Marbalos (um 480 v. Chr.), Flottenadmiral von Arados

Marbod, um 6, Begründer des Markomannenreiches, s. Quaden unter Tudrus

Marcellus, Neffe des römischen Kaisers Augustus
Marchand, Jean Baptiste (1863–1934), französischer General und Forschungsreisender
Marco Polo, s. Polo
Marcus Aurelius Antonius (121–180), römischer Kaiser (161–180)
Marcus Horatius, römischer Konsul
Mardonios (5. Jh.), Heerführer des Xerxes
Marduk-apil-iddin, s. Merodach-Baladan
Marduk, babylonische Gottheit, oberster Gott und Weltschöpfer, Sohn Eas
Marduk-balatsu-iqbi (um 811 v. Chr.), babylonischer König
Marduk, Stadtgott von Babylon, Nationalgott von Babylonien
Marduk-šahin-šum, Name eines hohen Tempelbeamten
Marduk-šapik-zēr-māti (1080 bis 1068 v. Chr.), babylonischer König
Marduk-šum-usur, Name in einem Brief
Mareia, Stadt in Oberägypten
Mari/Mesopotamien: Amoriter-St. – Zerst. d. Babylon
Maria Laach/Eifel, Dtschld.: roman. Kathed. (1093)
Marienburg/O-Preußen: Sitz d. Dt. Ritterordens (1309 bis 1459), Hochmeisterpalast
Marinanus Capella (um 420 n. Chr.), lateinischer Schriftsteller
Marinos von Tyros (um 100), griechischer Geograph
Mark Anton (82–30 v. Chr.), römischer Politiker
Mark Aurel (121–180), römischer Kaiser seit 161 (Selbstbetrachtungen)
Markleeberg b. Leipzig/ Dtschld.: Fundstelle d. Levalloisien
Marlowe, Christopher (1564 bis 1593), englischer Dramatiker
Marseille (griech. Massalia)/Frankr.: griech. Gründung (um 600 v. Chr.), röm Belag. (49 v. Chr.)
Mars, römischer Kriegsgott, dem griechischen Ares gleichgesetzt
Marsyas, phrygischer Flußgott; Saryr
Martínez, Hernández, Don Juan (20. Jh.), spanischer Maya-Forscher
Martu, Gott der semitischen Nomaden
Marutukku, s. Marduk
Maschawer, libyscher Häuptlingssohn
Masinissa (um 240–149/148 v. Chr.), König der Massylier in Numidien

Maspero, Gaston, französischer Ägyptologe (gest. 1916)
Massalia, Stadt in Gallien
Massi, Sagenheld der Maiori
Mastarna, etruskischer Sagenheld
Matarām/Java: buddhist-hinduist. Staat (9. Jh.–1222)
Matera/Italien: prähist. Fundort
Matera-Kultur, Kultur d. Urzeit
Maternus, Iulius (um 100), römischer Offizier
Matopo/Rhodesien: paläolith. Fundort
Matrivishnu, Untervasall des Vasallen Surashmichandra
Matronenkult, Verehrung von Muttergöttinnen, vor allem indogermanisch
Mattan-bi'li (8. Jh. v. Chr.), König von Arados
Mattan (um 480 v. Chr.), Flottenadmiral von Tyros
Matten-Baal (um 852 v. Chr.), Herrscher von Arados
Mattiwaza (14. Jh. v. Chr.), König des Mitannireichs, Vasall der Hethiter
Maudslay, Alfred (geb. 1850), englischer Archäologe
Maues (Moga; 80 v. Chr.), indischer Shaka-König
Maues (1. Jh. v. Chr.), erster Sakenkönig
Mauretania(-ien)/antiker Name NW-Afrikas: Paläolithikum i., Neolithikum i., Megalithkultur, karthag., röm. Pro. (seit 42 n. Chr.), Vandalen-Reich (seit 429), byzant. Prov. (seit 533)
Maurikios (582–602), Kaiser von Byzanz
Mauzer b. Heidelberg/ Dtschld.: altsteinzeitl. Fundort
Maximilian (1832–1867), Kaiser von Mexiko (1864–1867)
Mayapan/Yukatan: Tolteken-St.
Mayon, flötenspielender Tamil-Gott
Mayr, A. (19./20. Jh.), Historiker und Archäologe
Mazar, B. (20. Jh.), israelischer Archäologe
Mazdaismus/Iran: Ahura Mazda-Glaube d. Achämenidenzeit
Mazdak (5. Jh. n. Chr.), religiös-sozialer Revolutionär
Mazelpoort/Südafrikan. Union: paläolith. Besied.
Māhūza (Machosa), mesopot. Judenst.
Mālwa (Mālava)/hist. Lsch., Indien: Kşatrapa-Herrschaft (1./2. Jh.), Teil d. Gupta-Reiches (4.–6. Jh.), Kleinstaat (9.–13. Jh.)

194

Māyā, Illusion, Außenwelt i. d. hinduist. Philosophie

Málaga (antik. Malaca)/Spanien: phönik. Gründung (um 1100 v. Chr.)

Mástaba, altägypt. Grabbauten

Mâat, Göttin des Rechts

Mc. C. Adams, Robert (20.Jh.), amerikanischer Archäologe

Mechenti-Irti, Falkengott

Mechta al-Arbi/Algerien: prähist. Fundort

Medea (Medeia), Tochter des Königs Aietes von Kolchis; Gemahlin des Jason

Medeon, Stadt in Akarnanien

Medhatithi (10. Jh.), indischer Gelehrter

Medinet-Habu/Oberägypten: Kgs.-Sitz

Medīna (al-Madīna, Yat-rib)/Arabien: Araber-St., Res. Mohammeds u. d. Wahlkalifen (622–656)

Medmäer, Pflanzvolk der italischen Lokrer in Bruttium

Medon, Herold im Hause des Odysseus

Medusa, Tochter des Phorcys und der Keto; schlangenhaariges Ungeheuer

Meek, T. J. (geb. 1881), kanadischer Religionsgeschichtler, Semitist und Orientalist

Megalapolis/Peloponnes: arkad. Hptst., Schlacht b. (331 v. Chr.)

Megalithikum, Kultur d. Vorzeit

Megara/Griechenl.: griech. St.-Staat

Megara, Stadt 1) in Hellas; 2) in Sizilien an der Ostküste

Megara, Gemahlin des Herakles

Megaronbau, griech.

Megasthenes (um 300 v. Chr.), Gesandter Seleukos' I. bei dem indischen König Chandragupta

Meggers, Betty (20. Jh.), amerikanische Archäologin

Meidios, Fluß unweit Kynossema in der thrak. Chersones

Mekka (Makka)/Arabien: religiöses Zm. d. Islams

Mekyberna, Stadt nahe bei Olynth in Chalkidike

Melanesien/Inselgr. d. südwestl. Pazifik: Besied. (seit 7000 v. Chr.?)

Melanippe, Tochter des Aiolos; Geliebte des Poseidon

Melanthios, Ziegenhirt im Hause des Odysseus

Mela, Pomponius (um 40), römischer Schriftsteller

Meleager (Meleagros), Sohn des Oineus, Königs von Aitolien, und der Althaia

Meleager von Gadara (um 140–70 v. Chr.),

griechischer Schriftsteller und Dichter

Melieer, Volk im S von Thessalien

Melitia, Stadt im phthiot. Achaia in Thessalien

Melos/Kykladeninsel: griech. Ansied.

Melqart-Baal, s. Melqart und Baal

Menahem (um 700 v. Chr.), König von Samsimuruna

Melqart (= Stadtherr), phönikischer und karthagischer Gott

Memnon, Sohn des Tithonos und der Eos, Fürst der Äthiopier; kämpfte im Trojanischen Krieg auf der Seite Trojas

Memnon von Rhodos (gest. 333 v. Chr.), persischer General

Memphis/Ägypten: altägypt. Hptst., pers. (525 bis 332 v. Chr.), Schlacht b. (451 v. Chr.), Alexanderzug (332 v. Chr.), arab. Erob. (641)

Menahhem (752–741 v. Chr.), israelischer König

Menander (um 155 bis 150 v. Chr.), baktrischer König griechischer Herkunft

Menander von Ephesos (342/341 bis 291/290 v. Chr.), griechischer Komödiendichter

Menander (2. Jh. v. Chr.), griechisch-baktrischer König

Mencheperrê-sonbe, ägypt. Beamter (18. Dyn.)

Mencius (372–289 v. Chr.), Sitten- und Staatslehrer

Mendes/Ägypten: Kgs.-St.

Mendesion Keras, eine Mündung od. ein Arm des Nils

Mende, Stadt auf d. Halbinsel Pallene in Chalkidike

Menelaos, Sohn des Atreus und der Aerope, Bruder des Agamemnon; König von Sparta

Menes, erster ägypt. König (1. Dyn.)

Menhire, neolith. Steinstäulen

Menna, Verwalter der Feldmarken König Tuthmosis' III. (18. Dyn.)

Menoitios, Enkel des Okeanos; Titan

Menon, thessalischer Heerführer unter Kyros dem Jüngeren (423–401 v. Chr.)

Menophres, ägypt König, Begründer einer Ära (angebl. 19. Dyn.)

Mentehotep I., ägypt. König (11. Dyn.)

Mentehotep II., ägypt. König (11. Dyn.)

Mentehotep III., ägypt. König (11. Dyn.)

Mentes, Heerführer der Kikonen; Freund des Odysseus

Mentor, Jugendfreund des Odysseus

Menua (um 780 v. Chr.), König von Urartu
Merbalos (um 556 bis 552 v. Chr.), König von Tyros
Mercurius (Merkur), römischer Gott des Handels; dem griechischen Hermes entsprechend
Merenrê (3. Jahrtausend v. Chr.), ägyptischer König der 6. Dynastie
Mereruka (3. Jahrtausend v. Chr.), hoher ägyptischer Beamter der 6. Dynastie
Merikarê, ägypt. König (10. Dyn.)
Merimde Benisalame/Ägypten: prähist. Fundort
Merirê, Schreiber und Priester
Merjotes, Nebenfrau des Snofru (4. Dyn.)
Merneptah, ägypt. König (19. Dyn.)
Merodach-Baladan (721–711 v. Chr.)
Merope, Gemahlin des Kresphontes, Königs von Messene
Meropis, Beiname der Insel Kos
Merseburger Zaubersprüche, althochdt. Sprachdenkmal
Mersin/Kleinasien: prähist. Fundort
Merutunga, Verfasser der Prabandhachintamani
Meru, Vater des Beamten Rensi in der Erzählung vom „Beredten Bauern"
Merwin, Raymond Edwin (1881–1928), englischer Archäologe
Meschenet, ägypt. Göttin der Geburt
Mesembrija (latein. Mesembria)
Me-silim (um 2600 v. Chr.), vermutlich König eines Stadtstaats
Mesnil du Buisson, Robert (geb. 1895), französischer Archäologe
Mesolithikum (Mittelsteinzeit), Stufe d. menschl. Urzeit
Mesopotamien/Lsch. zwischen Euphrat u. Tigris: pers. (seit 539 v. Chr.), Teil d. Parther-Reiches (seit 141 v. Chr.), vorübergehend röm., pers. (seit 231)
Mesozoikum (M'zeit), Erdzeitalter
Messalina, Valeria (gest. 48), dritte Gemahlin des römischen Kaisers Claudius
Messapier, 1) Volk in Unteritalien, 2) Bew. einer nicht bekannten Stadt im Ozol. Lokris
Messenien/Lsch. d. Peloponnes: messen. Krieg, erster u. zweiter (7. u. 6. Jh. v. Chr.), messen. Aufstand (464 v. Chr.), Staat (370 v. Chr.)
Messina (Messana)/Sizilien: syrak. Belag. (264 v. Chr.), civitas foederata Roms, byzant. Erob (1038)
Metallikum, Kulturperiode d. Urzeit

Metaneira, Gemahlin des Keleos, Königs von Eleusis
Metapontion, Stadt in Unteritalien
Metatti (8. Jh. v. Chr.), Herrscher von Zikirtu
Metellus Celer, Quintus Caecilius (60 v. Chr.), Prokonsul von Gallien
Meten, Gauverwalter unter Snofru (4. Dyn.)
Methone, Stadt 1) in Argos; 2) in Messenien; 3) in Makedonien unweit Pydna
Methusastratos (909 bis 898 v. Chr.), König von Tyros
Methydrion, Stadt in der Mitte von Arkadien
Methymna, Stadt auf Lesbos
Metis, Göttin der Weisheit; Mutter Athenes
Metrodoros von Skepsis (1. Jh. v. Chr.), griechischer Philosoph, Weltreisender und Geograph
Metropolis, Ort in Amphilochia in Akarnanien
Mettenos (849–821 v. Chr.), König von Tyros
Mettus (Mettius) Curtius, Feldherr der Sabiner
Metz/Lothringen, Frankr.: Zerst. durch d. Hunnen (451), Normanneneinfall
Mexiko (aztek. Tenochtitlan)/St, Mexiko: Azteken-Hptst., span. Erob. (1519 bis 1521)
Meyer, Eduard (1855–1930), Historiker, Verfasser der Geschichte des Altertums
Mezentius, Fürst von Agylla (Caere) in Etrurien; Gegner des Äneas
Mezin b. Brjansk/Rußl.: paläolith. Fundort
Mêng Tzû, s. Mencius
Michael, Erzengel
Michelsberg/Schweiz: neolith. Fundort
Michelsberger-Kultur/Schweiz
Micius, chin. Mo Tzŭ (500–420 v. Chr.), Philosoph und Begründer der Schule der Mohisten
Micoquien, Kultur der Urzeit
Mictlantecutli, Hauptgott der Unterwelt
Midakritos (um 600 v. Chr.), griechischer Geonaut und Entdecker der Zinninseln
Midas (7. Jh. v. Chr.), phrygischer König
Middlesex-Kultur, prähist. Kultur
Middle Stone Age, Kulturperiode d. Urzeit
Mihirakula (um 520–542), indischer Hunnenkönig
Mikal, phönikische Gottheit, die den griechischen Herakles entspricht
Mikal, semitischer Gott
Mikashtart, in Spanien verehrte punische Gottheit

Mikrolithen, Kleingerät d. Mittelsteinzeit
Milazzo/Sizilien: prähistor. Gräberfeld
Milet/Kleinasien: kret. Kol., pers. Erob. (494 v. Chr.)
Milk, Hauptgott der Ammoniter
Milki-ashapa (um 670 v. Chr.), König von Byblos
Milkyaton (4. Jh. v. Chr.), König von Kition und Idalion; Sohn des Königs Baalram
Millon, René (20. Jh.), amerikanischer Archäologe
Mimas, Berg bei Eryhrä in Ionien
Min, ägyptischer Gott der Fruchtbarkeit
Minangkabau/Geb. Sumatra: Zentralgeb. d. Malayu-Reiches
Minerva, römische Göttin, der Athene gleichgesetzt
Mingazzini, P. (20. Jh.), italienischer Archäologe
Ming Huang, T'ang-Kaiser (712 bis 756)
Min, Gott der Fruchtbarkeit
Minoa, Insel bei Megara
Minoische Kultur → Kreta
Minoriten, Mönchsorden
Minos, Gestalt aus der griechischen Mythologie; Sohn des Zeus und der Europa; König von Kreta
Minotauros, Gestalt aus der griechischen Mythologie; Sohn der Pasiphae und eines Stiers; Ungeheuer im Labyrinth zu Kreta
Minyas, sagenhafter Gründer der böotischen Stadt Orchomenos
Minyisches, Orchomenos in Böotien
Miolithikum (jüngeres Altpaläolithikum), Stufe d. menschl. Urzeit
Mioriţa-Ballade, rum. Volksballade
Miozän, Neogenzeit
Mirabai (15. Jh.), Bhakti-Sängerin und Prinzessin von Rajasthan
Mirza Najaf Khan (18. Jh.)
Misenus, Gefährte des Äneas
Miskar, karthagische Gottheit
Mison/S-Vietnam: ältest. Ziegeltempel Champas
Misor, phönikischer Gott der Redlichkeit
Mississippi/Fl., USA: prähist. Kulturen a.
Mišar-gamil, Name in einem Dokument
Mita (etwa 738–700 v. Chr.), König von Muški
Mitanni (Churrier)/Reich i. nördl. Vorderasien
Mithradates I. (171 bis 136 v. Chr.), König von Parthien
Mithradates II. (123 bis 87 v. Chr.), König von Parthien

Mithrenes (4. Jh. v. Chr.), Satrap von Armenien
Mithridates Kallinikos (kurz vor Christi Geburt), König von Kommagene
Mithridates (Mithradates) VI. Eupator Dionysos, der Große (um 121–63 v. Chr.), König von Pontos seit 111
Mitini (um 700 v. Chr.), König von Asdod
Mitinna (8. Jh. v. Chr.), König von Tyros und Nachfolger König Hirams II.
Mitra, altindische Gottheit
Mittelsteinzeit → Mesolithikum
Mittelzeit → Mesozoikum
Mixoohchtzin, Oberhaupt der Kaufleute von Tlatelolco unter Quauhlahtonatzin
Mixtcoatl (9. oder 10. Jh.), legendärer Führer der Tolteken
Mnaidra/Malta: Megalithbauten v.
Mnemosyne, Gedächtnis, Erinnerung; Mutter der neun Musen
Moab (Ehud)/Palästina: Kgr.
Mochlos/Kreta: bronzezeitl. Sied.
Moctezuma II. (um 1466 bis 1520), Herrscher der Azteken (1502 bis 1520)
Moctezuma Ilhuicamina, Moctezuma I., Oberster Sprecher der Azteken (1440–1469)
Moctezuma Xocoyotzin, Moctezuma II., Oberster Sprecher der Azteken (1502 bis 1520)
Modena (Mutina)/Italien: röm. Kol. (um 220 v. Chr.), mutinensischer Krieg (43 v. Chr.)
Modjokerto/Java: Hominiden-Fundort
Moeris, bei Herodot erwähnt, wahrscheinlich → Amenemhet III.
Mösien (Moesia)/Geb. zwischen Balkangebirge u. Donau: röm. Prov., Geteneinbruch (85–89 n. Chr.), Goteneinfall (um 250 n. Chr.), W-Gotenansied. (um 380), bulg. (679)
Mogollon-Kultur, prähist. Kultur
Moguntiacum → Mainz
Mohammed (um 570–632), Begründer des Islam
Mohenjo-Daro/Indien: prähist. Fundort
Moloch, altsemitische Gottheit, der Menschenopfer dargebracht wurden
Molosser, Volk in Epirus
Molykreion, Stadt im Ozol. Lokris
Momčilograd (Peritheorion)/ Bulg.: byzant. Festung
Mommsen, Theodor (1817 bis 1903), Historiker, Verfasser der Römischen Geschichte

Mondsee-Kultur, Kultur d. Steinzeit
Mond, Sir Robert, englischer Ausgräber
Mongolei/Innerasien: prähist. Kulturen
Montagu/Kapland: prähist. Höhlenfunde b.
Montanisten, frühchristl. Sekte
Monte Alban/Mexiko: Tempelpyramide v.
Monte Cassino/Italien: älteste Benediktinerabtei (529)
Monte Cetona/Italien: prähist. Fundort
Monte Circeo/Italien: Hominiden-Fundplatz
Montejo Francisco (16. Jh.), spanischer Konquistador
Montemhêt, thebanischer Stadtgouverneur
Montenegro (serbokroat. Crna Gora, Zeta), Ld. Jugosl.: Slaweneinwanderung u. Christianisierung, Fsm. unter byzant., serb., venezian. Oberhoheit
Montesinos, Fernando (um 1630), spanischer Chronist
Month, Kriegsgott von Theben
Moortgat, Anton (20. Jh.), deutscher Archäologe
Mopsos, griechischer Seher
Moquihuix (gest. 1473), Herrscher Tlatelolços
Morell, Thomas (1703–1784), englischer Philosoph und Historiker
Morgan, Lewis H. (1818 bis 1881), amerikanischer Ethnologe
Morgantine, Stadt in Sizilien
Morley, Sylvanus Griswold (geb. 1878), amerikanischer Romanist und Maya-Forscher
Morris, Earl Halstead, amerikanischer Archäologe
Moschos von Syrakus (um 150 v. Chr.), griechischer Dichter
Moses, jüdischer Gesetzgeber und Geschichtsschreiber (Altes Testament)
Moses (13. Jh. v. Chr.), Stifter der Jahwe-Religion
Moskau/Rußl.: erste Nennung (1147)
Mosul (al-Mawṣil)/Iraq: Tepe-Gavra-Tempel b. (um 3000 v. Chr.)
Mot, ugaritischer Gott der Unterwelt
Motye, Stadt im W von Sizilien
Mo Tzŭ, s. Micius
Moustérien, Kultur d. Altsteinzeit
Müller, Friedrich Max (1823 bis 1900), deutscher Sprachforscher und Sanskritist
München/Bayern: Gründung (1158)
Münster/Graubünden, Schweiz: karoling. Klosterkirche
Muġayyir/Mesopotamien: heutiger Name v. Ur→Ur

Muhammad bin Tughluq (1325 bis 1351), Sultan
Muhammad Ghuri (um 1192 bis 1206), indischer Fürst
Muhammad Hakim, Bruder Akbars
Muhammad ibn Qasim (8. Jh.), arabischer Eroberer von Sind
Muhammad III. (1325–1351)
Muhammad Khalji (13. Jh.), türkischer General
Muhammad Shah (1718 bis 1748), indischer Kaiser
Muhammed Ali, Beherrscher Ägyptens (1804–1849)
Mu, König der Chou-Dynastie (1001–946 v. Chr.)
Muluc, mayanischer Tagesgott und Regengott
Mummu, Wesen in der sumerisch-babylonischen Mythologie, dessen Bedeutung nicht geklärt ist
Mumtaz Mahal, Gemahlin Shah Jahans
Munaw-wirum, Name in einem Brief Hammurabis
Munda/Spanien: Schlacht b. (45 v. Chr.)
Mundy, C. S. (20. Jh.), englischer Turk ologe
Munychia, Hafen von Athen
Murari, indischer Dramatiker
Murra, John V. (geb. 1916), amerikanischer Archäologe
Muršili I. (17./16. Jh. v. Chr.), hethitischer König
Muršili II. (1334–1306 v. Chr.), hethitischer König
Murugan, indischer Gott des Krieges und der Fruchtbarkeit
Musaios (6. Jh. n. Chr.), griechischer Dichter
Musasir/Armenien: urartäisch (seit 821 v. Chr.)
Museion, griech. Bibliothek zu Alexandrien
Musen, Töchter des Zeus und der Mnemosyne: Erato, Muse der Lyrik; Euterpe, Muse des Flötenspiels; Kalliope, Muse der epischen Dichtung; Kleio, Muse der Geschichtsschreibung; Melpomene, Muse des Gesanges und der Tragödie; Polyhymnia, Muse des ernsten Gesangs
Mušezib-Marduk (693–689 v Chr.), babylonischer König
Mutak-kil-Aššur, Name in einem Brief
Mut-asqur, Sohn des Išme-Dagan
Mut, Göttin von Theben, Gemahlin des Amun

Mu Tsung, Kaiser der T'ang (821–825)
Muttra (Mathura)/Indien: Zm. d. Buddhismus
Mu-yeh/N-China: Schlacht b. Muzencab, Bienengott
Mygdonia, Landschaft in Makedonien
Mykale/Kleinasien: Schlacht b. (479 v. Chr.)
Mykalessos, Stadt in Böotien nahe am Euripos
Mykenä, alte Stadt in Argolis
Mykene (Mykenai)/Griechenl.: Bronzezeit-Kultur
Mykerinos (Menkawrê), ägypt. König (4. Dyn.)
Mykonos, Insel westl. von Samos
Mylae/Sizilien: Schlacht b. (260 v. Chr.)
Mylä, Stadt bei Messene in Sizilien
Mylitta, s. Ištar
Myoneer, Bew. der Stadt Myon oder Myonia im Ozol. Lokris
Myonnesos, Stadt bei Teos in Ionien
Myres (20. Jh.), Archäologe
Myrkinos, edonische Stadt in Makedonien
Mytilene, Hauptstadt von Lesbos
Myttinos (6. Jh. v. Chr.), Herrscher v. Tyros
Myus, Stadt am Fl. Mäander

Naamel (8./7. Jh. v. Chr.), phönikischer Schreiber
Nabonidus, s. Nâbû-na'id
Nabonid (6. Jh. v. Chr.), König der Chaldäer
Nabopolassar (626 bis 605 v. Chr.), babylonischer König
Nabua, Name in einem Brief
Nabu, babylonischer Gott der Weisheit und Sohn
Nabupolassar (626 bis 605 v. Chr.), König von Babylon
Nachikufu/Rhodesien: prähist. Fundort
Nacxit Xuchit, s. Quetzalcoatl-Kukulcan
Nadab (Nedabja, Nedabel; um 909/908 v. Chr.), König von Israel und Vater Jeroboams
Nadina-ahu, Name in einem Gerichtsdokument
Nadin, Name in einem Brief
Nadir Shah (1736–1747), persischer König
Naevius, Gnaeus (um 270 – um 201 v. Chr.), römischer Dichter
Nagarjuna (2. Jh.), buddhistischer Kirchenvater und Begründer des Mahayana
Nagasena (2. Jh. v. Chr.), buddhistischer Heiliger und Philosoph
Nahapana (1. Jh.), Chola-König
Nahardaa, jüd. Amoräer-Akad. i. Babylonien, Abenteurerstaat i. 1. Jh. n. Chr., Reš galuta (Exilarchen), 779
Nahum (7. Jh. v. Chr.), einer der zwölf kleinen Propheten in Juda
Namadeva (1270–1350), Hymnenschreiber und Maharashtra-Heiliger
Nambanos (Nahapana; 1. Jh.), Sakhakönig
Nammalvar (6./7. Jh.), Hymnendichter
Namtar, babylonisch-assyrischer Pestdämon
Nanak Guru (1469–1538), Führer der Bhakti-Bewegung
Nanā, sumerische Göttin
Nancen Pinco (um 1370), Herrscher von Chimor
Nan-chao/Yün-nan, SW-China: Thai-Kgr. (7.–13. Jh.)
Nandivarman (um 753), indischer König
Nanking/O-China: Hptst. d. Teilreiches Wu (220–280), S-chin. Hptst. (317–589), Höhlentempel u. Grabanlagen (4. Jh.–550), Hptst. d. T'ang (937–975)
Nanna, babylonischer Mondgott, Schutzgottheit von Ur, identisch mit Sîn
Nanna-ibni, Name in einem Dokument
Nanše, weibliche Stadtgottheit von Lagaš
Nanus (um 600 n. Chr.), König von Massalia
Nanyuki-Kultur, Kultur d. Urzeit
Nanyuki: paläolith. Fundort
Napalta, mesopotamische Prinzessin
Naqsh i. Rustem (Naqs-i. Rustam)/Iran: sassanid. Felsbilder v.
Naqšbendīye, türk. Derwischorden
Nara/Japan: Erste Hptst. (710–794), Zm d. Buddhismus, Hōryūji-Tempel (607), ksl. Schatzhaus (756), Todaiji-Tempel (752), Kloster- u. Tempelst. (seit 794)
Narada, indischer Gesetzeslehrer
Narahari (15./16. Jh.), Hymnenschreiber
Naramsin-Stele, akkad. Plastik
Naranco/Spanien: german. Kgs.-Halle (8. Jh.)
Narasimhavarman I. (625 bis 660), Pallava-König
Narasimhavarman II. (um 731), Pallava-König
Narām-Sîn (2291 bis 2255 v. Chr.), Herrscher des akkadischen Weltreiches, Dynastie von Agade
Narām-Sîn (18. Jh. v. Chr.), assyrischer König; Herrscher von Ešnunna (?)
Narbada/Indien: Hominiden-Fundort
Narbonne (lat. Narbo)/S-Frankr.: Hptort d. röm. Provincia Narbonensis, westgot. Erob. (413), 2. westgot. Erob. (465),

arab. Erob. (719/20), fränk. Erob. (759), Arabereinfall (793)

Narmer, ägypt. König der Frühzeit

Narona/Dalmatien (...): Zerst. durch d. Avaren, 1376

Narseh (293–302), Sassanidenkönig

Narses (um 478 – um 573), oströmischer Feldherr

Narzissus (Narkissos), Sohn des Flußgottes Cephisus

Nasatjas, altindische Gottheit

Natal/Südafrikan. Union: paläolith. Kultur i.

Natan, Prophet in Palästina zur Zeit Davids

Natuf/Palästina: prähist. Fundort

Natuf-Kultur/Palästina, Ägypten

Naukratis/Ägypten: griech. Handelskol.

Naulochos/Sizilien: Schlacht b. (36. v. Chr.)

Naumburg/Dtschl.: Dom (1230 bis 1280)

Naupaktos, Stadt im Ozol. Lokris

Nausikaa, Tochter des Alkinoos, Königs der Phaiaken

Nausinoos, Sohn der Kalypso und des Odysseus

Navaicha/Kenya: prähist. Fundort

Naxos/Sizilien: thrak., griech. Kol.

Naxos, eine der kykladischen Inseln

Nayachandra Suri, Jaina-Gelehrter

Naymlap, legendärer Herrscher an der peruanischen Küste

Nazca-Ica-Kultur/Peru

Nazi-bugaš (14. Jh. v. Chr.), Usurpator des babylonischen Thrones

Nazi-maruttaš (1323–1298 v. Chr.), babylonischer König der Kassitendynastie

Nápata/Äthiopien: ägypt.

Nâbû, babylonischer Gott der Weisheit, Sohn des Marduk

Nâbû-apal-iddin (um 851 v. Chr.), babylonischer König

Nâbû-bel-šumati (7. Jh. v. Chr.), chaldäischer Stammesführer, Enkel Merodach-Baladans

Nâbû-nadin-zer (734 bis 732 v Chr.), babylonischer König

Nâbû-na'id (555–539 v. Chr.), letzter neubabylonischer König

Nâbû-nasir (746–734 v. Chr.), babylonischer König

Nâbû-šar-usur, Name in einem Brief

Neandertal/Dtschl.: Hominiden-Fundort

Neandertaler (Paläoanthropus), altsteinzeitl. Menschenrasse Mitteleuropas

Neapel (Neapolis, Napoli)/S-Italien: griech. Kol., byzant. Einfluß, langobardisch, Kgr. d. Anjou

Neapolis, Handelsplatz der Karthager

Nearchos (geb. 360 v. Chr.), griechischer Admiral unter Alexander dem Großen

Neb-amon, Bildhauer (18. Dyn.)

Nebethotep (Hathor), Göttin

Nebi-pu-Senwosret, königlicher Hofbeamter (12. Dyn.)

Nebitwirê Mentehotep III.: siehe Mentehotep III.

Nebukadnezar I. (1124–1103 v. Chr.), babylonischer König, II. Dynastie von Isin

Nebukadnezar II. (Nabuchodonsor 605–562 v. Chr.), babylonischer König

Neby, Mutter des Wesirs Ramose (18. Dyn.)

Nechabet, Geiergöttin von Elkab, Schutzgöttin der oberägyptischen Krone

Necho II. (610–595 v. Chr.), ägyptischer König der 26. Dynastie

Necho von Saïs (7. Jh. v. Chr.), unterägyptischer Fürst

Nedunj-Cheliyan I. (2. Jh.), König von Tamil

Nedunj-Cheliyan II. (2. Jh.), König von Tamil

Nedun Jeral Adan (2. Jh. v. Chr.), Chera-König

Neferhotep, thebanischer Beamter (18. Dyn.)

Nefer-Ihi, ägypt. Bildhauer

Neferirkarê, ägypt. König (5. Dyn.)

Neferkarê (Nephercheres), ägypt. König (21. Dyn.), Mitregent Psusennes' I.

Neferkarê, Thronname Phiops' II. (6. Dyn.)

Neferkarê, ägypt. König (3. Dyn.)

Nefertêm, jugendlicher Gott von Memphis (auf Lotosblüte)

Neferti, Weiser unter Snofru (4. Dyn)

Nefretere, ägypt. Königin (19. Dyn.)

Negade-Kultur/Ägypten

Negade (Naqada)/Oberägypten: prähist. Gräberfeld v.

Nehan, buddhist. Sekte Koreas

Nehasi, Siegelbewahrer der Königin Hatschepsut (18. Dyn.)

Nehru, Jawaharlal (1889 bis 1962), indischer Staatsmann

Neith, kriegerische Göttin von Saïs

Neitokre (griech. Nitokris), ägypt. Königin (vermutl. 6. Dyn.)

Nektanebos I. (Nechtenebef), ägypt. König (30. Dyn.)

Nektanebos II. (Nechtharehbo), ägypt. König (30. Dyn.)

Nemareth, ägypt. Prinz (21./22. Dyn.)

Nemea, Stadt im N von Argolis

Nemesis, griechische Göttin, Herrscherin über Recht und Unrecht
Neogen, Erdzeitalter
Neolithikum, (Jungsteinzeit)
Neoptolemos (Pyrrhus), Sohn des Achilleus und der Deidameia
Nephthys, ägyptische Göttin und Schwestergemahlin des Osiris
Nepos, Cornelius (gest. 32. v. Chr.), römischer Geschichtsschreiber
Neptun, römischer Gott des Meeres, dem griechischen Poseidon entsprechend
Nereus, Sohn des Pontos und der Gaia
Nerezi/N-Makedonien: Wandbilder v.
Nergal, babylonischer Sonnengott und Herrscher der Unterwelt
Nergal-šar-uṣṣur (559 bis 556 v. Chr.), babylonischer König
Nergal-ušezib (694/693 v. Chr.), babylonischer König
Nerikos, Stadt auf Leukas
Nero, Claudius Caesar Drusus Germanicus (54–68), römischer Kaiser
Nerthus, vorgerm. Muttergöttin
Nerva, Marcus Cocceius, römischer Kaiser (96–98)
Nescha/Kleinasien: Hethiterst.
Nestor-Chronik, bedeutendste ostslaw. Chronik
Nestor, König von Pylos in Messenien
Nestos, Grenzfluß zw. Thrake und Makedonien
Neti, Wächter am Tor der Unterwelt
Netzahualcoyotl, Oberster Sprecher von Tetzcoco (um 1420 bis 1472)
Netzahualpilli, Oberster Sprecher von Tetzcoco (1472 bis 1516)
Neuberg/Steiermark: Abteikirche v.
Neu-Braunschweig (New Brunswick) → Akadien
Neuguinea/Insel nördl. Austr.: Megalith-Kultur
Neu-Schottland (Nova Scotia) → Akadien
Neuseeland/Doppelinsel d. S-See: neolith. Kultur u. Besied.
Neusithoos, Sohn der Kalypso und des Odysseus
Neuspanien (Vizekgr Mexiko)/Mittelamerika → Mexiko
Neustrien/Geb. d. fränk. Reiches (zwischen Schelde u. Loire)
New Brunswick → Akadien
New Mexiko/USA: prähist. Kultur
New York (Neu-Amsterdam)/USA: prähist. Kultur

Ngandong/Java: Hominiden-Fundort
Ni-anch-Ptah, ägypt. Bildhauer
Nibelungenlied, german.-dt. Nationalepos
Nichiren-Sekte, buddhist. Sekte
Nidintu-Bel (6. Jh. v. Chr.), babylonischer Rebell
Niederösterreich/österr. Bundesld. prähist. Kulturen i.
Niger/Fl, franz. W-Afrika: prähist. Kulturen
Nig-si-sa-nabsa, Name in einem Dokument
Nikaia/Pandschab: Gründung Alexanders d. Gr.
Nikaia (türk. Izník, Izniq)/Kleinasien: Schlacht (194 n. Chr.), 1. ökumen. Konzil (325), 7. ökumen. Konzil (787)
Nikanor (Ende des 4. Jh. v. Chr.), Satrap von Medien
Nikephorion (Callinicum, jetzt Raqqa)/ NW-Mesopotamien
Nikitin, Athanasius (15. Jh.), russischer Abenteurer und Kaufmann
Nikopol a. d. Donau (Nicopoli, byzant. Nikopolis)/Bulg.
Nil/Fl., Afrika: Nilschwelle als ägypt. Kulturgrundlage
Nimchcaman (15. Jh.), letzter unabhängiger Herrscher von Chimor
Nimrod, Städteerbauer und großer Jäger
Nimrud Dagh/N-Syrien: parth. Skulpturen
Ninazu, sumerischer Gott
Nin-egal, sumerische Göttin
Ningal (Nin-gal), assyrisch-babylonische Göttin und Gemahlin des Mondgottes Sîn
Ning-hsia/NW-China: prähist. Fundort
Ningirsu, sumerischer Gott, Hauptgottheit von Lagaš, lokale Erscheinungsform von Ninurta
Ningizzida, sumerisch-babylonischer Gott der Heilkunst
Ning-po/O-China: Kultmalerei v.
Ninhursag, sumerische Göttin, Gemahlin Enki/Eas
Ninib, s. Ninurta
Nin-igi-ku, s. Enki und Ea
Ninive (türk. Kujunǧik, Qoyunǧuq)/St. a. Tigris: akkad., Hptst. d. assyr. Großreiches, Zerst. durch d. Meder (612 v. Chr.)
Ninkasi, Kind der Ninhursag in einer babylonischen Schöpfungsmythe
Ninki, göttliche Gemahlin Enkis
Ninkurra, Tochter von Enki und Ninmu
Ninlil, sumerische Göttin, Gemahlin des Enlil, später Gemahlin Aššurs
Ninmu, Tochter von Enki und Ninhursag

Nin-ni-bru, Göttin von Nippur
Ninos sagenhafter König von Assyrien und Gemahl der Semiramis; Gründer von Ninive
Ninsun, babylonische Fruchtbarkeitsgöttin und Mutter des Gilgameš
Ninsutu, Kind der Ninhursag
Ninšubur, Wesir der Inanna
Ninti, Göttin, Tochter der Ninhursag
Nintu, sumerische Göttin
Ninurta, sumerischer Sonnengott, später Jagd- und Kriegsgott
Ninurta-tukulti-Aššur (1134/1133 v. Chr.), assyrischer König
Ninus, assyrischer König, Gemahl der Semiramis
Niobe, Tochter des Tantalos und der Dione; Gemahlin des Amphion, Königs von Theben
Nioro/franz. Sudan: paläolith. Fundort
Niqmad, König von Ugarit
Niqmanda, König von Ugarit
Niqmepa, König von Ugarit
Niré/Frankr. (zwischen Tours u. Poitiers): Schlacht b. (732)
Nisaba, babylonisch-assyrische Getreidegöttin
Nisäa, Hafenstadt v. Megara
Nisibis/NW-Assyrien: assyr. Erob., Schlacht b. (217), pers. (seit 364), Erob. d. Alexander d. Gr. (331 v. Chr.), byzant. Erob. (943)
Nisos (Nisus), König von Attika und Megara
Nissayas, hinterind. buddh.-relig. Texte
Niš (Naissus)/Serbien: Goten-Schlacht b. (269), Erob. d. Attila (441)
Nitokris, bei Herodot erwähnt, wahrscheinlich → Neitokre
Nizam-ud-din Aulia, Mystiker und Sufi-Heiliger
Njoro/Uganda: prähist. Fundort
Noah, Stammvater des neuen Menschengeschlechts nach der Sintflut
Nofret, ägypt. Fürstin, Gemahlin Rahoteps (4. Dyn.)
Nofretete, ägypt. Königin, Gemahlin Amenophis' IV.
Nonnos von Panopolis (5. Jh.), griechischer Dichter aus Ägypten
Norax, Anführer der Iberer bei ihrer Landung auf Sardinien und Gründer Stadt Nora; angeblicher Sohn des Hermes und der Erytheia
Nordische Kultur: Entstehung i. Neolithikum

Noreia/Kärnten (...): Schlacht b. (113 v. Chr.)
Noricum/O-Alpen-Lsch. östl. d. Inn: röm. Prov., Germanen- u. Sarmateneinbruch (166–175)
Normandie/Frankr.: Bes. durch d. Wikinger (911)
Norwich/Engl.: Kathedr. v. (1069)
Notion, Stadt bei Kolophon
Notos, der Südwind
Nova Scotia → Akadien
Novatianer, frühchristl. Sekte
Novgorod/Rußl.: Festsetzung Rjuriks (9. Jh.)
Novilara-Kultur, Kultur d. Frühgeschichte
Nubien/Lsch., NO-Afrika: prähist. Besied., Teil d. ägypt. Reiches, ägypt. Prov.
Nu-dim-mud, s. Enki und Ea
Nürnberg/Dtschl.: Reichs-St.
Nuffa (Nippur)/Mesopotamien: akkad. St-Staat
Numantia/Spanien: Schlacht b. (153 v. Chr.)
Nu'man (6. Jh. n. Chr.), Lahmidenkönig
Numa Pompilius, 2. König von Rom, Nachfolger des Romulus
Numenios, General Antiochos' IV. (175–163 v. Chr.)
Numenios, Statthalter von Mesene unter Antiochos
Numidien/N-Afrika: Kgr. i. röm. Machtbereich, Teilung (105 v. Chr.), röm. Diözese, Erob. durch d. Vandalen (429 n. Chr.)
Numitor, König von Alba Longa
Nun, Gott der unterirdischen Wasser
Nunurta-apal-Ekur (1192 bis 1180 v. Chr.), assyrischer König
Nuragen-Kultur, Kultur d. Urzeit
Nurhachu, Gründer des Mandschu-Reiches und Mandschu-Kaiser (1559–1626)
Nusku, babylonischer Feuergott
Nut, ägyptische Himmelsgöttin
Nuzi/b. Kerkuk, Mesopotamien: churrische Fundstätte
Nūna, Name in einem Brief
Nyandong/Java: Hominiden-Fundort 1407
Nyāya, ind. Logik

Oakhurst/Südafrikan. Union: prähist. Fundort
Obaku, Richtung d. Zen-Buddhismus
Oberkassel b. Bonn/W-Dtschld.: prähist. Fundort
Oberösterreich/Österr.: Pfahlbauten
OcEo/Kochinchina: archäolog. Fundort
Octavianus, s. Augustus

Odenath, König von Palmyra
Odomanten, thrakisches Volk in Makedonien
Odrysen, thrak. Volk
Odysseus, Gestalt aus der griechischen Mythologie; Sohn des Laertes und der Antikleia; König von Ithaka → Homer
Öanther, Stamm im Ozol. Lokris
Ödipus (Oidipus), Sohn des Laios und der Jokaste; König von Theben
Öneon, Stadt ebendas. am korinth. Meerb.
Öneus (Oineus), Vater des Meleager
Öniadä, Stadt in Arkananien am Ausfl. des Acheloos
Önoë, Feste in Attika an der Grenze von Böotien
Önophyta, Ort in Böotien nahe bei Tanagra
Önussä, Inseln bei Chios
Ösyme, Küstenstadt westl. von der Mündung des Strymon
Ötäer, Volk am Öta
Ofnet-Höhle/Bayern, Dtschl.: prähist. Fundort
Ogier, dänischer Sagenheld
Ogotai Khan (1185, bis 1241), Mongolenherrscher
Ohio/USA: Hopewell-Kultur
Ohod (Uhud)/Stadt i. Arabien: Schlacht b. (625)
Oinone, Nymphe; Geliebte des Paris
Oinophyta/Griechenld.: Schlacht b. (457 v. Chr.)
Okeanos, Sohn des Uranos und der Gaia; Titan
Oktavian: siehe Augustus
Oldoway/Schlucht, Tanganjika: paläolith. Fundplatz
Olen, Verfasser des ersten „Homerischen Hymnus"
Oligozän, Paläogen-Erdzeit
Olmo/Italien: Hominiden-Fundort
Olophyxos, Stadt am Berge Athos
Olorgesaillie/Kenya: paläolith. Fundort
Olpä, Hügel u. Feste in Amphilochia in Akarnanien
Olymp, Berg in Thessalien
Olympia/Peloponnes: griech. Kultort, Heratempel, Plastik v., Festspiele
Olympiaden, griech. Festspiele
Olympia, Stadt in Elis am Alpheios
Olympieion, Tempel und Feste bei Syrakus
Olynth/Thrakien: makedon. Erob. v. (348 v. Chr.)
Omar Chajjam (gest. 1121), persischer Dichter, Mathematiker und Astronom

Omri (879–869 v. Chr.), König von Israel
Onegasee/Rußl.: neolith. Kulturen
Oneios, Berg unweit Korinth
Onesikritos, griechischer Philosoph; Stellvertreter des Nearchos und Begleiter Alexanders auf dessen Expeditionen
Onomakritos (6. Jh. v. Chr.), Schmied; angeblich Verfasser von Berichten über die Taten des Orpheus
Onuris, Gott von Ihis
Ophellas (um 322 v. Chr.), griechischer Gouverneur in der Kyrenaika
Ophioneer, Volk in Ätolien
Opiker, Volk in Unteritalien
Opis, Beiname der Artemis; bei Vergil Gefährtin der Diana
Oppenheim, A. L. (20. Jh.), amerikanischer Orientalist
Optimates (nobiles), röm. Amtsadel
Opus, Stadt in Lokris
Oran (arab. Wahrān)/Algerien: prähist. Kultur
Oranien, Kultur d. Altsteinzeit
Oranje-Freistaat/Südafrikan. Union: Middle Stone Age-Kultur
Orchomenos/Griechenl.: Schlacht b. (85 v. Chr.)
Orchon/Nebenfl. d. Selenga, Mongolei: Zentralgeb. d. turko-mongol. u. mongol. Reiche
Orchon-Inschriften, älteste, alttürk. Sprachdenkmäler
Orden → Mönchswesen d. einzelnen Orden
Ordos/Steppentafel in der Huang-ho-Schleife, Shensi, China: prähist. Kulturen
Ordos-Kunst, hunnische
Ordovicium, geolog. Formation
Oreos, Stadt auf Euböa, fruher Hestiäa
Orester, Volk in Makedonien
Orestes, Sohn König Agamemnons von Mykene und der Klytämnestra
Orestheion, Stadt in Arkadien. Oresthis wahrsch. die Umgebung derselben
Origenes (185–254 n. Chr.), Bischof von Alexandria
Orion, Sohn des Poseidon und der Euryale
Orléans (Cenabum, Aurelianum)/Frankr.: röm. Erob. (52 v. Chr.), Magyarensturm (955)
Ornëa, Stadt in Argolis
Orobiä, Stadt auf Euböa an der engsten Stelle des Euripos
Orodes I. (56 – um 36 v. Chr.), König der Parther
Orontes (4. Jh. v. Chr.), Satrap m Armenien

Oropos, Stadt im N von Attika
Orpheus, Sohn des thrakischen Flußgottes Oiagros und der Kalliope, eine der neun Musen; Sänger
Orphiker, griech. Religionsgemeinschaft (→ Orpheus)
Orsi, P. (um 1894/95), italienischer Archäologe
Orthagnes, indo-parthischer König
Orthia, Beiname der Artemis in Sparta und Arkadien
Orthodoxie: byzant. Reichskirche u. Außenkirchen
Osiris, ägyptischer Fruchtbarkeits- und Totengott von Busiris und Abydos
Osiris-Anedjti, Form des Osiris in Busiris
Oskios, Nebenfl. der Donau, im Gebirge Skomios entspringend
Oslo (Kristiania)/Norw.: Hptst., german. Mastenbau (um 800)
Osorkon I. (929–893 v. Chr.), ägyptischer König der 22. Dynasie
Osorkon II., ägypt. König (22. Dyn.)
Ostkaspische Kultur, Kultur der Vorzeit
Osymandyras, bei Diodor als Herrschername Ramses' II. überliefert
Otos, Sohn des Aloeus (oder des Poseidon) und der Iphimedea; Riese
Otrār/russ. Turkestan: Stützpunkt Dschingis-Khans
Ou-yang Hsiu (1007–1072), Staatsmann und Gelehrter der Sung-Zeit
Ovid, eigentl. Publius Ovidius Naso (43 v. Chr. – um 18. n. Chr.), römischer Dichter
Owasco, prähist. Kultur
Ozbaal (4. Jh. v. Chr.), König von Byblos
Ozbaal (5. Jh. v. Chr.), König von Kition und Idalion; Sohn des Baalmilk

Pachacamac/Peru: Inka-St.
Pachet, Löwengöttin
Padi (um 700 v. Chr.), Herrscher von Ekron
Padmagupta, König von Malva
Päonien, Landschaft in Makedonien
Pagä, Stadt in Megaris
Pagan (Tagaung, ind. Arimaddanapura)/Birma: Tantrismus i., Hptst. Birmas (9. Jh. – 1287)
Pakores (um 79–115), indoparthischer König
Paläoanthropus → Neandertaler
Paläogen, 1. Stufe d. Känozoikum
Paläolithikum (Altsteinzeit)
Paläozoikum (Altzeit), Erdzeitalter

Paläros, Küstenstadt in Akarnanien
Palästina/Vorderasien: Mesolithikum i., Neolithikum i., Eisenzeit i., Frühzeit i., Philistergeb., semit. Einwanderung (3. u. 2. Jahrtausend v. Chr.), Einwanderung d. israel. Stme. (13. Jh. v. Chr.), jüd. (bis 70 n. Chr.), ägypt., babylon.-assyr. Reiche
Palaiokastro/Kreta: minoisches Kulturzm.
Paleer auf Kephallenia
Palenque/Yucatan: Maya-St.
Palerm, Angel (20. Jh.), mexikanischer Archäologe
Palermo (griech. Panormos)/Italien: phönik. Kol., röm. Erob. (254 v. Chr.), Civitas foederata Roms, Erob. durch d. Sarazenen (831), normann. Erob. (1072)
Palikao/Algerien: prähist. Besied.
Palinurus, Steuermann des Äneas
Pallas, Sohn des Euander
Pallava-Stil, ind. Tempelstil
Pallene, Halbinsel in Chalkidike
Pallis, S. A. (20. Jh.), dänischer Gelehrter
Palmyra (arab. Tadmur, aramäisch Thadmor)/Syrien: assyr. Erob. (11. Jh. v. Chr.), Reich v. P. (bis 272 n. Chr.), röm. Zerst. (272)
Paltibaal (4. Jh. v. Chr.), König von Byblos; Baalat-Priester; Vater des Osbaal
Pamphylien/S-kleinasiat. Lsch.: griech. Kolonisation, röm. (43 n. Chr.)
Panäer, thrak. Volk in Makedonien
Panakton, Feste in Attika an der Grenze von Böotien
Panataran/Java: Hpt.-Tempel d. Mojopahit
Pan Ch'ao (1. Jh.), chinesischer General
Pan Ch'ao (1. Jh.), erste gelehrte Frau der chinesischen Geschichte
Pan Chao (31–102), Offizier, Administrator und Eroberer
Pandaros, Iykischer Bundesgenosse der Griechen im Kampf um Troja
Pandion, Vater der Prokne
Pandora, die von Hephästos geschaffene erste Frau
Pandschab (engl. Punjab, franz. Panjab)/Lsch., N-Indien-W-Pakistan: arische Einwanderung (2. Jahrtausend v. Chr.), Alexanderzug (326/25 v. Chr.), ind. u. griech. Dyn. (313 v. Chr. – 2. Jh. n. Chr.), Hunnen i. (6./7. Jh.), türk. Erob. (1001–1027)
Pangäon, Berg links vom Strymon, nahe an der Küste
Pangala-Berge/Angola: prähist. Besied.
Pan, griechischer Wald- und Weidegott; Sohn des Hermes und einer Nymphe

P'an Kêng, 19. Herrscher der Shang-Dynastie (1401–1373 v. Chr.)
Pan Ku (gest. 92), Autor des Ch'ien Han Shu
Pannonien/Geb. zwischen Donau, O-Alpen u. Save: röm. Erob. (13–9 v. Chr.), röm. Prov. (seit 9 n. Chr.), Goten- u. Vandaleneinbruch, Bes. durch d. Hunnen (5. Jh.), Avarenansied. (567)
Panormos, 1) Stadt in Sizilien, 2) Hafen von Milet
Pan-shan/China: Fundort d. Yang-shao-Kultur
Pantakyas, Fluß in Sizilien unweit Megara
Pantalica-Kultur, Kultur d. Frühgeschichte,
Pantelleria/Mittelmeer-Insel: prähist. Kulturen
Pantheon, röm. Tempel, d. Verehrung aller Götter gewidmet
Panyassis von Halykarnaß (1. Hälfte 5. Jh. v. Chr.), griechischer Dichter
Pao P'u Tzǔ, s. Ko Hung
Papak (208–222?)
Paphlagonien/Lsch., N-Kleinasien: Sitz d. Palaier
Papremis/Ägypten: Schlacht b. (460 v. Chr.)
Paralier, ein Teil der Melieer am melieïschen Meerb.
Paralos, Küstenlandschaft in Attika
Paramara (10. Jh.), mythologischer Held
Paramartha (6. Jh.), indischer Mönch; Begründer einer Hînavâna-Schule in China
Parantaka I. (907–955), Chola-König
Parattarna (nach 1500 v. Chr.), König des Mitannireichs
Parauäer, Volk in Makedonien
Pareti, L. (20. Jh.), italienischer Archäologe
Pariaca, Schöpfungsgott aus dem Hochland von Huarochiri, Schöpfer der Bewässerungsanlagen
Paris (Lutetia Parisiorum)/Frankr.: röm. Erob. (52 v. Chr.), Schlacht b. (383), Plünderung durch d. Wikinger (845), normann. Belag. (885/86), Sorbonne (12. Jh.)
Paris, trojanischer Prinz, Sohn des Priamos und der Hekuba
Parma/ltalien: roman. Dom (1130)
Parmenion (gest. 329 v. Chr.), General unter Philipp und Alexander von Makedonien
Parnass, Berg in Phokis
Parnes, Gebirge in Attika an der Grenze von Böotien
Paros/griech. Kykladen-Insel: byzant. Bes. (1126)

Paros, eine der kyklad. Inseln
Parrhasier in Arkadien
Parthenon, Athenatempel a. d. Akropolis
Parvati, eine der Manifestationen von Shivas Gattin
Parysatis, Gattin von Dareios II.
Pasiphae, Gemahlin des Minos, Mutter des Minotauros
Patmos, eine der sporad. Inseln
Paträ, Stadt in Achaia am korinth. Meerb.
Patras/Peloponnes: byzant. Wirtschafts-Zm.
Patrizier, röm. Stand d. regierungsfähigen Geschlechter
Patrokles (3. Jh. v. Chr.), Vertrauter Seleukos' I. und Antiochos' I.
Patroklos, Sohn des Thessaliers Menoitios, Freund des Achilleus
Patroklos (3. Jh. v. Chr.), Gesandter des Selenkos in Indien
Patroni, G. (20. Jh.), italienischer Archäologe
Paulikianer, manichäisch-gnost. Sekte
Paullinus, Suetonius (1. Jh.), römischer General
Paulus (um 10–67), Apostel und Missionar
Paulus von Theben (Alexandria; 228–341)
Pausanias (um 170), griechischer Schriftsteller und Perieget
Pavia/Italien: Hunneneinfall (452), ostgot. (seit 489), Erob. f. Karl d. Gr. (774)
Pazuzu, sumerischer Gott, Herr der Winddämonen
Pāli-Kanon, buddhist. hl. Schriften
Pech, Diego (16. Jh.), Kazike von Yaxcaba
Pech, Pedro (16. Jh.), heidnischer Maya-Priester in Yaxcaba
Pedra Pintada, Hptdenkmal Alt-Brasiliens
Pegu/Birma: St., Kgr. (9.–11. Jh., 13.–16. Jh.,18. Jh.)
Peiraios, verlassener Hafen im Korinthischen
Peirithoos (Pirithous), Sohn des Ixion und der Dia, König der Lapithen; einer älteren Form der Sage nach, Sohn des Zeus
Peisander von Rhodos, griechischer Gelehrter
Peisistratos, Sohn des Nestor
Peisistratos (560–527), Tyrann von Athen
Peitholaos, Kundschafter Ptolemaios' III. (246 bis 221 v. Chr.)
Pekāḥ (740–731 v. Chr.), König von Israel
Peking (Chan-baligh, Cambalu)/China: Hptst. mongol. Nomaden-Reiche (936 bis 1215), Zerst. d. Dschingis-Khan (12l5)

Pelasgikon, unbewohnter Platz in Athen
Pele, kleine Insel bei Klazomenä
Peleus, Vater des Achilleus
Pelias, König von Jolkos
Pella/Makedonien: Hptst. d. makedon. Kge.
Pellene, Stadt in Achaia
Peloponnes (Morea)/griech. Halbinsel: neolith. Besied., griech. Ansied., P.-Bund (6. Jh. v. Chr.)
Pelops, Sohn des Tantalos
Peloris, Vorgeb. im NO von Sizilien
Pelusion/Ägypten: Schlacht b. (525 v. Chr)
Penelope, Gemahlin des Odysseus
Penetes, Klasse d. Armen i. byzant. Reich
Peneus (Peneios), Flußgott in Thessalien; Vater der Daphne
Pentateuch, 5 Bücher Mose d. Alten Testamentes
Penthesilea, Tochter des Ares und der Otrere, Königin der Amazonen
Pentheus, Sohn des Echion und der Agaue; König von Theben
Peparethos, Insel an der NO-Küste von Euböa
Pepinacht, hoher Beamter (6. Dyn.)
Peraiber, Volk im N von Thessalien
Perdikkas (um 365–321 v. Chr.), Kommandeur und Leibwächter Alexanders des Großen; später Beherrscher des Alexanderreichs
Pergamon (türk. Bergama)/ Kleinasien: Alexanderzug (334 v. Chr.), hellenist. Kgr. (263–133 v. Chr.), Schlacht b. (230 v. Chr.), Zeusaltar (222 v. Chr.), b. röm. Prov. Asia, Arabervorstoß (716), (Altar, Berlin)
Perikles (um 500–429 v. Chr.), athenischer Staatsmann
Peripatos (Peripatetiker), Phil-Schule d. Aristoteles
Perkins, A. L. (20. Jh.), amerikanischer Archäologe
Perm, Erdzeitalter
Peroz (459–484), Sassanidenkönig
Persephone (Kore, Proserpina), Gestalt aus der griechischen Mythologie; Tochter des Zeus und der Demeter; Gemahlin des Hades und Göttin der Unterwelt
Persepolis (Iṣṭahr, Ṣṭahr)/Iran: pers. Hptst., Zerst. d. Alexander d. Gr. (330 v. Chr.)
Perseus, Held der griechischen Mythologie, Sohn des Zeus und der Danae
Persien/Lsch. u. Staat i. Vorderasien (Iran): Elamitisch, Medisch, Achämenidenreich

(6.–2. Jh. v. Chr.): (Zarathustrareligion), (Kgs.-Inschriften), (Palastbau), Partherzeit (Arsakidenzeit, 1. Jh. v. Chr. bis 2. Jh. n. Chr.): Sassanidenreich (3.–7. Jh. n. Chr.)
Pertosa/Italien: prähist. Fundort
Peru/indian. Reich i. S-Amerika: Vorzeit, Inka-Reich
Perusa/Italien: perusin. Krieg (40 v. Chr.)
Pesce, Gennaro (20. Jh.), italienischer Archäologe
Petosiris, Priester des Thoth in Hermupolis (4. Jh. v. Chr.)
Petra/Jordanien: St. d. röm. Prov. Arabia
Petra, Stadt im Gebiet von Rhegion
Petrie, Sir Flinders, englischer Ägyptologe und Ausgräber
Petronius (um 25 v. Chr.), römischer General
Petrus, Simon, Sohn des Jona (gest. um 64), Apostel und Jünger Jesu
Petubastis, ägypt. König (23. Dyn.)
Peukestas (4. Jh. v. Chr.), Satrap von Persien
Périgordien, Kultur d. Altsteinzeit
Périgueux/Frankr.: roman. Kathed. (nach 1120)
Pfahlbauten: neolith.
Phaeton, Sohn des Sonnengottes Helios und der Okeanide Klymene; in einer anderen Version der Sage Sohne der Eos und des Kephalos
Phagres, Stadt in Makedonien am Berge Pangäon
Phaidra, Tochter des Minos und der Pasiphae; Schwester Ariadnes und zweite Gemahlin des Thesens
Phaistos/Kreta: bronzezeitl. Sied.
Phakion, Stadt in Thessalien
Phalas (um 1190 v. Chr.), phönikischer Heerführer
Phanä, Ort auf Chios
Phanoteus, Stadt in Phokis
Pharasmanes, Herrscher von Chiva und Zeitgenosse Alexanders des Großen (336 bis 323 v. Chr)
Pharasmanes: siehe Farsman
Pharisäer, Vertreter d. strengen Gesetzesreligion innerhalb d. Judentums
Pharos, Stadt in Unterägypten
Pharro, indischer Lichtgott
Pharsalos/Griechenl.: Schlacht b. (48 v. Chr.)
Phaselis, Küstenstadt in Karien
Pheia, Stadt u. Vorgeb. in Elis
Phelles (888 v. Chr.), König von Tyros

Phemios, Sänger
Pherä, Stadt in Thessalien
Pherekydes von Syros (6. Jh. v. Chr.), griechischer Prosaschriftsteller
Pheres, Vater des Admetos, Königs von Thessalien
Pherôn, ägypt. König bei Herodot
Phidias, griechischer Bildhauer (gest. um 432)
Philemon, griechischer Schriftsteller zur Zeit des Augustus (29 v. bis 14. n. Chr.)
Philetas von Kos (vor 320 – vor 270 v. Chr.), griechischer Dichter
Philippi/Makedonien: Schlacht b. (42 v. Chr.)
Philipp I. (359–336), König von Makedonien; Vater Alexanders des Großen
Philippus der Araber (244 bis 249), römischer Kaiser
Philipp V. (221–179 v. Chr.), König von Makedonien
Philistos von Syrakus (430 bis 356/355 v. Chr.), griechischer Geschichtsschreiber
Philo, Admiral unter Prolemaios I. (gest. 283 v. Chr.)
Philodemos von Skarphe (um 110 v. Chr. – um 40 n. Chr.), griechischer Schriftsteller
Philoktetes, Sohn des Poias und der Demonassa, König zu Meliboia (Thessalien)
Philomela, Schwester der Prokne
Philonides, Landvermesser Alexanders des Großen (336–323 v. Chr)
Philon, Kundschafter unter Ptolemaios III. (246–221 v. Chr.)
Philon von Byblos (etwa 64–141), phönikischer Gelehrter und Historiker
Philostratos Flavius (170 bis etwa 240/250), griechischer Schriftsteller
Philoxenos, General Alexanders des Großen (336–323 v. Chr.)
Phineus, König von Thrakien
Phineus, Oheim der Andromeda
Phiops I., ägypt. König (6. Dyn.)
Phiops II. (um 2285–2190 v. Chr.), ägyptischer König der 6. Dynastie
Phoebe, Tochter des Uranos und der Gaia; Titanin
Phöbus (Phoibos): siehe Apollon
Phönikus, Hafen bei Erythrä in Ionien
Phönix (Phoinix), Sohn des Amyntos und der Hippodameia, Erzieher des Achilleus
Phokäa, Stadt in Ionien
Pnokis/mittelgriech. Lsch.: neolith. Besied.
Phokylides (6. Jh. v. Chr.), griechischer Lyriker

Phorcis (Phorkys), Sohn des Pontos und der Gaia; Meeresgottheit
Photius, byzantinischer Patriarch
Phraates I., Bruder des Mithridates I.
Phraates II. (um 138–128 v. Chr.), Arsakidenkönig
Phraortes: siehe Kaschtaritu
Phrataphernes (4. Jh. v. Chr.). Sarrap von Parthien und Hyrkanien
Phrixos, Sohn des Athamas, Königs von Theben, und der Nephele
Phrygia, Ort zw. Athen u. Acharnä
Phrynichos (6./5. Jh. v. Chr.), griechischer Tragiker
Phthiotis, Teil von Thessalien
Phylai, griech. Stammesverband
Phyrkos, Feste in Elis
Physka, Stadt in Makedonien
Physkon, s. Ptolemaios VIII. Euergetes II.
Phytia, Stadt in Akarnanien
Piacenza (Placentia) /Italien: röm. Kol. (um 220 v. Chr.), Schlacht b. (270), Schlacht b. (456), Konzil v. (1095), roman. Dom (1122)
Pianchi, äthiopischer König (25. Dyn.)
Pianello della Genga/Italien: prähist. Gräberfeld
Picard, Pierre-Charles (geb. 1883), französischer Archäologe
Pictor, Fabius (3. Jh. v. Chr.), römischer Geschichtsschreiber
Piedras Negras/Yucatan: Maya-St.
Pierer, Volk in Makedonien
Pierien/Lsch., Makedonien: Thrakereinwanderung
Pierion, Stadt in Thessalien
Pietersburg/Südafrikan. Union: paläolith. Fundort
Pilatus, Pontius, römischer Prokurator von Judäa; beteiligt an der Verurteilung Jesu
Pileati thrak. Adelsklasse
Pindar, griechischer Lyriker (522 oder 518 bis nach 447 v. Chr.)
Piräus, Hafen und Hafenstadt von Athen
Pirithous: siehe Peirithoos
Pisa/Italien: Dom (1063), See- u. Handelsmacht (11. bis 13. Jh.)
Pisidien/Lsch., Kleinasien: röm. Prov.
Pistoia (latein. Pistoria)/Italien: Schlacht b. (62 v. Chr.)
Pithecanthropus erectus, Frühmenschenform Javas
Pithon (4. Jh. v. Chr.), Satrap von Medien
Pizarro, Francisco (um 1475 bis 1541), spanischer Konquistador, Eroberer des In-

kareichs

Pizarro, Pedro (1514–1571), spanischer Chronist

P-Kelten, Dialektgruppe der indogerm. Sprache, jüngere: Festlandskeltisch, Gallisch Kymrisch, Kornisch, Breton., s. Q-Kelten

Platäa, Stadt in Böotien an der Grenze von Attika

Plataiai/Griechenl.: Schlacht b. (479 v. Chr)

Platon (427–347 v. Chr.), griechischer Philosoph

Platonische Akademie, Phil-Schule Platos

Platonismus, Ideenlehre Platos u. ihre Fortwirkung i. d. Philosophie

Plautus,Titus Maccius (251 bis 184/183 v. Chr.), römischer Komödiendichter

Plebejer, röm. Stand d. nicht-regierungsfähigen Bürger

Pleione, Mutter der Pleiaden, der sieben Töchter des Atlas

Pleistozän, erste Zwischeneiszeit

Plemmyrion, Anhöhe am großen Hafen von Syrakus

Pleuron, Stadt in Ätolien

Plinius, Caecilius Secundus der Jüngere (61/62 bis 113/14 n. Chr.), römischer Redner und Epistolograph

Plinius der Ältere, Gains Plinius Secundus (23–79), römischer Schriftsteller

Pliozän, Neogenzeit

Pliska/Bulg.: älteste bulg. Festung (679)

Plocamus, Annius, römischer Zollpächter für das Rote Meer zur Zeit des Claudius (41–54)

Plotin (205–270), griechischer Philosoph

Plutarch (um 46–120 n. Chr.), griechischer Historiker und philosophischer Schriftsteller

Pluto (Plutus), Sohn des Jasion und der Demeter; Gott des Reichtums und des Glücks

Pluto: siehe Hades

Pluvialzeit, eiszeitl. Regenzeit d. Tropengeb.

Pneuma, frühchristl. Begriff f. Gott a. reines Geistwesen

Pnyx, Platz in Athen

Poias, Vater des Philoktetes

Poidebard, A. (20. Jh.), französischer Archäologe

Poikehalbinsel/Halbinsel a. d. Osterinsel

Poitiers/S-Frankr.: Kathed.1230

Polada-Kultur, Kultur d. Urzeit

Polanyi, K. (20. Jh.), amerikanischer Wirtschaftshistoriker

Poleisten → Wolkenreisende

Polichna, Stadt bei Klazomenä

Poliochni/Lemnos: bronzezeitl. Sied.

Polis, Dorf im Ozol. Lokris

Polis, griech. Kleinstaat

Pollux: siehe Polydeukes

Polo, Marco (1254–1324), bedeutender Weltreisender des Mittelalters, besonders in den Fernen Osten

Polonnarua., Ceylon: buddhist. Kunst i.

Polybios (um 203–120 v. Chr.), griechischer Geschichtsschreiber

Polybos, König von Korinth

Polydektes, König von Seriphos

Polydeukes (Pollux), Sohn des Tyndareus und der Leda; Zwillingsbruder des Kastor und Bruder Helenas und Klytämnestras

Polydorus (Polydoros), Sohn des Priamos und der Hekuba; trojanischer Prinz

Polygnotos (um 500 – nach 447 v. Chr.), griechischer Maler

Polyklet, griechischer Bildhauer (2. Hälfte des 5. Jh. v. Chr.)

Polyneikes, Sohn des Ödipus und der Jokaste

Polyphemos, Sohn des Poseidon und der Nymphe Thoosa; Kyklop

Pompeii a. Vesuv/S-Italien, Zerst. (79 n. Chr.), Ausgrabung (seit 1748)

Pompeius, Gnaeus Magnus (106–48 v. Chr.), römischer Feldherr und Triumvir

Pompeius Trogus, Geschichtsschreiber

Po-nagat/S-Vietnam: Tempel v. (8. Jh.)

Pong Massa, legendärer peruanischer Fürst

Ponsich, Archäologe

Pontifices, röm. Aufsichtsorgane über d. Religionsübung

Pontigny/Frankr.: roman. Kathed.

Pontos Euxeinos, das Schwarze Meer

Pontus/N-kleinasiat. Lsch.: hethit.; Kgr. (301 bis 63 v. Chr.), röm. Prov., Goteneinfall (265 n. Chr.)

Populonia/Italien: Etrusker-St., Schlacht b. (280 v. Chr.)

Poros, König der Paurara (Puru) zur Zeit Alexanders des Großen (336 bis 323 v. Chr.)

Porphyrion, Gigant

Porsenna, etruskischer König von Clusium

Porter, Bertha, englische Ägyptologin

Poseidon, Gestalt aus der griechischen Mythologie; Sohn des Kronos und der Rhea; Gott des Meeres

Poseidonio/S-Italien: griech. Gründung, röm. Kol.

Poseidonios (um 135 bis 50 v. Chr.), griechischer Philosoph und Geschichtsschreiber
Poteideia/Makedonien: griech. Kol., maked. Erob. (357 v. Chr.)
Pot, Francisco (16. Jh.), heidnischer Maya-Priester in Yaxcaba
Potidäa, Stadt auf Pallene in Chalkidike
Potidania, Stadt in Ätolien
Poznansky, Arthur (20. Jh.), bolivianischer Archäologe
Prabhakara-vardhana (6./7. Jh.), Pushyabhuti-König
Prada, Cristóbal de (gest. 1696), Dominikanermönch, wurde von den Itza von Tayasal den heidnischen Göttern geopfert
Prämonstratenser, Mönchsorden
Prasiä, 1) Demos an der Ostküste von Attika; 2) Küstenstadt in Lakonika
Pravarasena I. (4. Jh.), Vakataka-König
Praxithea, Gemahlin der Erechtheus; Mutter der Chthonia
Prākrit, mittelind. Dialekte
Preslav/Bulg.: altbulg. Hptst. (821)
Prester John, Johannes der Priesterkönig, sagenhafter König und Priester im Osten; die Sage kam in der Mitte des 12. Jahrhunderts im Abendland auf
Prémontré/Frankr.: Mutterkloster d. Prämonstratenserordens
Priamos, Priamos, Sohn des Laomedon, König von Troja, Schatz des ...
Priapos, Stadt an der Propontis
Priene/Kleinasien: griech. Küstenst.
Prithu, erster geweihter König der Erde und Sohn des Manu
Prithviraja III. (1179–1192), der letzte Chauhan-König
Procheiron, byzant. Gesetzbuch
Prodikos von Keos (Ende 5. Jh. v. Chr.), griechischer Sophist
Proetus (Proitos), Oheim des Perseus; Usurpator des Königreichs von Argos
Prokne, Tochter des Pandion
Prokopios (6. Jh. n. Chr.), byzant. Historiker
Prokris, Tochter des athenischen Königs Erechtheus; Gemahlin des Kephalos
Prokrustes, Riese
Prometheus, Gestalt aus der griechischen Mythologie; Sohn des Tytanen Japetos und der Klymene
Pronnäer auf Kephallenia
Propertius, Sextus (um 47 – um 15 v. Chr.), röm. Dichter
Propyläen/Athen, Festtor d. Akropolis

Proschion, Stadt in Ätolien
Proserpina: siehe Persephone
Proskouriakoff, Tatiana (20. Jh.), amerikanische Archäologin
Prosopitis, Nilinsel
Protagoras (um 485 – um 414), griechischer Sophist
Prote, kleine Insel an der W-Küste von Messenien
Proteus, ägypt. König bei Herodot
Proteus, Meergreis
Protis (um 600 v. Chr.), Leiter der phokaischen Gründungsexpedition von Massalia
Protolithikum (älteres Paliolithikum), Stufe d. menschl. Urzeit
Provence/Lsch., S-Frankr.: Teil d. fränk. Reiches (seit 536), Sarazeneneinfälle (bis 972), Ausgangslsch. d. Minnesangs
Prüfening/Bayern: roman. Kirche
Předmost/Mähren: paläolith. Fundplatz
Psammetich I. (663–610 v. Chr.), ägyptischer König der 26. Dynastie
Psammetich II. (Psammis; 594–589 v. Chr.), ägyptischer König der 26. Dynastie
Pseudo-Skymnos (um 185/84 v. Chr.), Autor einer Periegese der Küsten Europas und des Schwarzen Meers in Iamben
Psiax (6. Jh. v. Chr.), griechischer Vasenmaler
Psusennes I., ägypt. König (21. Dyn.)
Psusennes II., ägypt. König (21. Dyn.)
Psyche, Gemahlin Cupidos
Ptah, ägyptischer Schöpfergott von Memphis und Schutzgott der Künste
Ptahemdjehuti, Verfasser einer Lehrschrift
Ptahhotep, Wesir und Verfasser einer Weisheitslehre (Altes Reich)
Pteleon, Stadt 1) bei Erythrä in Ionien; 2) viell. in Messenien
Ptolemaier (um 323 bis 30 v. Chr.), makedonische Herrscherdynastie in Ägypten
Ptolemaios, Claudius (um 100 – um 180), griechischer Astronom, Mathematiker und Geograph
Ptolemaios I. Soter (360–285 v. Chr.), Feldherr Alexanders des Großen; Satrap und seit 30 König von Ägypten
Ptolemaios I., makedonischer Herrscher (360–283 v. Chr.)
Ptolemaios II. Philadelphos (285 bis 247 v. Chr.), makedonischer König von Ägypten
Ptolemaios II. Philadelphos, makedonischer Herrscher Ägyptens (reg. 221–205)

Ptolemaios III. Euergetes I. (246 bis 221 v. Chr.), makedonischer König von Ägypten
Ptolemaios V. Epiphanes (204 bis 181 v. Chr.), makedonischer König von Ägypten
Ptolemaios VI. Philometor (181 bis 145 v. Chr.), makedonischer König von Ägypten
Ptolemaios VIII. Euergetes II. Physkon (145–116 v. Chr.), makedonischer König von Ägypten
Ptolemaios IX. Soter II. Lathyros (116–80 v. Chr.), makedonischer König von Ägypten
Ptolemaios XII. Neos Dionysos Auletes (80–51 v. Chr.), König von Ägypten
Ptychia, kleine Insel bei Kerkyra
Pueblo-Kulturen, prähist. Kulturen
Puerto Carillo, Felipe, Gouverneur von Yucatán
Puerto Rico (Portorico)/Insel d. Kleinen Anrillen: Entd. d. Kolumbus (1493)
Pugalendi (12. Jh.), schrieb eine neue Fassung des Ramavana
Puiemrê, reicher Grabherr
Pulakeshin II. (608–642), indischer König
Pumay, phönikische und karthagische Gottheit, entspricht dem griechischen Pygmalion
Pumayyaton (um 361–312 v. Chr.), König von Kition, Idalion und Tamassos
Pumbedita, jüd. Amoräer-Akad. i. Babylonien
Punischer Krieg: 1. (264–241 v. Chr.), 2. (219–202 v. Chr.), 3. (149–146 v. Chr.)
Purānas, hinduist. Buch d. hl. Schriften d. „Überlieferung"
Pushyamitra (2. Jh. v. Chr.), indischer König und Begründer der Shunga-Dynastie
Puškari/Ukraine: paläolith. Jägerlager v.
Puzur-Amurri, Schiffsführer der Arche im Gilgameš-Epos
Pūjā, hind. Verehrung d. Gottesbildes
Pūl, Pulu, biblischer Name des Assyrerkönigs Tiglat-Pileser III. als König von Babylonien
Pydna/N-Griechenl.: Schlacht b. (168 v. Chr.)
Pygmalion, griechischer Gott
Pygmalion, legendärer griechischer Bildhauer
Pygmalion (820–774 v. Chr.), König von Tyros; Bruder der Königin Elissa

Pylades, Freund des Orestes
Pylos, Gefährte des Herakles
Pylos (ital. Novarino)/Peloponnes: Bes. d. Athen (425 v. Chr.)
Pylos, verlassene Burg in Messenien
Pyramus (Pyramos), babylonischer Jüngling, Geliebter der Thisbe
Pyrasos, Stadt in Thessalien
Pyrrhä, Stadt auf Lesbos
Pyrrha, Tochter des Epimetheus und der Pandora; Gemahlin des Deukalion
Pyrrhos (319–272 v. Chr.), König von Epeiros
Pythagoras (um 582–497/96 v. Chr.), griechischer Philosoph und Mathematiker (Satz des…)
Pythagoreer, griech. Religionsgemeinschaft
Pythangelos, Kundschafter unter Ptolemaios III. (246 v. Chr.)
Pytheas von Massalia (4. Jh. v. Chr.), griechischer Geograph und Astronom

Qal'at Jarmo b. Kirkuk/Iraq: neolith. Fundort
Qal'at Šarqāt → Assur
Qaraqorum/Äußere Mongolei: Mongolen-Hptst.
Qarāšar (Karashar, chin. Yench'i)/Sinkiang, China: indoeurop. Vasallenstaat Chinas
Qānūn, türk. Gesetzeskompilationen
Q-Kelten, Dialektgruppe der indogerm. Sprache, auch Goidels, heutige Irisch und Schottisch-Gälisch, Manx und Piktisch. s. P-Kelten
Quäker, christl. Sekte
Quandahār → Kandāhār
Quaquanhpitzaua, erster Herrscher von Tlatelolco
Quartär (Anthropozoikum), geolog. Erdzeitalter
Quauhlahtonatzin, dritter Herrscher von Tlatelolco
Quelpart/Iusel südl. Korea: neolith. Besied.
Querumtumi (15. Jh.), General von Nimchcaman
Quetzalcoatl-Kukulcan, der gefiederte Schlangengott, Schutzgott der mexikanischen Eindringlinge, im Pantheon der Maya nur eine Randerscheinung
Quetzalcoatl (9. oder 10. Jh.), geistlicher und weltlicher Führer der Tolteken
Quibell, englischer Ausgräber
Quintilianus, Marcus Fabius (um 35 – um 96 n. Chr.), römischer Redner und Schriftsteller

Quintano/Italien: Hominiden-Fundort
Quito/Ecuador: Inka-St., span. Erob. (1533)
Quizquiz (16. Jh.), Inka-General unter Huayna Capac und Atahuallpa
Quôc ngu, latein. Transkription d. annamit. Sprache
Qurultai, Stm.-Versammlung d. mongol u. türk. Völker
Qutb-ud-din (um 1206), General Muhammad Ghuris und Begründer der Sklavendynastie
Qūt el-Amara (Qūṭ al'Amāra)/ Mesopotamien

Rabat (Ribāṭ) franz. Marokko: prähist. Besied.
Rabiṣu, babylonischer Dämon
Radha, indische Gottheit
Radha, Schäferin und Geliebte Krishnas
Raetia (Raetien)/Lsch. i. d. Schweizer Alpen u. Voralpen: röm. Prov. (15. v. Chr.)
Ragnarök, isländ. Mythos v. Sturz d. Weltherrn
Rahotep, ägypt. Baumeister (Mittleres Reich)
Rahotep, ägypt. Fürst (4. Dyn.)
Rai (Ray, Rhages)/Iran: pers. Handelsst. a. d. Seidenstr., arab. Erob. (7. Jh.), Erob. durch d. Dailamiten (931), türk. Erob. (11. Jh.). mongol. Erob. (1221)
Rajaraja 1. (985–1014), Chola-König
Rajashekhara (um 900), indischer Dramatiker
Rajendra (1014–1042), Chola-König
Rama, Erbe des Königs von Kosala
Rama, Held des indischen Epos Ramayana und Inkarnation Vishnus
Ramagupta (um 375), indischer König
Ramananda, Vaishnava-Reformer
Ramanuja (1017 bis 1137), vishnuitischer Philosoph
Ramose, Beamter Amenophis' III. (18. Dyn.)
Rampsinit, bei Herodot als ägypt. König erwähnt
Ramses I., ägypt. König (19. Dyn.)
Ramses II. (1301–1234 v. Chr.), ägyptischer König der 19. Dynastie
Ramses III. (1182 bis 1151 v. Chr.), ägyptischer König der 20. Dynastie
Ramses IV., ägypt. König (20. Dyn.)
Ramses VI., ägypt. König (20. Dyn.)
Ramses IX., ägypt. König (20. Dyn.)
Ramses XI., letzter Herrscher der 20. Dyn.

Ramsesnacht, Hoherpriester des Amun (20. Dyn.)
Rana Ghundai/Beludschistan: prähist. Sied
Rana Kumbha, Stückeschreiber und Literaturkritiker; Verfasser eines Kommentars zu Jayadevas Gita-Govinda
Rangun (Rangoon)/Birma: Shwe Dagon-Tempel
Ranjit Singh (1799 bis 1839), Sikh-König
Ranke, Hermann, deutscher Ägyptologe (gest. 1953)
Ranke, Leopold v. (1795 bis 1886), Historiker, Verfasser von Geschichte des Altertums u.a.
Rano Raraku/Vulkan a. d. Osterinsel
Ranufer, hoher ägypt. Beamter (5. Dyn.)
Rao Surjan Hara (16. Jh.), Verteidiger von Ranthambor
Raphia/S-Palästina: Schlacht b. (720 v. Chr.)
Ras/Serbien: Burg d. altserb. Rascien
Rascien/Serbien: Kerngeb. d. serb. Reiches
Rasputino/Rußl.: neolith. Fundort
Ra's Šamra, v. → Ugarit
Raval, Angehöriger des Rathor-Clans
Ravana, Dämonenkonig von Lanka (Ceylon)
Ravenna/Italien: Ks.-Res. (5. Jh.), Hptst. Odoakers u. d. O-Goten-Kge. (bis 552), Palast d. Theoderich, byzant. Exarchat (seit 539), byzant. Basiliken (6. Jh.) langobard. Erob. (751), Rechtsschule v. (10. Jh.)
Ravivarman Kulashekhara (13. Jh.), Chera-König
Ra-wer, Priester
Raziyya (1236–1240), Sultanin und Tochter des Iltutmish
Rāmāvant, hinduist. Sekte
Rāmāyaṇa, ind. Volksepos
Rām-carit-mānas, hl. Buch. d. Hindus
Rechmirê, Wesir unter Tuthmosis III. (18. Dyn.)
Regensburg/Bayern: Ks.-Res. seit Ludwig d. Deutschen
Reggio Calabria (griech. Rhegion, latein. Rhegium)/S-Italien: griech. Gründung. röm. Erob. (270 v. Chr.), Civitas foederata Roms, normann. Erob. (1060)
Regulus, Marcus Atilius (gest. nach 255 v. Chr.), römischer Feldherr
Reims/Frankr.: Normanneneinfall (883), Magyareneinfall (10. Jh.)
Reisner, George A., amerikanischer Ägyptologe
Relilai/Algerien: prähist. Fundort

Remedello-Kultur, Kultur d. Urzeit
Remus, Zwillingsbruder des Romulus
Renan, Ernest (1823–1892) französischer Religionswissenschaftler, Orientalist und Schriftsteller
Rensi, ägypt. königlicher Beamter in der Erzählung vom „Beredten Bauern"
Resaina (Ra's al-'ayn)/Mesopotamien: Schlacht b. (242 n. Chr.)
Rescheph, asiatischer Gott
Reseph, kanaanitische Gottheit
Reshef-'lhyts, phönikische Gottheit, die dem griechischen Apollon Alasioras entspricht
Reshef-Melqart, in Spanien verehrte punische Gottheit
Reshef-Mikal, phönikische Gottheit, die dem griechischen Apollon-Amyklaios entspricht
Reshef, phönikischer und karthagischer Gott des Donners, Regens und Sturmes; entspricht dem griechischen Apollon
Rê-Harachte, Sonnengott
Rê, Sonnengott
Rhadamanthys, Richter der Unterwelt
Rhea Silvia (Ilia), Tochter des Numiror; römische Vestalin
Rhea, Tochter des Uranos und der Gaia; Schwester und Gemahlin des Kronos
Rhegion, Stadt in Unteritalien
Rhein/Strom, Dtschl.: Brückenschlag Caesars (55 v. Chr.), röm. Truppenbewegungen a. (12–9 v. Chr.), röm.-german. Grenze (Limes), Mainzer Brücke (9. Jh.)
Rheitoi, Ort in Attika
Rheitos oder Rheiton, unbekannter Ort bei Korinth
Rheneia, kleine Insel bei Delos
Rhesos, König der Thraker, Bundesgenosse Trojas im Trojanischen Krieg
Rhion, Vorgeb. 1) im Ozol. Lokris; 2) gegenüber in Achaia
Rhodanes, Gestalt aus dem Prosaroman Babyloniaka des Syrers Iamblichos
Rhodesien/S-Afrika: Paläoli thikum i., Neolithikum i., Buschmannsied.
Rhodope, Gebirge in Thrakien
Rhodos/ägäische Insel: griech. Ansied., röm., arab. Erob. (653/54), byzant. (1124), Sitz d. Johanniterordens (1309–1522)
Rhöteion, Hafenstadt bei Ilion
Rhypä, Stadt in Achaia
Ridu, korean. Silbenschrift
Rifā'īya, islam. Derwischorden

Riga/Lettl.: Gründung (1201)
Rimini (Arminum)/Italien: röm. Kol. (268 v. Chr.)
Rimuš (2315–2307 v. Chr.), Herrscher des akkadischen Weltreichs aus der Dynastie von Agade
Rimut, Mitglied der Tempelbehörde unter Nâbû-na'id
Rinaldone-Kultur, Kultur d. Urzeit
Rin-Sekte d. buddh. Zen-Richtung/Japan
Rīm-Sîn (1822–1763 v. Chr.), König von Larsa
Rio, Antonio del (19. Jh.), Artilleriehauptmann in der spanischen Armee, veröffentlichte 1822 das erste Buch über die Maya-Archäologie
Rolandslied, altfranz. Heldenlied
Rom/Italien: Hominidenfund, Forum romanum (575 v. Chr.), Zerst. durch d. Kelten (397 v. Chr.), Entwicklung d. Herrschaft über Italien, Hptst. d. Imperiums, Brand v. (64 n. Chr.), Titusbogen, Traianssäule, Thermen, Abstieg u. Verfall (seit 3. Jh. n. Chr.)
Romagna/oberital. Lsch.: Kelteneinwanderung
Rome, Tochter des Äneas
Romulus, Gründer und erster König Roms → Remus
Rosser, R. C. – 20. Jh., Anthropologe
Rougé, Emanuel Vicomte de, französischer Ägyptologe
Rowe, John H. (geb. 1918), amerikanischer Archäologe
Roxane, Tochter eines sogdischen Fürsten
Rubicon/Italien: Caesars Grenzüberschreitung (49 v. Chr.)
Rudradaman (2. Jh.), indischer Shaka-König
Rudrasena II. (gest. um 390), Vakataka-König
Rudra, vedischer Gott
Rumiñahui, Inka-General aus dem Theaterstück Ollantay
Runenschrift, ca. 3. Jh. n. Chr.
Rupamati, Gestalt eines Liebesromans
Ruppert, Karl (geb. 1895), amerikanischer Altamerikanist
Rusa 1. (733–714 v. Chr.), König von Urartu
Russkaja Pravda, älteste ostslaw. Gesetzessammlung
Rustam, persischer Befehlshaber
Ryōbu-Shontō, Form d. Shintō-Religion
Rg- (Rig-)Veda, ältester Teil d. Veda

Sa''dābād (Tulpenzeitalter), osman. Kunstepoche
Sabazios, phrygische Gottheit
Sabos, Beduinenkönig zur Zeit des Augustus (29 v. bis 14. n. Chr.)
Saccopastore/Italien: Hominiden-Fundort
Sachmet, Schutzgöttin der Heilkundigen (eigentlich Göttin der Krankheiten)
Sachs, A. (20. Jh.), englischer Orientalist
Sachsenspiegel, ältestes dt. Rechtsbuch
Sachure (Sahurê; 3. Jahrtausend v. Chr.), ägyptischer König der 5. Dynastie
Saddalaputta, indischer Töpfer aus der Maurya-Zeit
Sadduzäer, jüd. Schicht d. priesterl. Familien, später Religionspartei
Sadoqiten, jüd. Sekte d. Pharisäer i. Damaskos
Safdar Ali Khan (1731–1741), Nawab des Karnatik
Saggil-kinam-ubbib, Name in einem Werk der babylonischen Weisheitsliteratur
Sagunt (röm. Saguntum, span. Sagunto, Murviedro)/Spanien: karthag. Zerst. (219 v. Chr.)
Sahagun, Bernardino de (1499 bis 1590), spanischer Dominikanermönch und Chronist
Sahara/Afrika: prähist. Kulturen d.
Sahurê, ägypt. König (5. Dyn.)
Saint-Denis/Frankr.: got. Dom
Saint-Savin/Frankr.: roman. Kathed.
Sais/Ägypten: Kgsst.
Sakkon, karthagische Gottheit
Saktschegözü/Syrien: hethit. Fsm.
Salamanca/Spanien: Kathed.
Salamis/Cypern: Schlacht b. (495 v. Chr.)
Salamis, außer der bekannten Insel eine Stadt auf Kypros
Salerno (Salernum)/S-Italien: Gründung (um 200 v. Chr.), Normannen-Ansied. (seit 1016)
Salii, röm. Priesterkollegium d. Mars
Sallust, Gaius Sallustius Crispus (86–35 v. Chr.), römischer Geschichtsschreiber
Salmakis, Nymphe; Geliebte des Hermaphroditos
Salmanassar I. (um 1281–1256 v. Chr.), assyrischer König
Salmanassar III. (858 bis 824 v. Chr.), assyrischer König
Salmanassar V. (726 bis 722 v. Chr.), assyrischer König
Salomon (Salomo; um 960–927 v. Chr.), König von Israel

Salomonischer Tempel/Jerusalem
Salona/Dalmatien: Zerst. durch d. Avaren (614)
Salzburg/St. u. Ld., Österr.: Bronzezeit-Bergbau
Samäer auf Kephallenia
Samarkand (Samarqand griech. Marakanda)/Transoxanien, russ. Zentralasien: prähist. Kultur, Handelsst. a. d. Seidenstr., Erob. d. Alexander d. Gr. (328 v. Chr.), arab. Erob. (712)
Sambandar (6./7. Jh.), shivaitischer Heiliger
Sambesi/Fl., S-Afrika: prähist. Sied. a.
Saminthos, Stadt im Gebiete von Argos
Sam-kuk sa-küi, ältestes korean. Geschichtswerk
Sammu-ramat, Mutter des Adadnirari
Samoa/Inselgr. Polynesiens: (300 bis 1400 n. Chr.)
Samos/Ägäis-Insel: Altsteinzeit, griech. Ansied., Heratempel (6. Jh. v. Chr.), Aufstand (440 v. Chr.), byzant. Bes. (1124)
Samosata a. Euphrat, SO-Türkei: byzant. Erob.
Samsu-ditana (1625–1595 v. Chr.), König der I. Dynastie von Babylon
Samsu-iluna (1749 bis 1712 v. Chr.), babylonischer König der I. Dynastie von Babylon
Samudragupta (335–375), indischer König
Samurai (Buke), japan. Lehens-Kriegerstand
Sanabares, indo-parthischer König
Sanatruk, König von Hatra
Sanchuniathon (11. Jh. v. Chr.), phönikischer Priester aus Berytos (Beirut); Verfasser eines mythologischen Werks
Sandanes (Chandak; 1. Jh.), Unterkönig des Sakhakönigs Nambanos
Sanders, William T. (geb. 1926), amerikanischer Archäologe
Sandia, Kultur i. Amerika
Sandios, Hügel unweit des Mäander
Sandrakotta, s. Chandragupta
Sandrokottos, s. Chandragupta
Sandschaks, Lehensreiterei-Bezirke d. türk. Prov.
Sanduarri (um 650 v. Chr.), kilikischer König
Sane, Stadt auf der Akte in Chalkidike
Sanga, Rana (16. Jh.), König von Mevar
Sang hyang Kamahayanikan, javan. hel. Buch d. tantrischen Buddhismus
Sangiran/Java: Hominiden-Fundort
Sangoan, Kultur d. Urzeit Afrikas
Sango-Bay/Uganda: paläolith. Besied.

Sanherib (Sinachcherib); 705 bis 681 v.
Chr.), assyrischer König
San Isidro b. Madrid/Spanien: paläolith.
Fundort
Sankt Gallen/Schweiz: Benediktinerabtei
irischer Stiftung
Sankt Gotthard/Schweiz: Alpenpaß
San Maura/Peloponnes: osman. Erob.
Sanskrit, ind. Schriftsprache
Sant Albans/Engl.: Kathed. (1077 bis 1088)
San Teodoro/Sizilien: paläolith. Fundort
Santiago de Campostela/Spanien: arab.
Erob. (997), Wallfahrtsort, Ordensritter-
sitz
Sant'Ippolito-Kultur/Sizilien
Santon-Sekte, buddh. Schule i. Korea
Sappho (um 600 v. Chr.), griechische Dich-
terin
Sarah, Halbschwester und Frau Abrahams
Sardanapal, s. Assurbanipal
Sardes, Hauptst. von Lydien.
Sardinien/Mittelmeer-Insel: neolith. Kultur,
Bronzezeitkultur, phönik. Handelskol.
(9. Jh. v. Chr.), röm. Prov. (238 v. Chr.)
Sardo(s), afrikanischer Anführer einer Kolo-
nistengruppe auf Sardinien nach Pausani-
as und Solinus
Sarduri II. (760–730 v. Chr.), König von
Urartu
Sardus pater, sardinische Gottheit
Sargon I. (um 1860 v. Chr.), assyrischer Kö-
nig
Sargon I. von Akkad (2414 bis 2358 v. Chr.),
mesopotamischer König
Sargon II. (721–705), König von Assyrien
Sargon (2371–2316 v. Chr.), Begründer der
Dynastie von Akkad
Sarkel/S-Rußl.: Chazaren-Hptst. u. Festung
Sarmiento de Gamboa, Petro (1532 bis um
1592), spanischer Chronist
Sarmizegetusa/Banat: Daker-Hptst., 1. röm.
Erob., (102 n. Chr.), 2. röm. Erob. (106
n. Chr.)
Sarpanitum, babylonische Geburts- und
Fruchtbarkeitsgöttin und Gemahlin
Marduks
Sarpedon, Sohn des Zeus und der Europa; im
Trojanischen Krieg Bundesgenosse Tro-
jas
Sarvistān/Iran: sassanid. Kgs.-Palast
Sasem, phönikischer Gott
Satakarni (1. Jh.), erster Satavahana-König
Satan, Widersacher Gottes, Teufel
Sataspes, persischer Seefahrer in Diensten
des Xerxes (485–465 v. Chr)

Satemsprachen, indogerman. Sprachen,
Sprache der Reibelaute, s. Arisch, Arme-
nisch, Slavisch, Baltisch, s. auch Kentum-
sprachen
Satet, Göttin der Kataraktgegend
Satrapes, griechischer Gott; Vergöttlichung
des Satrapen als Stellvertreter des Groß-
königs
Saturnus, römischer Gott des Ackerbaus,
der Obst- und Weinkultur; entspricht
dem griechischen Kronos
Satyros, Kapitän und Kundschafter unter
Ptolemaios II. (285–246 v. Chr.)
Saul (11. Jh. v. Chr.), König von Israel
Saussatar (15. Jh. v. Chr.), König des Mitan-
nireichs
Savignano/Italien: jungpaläolith. Fundort
Savitri, indische Sonnengottheit
Sākala (Sagala, griech. Euthydemia)/ Pand-
schab, Indien: Hptst. d. indo-griech. Rei-
ches (2. Jh. v. Chr.)
Sāmarrā/Iraq: prähist. Funde, Gründung
(836) u. Hptst. (bis 891)
Sāmaveda, Teil d. Veda, Opferlieder
Sāṃkhya, hinduist. philos. Schule
Schaedel, Richard (geb. 1920), amerikani-
scher Archäologe
Schahpur I. (242–272), Sassanidenkönig
Schahpur II. (309–379), Sassanidenkönig
Schai, Gott des 11. Gaues von Oberägypten
Schepseskaf, ägypt. König (4. Dyn.)
Schisma: erstes (Acaciusschisma), zweites
(Photiosschisma), großes (endgültiges)
Schlesien/Lsch. beiderseits d. mittleren u.
oberen Oder: Urnenfelder-Kultur, La
Tène-Kultur
Schleswig (Haithabu)/St., Dtschl.: dän.
Handelsst. (9. Jh.–um 1050)
Schliemann, Heinrich (1822 bis 1890), deut-
scher Archäologe, Entdecker und Aus-
gräber von Troja und Mykene
Schöneus (Schoineus), König von Böotien
Scholes, France (geb. 1897), amerikanischer
Historiker
Schonen/Schweden: dän. (seit d. 9. Jh.)
Schoschenk I., ägypt. König (22. Dyn.)
Schoschenk II., ägypt. König (22. Dyn.)
Schoschenk III., ägypt. König (22. Dyn.)
Schu, Gott der Luft
Schutruknachunte (um 1175 v. Chr.), König
von Elam
Schwäbische Alb/Gebirge, S-Dtschld.: prä-
hist. Kultur
Schwarzrheindorf b. Bonn/Dtschl.: roman.
Turmkirche (n. 1150)

Schweden/O-skand. Staat: Vorzeit, Wikingerzeit (Birgitta), (urgerman. Kunst)
Schweiz: Vorzeit, Helvetier, Römerprovinz, Alamanneneinfall, Burgunder, Frankenzeit
Scipio, Lucius Cornelius (um 259 v. Chr.), römischer Feldherr und Sohn des Lucius Cornelius Scipio Barbatus
Scipio, Publius Cornelius Aemilianus Africanus minor (um 185–129 v. Chr.), römischer Feldherr
Scipio, Publius Cornelius (um 185–129), römischer Feldherr und Konsul
Sebennytos/Ägypten: Kg.-St.
Sebilien, Kultur d. Urzeit
Sebni, Kundschafter unter Phiops II. (um 2285–2190 v. Chr.)
Sechemchêt, König (3. Dyn.)
Sechet, Göttin des Feldes
Segovia/Spanien: got. Kathed.
Sehetepibrê, Verfasser einer Lehrschrift
Sekenenrê, thebanischer König (17. Dyn.)
Sekhmet, ägyptische Gottheit
Seladon, Eisenglasur-Keramik, korean.
Selene, griechische Mondgöttin
Seler, Georg Eduard (1849 bis 1922), Amerikanist am Berliner Museum für Völkerkunde
Seleukia (n. 226 n. Chr. → Ktesiphon)/Mesopotamien: Hptst. d. Seleukiden-Reiches, Erob. durch d. Parther (141 v. Chr.), röm. Erob. (115/16 n. Chr.), röm. Erob. (165 n. Chr.), röm. Erob. (199), pers. Erob. (226)
Seleukiden (um 312 bis 64 v. Chr.), syrische Herrscherdynastie
Seleukos II. Kallinikos (246–226 v. Chr.), Seleukidenkönig
Seleukos I. (305–281 v. Chr.), Begründer der Seleukidendynastie
Seleukos (2. Jh. v. Chr.), Geograph
Selinus, Stadt in Sizilien
Selkis, Göttin (weibl. Skorpion)
Sellasia/Griechenl.: Schlacht v. (222 v. Chr.)
Semele, Tochter des Kadmos und der Harmonja; Geliebte des Zeus und Mutter des Dionysos
Semenchkarê, ägypt. König, Mitregent des Achenaten (18. Dyn.)
Semiramis (Sammuramat), legendäre Königin von Assyrien und Gemahlin des Ninos
Sempronius, Tiberius Sempronius Longus (um 218 v. Chr.), römischer Feldherr
Sena Gallica/Italien: röm. Militärkol.

Senatoren, röm. Adelsstand
Sena (15. Jh.), indischer Hymnenschreiber und Barbier
Seneb, Zwerg und Hofbeamter (6. Dyn.)
Seneca, Lucius Annaeus (um 4 v. Chr. – 65 n. Chr.), römischer Philosoph und Dichter
Sengirli (Schamal)/N-Syrien: Hethiter-St.
Senlis/Frankr.: frühgot. Dom
Senmut, Haushofmeister der Königin Hatschepsut (18. Dyn.)
Sennacherib (705–681 v. Chr.), assyrischer König
Sens/Frankr.: frühgot. Dom
Sentium/Italien: Schlacht b. (295 v. Chr.)
Senwosret-anch, ägypt. Beamter (12. Dyn.)
Senwosri (Senwosret, Sesostris) III. (um 1878–1841 v. Chr.), ägyptischer König der 12. Dynastie
Sepa, Gott von Heliopolis (Tausendfuß)
Sephanja (7. Jh. v. Chr.), Prophet
Septimus Severus (146–211), römischer Kaiser seit 193
Sermonides von Samos, griechischer Gelehrter
Sermyle, Stadt auf Sithonia in Chalkidike
Serovo/Sibirien: neolith. Fundort
Serraferlicchio-Kultur, Kultur d. Urzeit
Sertorius, Quintus (um 123–72 v. Chr.), römischer Feldherr
Servius Tullius, 6. König von Rom
Seschât, Göttin
Sesi, Kosename → Ramses' II.
Sesklo/Griechenl.: neolith. Fundort
Sesklo-Kultur, Kultur d. Urzeit
Sesostris I. (um 1991 v. Chr.), ägyptischer König der 12. Dynastie
Sesostris II., ägypt. König (12. Dyn.)
Sesostris III., ägypt. König (12. Dyn.)
Sestos, Stadt in der thrak. Chersones
Setau, ägypt. Beamter, Gouverneur von Nubien
Sethe, Kurt, deutscher Ägyptologe (gest. 1934)
Seth, Gott der Wüste und des Gewitters
Sethos I. (1314–1292 v. Chr.), ägyptischer König der 19. Dynastie
Seti, ägypt. Architekt
Sernachte, König, Vater Ramses' III. (20. Dyn.)
Setna (Setna-Chamwêse), Held eines demotischen Romans
Severus, Lucius Septimius (193 bis 211), römischer Kaiser
Sevilla/Spanien: arab. (712 bis 1248), Normanneneinfall (844)

215

Sextus, Sohn des Tarquinius Superbus
Shadrapa, phönikische und karthagische Gottheit; entspricht dem römischen Liber pater
Shah Alam II. (18. Jh.), Großmogul
Shah Ismail (16. Jh.), Perserkönig
Shah Jahan (1592 bis 1666), Großmogul
Shahji (17. Jh.), Marathen-Häuptling und Lehnsmann Bijapurs
Shahu (18. Jh.), Sivajis Enkel
Shah Wali-ullah (18. Jh.), indischer Theologe
Shaibani Khan (15. Jh.), Usbeken-Häuptling
Shamshi-Adad V. (9. Jh. v. Chr.), assyrischer König und Vater des Königs Adadnirari
Shang Ti („der Erhabene Ahn"), eine Ahnengottheit; Personifizierung des T'ien
Shan-hsi (postamtl. Shansi)/Prov., St., N-China: Yanshao-Kultur i., chin. Staatsbildung i. (1800 bis 1500 v. Chr.), Schwerpunktgeb. d. alchin. Reiche, Hunnen i. (seit 220 n. Chr.), Zm. kurzlebiger chin. Dyn (907–959)
Shankaracharya (7. Jh.), indischer Brahmane und Philosoph
Shan-tung/Prov., N-China: Lung-shan-Kultur i. (ab 2000 v. Chr.), Fundgeb. altchin. Kunst, Beginn chin. Staatsbildung i. S-Sh. (1800–1500 v. Chr.), Aufstand d. Gelben Turbane (184 n. Chr.), Felsskulpturen d. Sun-Zeit i., mongol. Erob. (1258)
Shaoshyant, pers. Messiasbegriff
Shao Yung (1011–1077), Sung-Philosoph
Shed, karthagische Gottheit
Shen-hsi (postamtl. Shensi)/Prov., NW-China: Yangshao-Kultur i., Zentralgeb. d. Chou-Reiches (100–250 v. Chr.), Funde d. Hunnenkunst i., tibet. Einfluß (8. Jh.), mongol. Erob., – Befriedung nach d. Mongolenzeit (1369)
Sher Khan Sur (gest. 1545), afghanischer Adliger und Herrscher von Bengalen
Sheshonq I. (950–929 v. Chr.), ägyptischer König der 22. Dynastie
Shê, Gottheit des Bodens und der Erde
Shêng Tsu, Kaiser der Mandschu-Dynastie (1662–1722)
Shên Nung (2838 bis 2698 v. Chr.), einer der „Drei Herrscher"; Gottheit der Medizin
Shên Tao, Taoist und Rechtsphilosoph
Shên Tsung, Ming-Kaiser (1572 bis 1620)
Shên Tsung, 6. Sung-Kaiser (1068–1085)
Shên Yo (441–513), Staatsmann und Dichter
Shi-ching (Buch d. Lieder)

Shih Huang Ti („Der Erste Kaiser"), Begründer des ersten zentralisierten Reiches (221–210 v. Chr.)
Shih Tsu, Kaiser der Mandschu-Dynastie (1644–1661)
Shih Tsung, Kaiser der Mandschu-Dynastie (1723–1735)
Shih Tsung, Ming-Kaiser (1521 bis 1566)
Shi-Huang-Ti (221 bis 210 v. Chr.), Kaiser von China
Shijō-Schule, japan. Malereischule
Shingon-Sekte, Sekte d. Māhāyana-Buddhismus
Shintō, Shintoismus, Urreligion Japans
Shipitbaal I. (880 v. Chr.), Herrscher von Byblos
Shipitbaal II. (um 400 v. Chr.), Herrscher von Byblos
Shishunaga (413 v. Chr.), König von Magadha
Shiva, eine der indischen Hauptgottheiten
Shōgun/Japan (8. Jh.–1867)
Shri Pulumavi, s. Vasishthiputra
Shu, ägyptischer Gott der Luft
Shu-chin (Buch d. Urkunden)
Shudraka (4. Jh.), indischer Dichter
Shukhath/Palästina: prähist. Fundort
Shun Chih, Mandschu-Kaiser, s. Shih Tsu
Shun (2255–2205 v. Chr.), einer der „Fünf Kaiser"
Shwe Dagon, hervorragendster Tempelbau Siams
Siam/Kgr. i. Hinterindien: 7.–19. Jh.: (Theravāda-Buddhismus)
Siamun, ägypt. König (21. Dyn.)
Sibawaih, arabischer Grammatiker aus Persien
Sibirien/russ. N-Asien: Paläolithikum i., Neolithikum i., Bronzezeit i., Äneolithikum i., Tataren-Reich Sibir. (seit d. 14. Jh.)
Sibitti-bi'li (8. Jh. v. Chr.), König von Byblos
Sibylle von Cumae, weissagende Frau. Führerin des Äneas durch die Unterwelt
Sibyllinische Bücher, röm. Orakelbuch
Sichem/Palästina: altkanaanit. Hlm., Hptst. Israels, Samariter-Hlm., Zerst. (120 v. Chr.)
Sidi Maula (15. Jh.), Mystiker und Scharlatan
Sidon (phönik. Siduna, jetzt Saida, Saʻīda)/Libanon: phönik. St.-Staat, Zerst. durch d. Hyksos, assyr. Zerst., Kreuzf.-Stützpunkt

Sidon, Sohn des Kanaan
Sidqia (596–586 v. Chr.), letzter König von
Juda
Siduri, Seherin aus dem „Gilgamesch-Epos"
Sidussa, Stadt in Ionien
Siebenbürgen/Lsch., Rum.: bandkeram.
Töpferkunst, prähist. Kultur, dakisches
Siedlungsgeb., Teil d. röm. Prov. Dacia
(107–271 n. Chr.), Avareneinfall (567),
Rumänentum, bulg. Erob. (808) – ung.
(seit 1000), Tätigkeit d. Dt. Ritterordens
(1211–1225)
Sigeion, Küstenstadt bei Ilion
Sikandar (16. Jh.), Sohn Daulat Khan Lodis
Sikania, alter Name von Sizilien
Sikanos, Fluß in Iberien
Sikeler, Barbaren in Sizilien
Sikelioten, die Griechen in Sizilien
Silenus (Silenos), Satyr, Begleiter des Bac-
chus
Silim-Ištar, Name in einer Gerichtsurkunde
Silistria (Durostor)/Dobrudscha: byzant.,
waräg. Erob. (967), bulg. Patriarchat
(926–972), osman. (1394)
Silius, Catius Silius Italicus (1. Jh.), römi-
scher Konsul, Verfasser des epischen Ge-
dichts „Punica"
Silur, Erdzeitalter
Simmias, Kundschafter unter Ptolemaios
III. (246–221 v. Chr.)
Simonides von Keos (um 556–468 v. Chr.),
griechischer Chorlyriker
Simonides von Magnesia (3. Jh. v. Chr.),
griechischer Schriftsteller und Geograph
Simos (um 600 v. Chr.), Leiter der phokai-
ischen Gründungsexpedition von Massa-
lia
Simson, Gestalt des „Alten Testaments"; ei-
ner der Richter Israels
Sinai/Gebirge, Offenbarungsstätte Jahves,
orthod. Katharinenkloster
Sinai/röm. Prov. Arabia, Halbinsel i. N d.
Roten Meeres: Kampfgeb. u. Handelswe-
ge d. Ägypter
Singi, Stadt am Athos
Sin-han/O-Korea: loser Staatsverband (bis
1. Jh. v. Chr.)
Sin-iddinam (18. Jh. v. Chr.), König von
Larsa
Sin-iqišam, Name in einem Dokument
Sin-magir, Name eines Statthalters in einem
Brief
Sin-muballit, Name in einer Rechtsurkunde
Sin-muštal, Name in einem Brief Hammura-
bis

Sinonis, Gestalt aus dem Prosaroman Baby-
loniaka des Syrers Iamblichos; Gattin des
Rhodanes
Sinope/N-Kleinasien: byzant. Hafenst.
Sinope, Tochter des Asopos
Sin-šar-iškun (622? bis 612 v. Chr.), assyri-
scher König
Sinter, Volk in Makedonien am Gebirge
Kerkine
Sinuessa/Italien: Schlacht b. (340 v. Chr.)
Sinuhe, Held eines ägypt. Romans
Siphä, Stadt bei Thespiä in Böotien am ko-
rinth. Meerbusen
Sippar (jetzt Abū Ḥabba)/Mesopotamien:
akkad. St.-Staat
Siraj (um 1211–1227), indischer Historiker
Sirhindia, Sheikh Ahmad (17. Jh.), moslemi-
scher Philosoph
Siriptolemaios, s. Sri Pulumayi
Siro Polemaios (138–170), Andhra-König
Sisak (Siscia)/Jugosl.: Schlacht b. (388)
Sisyphos, Sohn des Aiolos, Königs von
Thessalien, und der Arete
Sita, Prinzessin von Videha und Gattin Ra-
mas
Sit-Rê, Amme der Hatschepsut (18. Dyn.)
Sivaji (gest. 1680), Sohn Shahji Bhonsles
Sizilien/Insel, Italien: prähist. Kulturen, Si-
kuler, Sikaner u. Elymer (seit 900 v.
Chr.), griech. Kol. a., Angriff Athens
(415–413 v. Chr.), Reich v. Syrakus, kart-
hag. Stützpunkte, röm. Prov. (241 v.
Chr.), Sklavenaufstand (135 v. Chr.)
Sīstān (Drangiana, Sakastan, Seistan)/Lsch.
O-Irans: Erob. d. Alexander d. Gr. (330
v. Chr.), Sakenansied. (um 155 v. Chr.),
arab. Erob. (7. Jh.), arab. Teilstaat unter
d. Saffāriden (bis 880), türk. Erob. (1003)
Sîn, assyrischer Mondgott, identisch mit
Nanna
Sîn-muballit (1812–1793 v. Chr.), babyloni-
scher König, Vater Hammurabis
Sjuren/Krim: mesolith. Höhlenstation
Skamandros, griechischer Flußgott
Skandagupta (gest. 467), indischer König
und Nachfolger Kumaraguptas
Skandeia, Stadt auf Kythera
Skione, Stadt auf Pallene in Chalkidike
Skiritis, Landstrich von Lakonika an der
Grenze von Arkadien
Skiros, Insel östlich von Euböa
Skolos, Stadt unweit Olynth
Skomios, Gebirge im N von Makedonien
Skorpion, ägypt. König der Frühzeit
Skylax von Karyanda (6. Jh. v. Chr.), grie-

chischer Geograph und Forschungsreisender im Auftrag Dareios' I. (521–486 v. Chr.)

Skylläon, Vorgeb. in Argolis zw. Trözen u. Hermione

Skylla, Tochter des Nisos, Königs von Megara

Skyros/Ägäis-Insel: neolith. Besied.

Skythen, Volk im N des Istros

Slowakei: Pfahlbauten i. d.

Smendes, Fürst von Tanis und erster König der 21. Dyn.

Smith, A. Ledyard (20. Jh.), amerikanischer Archäologe

Smith, Elliot (20. Jh.), amerikanischer Ethnologe

Smithfield-Kultur, Kultur i. S-Afrika

Smith, Sidney (20. Jh.), englischer Assyriologe

Smith, Vincent, englischer Historiker

Smon, ägypt. Gott (Nilgans), mit Amin gleichgesetzt

Snofru (3. Jahrt. v. Chr.) ägyptischer König

Sobek, Krokodilgott

Soden, Wolfram von (geb. 1908), deutscher Akkadologe

Soest/Westfalen: roman. Turmkirche (Patrokli-Kirche, 12. Jh.)

Sogdiana (Sogdien)/hist. Lsch., russ. Zentralasien, pers. Satrapie, Erob. d. Alexander d. Gr. (329–323 v. Chr.), Samaniden-Herrschaft (874–999)

Sokaris, Fruchtbarkeits- und Totengott von Memphis

Sokar-Osiris (= Sokaris + Osiris) Gott

Sokrates (470–399 v. Chr.), griechischer Philosoph

Solana de Cabañas/Spanien: prähist. Fundort

Solà-Solé, J. M. (20. Jh.), französischer Semitist

Solinus, C. Iulius (um 250), römischer Grammatiker aus Astorga

Sollion, Stadt in Akarnanien

Soloeis, Stadt im W von Sizilien

Solon (um 640 – um 560 v. Chr.), griechischer Lyriker und Politiker

Solutréen, jungpaläolith. Kulturstufe W-Mitteleuropas

Solygeia, Dorf im Gebiete von Korinth

Somadeva (11. Jh.), indischer Dichter

Soma, indische Gottheit des berauschenden Saftes Soma

Somaliland NO-Afrika: Steinzeitkultur

Somasker, Mönchsorden

Sopd, Gott des Ostens

Sophagasenos (Ende des 3. Jh. v. Chr.), indischer König

Sophagasenos, s. Subhagasena

Sophienkonzil → Konstantinopel

Sophisten, griech. Klasse d. Gel.

Sophokles (um 497 – um 406 v. Chr.), griechischer Tragiker

Sophonisbe (gest. 201 v. Chr.), Tochter des Karthagers Hasdrubal

Sophon (Subhanu), indischer Verfasser eines Reiseberichts

Soter II. Lathyros, s. Ptolemaios IX.

Soto, buddh. Sekte, Richtung d. Zen-Buddhismus

Sozinianer → Unitarier

Sōn-tsong, buddh. Sekte → Zen

Spanien/Staat d. Iber. Halbinsel: Vorzeit, Karthager, Römer, W-Gotenzeit, Byzanz, Maurenzeit, Reconquista (Ritterorden)

Sparta/Peloponnes: dorischer St.-Staat

Spartok (um 437 n. Chr.), König der Spartokiden

Spartolos, Stadt etwas westl. von Olynth

Speiser, Ephraim Avigdor (1902 bis 1965), amerikanischer Orientalist

Speyer/W-Dtschl.: Dom (1030), St.-Privileg (1111)

Sphakteria, Insel an der W-Küste von Messenien

Sphinx, altägypt. Plastik

Spiegelberg, Wilhelm, deutscher Ägyptologe (gest. 1930)

Spinden, Herbert J. (geb. 1879), amerikanischer Anthropologe

Spirale: bandkeram. Hpt.-Motiv, german. Spiralenornament

Spiritualen, strenge Richtung d. Franziskaner

Split (Spalato)/Dalmatien: Kirchenversammlung v. (925)

Springbuck/Transvaal: prähist. Fundort

Spy/Belgien: Hominiden-Fundort

Sri Pulumayi (Siriptolemaios; 138–170) Andhrakönig

Ssu-ch'uan/Prov., SW-China: Prov. d. Han-Reiches, Aufstand d. „Gelben Turbane" (184 n. Chr.),Teilfsm. d. Shu (221–264), tibet. Einfluß i. (8. Jh.), mongol. Erob. (1256), chin. Rückerob. (1256)

Ssŭ-ma Ch'ien (um 136 – um 85 v. Chr.), Historiker und Gelehrter der Han-Zeit, Verfasser des Shih Chi

Ssŭ-ma Kuang (1019–1086), Gelehrter und

Historiker der Sung-Zeit
Ssŭ-ma T'an (gest. 110 v. Chr.), Astrologe
und Historiker am Hof des Wu Ti
Ssŭ-ma Yen (236–290), Großgeneral von
Wei; Begründer der Tsin-Dynastie
Stageiros, Stadt am strymonischen Meerb.
Starcevo/Serbien: neolith. Fundort
Stasinos von Cypern, griechischer Gelehrter
Statius, Publius Papinius (um 45–96), römi-
scher Dichter
Stavenhagen, Kurt 20. Jh., mexikanischer
Altamerikanist
Steggerda, Morris (geb. 1900), amerikani-
scher Maya-Forscher
Steiermark/Österr.: Wohnsitz d. Taurikser,
Kimberneinfall (105 v. Chr.), Trennung
v. Bayern, Hzm. (1180)
Steinheim/Dtschl.: Hominiden-Fundort
Steinkohlenzeit → Karbon
Steinkupferzeit → Chalkolithikum
Stentinello-Molfetta-Kultur, Kultur d. Ur-
zeit
Stephanos von Byzanz (6. Jh.), griechischer
Grammatiker
Stephens, John Lloyd (1805 bis 1852), ame-
rikanischer Diplomat und Archäologe
Sterkfontein/Südafrikan. Union: paläolith.
Fundort
Stesichoros (um 600 v. Chr.), griechischer
Dichter auf Sizilien
Steward, Julian (geb. 1902), amerikanischer
Ethnologe
Sthenelos, Sohn des Perseus und der Andro-
meda
Stheno, Schwester der Medusa
Stillbay/Kapkol.: paläolith. Besied.
Stillbay-Kultur, Kultur i. S.-Afrika
Stirling, Matthew William (geb. 1896), ame-
rikanischer Archäologe
Stoa (Stoizismus), griech. Phil.-Schule
Stockholm/Schweden: Gründung (11. Jh.)
Stonehenge/S-Engl.: Megalithkultur v.
Storting, norweg. gesetzgebende Volksver-
sammlung
Strabon aus Amaseia (um 64 v. bis 19 n.
Chr.), griechischer Geschichtsschreiber
und Geograph
Stralsund/Pommern: Nikolai-Kirche (seit
1276)
Straßburg/Elsaß: Schlacht b. (357), Eid z.
(842), Münster (1015)
Straton (um 362 v. Chr.), König von Sidon
Stratos, Stadt in Akarnanien
Strato (2. Jh. v. Chr.), hellenobaktrischer
König

Strepsa, Stadt in Makedonien
Strongyle, eine der Liparischen Inseln
Strymon, Fluß in Makedonien
Styra, Stadt auf Euböa
Subbiluliuma, Hethiterkönig (12. Jh. v.
Chr.)
Subhagasena (Sophagasenos; gest. um 206 v.
Chr.), indischer König
Suchos, Krokodilgott: siehe Sobek
Sudas (10. Jh.), König der Bharat
Südafrikan. Union/Afrika: paläolith. u. neo-
lith. Kultur
Sugandha (10. Jh.), Königin von Kashmir
Su Hsin (1009–1066), Philosoph; Gründer
der Su-Schule
Suidas (Suda), fälschlich als Personenname
aufgefaßter Titel eines byzantinischen
Reallexikons aus dem 10. Jahrhundert
Sui Wên Ti, Herrscher der Sui-Dynastie
(580–604)
Sumu-abum (1894 bis 1881 v. Chr.), babylo-
nischer König, Begründer der I. Dynastie
von Babylon
Sumu-ilum (1894 bis 1865 v. Chr.), König
von Larsa
Sumu-la-ilum (1880 bis 1845 v. Chr.), baby-
lonischer König der I. Dynastie von Ba-
bylon
Sundara Chola, Verfasser der Anbil-Schen-
kungsurkunde
Sundarar (6./7. Jh.), shivaitischer Heiliger
Sung Yun (um 518–522), chinesischer Bud-
dhist in Indien
Sunion, Vorgeb. an der S-Spitze von Attika
Sunpad (8. Jh. n. Chr.), Gefolgsmann des
Abu Moslem
Suppululiuma (14. Jh. v. Chr.), hethitischer
Herrscher
Sura, jüd. Amoräer-Akad i. Babylonien
Surashmichandra, Vasall eines Gupta-Mon-
archen
Surāstra/Kathiawar, Indien: Herrschaftsgeb.
d. Ksatrapa (1./2. Jh.), Rajputen-Klein-
staat i. (10.–12. Jh.)
Surdas (1483–1563), Hindi-Dichter
Suren, parthische Feudalfamilie
Surman, englischer Botschafter am Mogul-
Hof
Surya, indische Sonnengottheit
Susa/Iran: Elamiter-Hptst., Zerst. durch d.
Assyrer (639), Einzug Alexanders d. Gr.
(331 v. Chr.)
Sushruta (um 300), indischer Mediziner
Su Tsung, T'ang-Kaiser (756 bis 763)
Sverdlowsk (Jekaterinburg)/Rußl.: bronze-

zeitl. Funde b.

Swadesh, Morris (20. Jh.), amerikanischer Sprachforscher

Swanscombe-Engl.: Hominiden-Fundort

Swartz, Frederick Christian (18. Jh.), Missionar

Sweserenre Khian, Hyksos-König und Prototyp des legendären Sesostris

Sybaris/S-Italien: griech. Gründung, Handels- u. Kulturzm., Bevölkerungsentwicklung (bis zur Zerst. durch Kroton, 510 v. Chr.)

Sybaris, Fluß bei Thurii in Unteritalien

Sybota, 1) kleine Inseln an der O-Seite von Kerkyra. 2) Hafen in Thesprotis in Epirus

Sychäus (Sychaeus), Gemahl Didos, der Königin von Karthago

Sydyk, phönikischer Gott der Gerechtigkeit

Syke, Stadtteil von Syrakus

Sykyrion/Griechenl.: Schlacht b. (171 v. Chr.)

Syllaeus (um 25 v. Chr.), Leiter der Gallus-Expedition

Symäthos, Fluß bei Leontini in Sizilien

Syme, Insel zw. Rhodos und Knidos

Syrakus (ital. Siracusa)/Sizilien: griech. Gründung (um 735 v. Chr.), Handels- u. Kulturzm., röm. Erob. (211 v. Chr.), arab. (827–1038), byzant. Rückerob. (1038)

Syrinx, Nymphe

Şalāt, mohammed. Gebet

Ştahr → Persepolis

Šaktismus, hinduist. Kult

Šiva, indische Gottheit

Šrīvaiṇava, hinduist. Sekte

Šalmanassar I. (1274–1245 v. Chr.), assyrischer König

Šalmanassar III. (858–824 v. Chr., assyrischer König

Šalmanassar IV. (782–772 v. Chr.), assyrischer König

Šalmanassar V. (726–722 v. Chr.), assyrischer König

Šamaš, babylonischer Sonnengott, Gott des Rechts und der Gerechtigkeit, identisch mit Utu

Šamaš-eriba, Name in einem Brief

Šamaš-hasir, Name eines Statthalters in einem Brief Hammurabis

Šamaš-nasir, Name eines Statthalters in einem Dokument

Šamaš-šum-iddin, Name in einer Gerichtsurkunde

Šamaš-šum-ukin (668 bis 648 v. Chr.), babylonischer König

Šamšī-Adad I. (um 1814–1782 v. Chr.), assyrischer König

Šamšī-Adad V. (823–811 v. Chr.), assyrischer König

Šan-Koba/Krim: mesolith. Höhlenstation

Šara, Schutzgottheit von Umma

Šarkališarri (2254 bis 2230 v. Chr.), Herrscher des akkadischen Weltreichs aus der Dynastie von Agade

Šattuara I. (um 1300 v. Chr.), Herrscher des Mitannireichs

Šattuara II. (13. Jh. v. Chr.), letzter König des Mitannireichs

Šerua, assyrische Schöpfungsgöttin, ursprünglich Gemahlin Aššurs

Šiškino a. d. Lena/Rußl.: paläolith. Fundort

Šub-Ad, Name in einer Grabinschrift

Šubiša, Name in einem Dokument

Šulgi (2095–2048 v. Chr.), Herrscher der III. Dynastie von Ur

Šulšagana, Gott

Šum-ukin, Name in einem Dokument

Šuppiluliuma (1375 bis 1335 v. Chr.), König des Hethiterreichs

Šuttarna II. (um 1390 v. Chr.), König des Mitannireichs

Šuzubu, Name in einem Brief

Šū-Suen (2038–2030 v. Chr.), Herrscher der III. Dynastie von Ur

Thomas (gest. 68), Apostel Christi

Tabnit (5. Jh. v. Chr.), König von Sidon

Taboriten, radikale Richtung d. Hussiten

Tabu, prähist. Vorschriften

Tacitus, Cornelius (um 55 bis um 120), römischer Geschichtsschreiber (Germania)

Tadmor, H. (20. Jh.), englischer Assyriologe

Täbris (Tabrīz, griech. Tauris)/iran. Azerbaidschan: Hptst. d. Ilchane

Tänaros, westl. S-Spitze von Lakonika

Taginae/Italien: Schlacht b. (552)

Taharka (Tearchos, Tirhaka; 688–663 v. Chr.), ägyptischer König der 25. Dynastie

Taharke (Äthiope), König (25. Dyn.)

Taharqa (um 670 v. Chr.), äthiopischer König von Ägypten der 25. Dynastie

Tahiti/Hpt.-Insel d. Gesellschafts-Inseln: Tangaroaner-Einwanderung (um 500–300 v. Chr.), Kulturbeziehungen zu Altperu

Taifang/Lsch., NW-Korea: chin. Grenzmark (bis 313 n. Chr.)

T'ai I. (der „Großeine", die „große Einheit"), Gottheit

T'ai-p'ing, chin. halbchristl. Sekte

Taisho (702), altjapan. Gesetzbuch

T'ai Tsung, Gründer der T'ang-Dynastie und 2. T'ang-Kaiser (627–649)

T'ai Tsung, 2. Mandschu-Kaiser (1627–1643)

T'ai Tsung, 2. Sung-Kaiser (976–997)

T'ai Wu Ti, 3. Kaiser der nördlichen Wei (424–452)

Takelot II., ägypt. König (22. Dyn.)

Talbot Rice, D. (20. Jh.), englischer Kunsthistoriker

Talmud: spätjüd. Gesetzessammlung

Talos, Gigant mit ehernem Leib, den Hephästos dem König Minos als Wächter geschenkt hatte

Tamil, Dravida-Sprache

Tamlatum, Name in einem Brief

Tammaz, babylonische und assyrische Gottheit

Tammuz (Dumuzi), sagenhafter König von Uruk; chthonischer Fruchtbarkeits- und Hirtengott

Tanagra, Stadt in Böotien

Tancanama, legendärer erster Herrscher des Chimoreichs

T'ang, Gründer und 1. Herrscher der Shang- (oder Yin-)Dynastie (1766 bis 1753 v. Chr.)

T'ang Mêng (2. Jh. v. Chr.), Offizier und Unterhändler in Kanton

Tanit, Hauptgöttin im antiken Nordafrika; Stadtgöttin Karthagos; entspricht der phönikischen Astarte, der griechischen Hera, der römischen Juno

Tanit Pene Baal (= Baals Antlitz)

Tanka, japan. Gedichtsform

Tantalos, Sohn des Zeus

Tantrismus: buddh., hinduist.

Tanuatamun (664–656 v. Chr.), ägyptischer König

Tao, chin. philos. Begriff

Tao Hsüan (gest. 667), Gründer der Lu Tsung

Tao Kuang, Mandschu-Kaiser, s. Hsüan Tsung

Taormina/Sizilien: arab. Erob. (902)

Tao-tê-ching, Werk d. Laotse

Tapae/SW-Karpaten (Daker-St.): Schlacht b. (87 n. Chr.)

Tapsos-Kultur/Sizilien

Taq-i-Bostan (Tāq-i Būstān)/Iran: sassanid. Felsbilder v.

Taradell (20. Jh.), spanischer Archäologe

Taramelli, italienischer Archäologe

Taranatha (16. Jh.), buddhistischer Mönch und Geschichtsschreiber

Tardenoisien, Kultur d. Mittelsteinzeit

Tarditu-Aššur, Name in einem Brief

Tarent/S-Italien: neolith. Kultur, griech. Gründung, St.-Staat, Handels- u. Kulturzm., Civitas foederata Roms, byzant. Erob. (885)

Tarimbecken/Sinkiang, NW-China: prähist. Kulturen, indoeurop. Oasenstädte i. (bis 10. Jh.)

Tarpeia, Tochter des Spurius Tarpeius

Tarpeius, Spurius, Befehlshaber der römischen Burg unter Romulus

Tarquinia/Italien: Etrusker-St.

Tarquinius Priscus, 5. König von Rom

Tarquinius Superbus, 7. König von Rom; soll von 534–510 v. Chr. regiert haben

Tarqū (689–664 v. Chr.), ägyptischer König

Tarragona (Tarraco)/Spanien: Hptst. d. röm. Prov. Spanien (25 v. Chr.)

Tarsos/Kleinasien: pers. Erob. (260 n. Chr.), byzant. Erob. (965)

Tartaros, die Unterwelt; bei Hesiod personifiziert

Tartessos/SW-Spanien: phönik. Handelskol.

Tasien, Kultur d. Urzeit

Tašmetum, babylonisch-sumerische Göttin und Gemahlin Nâbûs

Tatenen, Urgott von Memphis (später mit Ptah gleichgesetzt)

Ta-t'ung/Shan-hsi, China: Hptst. d. Toba-Reiches (386–493), b. Ch'i-tan-Reich (10./11. Jh.), Erob. d. Dschingis-Chan (1211)

Taugast (arab. Tamġāġ, türk. Tabghač), griech. Name f. China

Taulantier, Volk in Illyrien

Taungs/Betschuanaland: Hominiden-Fundort

Taxila/Kashmir: Erob. d. Alexander d. Gr. (326 v. Chr.)

Taxiles, König von Taxila und Zeitgenosse Alexanders des Großen (336–323 v. Chr.)

Tearchos, s. Taharka

Teaspes, Vater des Sataspes

Teeple, John Edgar (1874 bis 1931), amerikanischer Chemiker und Maya-Forscher

Tefênet, Göttin der Feuchtigkeit

Tefnachte, König von Saïs (24. Dyn.)

Tegea/Peloponnes: Athenetempel v. (395 v. Chr.)

Teheran (Tihrān)/Iran: pers. Hptst.

Teichion, Städtchen in Ätolien

Teichiussa, Stadt im Gebiet von Milet

Teiresias (Tiresias), Sohn des Eueres und der Nymphe Chariklo, berühmter thebanischer Seher

Teje, ägypt. Königin, Gemahlin Amenophis' III. (18. Dyn.)

Tekoschet, nubische Dame

Tektaios (Mitte 6. Jh. v. Chr.), griechischer Bildhauer

Telamon/Italien: Schlacht b. (225 v. Chr.)

Telamon, König von Salamis und Sohn des Aiakos, Bruder des Peleus

Telegonos, Sohn des Odysseus und der Kirke

Teleilât (Telehat) Ghassul/Palästina: prähist. Fundort

Telemachos, Sohn des Odysseus und der Penelope

Telephanes, griechischer Bildhauer zur Zeit des Dareios und Xerxes (485 bis 465 v. Chr.)

Telephos, Sohn des Herakles und der Auge, einer Priesterin der Athene

Telipinu, hethitischer Vegetationsgott

Tell al-Ubaid (Tall al-ʿUbayd)/Mesopotamien: prähist. Fundort

Tell Halaf (Tall Halāf/Mesopotamien: prähist. Fundort, Kultur d. Steinkupferzeit

Tell Hassuna b. Mosul/Iraq: prähist. Fundort

Tello, Julio T. (1880–1947), peruanischer Archäologe

Temenites, Platz bei Syrakus

Tempepaß/Griechenl.: Bes. i. 2. Perserkrieg (480 v. Chr.)

Templer, Ritterorden

Temudschin, s. Dschingis Khan

Tendai-Sekte: buddh. Lehre i. Korea

Tenedos, Insel an der Küste Kleinasiens

Tennes (354–344 v. Chr.), König von Sidon

Tenochtitlan → Mexiko

Tenos, eine der kyklad. Inseln

Teos, Stadt in Ionien

Teotihuacan/Mexiko: Tolteken-St.

Tepe Hissar (Tepe Hisār)/Iran: prähist. Sied.

Tepe Sialk/Iran: prähist. Sied.

Tepexpan/Mexiko: prähist. Fundort

Tepeyollotl, mexikanischer Gott des Erdinnern, entspricht dem Jaguargott der Maya

Teputztitoloc (um 1521), aztekischer Häuptling

Terek(gebiet)/Fl., Rußl.: Alanengeb., Chazarengeb. (7. bis 11. Jh.)

Tereus, Gemahl der Prokne

Terias, Fluß bei Leontini in Sizilien

Terillos (5. Jh. v. Chr.), Herrscher von Himera

Terinäischer Busen an der W-Küste von Italien, heute Golfo di Sant' Eufemia

Termopylen/Griechenl.: Schlacht b. (480 v. Chr.), Schlacht b. (191 v. Chr.)

Terramaren-Kultur, Kultur d. Urzeit

Tertiär, Erdzeitalter

Tertiarier, Laienorden

Tertry/Frankr.: Schlacht b. (687)

Tertullianus, Quintus Septimius (um 160 – nach 220 n. Chr.), römischer Kirchenschriftsteller

Teti, ägypt. König (6. Dyn.)

Teti-scheri, ägypt. Königin, Vorfahrin König Amosis'

Tetramnestos (um 480 v. Chr.), Flottenadmiral von Sidon

Tetzcoco/Mexiko: Azteken-St.

Teucrus (Teucros, Teuker), Sohn des Telamon und der Hesione; Verbündeter der Griechen im Kampf um Troja

Teutlussa, Insel unweit Halikarnassos

Teutoburger Wald/Dtschld.: Schlacht a. (9 n. Chr.)

Tezcatlipoca, Gottheit, die Quetzalcoatl überwand

Tezozomoc (gest. 1426), Herrscher von Atzcapotzalco

Tezozómoc, Hernando Alvarado (1519–1599), mexikanischer Historiker

Ténéré, Lsch., Sahara: prähist. Funde

Tê Tsung, T'ang-Kaiser (779 bis 805)

Thales von Milet (um 640–547 v. Chr.), griechischer Philosoph und Mathematiker

Thanatos, s. Mot

Thanatos, Sohn der Nyx (Nacht), Todesgott

Thapsos, Landzunge u. Stadt unweit Syrakus

Thapsus/Tunis: Schlacht b. (46 v. Chr.)

Thasos, Insel an der thrak. Küste

Theagenes aus Rhegium (um 537), griechischer Gelehrter

Theatiner, Mönchsorden

Theben/Griechenl.: griech. St.-Staat, Zerst. d. Alexander d. Gr. (335 v. Chr.), Normanneneinfall (1147)

Theben (jetzt Karnak u. Luxor)/Ägypten: altägypt. Kgsst. u. Kulturzm., assyr. Erob.

Themen, byzant., Militärbezirke

Themistios (um 317 bis um 388 n. Chr.), griechischer Redner und Schriftsteller
Themis, Tochter des Uranos und der Gaia; Titanin, Mutter der Horen
Themistokles (um 525–459 n. Chr.), athenischer Feldherr und Staatsmann
Thennit, s. Tanit
Theognis von Megara (um 550 v. Chr.), griechischer Dichter
Theoklymenos, Seher aus Argos
Theokritos (Theocritus) (um 310 bis um 250 v. Chr.), griechischer Dichter
Theophanes von Mytilene, griechischer Geschichtsschreiber in Diensten des Pompeius (106–48 v. Chr.)
Theophilos (1. Jh.), Kaufmann und Seefahrer
Theophrastos (um 372–287 v. Chr.), griechischer Philosoph
Theophylaktos Simokatta, byzantischer Historiker
Theopompos von Chios (um 377 bis um 324 v. Chr.), griechischer Geschichtsschreiber
Theosophische Gesellschaft, Vereinigung z. Vermittlung östl. Gedankengutes
Thera, eine der kyklad. Inseln
Therapeuten, mönchsähnl. Verband i. Ägypten
Theravāda-Buddhismus: Ceylon, Hinterindien
Therme, Stadt in Makedonien
Thermopylä, Stadt und Engpaß in Böotien
Theron (um 480 v. Chr.), Tyrann von Agrigent
Thersites, Grieche im Lager vor Troja, der seiner Lästerzunge und seiner Feigheit wegen berüchtigt wurde
Theseus, Gestalt aus der griechischen Mythologie; Sohn des Ägeus, Königs von Athen, und der Aithra
Thespiä, Stadt im S von Böotien
Thespis (6. Jh. v. Chr.), griechischer Tragiker
Thesproter, Volk in Epirus
Thessalien/griech. Lsch.: Sesklo-Kultur u. bandkeramische Einbrüche, Plünderung durch d. Goten (395/96 n. Chr.)
Thessalonike (Saloniki)/Griechenl.: Mission d. Paulus, Civitas foederata Roms, zweitgrößte byzant. Reichs-St., Slawenangriffe (675 bis 691), Magyareneinfall, arab. Plünderung (904)
Thestios, König von Aitolien; Vater der Leda

Thetis, Nereide; Tochter des Nereus, Mutter Achilleus'
Thinet, s. Tanit
Thing, german. Volksversammlung
Thinis (griech. Abydos)/Oberägypten: ägypt. Gräber- u. Kultstätte
Thisbe, junges Mädchen aus Babylon, Geliebte des Pyramus
Thoëris, Göttin von Theben. Schützerin der Frauen (Nilpferd)
Thomas, Apostel Christi
Thomaschristen, Christen d. W-ind. Malabarküste
Thomismus, phil.-theol. Lehre n. Thomas v. Aquino
Thompson, John Eric Sidney (geb. 1898), englischer Archäologe
Thompson, R. Campbell (20. Jh.), englischer Semitist
Thomson, Edward (20. Jh.), englischer Archäologe
Thora, jüd. Gesetz d. 5 Bücher Mose
Thor, Donnergott
Thorikos Demos, an der O-Küste von Attika
Thot, Tnoth, ägyptischer Mond- und Weisheitsgott, als Ibis und Pavian in Hermupolis verehrt
Thrakien/Lsch., SO-Europa: Ansied. d. Thraker (um 1400 v. Chr.), bandkeramische Kultur, makedon. (339–323 v. Chr.), Kelteneinbruch (um 280 v. Chr.), röm. (seit 46 n. Chr.), Goteneinfall (um 250 n. Chr.), Slawenansied. (seit 578)
Thriasisches Gefilde, bei Eleusis in Attika
Thronion, Stadt im Epiknemid. Lokris.
Thüringen/Dtschl.: prähist. Kultur, Avareneinfall (562)
Thukydides (460 – nach 400 v. Chr.), athenischer Geschichtsschreiber
Thule-Kultur, Eskimokultur
Thun/Schweiz: kelt. Gründung
Thuria, Stadt in Messenien
Thurii oder Thuria, Stadt in Unteritalien
Thutmosis I. (1540–1501 v. Chr.), ägyptischer König der 18. Dynastie
Thutmosis III. (1501–1448 v. Chr.), ägyptischer König der 18. Dynastie
Thutmosis IV. (1413–1405 v. Chr.), ägyptischer König der 18. Dynastie
Thyamis, Fluß zw. Thesprotis und Kestrine in Epirus
Thyamos, Berg in Akarnanien
Thyestes, Sohn des Pelops und der Hippodameia; Bruder des Atreus

Thyrea, Stadt in Kynuria in Argolis

Thyssos, Stadt auf der Akte in Chalkidike

Tiamat, in der babylonischen Mythologie weibliches Urwesen, Ur-Ozean und Chaosmacht

Tiastames, s. Chastana

Tiberius, Claudius Nero (42. v. Chr. bis 37 n. Chr.), römischer Kaiser seit 14 n. Chr.

Ticinus/Fl., Italien: Schlacht a. (218 v. Chr.)

Ti, die Erde, personifiziert als weibliche Gottheit

T'ien, der Himmel, personifiziert als oberste Gottheit

Tien-shan/zentralasiat. Gebirge: prähist. Kulturen i., Uighuren-Reich (8. Jh.)

T'ien T'ai, Schule d. chin. Buddhismus

Tiflis (Tbilisi)/Georgien, UdSSR: Grabbauten b. (2. Jahrtausend v. Chr.), georg. Hptst. (5. Jh. bis 1088, seit 1122)

Tiglat-Pileser I. (1115–1077 v. Chr.), assyrischer König

Tiglat-Pileser II. (966–935 v. Chr.), assyrischer König

Tiglatpilesar III. (745–727 v. Chr.), assyrischer König

Tigranes I. (um 95–56 v. Chr.), armenischer König

Tigranokerta/Armenien: Schlacht b. (69 v. Chr.), vorchristl. Bauten i., röm. Einn. (59 n. Chr)

Ti, Großgrundbesitzer (5. Dyn.)

Tikal/Yucatan: Maya-St.

Tilatäer, Volk nördl. von Makedonien

Timagetos (4. Jh. v. Chr.), griechischer Geograph

Timaios (um 356 – um 260 v. Chr.), griechischer Geschichtsschreiber

Timarchos, Statthalter der seleukidischen Ostprovinzen

Timmari/Italien: prähist. Gräberfeld

Timokles, attischer Komödienschreiber

Timoleon (um 410 – nach 336 v. Chr.), korinthischer Feldherr

Timonovka/Ukraine: paläolith. Jägerlager

Timur Lenk, Tamerlan (1336–1405), Großkhan der Mongolen

Tindaris (ital. Tindari)/Sizilien: griech. Kol. u. Kulturzm.

Tiphys, Steuermann der „Argo"

Tipu (18. Jh.), Sohn Haidar Alis

Tiridates I. (? bis 211 v. Chr.), Bruder des Arsakes I.

Tirol/Österr.: bronzezeitl. Bergbau i., Abtrennung v. Bayern (1180), Personalunion m. Kärnten (1282)

Tiryns/Griechenl.: bronzezeitl. Kultur

Tissaphernes, persischer Satrap und Feldherr unter Dareios II. und Artaxerxes II. (405 bis 359 v. Chr.)

Tissa (3. Jh. v. Chr.), König von Ceylon

Titanus, Maes (um 100), makedonischer Kaufmann

Tithonos, Gemahl der Eos

Ti Tsang Wang (Kshitigarbha), König der Unterwelt

Titus Herminius, römischer Soldat

Titus, Sohn des Tarquinius Superbus

Titus Tatius, König der Sabiner

Tityos, Sohn des Zeus; Riese

Tiu, indoeuropäischer Wettergott

Tiuz, Gott des Thinges

Tivoli (Tibur)/Italien: Hadriansvilla

Tizoc, Oberster Sprecher der Azteken (1481–1486)

Tjetji, hoher Beamter des Alten Reiches

Tlacaellel (1400 bis um 1480), Stellvertreter des Obersten Sprechers der Azteken

Tlacopan/Mexiko: Azteken-St.

Tlahcateotl, zweiter Herrscher von Tlatelolco

Tlahuicole, Krieger aus Tlaxcala

Tlalchitonatiuh („Sonne am Horizont"), Gott des Kriegerkultes

Tlaloc, mexikanischer Regengott; entspricht dem mayanischen Chac

Tlaxcala/Mexiko: Tolteken-St.

Toci, mexikanische Muttergöttin der Fruchtbarkeit

Todar Mal, Akbars Steuerminister

Tohan Timur (1320–1370), letzter Kaiser der Yüan-Dynastie (1333–1368)

Toledo (Toletum)/Spanien: Hptst. d. W-Goten-Reiches (507–713), arab. Einn. (711), Aufstand (876/37)

Tollamimichtzin, Oberhaupt der Kaufleute von Tlatelolco unter Quauhlahtonatzin

Tollan/Mexiko: Tolteken-Hptst.

Tolophon, Stadt im Ozol. Lokris

Tomyris, Königin der Massageten

Tonking/N-Vietnam: annamit. Sied.-Geb., chin. Erob. (43 n. Chr.), Einströmen d. Buddhismus n., chin. (3.–10. Jh.), javan. Erob. (767), annamit. (seit 939)

Topa Inka Yupanqui, zehnter Inka-Herrscher (1471–1493)

Toparca (gest. 1533), vierzehnter, von den Spaniern eingesetzter Inka-Herrscher

Toramana (um 500), indischer Hunnenkönig

Torone, Stadt auf Sithonia in Chalkidike

Torquemada, Thomas de (1420 bis 1498), Dominikaner und erster Großinquisitor von Spanien (1484–1498)
Torre Castelluccia/Italien: bronzezeitl. Gräberfeld
Torresstraße/Meerenge zwischen Austr. u. Neuguinea: prähist. Wanderung
Tosar, auch Tansar (3. Jh. n. Chr.), religiöser Führer unter Ardaschîr
Toscana (Etrurien, Tuscien)/Lsch., Italien: prähist. Kultur, etrusk. Besied.
Toscanella Imolese/Italien: prähist. Fundort
Toskana → Toscana
Toul/Frankr.: Bm. (seit d. 4. Jh.)
Toulouse (Tolosa)/S-Frankr.: Hptst. d. Tolosan. Reiches d. W-Goten, fränk., roman. Dom (1096)
Tournai/Niederl.: got. Dom (seit 1140)
Tournus/Frankr.: karoling. Kirche St. Philibert
Tours/Frankr.: karoling. Kirche St. Martin
Tours u. Poitiers: Schlacht zwischen (732)
Tou (2. Jh. v. Chr.), Gemahlin des Han-Kaisers Hsiao Wên
Toynbee, Arnold Joseph (geb. 1889), englischer Historiker
Tōshōdaiji/japan. Kloster: altjapan. Tempelanlage
Trachis, Stadt in Thessal. an der Grenze des Epiknem. Lokris
Tragia, Insel bei Milet
Traiansäule/Rom, Denkmal f. d. röm. Sieg über d. Daker
Trajan (Marcus Ulpius Traianus, 53–117), römischer Kaiser
Transkaukasien/Geb. zwischen Kaukasus u. nördl. Randgebirge d. armen. Hochld.: prähist. Kulturen, arab. (seit d. 7. Jh.)
Transoxanien/Lsch. jenseits d. Oxus, russ. Mittelasien: Seidenstr. durch T., Einfall d. Weißen Hunnen (5. Jh.), arab. Erob. (709–712), Samānidenstaat (9.–10. Jh.), Islamisierung (10. Jh.)
Transvaal/Südafrikan. Union: paläolith. u. neolith. Kultur
Trasimenische Seen/Italien: Schlacht b. d. (217 v. Chr.)
Trerer, Volk nördl. von Makedonien
Triballer, Volk ebenda
Trient (ital. Trento)/Italien: langobard. Grenz-Hzm.
Trier/Dtschld.: Hptst. d. Treverer, röm. Grenzst.
Triest (ital. Trieste, slowen. Trst, latein. Artemidorus, Tergeste)/St. a. d. nördl.

Adria: b. d. Illyrt Provinz d. franz. Ks.-Reiches
Trimborn, Hermann (geb. 1901), deutscher Ethnologe und Amerikanist
Trinakria, alter Name von Sizilien
Triopion, Vorgeb. von Knidos
Tripodiskos, Dorf am Gebirge Geraneia in Megaris
Tripolitanien (ital. Tripolitania)/Ld. N-Afrika: arab. Erob. (648), osman. Oberherrschaft (seit 1517)
Triptolemos, Sohn des Königs Keleos von Eleusis
Tritäeer, im Ozol. Lokris
Triton, Sohn des Poseidon und der Amphitrite; griechischer Meergott
Trivikrama (um 753), Verfasser eines Schenkungsprotokolls
Troas/antike Lsch. (Umgebung Troias), W-Kleinasien: neolith. Kultur
Trözen, Stadt im S von Argolis
Trogilos, Hafen nördl. von Syrakus
Troia (Ilion, latein. Ilium)/W-Kleinasien: bronzezeitl. St., i. d. griech. Mythologie u. Dichtung, got. Zerst. (263 n. Chr.) → Schliemann
Troilus, trojanischer Prinz, jüngster Sohn Priamos' und Hekubas
Trois Frères (Dreibrüdergrotte)/Frankr.: eiszeitl. Wohnhöhle
Trotilon, Ort nahe am Fl. Pantakyas in Sizilien
Trst → Triest
Ts'ai Ching (1046–1126), Minister der Sung
Ts'ao Hsüeh-ch'in (1719 bis 1763), vermutlicher Verfasser eines Teils des Hung Lou Mêng
Tsao P'ei (188–227), Sohn des Ts'ao Ts'ao: Kaiser der Wei-Dynastie
Ts'ao T'sao (155–220), General; Gründer des Wei-Reichs
Tschandragupta (331 bis 297 v. Chr.), indischer Herrscher, Begründer der Maurya-Dynastie
Tseng Kuo-fan (1811–1872), Heerführer
Tsin Wu Ti, s. Ssŭ-ma Yen
Tso Shih (um 300 v. Chr.), angeblicher Verfasser des Tso Chuan
Tuc d'Audoubert/Frankr.: paläolith. Wohnhöhle
Tueris, ägyptische Gottheit
Türkei/kleinasiat. Staat: Steppenreich d. Turkvölker, Seldschuken- u. Osmanenreiche, 11.–20. Jh.
Tui, Oberste der Tempeldienerinnen des Min

Tuja, Mutter der Königin Teje
Tukulti-Ninurta I. (1244–1208 v. Chr.), assyrischer König
Tukulti-Ninurta II. (890–884 v. Chr.), assyrischer König
Tullus Hostilius, 3. König von Rom; Zerstörer von Alba Longa
Tulsi Das von Benares (1532 bis 1623), der größte Dichter in Avadhi
Tulumaya, s. Ptolemaios II. Philadelphos
Tumba-Kultur, Kultur d. Urzeit
T'ung-k'ou/Mandschurei: Höhlengemälde v. (5. Jh.)
Tunis (az-Zaytūna)/St u. Ld. N-Afrika: paläolith. Kultur, neolith. Kultur, arab. Erob. (670)
Tun-kuang/NW-China: Tarimkunst, Höhlentempel i. (5. Jh.), Umschlagplatz a. d. Seidenstr.
Tupac Amaru (gest. 1572), letzter Inka-Herrscher
Tupac Amaru, José Gabriel (1740–1781), peruanischer Indianerhäuptling, Nachkomme des letzten Inka-Herrschers Tupac Amaru
Turkestan/Geb. Zentralasien: prähist. Kultur, Skythen i. (bis 750 v. Chr.), Hunnen i. W-T. (2. Jh. n. Chr. – 12. Jh.), chin. Militärkolonie i. (1. Jh.), chin. T.-Kriege (629–640)
Tusa, V. (20. Jh.), italienischer Archäologe
Tusculum/Italien: Latinerst. Mysterien d. Dionysos i.
Tu Shan (557–640), Mönch; Begründer der Hua-Yen-Schule
Tušratta (um 1350 v. Chr.), König des Mitannireichs
Tutanchamun, ägypt. König (18. Dyn.)
Tutanchaten: siehe Tutanchamun
Tuthmosis I., ägypt. König (18. Dyn.)
Tuthmosis II., ägypt. König (18. Dyn.)
Tuthmosis III., ägypt. König (18. Dyn.)
Tuthmosis IV., ägypt. König (18. Dyn.)
Tydeus, Sohn des Oineus, Königs von Aitolien, Vater des Diomedes
Tyndareus, Vater des Polydeukes (Pollux)
Typhon, Gestalt aus der griechischen Mythologie; schlangenleibiger Riese
Tyrannis, griech. Herrschaftsform
Tyros (phönik. Zor)/Syrien: phönik. St.-Staat, Zerst. durch d. Hyksos, 13jährige babylon. Belag., Erob. d. Alexander d. Gr. (332 v. Chr.), Kreuzf.-Stützpunkt
Tyrsener (Tyrrhener), alter Volksstamm

Tyrtaios (Mitte 7. Jh. v. Chr.), griechischer Lyriker
Tzek, Juan (16. Jh.), Vorsteher von Yaxcaba
Tzontantzin, Oberhaupt der Kaufleute von Tlatelolco unter Tlahcateotl
Tzultacah, Götter der Erde, Berge und Täler
Tzutecatzin, Oberhaupt der Kaufleute von Tlatelolco unter Quaquanhpitzaua
Tzutzumatzin (15. Jh.), Oberster Sprecher des Stadtstaates Coyoacan

Uaxactum/Yucatan: Maya-St.
Ubar-tutu, Vater Utnapištims
Uchtata/Tunis: prähist. Fundort
Udayana (10. Jh.), indischer Philosoph
Udayaraja (15./16. Jh.), Hofdichter des Sultans Mahmud Begarha
Udayin (4. Jh. v. Chr.), König von Avanti
Uganda/O-Afrika: Paläolithikum, Neolithikum
Ugarit (jetzt Ra's Šamra)/N-Syrien: N-phönik. St., heth. Vasallenfsm., Zerst. 268
Uhle, Max (1856–1944), deutscher Archäologe
Uji[b. Kyōtō, Japan: Phönixhalle i. (1053)
Ukin-Zer (732–730 v. Chr.), Usurpator des babylonischen Thrones
Ukraine/UdSSR: prähist. Kulturen, skythisch, westhunnisch
Ulamburiaš (15. Jh. v. Chr.), babylonischer König der Kassitendynastie
Ulemâ, osman. Klasse d. Schriftgel. (Kadi u. Müfti)
Ullusunu (8. Jh. v. Chr.), König der Mannäer
Ulomos, phönikische Gottheit
Umma (jetzt Ğocha, Ğūhā)/Mesopotamien: summer. St.-Staat
Ummanaldaš (7. Jh. v. Chr.), König von Elam
Ummanigaš (7. Jh. v. Chr.), König von Elam
Ummiashtart (5. Jh. v. Chr.), Königin von Sidon und Mutter Eshmunazars II.
Una, hoher ägypt. Beamter (6. Dyn.)
Unas, ägypt. König (5. Dyn.)
Unasagusu (5. Jh. v. Chr.), König von Ledra
Unbeschuhte Augustinereremiten, Mönchsorden
Unbeschuhte Karmeliten, Mönchsorden
Unter-Wisternitz/Mähren: paläolith. Fundort
Upanisaden, Teil d. ind. Veden-Lit.
Uppsala/Schweden: german. H/m., Zerst. d. heidn. Tempels, polit. u. sakral. Hptst., Dom (seit 1230)

Uräus, Kronenschlange des ägypt. Königs:
siehe Edjža
Ural/Gebirge, Sowjetunion: Entstehung i.
Karbon, prähist. Kulturen
Uranos, der Himmelsgott
Uranos, Sohn und Gemahl der Gaia
Urartu (Uruartu), bibl. Ararat/Armenien:
Reich
Uraš, Gottheit
Urco (15. Jh.), Sohn des Inka Viracocha
Urfa (Edessa)/N-Mesopotamien: Schlacht
b. (260), byzant., pers. Bes. (603–620),
arab. (646) byzant. Erob. (974) byzant.
Erob. (1032), Kreuzf.-Staat (1098–1144)
Urimilk (5. Jh. v. Chr.), König von Byblos
Ur (jetzt Muġayyir)/Mesopotamien: sumer.
St-Staat
Urkhilina (um 850 v. Chr.), König von
Hama
Ur-Nammu (2113 bis 2096 v. Chr.), Be-
gründer der III. Dynastie von Ur
Ur-Nanše (26. Jh. v. Chr.), Begründer der
Lagaš-Dynastie
Urnenfelderkultur (ca. 1000), s. a. Lausitzer
Kultur
Urnenfelderkultur, Kultur d. Bronzezeit
Ur-Ninmar-ka, Name in einem Dokument
Uršanabi, Fährmann im Gilgameš-Epos
Urukagina (25. Jh. v. Chr.), König von Lagaš
Uruk (bibl. Erech, arab. Warka)/SO-Meso-
potamien: sumer. Hptst.
Uru-milki (um 700 v. Chr.), König von Byb-
los
Urzanu (8. Jh. v. Chr.), Statthalter des urar-
täischen Stadtstaates Musasir
Urzeit → Archäozoikum (geol.)
Usaphais, ägypt. König (1. Dyn.)
Usa, Sohn eines libyschen Häuptlings
Useramun, thebanischer Beamter (18. Dyn.)
Userhêt, Oberpriester, Sekretär König
Amenophis' II. (18. Dyn.)
Userkaf, ägypt. König (5. Dyn.)
User, Wesir (18. Dyn.)
Ushavadatta (um 42), Sohn des Dinika
Usimarênacht, Oberpriester aus Koptos
Usimarê, Thronname Ramses' II.
Usoos, mythologischer Erfinder der Kleider
Uštan-Šarri, Name in einem Brief
Utica/N-Afrika: phönik. Kol., Civitas fo-
ederata Roms
Utnapischtim, akkadischer Weiser
Utnapištim, Held einer babylonischen Sint-
flutmythe
Utrecht/Niederl.: U.-Psalter (um 830), got.
Kathedrale (nach 1245)

Uttu, nach einem sumerischen Schöpfungs-
mythos Tochter von Enki und Ninkurra
Utu-hengal (2120 bis 2114 v. Chr.), Herr-
scher von Uruk
Utu, sumerischer Sonnengott, Gott des
Rechts und der Gerechtigkeit, identisch
mit Šamaś
Uxmal/Yukatan: Maya-St.

Vachaspatimishra, brahmanischer Philosoph
Vadimonische Seen/Italien: 1. Schlacht b. d.
(307 v. Chr.), 516 – 2. Schlacht b. d. (280
v. Chr.)
Vadstena/Schweden: Hptkloster d. Birgit-
tenordens
Vaibhāṣika, ind. philos. Schule d. „Kleinen
Fahrzeugs"
Vaillant, Georges C. (20. Jh.), amerikani-
scher Archäologe
Vainamoinen, Held des finnischen Epos
„Kalevala"
Vairocana (chin. P'i-lu Fo), der Allgegen-
wärtige, der Allwissende; einer der höch-
sten Buddhas
Vaiśali/NO-Indien: 2. buddhist. Konzil. v.
(378 oder 383 v. Chr.)
Vaiśeṣika, brahman. philos. System
Vaiśyas, ind. Klasse d. Wirtschaftenden
Vajrabodhi (chin. Chin-kang Chih; 7./8.
Jh.), indischer buddhistischer Mönch;
Begründer des Tantrismus in China
Vajrapati, indische Gottheit
Vajrayāna (Diamantenfahrzeug), Hpt.-
Richtung d. Buddhismus
Vakpati (8. Jh.). Verfasser der Gaudavadha
Valencia/Spanien: arab. Teilfsm. (11./12.
Jh.)
Valera, Blas (1551–1597), spanischer Chro-
nist
Valerian (Publius Licinius Valerianus), rö-
mischer Kaiser von 253 bis 260 n. Chr.
Valerius Flaccus (1. Jh. n. Chr.), römischer
Epiker
Valerius, Freund des Collatinus
Vallabha (18. Jh.), Führer des Vaishnavis-
mus und Begründer der Garba-Literatur
Vallabhācārya, hinduist. Sekte
Valmiki (8./7. Jh. v. Chr.), Dichter und an-
geblicher Verfasser des Ramayana
Valvassoren, ital. Kleinadel
Valverde, Pater (um 1533), spanischer Mis-
sionar und Konquistador
Varahamihira (um 499), indischer Astronom
Varahrān, König von Gilan
Varaz, parthische Feudalfamilie

227

Vargas, Jacinto de (gest. 1696), spanischer Dominikanermönch, wurde von den Itzá von Tayasal den heidnischen Göttern geopfert

Varius Rufus, Lucius (1. Jh. v. Chr.), römischer Dichter

Varro, Marcus Terentius Reatinus (116–27 v. Chr.), römischer Staatsmann und Schriftsteller

Varuna, indischer patriarchalischer Gott; entspricht dem griechischen Uranos

Varuna, wedischer Gott des Himmels, des Mondes und des Wassers

Varus, Publius Quinctilius (gest. 9), römischer Feldherr

Vasiliki/Kreta: bronzezeitl. St.

Vasishtha (10. Jh.), Oberpriester unter König Sudas

Vasishthiputra (2. Jh.), Satavahana-König und Sohn Gautamiputras

Vasudeva, indische Gottheit

Vayu, indischer Windgott

Veda, Gesamtname f. d. ind. hl. Texte

Vedānta, hinduist. philos. Schule

Vega, Garcilaso de la, El Inca (1539–1616), spanisch-peruanischer Dichter und Chronist

Veji/Italien: Etrusker-St.

Velázquez, Diego de Cuellar (1461/66–1524), spanischer Gouverneur von Kuba

Velden/Dtschl.: prähist. Fundort

Velianas/Veliunas, Thefane (5. Jh. v. Chr.), Fürst von Caere

Velleius Paterculus (1. Jh.), römischer Geschichtsschreiber

Venedig/Italien: Gründung (452), Handels- u. Seemacht (seit d. 9. Jh.)

Venus, altitalische Göttin des Frühlings; römische Göttin der Liebe; mit der griechischen Aphrodite gleichgesetzt

Venusia/Italien: röm. Militärkol.

Veracruz/Mexiko: span. Landung (1519)

Vercelli (Vercellae)/Italien: Schlacht b. (101 v. Chr.)

Vercoutter, Jean (2. Jh.), belgischer Ägyptologe

Verden a. d. Aller/Hannover, Dtschl.: Blutgericht v. (782)

Vereinigte Staaten v. N-Amerika/USA: indian. Vorzeit

Vergil, Publius Vergilius Maro (70 bis 19 v. Chr.), römischer Dichter

Verona/Italien: bayr. Mark, kärntner. Mark, Dom San Zeno (1125), Veroneser Bund (1162)

Verres, Gaius (gest. 43 v. Chr.), römischer Staatsmann

Verroneo, Geronimo

Versinikia b. Adrianopel/Thrakien: Schlacht b. (813)

Vespasian, Titus Flavius Vespasianus (69–79), römischer Kaiser

Vessantarajātaka, hinterind. hl. Text

Vestales, röm. Priesterkollegium d. Vesta

Vesuv/S-Italien: Ausbruch (79 n. Chr.)

Vettersfelde/Schlesien: prähist. Fundort

Vetulonia/Italien: Etrusker-St.

Vézelay/Frankr.: roman. Wallfahrtskirche i. (1120)

Via Egnatia, röm. Heerstr. v. Durazzo nach Saloniki

Via Flaminia, röm. Heerstr. über d. Apennin

Vibius, Gaius (um Christi Geburt), römischer Töpfer

Vibo/S-Italien: röm. Kol. (um 200 v. Chr.)

Vidtskofte/Schweden: Wandmalereien v.

Vidyaranya (14. Jh.), religiöser Führer

Vienne/Frankr.: weström. Res. (388)

Vijñānavādin, ind. philos. Schule d. »Großen Fahrzeugs«

Vikramaditya VI. (11. Jh.), Chalukya-König

Vilivayakura (Baleokuros; 2. Jh.), Andhrakönig

Villafrati-Kultur, Kultur d. Urzeit

Villagra, Agustín (20. Jh.), mexikanischer Maya-Forscher

Villanova-Kultur, Kultur d. Frühgeschichte

Vima Kadphises (1. Jh. n. Chr.), Kuschanenherrscher

Vima Khadphises (1. Jh.), Häuptling der Yueh-chi und Sohn Kujalas

Vindobona → Wien

Vindusara (296–264 v. Chr.), indischer König

Vinkovci (Cibalae)/Slawonien: Schlacht b. (314)

Viracocha (um 1438), achter Inka-Herrscher

Virginia, Tochter des Plebejers Virginius

Virupaksha, indische Gottheit

Vischtaspa-Hystaspes (6. Jh. v. Chr.), Vater des Dareios I.

Vishakhadatta, Verfasser des Mudrarakshasa

Vishnu, indische Hauptgottheit

Vishnuvardhana (12. Jh.), Hoysala-König

Vishvamitra (10. Jh.), Oberpriester unter König Sudas

Viṣṇuismus, Richtung d. Hinduismus

Vithoba, indische Gottheit

Viṭṭhalasvāmi/S-Indien: Tempel

Vivarium/Kalabrien, Italien: Klostergründung Cassiodors
Vologeses I. (um 51 bis 80 n. Chr.), Arsakidenkönig
Vologeses IV. (191–207), Arsakidenkönig
Vologeses V. (um 208 bis um 228), Arsakidenkönig
Volusenus, Gaius, römischer Offizier aus der Zeit Caesars
Vonones I. (um 7–12 n. Chr.) Arsakidenkönig
Vorkambrium → Algonkium
Vučedol-Kultur, Kultur d. Steinzeit
Vulgata, latein. Bibelübersetzung
Vuillemot, G. (20. Jh.), französischer Archäologe
Vulcanus, römischer Gott des Feuers; dem griechischen Hephästos gleichgesetzt
Vyasa, brahmanischer Dichter und angeblicher Verfasser des Mahabharata
Vyse, Howard, Reisender (19. Jh.)

Wadjak/Java: paläolith. Fundort
Wahhābiten, islam. Sekte
Walachei/Rum.: Daker-Sied.-Geb., Teil d. röm. Prov. Dacia (107 n. Chr.), Kolonisation aus d. Illyricum, kirchenslaw. Kultur
Waldeck, Jean Frédéric (1766–1875), Graf und französischer Reiseschriftsteller
Waldenser, christl. Sekte
Waltharius, mittelalterl. latein. Epos
Wanen, Götterschicht der Edda
Wang An-shih (1021–1086), fortschrittlicher Wirtschaftspolitiker der Sung-Dynastie
Wang Mang (33 v. Chr. – 23 n. Chr.), Usurpator des Han-Thrones
Wang Pi (226–249), taoistischer Schriftsteller
Wang Shih-chên (1526–1593), Staatsmann und Schriftsteller der Ming-Zeit
Wang Shih-min (1592–1690), Maler der frühen Mandschu-Zeit
Wang Wei (699–759), Dichter und Maler der T'ang-Zeit
Wang Yüan-ch'i (1642–1715) Maler und Schriftsteller der frühen Mandschu-Zeit
Wan Li, Ming-Kaiser, s. Shên Tsung
Waschptah, Baumeister unter König Neferirkarê (5. Dyn.)
Wasugani/a. oberen Tigris (Lage noch nicht genau ermittelt): Hptst. d. Mitanni-Reiches
Waterford/Irland: gälisches Erneuerungs-Zm.

Wauchope, Robert (geb. 1909), amerikanischer Archäologe
Wei-Chuang (10. Jh.), Dichter der nördlichen Sung
Wei Yang, s. Kung-sun Yang
Weltanfangsmythos der Germanen, Twisto und s. Sohn Mannus = Mensch, von Mannus drei Söhnen sollen die Ingwionen, Ermionen, Istrionen abstammen
Wenamun, Held einer ägyptischen Reiseerzählung aus dem zweiten Jahrtausend v. Chr. (21. Dyn.)
Wen Chung (1. Jh. v. Chr.), Heerführer an der zentralasiatischen Grenze
Wessex/Engl.: Bronzezeit-Kultur
Weta, Aufseher der Gerbereien (4. Dyn.)
Wên Shu Yen K'ung (Manjusri), einer der zwölf göttlichen buddhistischen Lehrer; der buddhistische Apollon
Whitaker, J. I. S. (20. Jh.), englischer Archäologe
Wielandlied, german. Sagenstoff
Wien (latein. Vindobona)/Österr.: Römersied., freie Reichs-St. (1235)
Wilbour, amerikanischer Sammler, Besitzer wertvoller Papyri
Wilkinson, Sir Gardner, englischer Ägyptologe
Wilkins, Sir Charles (1749 bis 1836), englischer Orientalist
Willey, Gordon (geb. 1913), amerikanischer Archäologe
Wilton-Kultur, Kultur i. S-Afrika
Winchester/Engl.: got. Kathedrale
Wodan-Kult, Sturmdämon
Wolf, Eric R. (geb. 1923), amerikanischer Ethnologe
Wolga/Fl., Rußl.: neolith. Kulturen a.d.
Wolkenreisende (griech. Ktisten, Poleisten), getische Vorform d. Mönchtums
Wonderwerk-Höhle/Griquald: paläolith. Fundort
Woodlands Cultures, prähist. Kulturen
Woolley, Sir Charles Leonard (geb. 1880), englischer Archäologe
Worms/Dtschl.: Vwgszeit, Dom (1001), Kulturzm., Synode v. (1076), Konkordat v. (1122), Constitutio in favorem principum (1231)
Wu/Mittel-O-China: Teilreich (220–280)
Wu, Begründer der Chou-Dynastie (1122–1115 v. Chr.)
Würzburg/Bayern: Reichstag z. (1165)
Wu Hou (Wu Chao), T'ang-Kaiserin (684–705)

Wu Ling, König von Chao (325–299)
Wu Ti, Kaiser der Han-Dynastie (141–87 v. Chr.)
Wu T'ou Lao (1. Jh. v. Chr.), König von Chi Pin
Wu Tsung, Ming-Kaiser (1505 bis 1520)
Wu Tsung, T'ang-Kaiser (841 bis 846)

Xanten a. Rhein (Colonia Ulpia Traiana)/ Dtschl.: röm. Gründung
Xanthos aus Lydien (um 5. Jh. v. Chr.), Historiker
Xenokles, griechischer Geograph in Diensten Alexanders des Großen (336–323 v. Chr.)
Xenophanes von Kolophon (um 565–470 v. Chr.), griechischer Philosoph und Dichter
Xenophon (um 430 – um 354 v. Chr.), griechischer Schriftsteller
Xeres de la Frontera → Jerez de la Frontera
Xerxes I. (485–465 v. Chr.), persischer König
Xicotencatl (um 1520), Tlaxcala-Häuptling
Xipe Totec, Vegetationsgott, in ganz Mittelamerika verbreitet
Xolotl (13./14.Jh.), Chichimekenhäuptling

Yahi-Milki (um 650 v. Chr.) König von Tyros
Yajnavalkya, indischer Gesetzeslehrer
Yajurveda, Teil d. Veda, Opfersprüche
Yakinlu (7. Jh. v. Chr.), König von Arados
Yama, indischer Todesgott
Yami, Schwester des Todesgottes Yama
Yang Chien (540–605), General; Begründer der Sui-Dynastie
Yang Chu (4. Jh. v. Chr.), Philosoph
Yang-shao/W-Ho-nan, China: Ausgrabungsort d. neolith. Kultur Chinas (etwa 2000 v. Chr.)
Yang-shao-Kultur, Kultur i. N-China
Yang Ti, 2. und letzter Kaiser der Sui (605–618)
Yang und Yin, das positive und das negative Prinzip des universellen Lebens
Yang u. Yin, chin Bez. f. zwei sich gegenseitig bedingende Grundkräfte
Yao (2357–2255 v. Chr.), einer der „Fünf Kaiser"
Yarkand (Jarkand, chin. Soch'ê-fu)/Sinkiang, China: Oasenst. a. d. Seidenstr., tibet. Erob. (nach 670), Islamisierung (seit 996)
Yarmūk/Fl. i. Palästina: Schlacht a. (636)

Yashovarman (um 733–753), Herrscher von Kanauj
Yathrib, Yatrib → Medīna
Yatonmilk (5. Jh. v. Chr.), König von Sidon
Yatung/S-Tibet: Handelsplatz
Yayoi-Kulturen (Yayoishiki)/Japan
Yazilikaya/Anatolien: prähist. Fundort
Yeharbaal (5. Jh. v. Chr.), König von Byblos, Sohn des Urimilk, Vater des Yehaumilk
Yehaumilk (5. Jh. v. Chr.), König von Byblos, Sohn des Yeharbaal
Yehimilk (um 920 v. Chr.), Herrscher von Byblos
Yemen (al-Yaman)/SW-Arabien: Zaiditen-Herrschaft (seit d. 9. Jh.)
Yen-lo Wang, König der Hölle
Yesevīye, türk. Derwischorden
Ying Tsung, Kaiser der Ming-Dynastie (1435-1449)
Ying Tsung, Kaiser der Sung-Dynastie (1063-1067)
Yoga, ind. System d. Versenkung u. Askese
Yortan/Troja-Kultur, prähist. Kultur Kleinasiens
Young, Thomas, englischer Gelehrter (18.–19. Jh.)
Yucatán/Halbinsel, Zentralamerika: Maya-Kultur a., Küstenerforschung (1508/1509), Erforschung (1890)
Yüan Chuang (Hsüan Tsang, 602 bis 664), buddhistischer Pilger und Indienreisender
Yün-kang/N-China: Höhlentempel (5. Jh.)
Yün-nan/SW-Prov. Chinas: Thai-Kggr. Nanchao i. (7.–13. Jh.), mongol. Erob. (1253), chin. Erob. (1382)
Yürüken, türk. Nomadenbevölkerung Anatoliens
Yü (2205–2197 v. Chr.), Begründer der Hsia-Dynastie
Yung Chêng, Mandschu-Kaiser, s. Shih Tsung
Yung Lo, Ming-Kaiser, s. Ch'êng Tsu 2501
Yupanqui s. Pachacutec

Zababa-šum-iddin, Name in einem Dokument
Zacalpuc, Geschlechtergott mexikanischen Ursprungs
Zac Ixchel, Mondgöttin
Zadruga, Großfamilie d. slaw. Völker
Zafar Khan, Hasan Gangu, 1347–1375 als Sultan Ala-ud-din Bahman bekannt
Zagreus, griechischer Gott; Erscheinungsform des Dionysos

Zaguëkönige (jüd.), i. Abessinien
Zaiditen, schiitische Sekte
Zakirbaal, König in Byblos in der Erzählung von Wenamun
Zakonik, serb. Gesetzbuch Stephan Dušans
Zakon sudnyj Ijudem, ältestes Gesetzbuch a. slaw. Boden
Zakynthos/griech. Insel: paläolith. Besied.
Zakynthos, Insel an der Küste von Elis
Zama/N-Afrika: Schlacht b. (202)
Zankle, ursprüngl. Name von Messina in Sizilien
Zaragoza (Caesaraugusta)/Spanien: westgot., Reconquista d. Aragón (1118)
Zazija, König der Turukkäer
Zāb, linker Nebenfl. d. Tigris: Schlacht a. (50)
Zeb-un-nissa, Prinzessin der Mogul-Zeit
Zekarbaal (2. Jahrtausend v. Chr.), Fürst von Byblos
Zekerbaal, König von Byblos
Zela/Kleinasien: Schlacht b. (47 v. Chr.)
Zen (chin. Ch'an, sanskr. Dhyāna, korean. Sôn-tsong), buddh. Sekte
Zenğ-Aufstand (871 bis 883), irak. Sklavenaufstand
Zenobia (267–274), Königin von Palmyra
Zenon von Kition (um 333–264 v. Chr.), griechischer Philosoph
Zeno (um 490–430 v. Chr.), griechischer Philosoph
Zephyros, der Westwind
Zerach, sagenhafter König im Alten Testament
Zer-banitum, s. Sarpanitum
Zeria, Mitglied der Tempelbehörde unter Nâbû-na'id
Zeta → Montenegro

Zetes, Sohn des Boreas
Zethos, Sohn des Zeus und der Antiope
Zeugen Jehovas, christl. Sekte
Zeusaltar/Pergamon, hellenist. Kunstwerk
Zeus, griechischer Göttervater
Zeus Kasios, s. Baal Saphon
Zeus Laphystios (= Opferheischende), Beiname des Zeus nach dem Berg Laphystion bei Koroneia
Zeus, Olympischer
Zeus, Sohn des Kronos und der Rhea, höchster griechischer Gott
Zeus von Theben, ägyptischer Gott
Zimrī-Lim (1779–1761 v. Chr.), König von Mari
Zimrī, Usurpator des Thrones von Israel
Zisterzienser, Mönchsorden
Ziusudra, sumerischer Held
Zivad (8. Jh.), arabischer General
Zoba/Syrien: Aramäerfsm.
Zohar, Hpt.-Werk d. jüd. Mystik
Zoroaster, Zarathustra (628 bis 551 v. Chr.?), Religionsgründer
Zoroastrismus: Lehre
Zoros, s. Azoros
Zor → Tyros
Zoskales (um 100), abessinischer König zu Axum
Zuidema, R. T. (20. Jh.), holländischer Ethnologe
Zurita, Oidor Alonso (16. Jh.), spanischer Regierungsbeamter
Zu, Vogelgott
Zwölfapostellehre → Didache
Zwölfer-Schia → Imāmiya, islam. Glaubensrichtung
Zwölftafelgesetz (Lex duodecim tabularum, 450 v. Chr.)

231